*NLP: Neuro-Linguistic Programming

뉴코드 NLP

엑스퍼트 코칭

도미향 심교준 지음

신정

NLP를 창시하고

뉴코드 NLP로 진화시켰으며

미니멀리즘을 통해

코칭의 정수를 가르쳐주신

존 그린더 교수님께 감사드리며….

머리말

이 책은 코칭 초심자들에게나 NLP Neuro-Linguistic Programming(신경언어 프로그래밍)를 모르는 코치에게는 내용을 이해하기에 다소 어려울 수 있음을 미리 말씀드린다. 애당초 코칭이나 NLP의 입문서가 아니라 보다 고급 수준을 지향하는 전문 코치들을 위한 내용으로 구성하려고 의도했기 때문이다. 따라서 어느 정도 코칭과 NLP를 이해하고 실행하고 있는 분들이 역량을 심화하거나 도약하려고 할 때 큰 도움이 될 것이다. 그래서 코칭이나 NLP에 대한 기본 지식이 부족한 독자들에게는 다소 구름 위의 이야기로 들릴지도 모른다.

그렇지만 코칭이나 NLP에 대한 선입관을 내려놓고 차분히 읽다보면 어느새 코칭의 본질을 이해하게 될 것으로 믿는다. 성인의 학습세계에서는 다소 기본 소양이 부족하더라도 진행하다 보면 자연스레 터득되기 때문이다. 그리고 NLP와 코칭은 지식, 이론만으로 이루어지는 것은 아니기에 실행하지 못하면 머릿속에 아무리 NLP와 코칭에 관한 지식이 많더라도 별 소용이 없는 지식 더미에 불과해지기에 무한한 실천 노력이 필요하다.

물론 이 책에서는 이론적인 설명뿐 아니라 실행을 지원하는 다양한 연습을 소개하고 있지만 이 또한 그 프로세스에 따라 실제 해보지 않으면 그림의 떡이 될 뿐이다. 그래서 NLP에서는 연습, 연습 그리고 또 연습을 강조하는 것이고 NLP를 모르는 독자들에게는 이 책의 내용이나 접근법이 다소 생소하게 느껴질 수 있다. 무엇이든 알고 보면 쉽지만 모르고 하는 것은 어렵고 힘들지 않던가? 그래서 어떤 분야이든 일단은 지식적 배경이 필요하지만 그것을 완성시키자면 실행이 뒤따라야 한다. 그런 점에서 실행력의 연마가 요구되는 것이다.

이 책은 단지 NLP를 활용하는 고급 코칭 기술자를 양성하려는 것이 아니라 보편적인 인간성에 대한 이해력을 지니고 완성된 품격을 갖춘 코치를 양성하고자 하는 의도를 곳곳에서 보여주고 있다. 코칭에서 인간에 대한 존엄성, 이해를 바탕으로 삼지 않는다면 코칭= '인간에 대한 지원'이라는 미명 하에 무모한 정신적 폭력에 빠질 위험성을 안고 있다. 코치는 이 점을 항상 명심하고 있어야 한다.

코칭의 역사를 개관해 보면 그 개념 자체가 NLP의 태동 이후에 나타남을 볼 수 있다. NLP 이전에는 소위 프로이드 이후의 정신분석, 심리상담으로 주로 카운슬링이 대세였다. 그리고 상담은 그 분야의 전문가에게서 문제에 관한 조언을 구하는 형식이다. 그러나 그런 방식은 상담자에게 의존하는 경향을 조장하고 그 종료도 모호하고 기간도 오래 걸린다는 문제점도 노정되었다. 그러던 차에 NLP가 등장하고 NLP의 원류의 하나인 밀튼 에릭슨으로부터 파생된 단기치료Brief Therapy 개념이 확산되고 아들러의 사상이 재평가 받으면서 코칭이라는 새로운 접근법이 각광을 받게 되었다. 여기서 다시 한 번 강조하지만, NLP 이후 코칭이라는 다른 네이밍이 등장했지만 NLP의 본질은 어디까지나 코칭에 있다는 사실이다. 그러므로 NLP를 모르고 코칭을 한다는 것은 마치 팥소 없이 찐빵을 만들려고 하는 것에 비유할 수 있지 않을까 싶다. 정리하자면 NLP는 일련의 도구(종합 도구함)인데 그 내용이 바로 코칭이고, 코칭이라는 개념은 NLP를 도구로 활용하는 하나의 형식이자 방법론이라는 것이다. 따라서 NLP는 곧 코칭이라고 할 수 있는 것이다.

이러한 연관을 모르고 코칭이라는 개념에 먼저 접한 사람들이나 기존의 심리상담 분야의 범위에서 활동하던 사람들은 NLP에 대해 다소의 편견이나 선입관을 가지고 있는 듯하다. 물론 기존에 해왔던 방법에서 새롭게 NLP를 추가 습득하려면 자원(시간, 비용, 에너지 등) 투입이 요구된다. 그런 여유가 없어서 또는 새로운 도전, 개발이 싫어서 애써 무시하는지도 모른다. 그야말로 우물 안 개구리 꼴이라고 할 수 있다. 코치란 한 순간에, 하나의 세미나로 완성되는 것이 아니다. 지속적인 인간탐구와 자기계발에 의하여 완성되는 것이다.

사실 시중의 코칭 프로그램을 보면 알게 모르게 NLP개념, 기법을 많이 원용하고 있다. 기법의 이름이나 내용을 약간 다르게 하여 독자적인 것처럼 보이게도 한다. 그래서인지 "NLP를 배우면 곧 코칭을 배우게 되지만 코칭을 배우면 NLP의 일부를 알게 된다."는 유능한 코치들 사이의 세평이 돌고 있다. 코칭업계에서 오히려 NLP라는 개념을 언급하지 않는 것이 지금까지의 코칭분야에서는 독자성을 높이고 NLP와의 관계, 개념의 혼란을 부르지 않는 좋은 방법으로서 도움이 되었을 수 있다. 그리고 만일 NLP를 언급했다면 언급한 이상 NLP를 다루지 않으면 안 되는데 그러기에는 여러 측면에서 여력이 없었을 것이다.

그렇지만 이제 시대는 달라졌다. 코칭 질문의 좋은 패턴은 모두 NLP의 구체화질문모형Meta Model에 근거하고 있음도 알려지고 있다. NLP를 모르고 또는 도외시하고서는 훌륭한 코칭은 이루어지기 힘들게 되었다.

NLP를 스스로 적용하여 변화를 체험하지 못한 사람이 다른 사람에게 NLP를 적용하여 코칭을 하거나 가르친다는 것은 기본적으로 어불성설이다. NLP는 지식의 소산이라기보다 체험의 축적이기 때문이다. 따라서 "창시자들의 두뇌 속에서 개발되었다기보다 인간행동에 대한 관찰과 삶에 대한 통찰을 통하여 발견했다"고 한 존 그린더의 고백이 더 진솔하게 들린다.

코칭이란 우아한 말솜씨나 친절한 접근 또는 높은 학식만으로 이루어지는 것이 아니다. 인간에 대한 깊은 통찰, 인간행동에 대한 이해가 전제되지 않고는 이루어질 수 없다. 그런 점에서 NLP에는 인간의 특성과 행동에 관한 다양한 전제가 있다. 사실 이들 전제만 완전히 익혀 활용한다면 다양한 기법은 의미 없다는 말도 있을 정도이다. 전제를 바탕으로 하여 크고 작은 현실적 문제에 적절한 기법을 적용해 가는 것이 바로 NLP이다. 당연히 다른 사람을 돕는데 활용하기도 하지만 자기 자신의 일상생활에서도 얼마든지 셀프로 적용할 수 있다. 이를테면 무림의 고수들이 손에 넣고자 하는 자기완성, 타인 지원을 위한 비전祕傳인 셈이다.

우리나라에서는 일찍이 남서울대학교 대학원에서 한국코칭학회장이기도 한 도미향 교수의 주도로 코칭학과가 개설되어 효시를 보이면서 새로운 바람을 일으키고 있다. 이후 많은 대학에서 여러 형태로 코칭을 가르치고 있음은 주지의 사실이기도 하다. 현재는 전국 각지에서 코칭에 뜻을 둔 많은 분들이 남서울대학교에 모여들고 있다. 코칭을 실용적 기법으로서만이 아니라 학문적 탐구도 병행한다는 점에서 매우 바람직하다고 하겠다. 여기에 NLP가 코칭의 핵심임을 알고 이른 시기에 마스터한 도 교수가 곧 바로 NLP과정을 개설하여 비로소 코칭학과에 어울리는 커리큘럼을 갖추게 되었음은 매우 고무적인 일이다. 다시 강조하지만 NLP는 코칭의 원조이자 그 자체이다.

이 책은 기본적으로 NLP 창시자의 한 분인 존 그린더 교수가 진행하는 「뉴코드 NLP코칭」 세미나와 「NLP트레이너 양성과정」 등 비교적 고급 NLP 관련 2가지 과정에서 배운 내용 중에서 대가의 보석 같은 가르침을 바탕으로 하여 구성되었다. 과연 NLP 창시자다운 놀라운 혜안과 예지를 유감없이 보고 배울 수 있었고 인간에 대한 이해를 깊고 넓게 확장할 수 있었다는 점에서 깊이 감사드린다. 그래서 코칭에 대한 내용만이 아니라 뒷부분에는 NLP트레이너로서 갖추어야 할 핵심 내용도 함께 반영하였다. 코칭에서나 트레이닝에서 모두 NLP를 최고 수준에서 발휘하는데 도움이 될 것이다. NLP를 제대로 배웠다면 당연히 코칭에서나 트레이닝에서 좋은 역량을 나타내게 될 것이다. 물론 NLP코치나 NLP트레이너가 되려면 국제적으로 인정되는 소정의 자격을 취득해야만 한다.

NLP 창시자이자 코칭의 대가에게서 직접 배운 빛나는 내용을 전수한다는 점에서 집필 작업에 강한 사명감과 뿌듯한 보람을 느낀다. 그렇긴 하지만 당초 이 책은 일반적인 입문서나 해설서가 아니라 코칭에 대한 기초적 이해가 있는 분들 또는 NLP 프랙티셔너 이상의 수료자를 대상으로 하고 있는 만큼 다소 높은 수준을 보여주고 있다. 그러므로 일반적이고 기본적인 NLP 개념이나 기법에 대한 이론 전개나 코칭 프로세스에 관한 설명은 생략하였다. 필요하다면 NLP 기초에 대해서는 심교준 박사의 『NLP 성취심리학』을 읽으면 도움이 될 것이다. 그런 다음 이 책을 보거나 이 책을 먼저 읽었다고 해도 앞서 소개한 책을 보면 좀더 내용이 쉽게 다가올 것이다. 그리고 이 책의 내용은 비단 코치만이 아니라 변호사, 의사, 회계사 등 모든 전문 직종 분야의 종사자에게도 크게 도움이 될 것이다.

끝으로 존 그린더 교수의 과정을 함께 들으며 많은 힌트와 통찰은 물론 구체적 자료까지 제공하며 공유를 허락하여 주신 (주)Proalive의 이시카와 타이가石川大我 회장님께 진심으로 감사드린다.

아무쪼록 이 책이 우리나라 코칭의 수준을 높이는 데 그리고 코치들에게 새로운 세계지도의 지평을 열게 하는 데 조금이라도 도움이 된다면 더 이상의 바람은 없겠다. 완성을 지향하여 이 책을 손에 든 코치들에게 뜨거운 응원의 박수를 보낸다.

2020년 새봄을 맞으며

도미향, 심교준

차 례

PART 03 뉴코드 NLP의 실제와 적용

PART 04 NLP 트레이너와 프레젠테이션

프롤로그: 코칭의 원점

❚코칭 세션은 어떻게 일어나는가?

질문 속에 답이 있다.

➡ 좋은 질문 속에는 좋은 답을 찾을 수 있고,

➡ 좋지 않은 질문에서는 좋은 답을 찾을 수 없다.

생각

自問自答

스스로 좋은 질문을 한 사람	**스스로 좋은 질문을 못한 사람**

스스로 좋은 응답을 찾는다.	스스로 좋은 응답을 못 찾는다.
⬇	⬇
스스로 생각한 대로 실행한다. (코칭을 필요로 하지 않는 사람)	코치를 찾아 코칭을 받는다. (코칭을 필요로 하는 사람)

▌코치란?

코치란 고객이 스스로 했어야만 했던
좋은 질문을
대신 해주는 존재이다.
그 이상도, 그 이하도 아니다.

▌고객이란?

고객이란 스스로 했어야만 했던 좋은 질문을
코치로부터 받아 좋은 응답을 스스로 찾고
행동으로 이끌어가는 존재이다.

▌코칭 세션이란?

코칭 세션은 고객 스스로
좋은 응답을 찾아낼 수 있도록
코치가 대등한 입장에서 수행하는
일련의 질문 과정이다.

읽기에 앞서

이 책에서 중요하게 생각하는 점은 상호작용Interactive이다. 코칭 세션이나 교실에서 코치나 트레이너가 준비한 내용을 일방적으로 전달하는 것이 아니라 고객, 수강생들의 반응에 유연하게 대응하며 그 수준과 분위기에 맞추어 진행하는 것이다. 동양의 교학상장教學相長이라는 가르침처럼 저자 역시 강의실에서 수강생들과 호흡을 맞추며 새롭게 깨닫고 얻는 것이 많아 매번 성장하는 기쁨을 느낀다. 사실 이런 변화의 기쁨, 놀라움을 체험하는 것이 학습의 본질이기도 할 것이다.

그런 가운데 특히 세미나에서 항상 좌우에 따라오는 것은 「정중한 응대」와 「경의의 표명」이다. '정중한 응대'란 상대방의 기분을 저해하지 않도록 배려하는 것이고 '경의의 표명'이란 상대방이 더 발전할 수 있도록 사실에 입각하여 솔직한 피드백을 여과 없이 전하는 것이다. 이러한 '경의의 표명' 혹은 건설적 피드백은 때로는 무안하고 기분이 상할 수도 있지만 좀더 큰 차원에서 보면 본인의 발전에 도움이 되기에 결국 상대방의 존재에 대한 '경의의 표명'이라고 해도 좋을 것이다.

그런데 어떤 책이나 세미나라도 시공간의 제약은 있기 마련이어서 정중한 응대는 앞에 걸어두기만 하고 주로 경의의 표명 위주로 장려하며 진행하는 것이 바람직하다고 생각한다. 물론 그렇게 하는 의도는 정해진 시간을 절약하면서도 내용의 에센스를 흡수하여 최고 클래스의 코치로서 확립되기를 기대해서이다. 때로는 강하게 푸시도 하고 도발하는 장면이 나온다면 모두 독자들의 학습 수준을 높이기 위한 시도라는 필자의 진심을 이해하여 충분히 양해해 주리라고 믿는다.

눈을 가리고 과녁을 향해 화살을 쏘았을 때, "빗나갔으니 다음엔 좀 더 오른쪽 위로 쏘세요." "조금 아래로" 등과 같이 피드백을 주는 것과 "빗나갔으니 한 번 더 쏘세요."라고 한다면 누가 더 실력이 향상되겠는가? 따라서 정확한 피드백은 우리 개인의 실력 향상에 중요한 요소이다.

그리고 서로의 체험은 함께 나누기를 촉진할 때 빛이 난다. 같은 시간에 같은 책이나 강의를 통하여 내용을 익히지만 우리 서로가 보는 것, 얻는 것이 각자 다르기 마련이다. 따라서 다른 사람과 체험과 통찰을 공유하는 것은 배운 것을 그냥 혼자서만 갈무리하는 것보다 훨씬 유용하고 풍성한 학습의 열매를 얻게 된다.

이러한 자세를 독자 여러분들 사이에서도 충분히 활용하기를 바란다. 나아가 실제 코치로서 활동할 때에도 어떤 고객에게라도 경의의 표명을 아끼지 말아야 할 것이다. 물론 그때는 정중한 응대의 자세도 잊어서는 안 될 것이다.

훌륭한 코치가 되는 첩경은 코칭 관련 책만 읽어서 되는 것도 아니고 코칭 세미나 참가를 통해서도 아니다. 그럼 무엇인가? 훌륭한 코치를 본받기 하는 것이다. 그것도 내면적인 사숙師叔만이 아니라 직접 만나보고 (가르침을 받으면 더 좋고) 행동적으로 본받기 하는 것이다. 우리가 코칭을 할 때 빠지기 쉬운 일반적인 오류의 하나는 고객이 말하는 콘텐츠에만 집중한다는 것이다. 그래서 어떤 해결책을 찾아주고는 마치 제대로 한 건 했다는 듯이 코치로서 만족감을 느끼기 쉽다. 그러나 그런 콘텐츠 위주의 진행에서 얻는 자만심은 전문성이 낮은 코치의 행태이다.

코칭 세션에서는 특히 고객의 신체적 상태, 특징을 잘 관찰식별하는 것이 콘텐츠에 집중하는 것보다 더 중요하다. 그런데 일반 코칭에서는 이런 측면은 그다지 중요시하지 않기 때문에 세션 전체에 걸친 진행절차나 테크닉적인 측면만 중시하다 보니 참으로 중요한 부분에 대한 학습이 미흡한 채여서 코치 활동을 하면서도 뭔가 미진한 느낌을 떨쳐버리지 못하고 있는 것이 아닐까?

한 사람의 신체적 상태, 특징에 맞추면 이윽고 내면까지 참으로 그 사람과 같은 상태가 될 수 있다. 이것을 NLP[Neuro-Linguistic Programming]에서는 본받기[Modeling]라고 한다. 다른 사람의 행동, 패턴을 그대로 따라서 본받는 기법이다. 그것이 무의식적으로 동화될 수 있도록 연습을 반복하는 것이 바람직하다. 이것을 가장 훌륭하게 실행한 사례를 우리는 이미 알고 있다. 바로 NLP 탄생의 계기가 된 게슈탈트 요법의 프레드릭 펄즈를 본받았던 리차드 밴들러의 사례이다. 그는 철저한 본받기를 통하여 펄즈와 같은 수준 또는 그 이상의 플레이를 실현할 수 있었다. 그러한 전반적 본받기 가운데 펄즈가 사용했던 커뮤니케이션 패턴을 존 그린더가 가세하여 정리, 분석하여 체계화한 것이 바로 구체화질문모형[Meta Model]이고 이것이 나중에 NLP의 모태가 되었음은 주지하는 사실이다. 그만큼 본받기는 모든 학습의 기본 요소이고 그 요체는 신체적 행동, 언어 패턴을 본받아 따라하는 것에 있음을 재삼 강조해 둔다.

우리는 미워하는 어떤 사람이 있다면 그 사람의 말투, 표정, 행동을 따라하며 흉본다. 그러다보면 자연히 그 사람의 의식 상태에 부지불식간에 동화되어 버린다. 의도적으로 본받기 할 의도가 전혀 없다고 해도 그런 행동을 취함으로서 실제로는 거꾸로 나도 모르게 본받기를 하게 되는 것이다. 행동, 패턴을 맞추는 데서 오는 무의식적인 작용의 결과이다. 못된 시어머니를 닮는 며느리의 사례, 권위적 부모 밑에서 성장한 사람이 바로 그런 성향의 부모가 되는 사례 등 증거는 얼마든지 많다.

본받기를 통한 학습에서 가장 성과를 잘 내는 사람은 누구인가? 바로 아이들이다. 아이들은 삶에 적응하는 행동과 패턴을 어떻게 배우고 실현하는가? 모두 가장 가까운 부모들에 대한 무의식적인 본받기를 통하여 나날이 성장하여가는 것이다. 이처럼 무의식적인 학습이야말로 가장 강력한 학습 방법이 된다. 아이들은 무의식적 본받기의 천재이다. 말하기, 행동거지, 소꿉놀이, 부모 흉내 등은 물론이고 청소년 시기의 스포츠, 예술뿐만 아니라 비행에 이르기까지 모든 배움과 숙달과정에는 본받기가 개재되어 있다. 그런데 무의식적으로 일어나다

보니 공부한다는 인식이 없고 지루함도 느끼지 못한다. 부모나 선생님의 지시나 가르침에 의해 의식적으로 학습하는 것은 쉽게 지루함을 느끼게 된다. 여기에 어린이의 (무의식적) 학습과 어른의 (의식적) 학습의 차이가 있다.

특히 OO도道(무도武道, 다도茶道, 기도碁道, 예도藝道 등)라고 이름 붙여진 분야에서는 무의식적인 반복적 패턴 학습이야말로 세련화와 최고도의 기량 숙달을 실현하는 지름길이다. 여기에는 반드시 시행착오, 실패가 수반되기 마련이다. 그러나 어린이는 실패에 대한 두려움을 모른다. 오직 호기심과 아웃컴에만 충실할 뿐이다. 기대대로 잘 안되면 바로 패턴을 수정하여 아웃컴을 향해 간다.

우리는 냉정히 말해 아직은 코칭의 달인이 아니다. 달인이라고 스스로 자처한다면 아마도 이 책을 손에 들지 않았을 것이다. 그러니 뭔가를 배우려는 어린이 같은 자세로 임해주기 바란다. 잘 안 되는 것을 두려워 말고, 매끄럽지 못한 플레이를 부끄러워말고, 되도록 많이 실패하고 시행착오를 겪고 피드백을 얻는 과정을 안심하고 즐기기 바란다. 그럴수록 학습은 깊어지고 근육에 더 잘 배어들게 될 것이다. 그 결과 이 책이 제시하는 대로의 학습이 종료될 때 각자 탁월한 코치로서의 존재감과 자신감을 느끼게 될 것이다.

이 책을 읽다가 의문이 나면 주저 말고 질문해 주기 바란다. 질문은 향상의 지름길이다. 질문을 통해 우리는 가장 많이 성장한다. 단, 질문을 할 때는 구체적으로 어떤 부분, 어느 내용에서 이해가 잘 안되는지 명확히 해 주기 바란다.

마지막으로 명심해야 할 부분이 있다. 코칭은 다른 인접분야 학문과 관련 없는 독립된 지식, 실행체계가 아니다. 항상 꾸준히 다른 학문과 교류하며 바람직한 것은 받아들여 내용을 살찌우고 지평을 확대해가야 한다.

특히 코칭은 서비스 마케팅의 일환임을 잊지 말아야 한다. 서비스 마케팅은 기존의 제조업 마케팅의 4P 요소에 3P를 더하여 7가지 요소로 이루어진다. 일류 코치라면 이러한 7P 요소를 충실히 하는 것이 바람직하다.

서비스 마케팅 7P

요소	내용
Product 상품	코칭 세션, 코칭 프로그램 이름 등
Price 가격	코칭 요금
Place 유통경로	코칭센터, 세션룸 등
Promotion 판매촉진	광고, SNS, 홈피, 구전 등
Process 과정	약속, 만남, 인사, 진행, 마무리, 사후 폴로우 등
Physical Evidence 물리적 증거	자격증, 실내 분위기, 관련 서적, 복장 등
People 사람	서비스 공여자: 코치, 서비스 수혜자: 고객

7P 가운데 핵심은 사람이다. 코칭은 어디까지나 사람과 사람의 관계이다. 사람과의 관계에서는 감정, 선입관 등이 크게 영향을 미치기도 한다. 그러므로 감정 측면을 잘 관찰하여 대응하여야 한다, 부정적인 감정을 자극하지 않도록 하고 긍정적인 감정은 이끌어내기도 한다.

코치는 이 분야에서는 고객보다 지식적, 기술적 우위에 있을지라도 다른 분야에서는 고객이 더 해박하고 뛰어날 수도 있다. 코칭 현장에 와 있는 고객은 결코 못난이나 부족한 사람이 아니다. 인간으로서의 존엄성에서는 동등하다. 그러므로 항상 겸허와 배려, 존중의 자세로 고객을 대해야 한다. 그야말로 인연因緣이다. 예부터 인연을 소중히 하라고 했고 일본 다도에서 중시하는「一期一會(이치고이치에, 평생 한 번밖에 없는 만남일 수 있으니 상대방을 소중히 대접하라)」가르침도 있다. 현대에는「Now & Here(지금 여기)」를 강조하고 있다. 지금 나와 같이 있는 사람이 내게 중요한 사람이고 그 상황에 집중하라는 의미이다.

코칭 기회라는 측면에서는 고객이 공여자가 되고 코치는 수혜자가 되기도 한다. 그럼 이제 완성을 지향하는 탑클래스의 엑스퍼트 코치의 길로 들어서는 문을 열도록 하자.

이 책은 코칭에 관한 이론가, 평론가, 학자, 연구가를 육성하는 것이 아니라 프랙티스에 충실한 현장 실천가, 현장 코칭전문가를 위한 것이다. 나아가 이 책을 마스터 한다면 명실공히 엑스퍼트, 프로의 수준에 이르게 될 것을 약속한다.

01 PART

코칭의 기초와 활용

Chapter

01 코칭의 시작

1. 코치로서의 활동

1) 코치의 역할

코치는 고객이 스스로 갈망하는 상태를 확립할 수 있도록 지원하는 존재이다. 코치는 다음과 같은 4가지 측면을 충실하게 잘 실행해야 한다. 이것들은 일련의 도구이기도 하고 프로세스이기도 하다.

1. 이끌어내기Elicit
2. 정의 내리기Define– 범위설정Framing
3. 세련화(재정의)하기Refine
4. 도전하기, 이의 제기Challenge

'이끌어내기Elicit'란 음성언어적, 비음성언어적 정보(의식적, 무의식적 반응, 신호)를 이끌어내는 것이다. 특히 비음성언어는 고객의 아웃컴의 실현 가능성을 높이는 신호이기도 하지만 방해하는 신호이기도 하다. 그러므로 잘 관찰식별하는 것이 요구된다.

다음은 '정의 내리기Define'이다. 고객이 제기한 테마에 대한 정의를 명확하게 하는 것이다. 테마는 아웃컴일 수도 있고, 문제일 수도 있다. 그 내용과 범위가 명확해야 고객의 생각의 회로를 과녁(아웃컴)을 향해 유도할 수 있다. 물론 코치 스스로가 정의 내리기를 하는 것은 아니다. 고객으로 하여금 스스로 명확히 하게 해야 한다.

그리고 고객이 말하는 것에 대하여 '도전하기', '이의 제기Challenge'를 하여 내용을 더욱 명확히 한다. 그러면서 고객의 말을 동의이어同意異語, Paraphrasing를 통하여 '세련화(구체화)'한다.

이것은 다시 말하자면 버벌 패키지Verbal Package(한정질문)의 구현이다. 이것은 그린더가 개발한 가장 간명하면서도 커뮤니케이션의 질을 높이는 효과적인 기법이기도 하다. 명사와 동사(부사, 형용사)를 구체화하는 질문을 거듭하는 것만으로도 신속하게 메인 포인트에 도달하게 되는 것이다. 어쩌면 세련화하기와 도전하기, 이의 제기는 정의 내리기에 부수되는 도구로 보아도 좋을 것이다.

만일 코치의 질문에 고객이 응답을 제대로 못한다고 해도 재촉을 하거나 조바심을 낼 필요는 없다. 그 자리에서 응답을 얻지 못하면 코치로서는 미완결 세션으로 판단하여 자신의 역량이나 접근법에 심각한 회의를 느낄지도 모른다. 그러나 크게 걱정할 일은 아니다. 고객이 그 자리에서는 응답을 찾지 못해도 돌아가는 길에, 잠자기 직전에, 잠자는 사이에 또는 아침에 일어나서 응답을 얻을 수도 있기 때문이다. 그것은 바로 한 번 입력된 질문에 대한 응답을 끝까지 찾아내는 무의식의 특징적 작용 때문이다. 그러므로 좀 더 생각해 보자고 하고 그날은 미결인 채로 두어도 좋다. 왜냐하면 응답은 코치가 찾는 것이 아니라 고객이 찾는 것이기 때문이다. 응답을 강요하여 의식적인 응답을 이끌어냈다고 해도 그것이 진실로 고객 자신에게 진실되고 효과적인 응답일 수는 없다. 또 코치가 못 참고 먼저 응답을 말해버리면 설사 그것을 고객이 공감하여 받아들였다고 해도 그 순간 그것은 코치의 응답이 되고 말며 고객으로서는 실행에 대한 책임을 지지 않아도 된다. 때로는 고객과 코치와의 관계, 체면 등을 고려하거나 여러 요인 때문에 코치가 듣고자 하는 그럴듯한 응답을 만들어내는 경우도 있으므로 코치는 더욱 관찰식별에 유념해야 한다. 그리고 코치는 크게 다음 4가지 역할에 충실해야 한다.

(1) 고객의 변화촉진을 한다.

변화촉진Facilitator에는 다음 3가지가 요구된다.

- 행동화– 생각도 행동으로 연결되어야 의미가 있다.
- 아웃컴에 대한 해결책의 발견– How to가 없는 아웃컴은 탁상공론이다.
- 창조성 발휘– 본받기, 기성체험As if 등 유연성을 가져야 한다.

고객이 어떤 내용, 수준, 방법의 해결책이든 스스로 발견하도록 돕는 것이다. 코치는 시종일관 촉진자로서 고객을 지원하고 가이드해 가면 된다. 결코 리더가 되어서는 안 된다. 리더는 어디까지나 고객 자신이다. 코치는 충실한 참모 또는 보조자로서의 입장을 유지해야 한다. 아웃컴 실현의 길이든, 문제의 해결책이든 발견의 영광은 고객이 누려야 할 특권이다. 그것을 코치가 가로채어 버린다면 이미 코치로서의 품격을 포기한 것이다. 마지막에 고객이 시상대 높은 곳에서 빛나야 하고 기쁨을 누려야 한다. 코치는 또 다른 기쁨을 느끼며 뒤에서 그런 고객을 지켜보면 된다.

올림픽에서의 선수와 코치의 모습을 보라. 경기에 임하는 것은 선수(고객)이고 월계관을 쓰는 것도 선수이다. 코치가 직접 나서 뛰고 월계관을 쓰는 것은 아니지 않은가? 그리고 애당초 코치라는 개념은 스포츠 분야에서 등장한 것이다. 구분하자면 스포츠 분야의 코치는 주로 기량을 강화하기 위해 지도하는 테크니컬 코치라면 우리가 지향하는 코치는 내면세계를 지원하는 멘탈 코치라 할 수 있다. 그런데 요즘은 스포츠에도 멘탈적인 측면이 강조되어 심리 측면이 중시되고 있음을 본다.

(2) 고객에게 영향을 미치고 도전하고 재정의한다.

물론 이 영향의 대상은 고객의 생각(내면지도)이나 행동에 대해서이다. 코치가 만일 "이럴 것이다." "이렇게 해야 한다."라고 생각한다면 그것은 본인의 가정(코치의 세계지도)에 지나지 않는다. 고객이 생각하는 것(고객의 세계지도)과는 당연히 다를 수밖에 없다. 코치가 자기 멋대로 가정, 지레짐작, 독단에 흐른다면 코칭은 매우 위험해 진다. '잘 듣고 있겠지' '실행할 각오를 하고 있겠지'라고 혼자 생각해서는 곤란하다. 그러므로 관찰식별을 잘해야 한다. 그리고 철저히 질문을 해서 구체적으로 파악하여 고객의 세계지도와 일치하도록 하고 호흡과 상태를 같이 해야 한다.

고객이 말하는 단어나 문장의 의미, 개념은 코치가 듣고 이해하는 내용과 얼마든지 다를 수 있음을 명심해야 한다. 왜냐하면 인간은 서로 다른 언어지도를 가지고 있기 때문이다. 그래서 명확하게 정의를 내리는 것이 요구된다. 그래서 버벌 패키지를 마련한 것이다. 예를 들어 고객이 "제대로 된 비즈니스를 하고 싶다."라고 말한다면 여러분은 어떤 의미로 받아들일 것인가? "수익성이 좋아 경제적 여유를 확보할 수 있는 비즈니스"라고 받아들이고 다음으로 넘어갈 것인가? 실제로 고객의 그 말은 "국내외 네트워크가 탄탄하여 환경의 영향을 덜 받는 비즈니스"를 말하고 있는지도 모른다. 그래서 함정에 빠지지 않기 위해서는 선입견에 의한 가정이나 지레짐작을 말고 구체적으로 물어보면 된다. 코치가 이해를 못해서가 아니라 고객 본인의 세계지도를 구체화시키기 위해서이다. 그런 면에서 코치는 적절하다면 질문을 삼갈 필요는 없다. 그렇다고 마구잡이 질문은 곤란하다.

때로는 다른 접근 방법의 사용도 필요할 것이다. 즉, 트랜스 상태를 조성하여 무의식의 응답(비언어적 체각적 신호)을 들어보는 것이다. 이때 무의식 신호의 내용이 일관성이 있는지는 반드시 체크해보아야 한다. 이를 위해서는 트랜스 조성 능력(에릭소니언 트랜스), 관찰식별 능력, 무의식 신호에 대한 의미부여 능력, 커미트먼트를 얻어내는 능력 등을 갖추어야 한다.

코치가 하는 일은 질문을 통해 고객의 지도를 파악하여 필요하다면 그 지도에 긍정적 영향을 미치게 하고, 그 세계지도(생각)에 도전하기도 하고 그리고 세련화(구체적 재정의)를 기하는 것이다.

(3) 고객을 지원하고 주의를 기울인다.

이것은 무엇을 의미하는가? 누구든 특별한 주의를 기울일 때는 어떤 버릇된 자세를 나타내기 쉽다. 내면은 사람에 따라 낙관적이 되기도 하고 비관적이 되기도 한다.

"나는 태생이 낙관적이에요. 괜찮아요. 문이 닫혀버리면 창문을 열면 되니까요."라는 사람도 있고, "세상은 어떤 일이 일어날지 아무도 몰라요. 매사 안전장치를 해놓지 않으면 안 되지요."라는 사람도 있다. 우리가 일상생활에서 쓰는 계약서는 대부분 비관적 사태를 염두에 두고 작성하는 것이다.

이런 현상은 어떻게 일어나는가? 우리는 모두 나름대로 필터를 가지고 있기 때문이다. 이 필터는 다른 말로 하자면 근본사고방식, 신념·가치관, 준거틀, 선입관, 기본 관점 등의 의미를 가질 수도 있다. 일종의 자기 보호 장치이기도 하다. 그래서 정보를 취사선택하여 자아정체성, 신념·가치관을 지탱한다. 우리는 이처럼 자기 자신의 기본적 필터를 통하여 세계를 보고 이해한다. 즉, 3Ti[3Tuple internal](3가지 내적 표상체계 정보)의 세계에 의존하여 살고 있는 것이다. 사실 3Te[3Tuple external](시각, 청각, 체각 등 3가지 실제 외부환경 정보)의 세계에 입각하여 있는 그대로 보고 받아들인다는 것은 매우 어려운 일이다. 우리는 태내에서부터 성장기를 거쳐 지금 나이에 이르기까지 학습된 경험의 영향으로 무의식적으로 나름대로의 필터(삭제, 일반화, 왜곡)를 작동시켜 왔다. 어떤 면에서는 그것이 몸에 익고 체질화되어 가치판단이나 의사결정, 행동으로 나설 때에 편향된 방향을 선택하기 쉽다.

이처럼 굳어진 필터(세계지도)를 바꾸어 변화하도록 영향을 미치려면 조금씩 두드리며(질문하면서) 자연스럽게 유도해야 한다. 그 방법의 하나는 지각위상 변환도 있다. 내 입장에서 벗어나 상대방 입장(제2포지션), 제3자의 입장(제3포지션)도 헤아려 보게 하는 것이다. 관점을 넓혀 다른 가능성을 탐색해 보게 하는 것이다. 그러면서 고객은 상황을 다른 시각에서 보게 된다. 즉, 상황의 의미를 바꾸게 되는 것(의미전환Reframing)이다.

(4) 타당성 체크로 필터를 정당화한다.

이 모든 것이 일관성, 관련성이 있고 정합성이 있는지, 합목적성에 부합되는지 도전하는 질문을 한다. 그렇게 하여 타당성을 체크하고 필터의 정당화(새로운 건전한 필터 설치)를 기하는 것이다. 만일 어떤 비즈니스(코칭 계약에 대하여)에서 "아는 사이인데 계약서 같은 건 쓸 필요 없어요."라고 한다면 어떻게 할 것인가?

사람은 그 사람의 필터(신념, 준거틀, 행동기준 등 내적 세계지도)에 따라 반응할 것이다. 말 그대로 계약서가 필요 없다는데 동의할 수도 있고, 아무리 그래도 문서는 하나 남겨놓아야 한다고 하는 사람도 있을 것이다.

이처럼 사람에 따라서는 무의식적으로 형성된 필터, 자의적인 경계를 설정하여 선을 그어 놓고 절대로 그 범위를 넘지 않으려고 한다. 이러한 제한은 일종의 신념이 되어 그 사람의 생각과 행동을 제어한다. 그래서 "인간의 내면은 때로는 바다 같이 넓지만 때로는 송곳 하나 꼽을 자리가 없다."고 하는 것이다. 그 제한을 넘으려고 하면 그 순간 기존의 그 필터는 장애요소가 된다.

예를 들어 어떤 NLP트레이너는 강의 때 신을 구두를 따로 챙겨갖고 다닌다. 그 구두를 신고 있을 때, 그에게는 "나는 유능한 NLP트레이너이다."라는 감각이 솟아난다는 것이다. 그러므로 그 구두를 신고 강의를 하지 않으면 왠지 자신감이 떨어진다고 하는데 이것도 역시 필터의 작용이다. 이 개념은 자극심기Anchoring와도 관련이 있다. "나는 이 구두를 신지 않으면 강의가 잘 안 돼."라고 생각하고 말한다면, 그는 그 구두 없이는 강의를 제대로 못하게 될 것이다. 생각과 말은 행동에 영향을 미치기 때문이다. 그러므로 "~하지 않으면 안 돼."와 같은 강박적 표현에 주의를 기울여야 한다.

이럴 때는 "만일 ~를 하면 어떻게 되나요?"와 같은 질문(구체화질문모형)을 통하여 필터에서 자유롭게 벗어나게 해야 한다. 그래서 새로운 필터를 발견하도록 돕고 또한 그 정당성을 확보하게 하는 것이다. 만일 잘 안되면 본보기를 찾아내어 본받기Modeling를 하면 된다. 기성체험As if을 해도 좋다. 그 사람이 되었다고 치고.

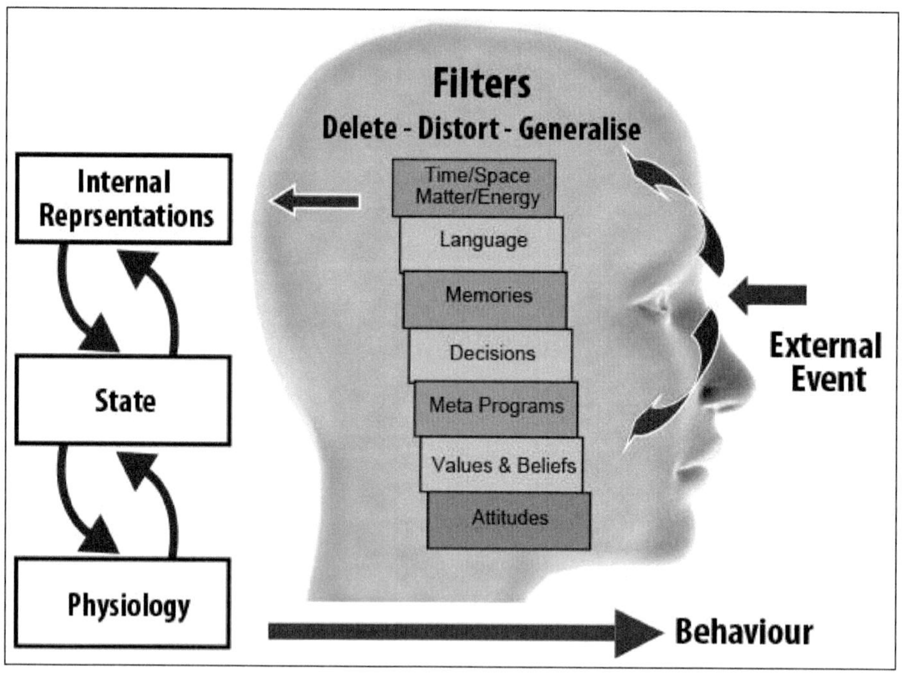

2) 처음 코칭

당신이 만일 처음 코칭에 임하는 코치라면 다음과 같은 코칭과정Process을 유지하리라고 마음먹을 지도 모른다. 메모해 두고 몇 번이나 들여다보았을 것이다.

- 내면안정
- 관계성 확립- 계약사항 확인
- 정보 이끌어내기
- 목표 명확화- 의도 탐색
- 범위설정
- 행동계획
- 결심
- 팔로우 업follow up(후속조치)

아니면 일반코칭 프로그램에서 제시하는 소위 단계별 프로세스를 따르려고 외워두었을지도 모른다, 처음 코칭세션을 진행하게 되면 얼마간은 긴장되고 조심스러울 것이다. 그래서 실전 같은 연습을 충분히 해 두라는 것이다. 어쨌든 첫 코칭에 임하게 되었다면 무엇부터 해야 할까?

먼저 '내면상태 안정'이다. 그리고 고객도 안정된 상태로 이끌어줄 필요가 있다. 그걸 위해서는 자신감생성공간Excellent Circle 기법 등을 간략하게 활용할 수도 있다. 먼저 내면안정을 취하는 것은 코치에게는 일종의 의식Ritual이라고도 할 수 있다.

그리고 코칭 진행에 소용되는 확실한 도구를 확보해 두는 것이 바람직하다. 자동차 수리사는 해머 등 공구를 도구로 쓰고 의사는 메스 등을 도구로 활용한다. 산악인은 스틱 등을 도구로 쓴다. 이처럼 전문분야마다 잘 사용하는 도구가 있기 마련이다. 코칭에서 유용한 도구는 단연 NLP^{Neuro-Linguistic Programming} 패턴들이다. 본격적으로 코치로서 활동하자면 이제 NLP 수련은 필수이다.

만일 세션에 임하기 전에 어떤 일을 하고 있었고 그것이 아직 미결인 상태라도 일단 중지하고 세션에 들어가기 전에 세션 후에는 다시 그 일을 이어서 하도록 무의식과 합의해 두는 것이 필요하다. 그리고 자기는 유능하고 역량 있는 코치라는 자긍심을 가지고 임한다. 내면이 안정되면 다른 자원은 바로 동원할 수 있게 된다. 코칭에서 무의식의 협조를 수반한 내면상태 안정은 무엇보다 중요하다.

다음은 '관계성 확립'이다. 물론 관찰식별이 선행되어야 함은 물론이다. 관계성이 확립되지 않으면 아무 것도 할 수 없다. 내면안정이 되어 있으면 관계성도 무리 없이 이루어질 것이다. 의식적인 관계성 형성 기법 구사보다 기본적으로 고객을 존중하는 자세를 가지고 대하면 된다.

비즈니스 코칭이라면 때로는 계약 내용 확인이 수반될 수 있다. 다룰 이슈의 내용, 진행 시간, 진행 회기, 코칭료, 지불 방법, 기타…. 그런데 이것은 이미 관계성이 구축되었다면 큰 문제없이 합의하에 넘어갈 수 있다. 그리고 가능하면 이런 논의는 코칭 대면 시에 하기보다 사전 예약 시에 처리해두는 것이 바람직하다.

실질적으로 중요한 것은 '정보 이끌어내기'이다. 일단은 고객의 표정, 자세, 제스처 등을 관찰식별을 통하여 정보로서 캐치한다(이야기의 내용= 콘텐츠에 집중하는 것이 아니다). 잠깐의 대화를 통하여 이러한 정보를 얼마든지 이끌어낼 수 있다. 정보를 잘 이끌어내기 위해서는 고객의 성향에 따라 적절한 어프로치를 해야 한다. 아울러 구체화질문모형, 버벌 패키지라는 훌륭한 도구를 활용하면 된다.

정보를 이끌어낼 때는 직접 물어보는 것이 아니라 메타포^{metaphor}를 사용하여 이끌어낸다든지, 인용을 활용한 이야기 형식으로 또는 일상대화와 같은 분위기에서 이끌어내는 것이 바람직하다. 일상대화 형식을 취할 때는 주의가 요구된다.

코칭에 대해 어떤 선입관을 가지고 있는 고객이라면 다소 따분해져서 무심코 시계를 보고 '이렇게 시간이 필요한 것인가?'하고 의문을 품는 경우가 있을 수 있기 때문이다.

좌우간 정보를 지속적으로 이끌어내도록 한다. 특히 초반에는 명확한 아웃컴이나 문제를 특정하는 정보를 이끌어내야 한다. 그리고 '목표 명확화'가 필요하다. 당신이 코치라면 그 목표를 달성하기에 어떤 정보가 더 있으면 좋다고 생각하는가?

그리고 예를 들어 고객이 목표를 찾았다고 하자. 그리고 코칭 도중에 그 처음 정한 목표가 바뀌어졌다고 하자. 이렇게 목표가 도중에 바뀌게 되면 확인하고 고객에게 설명해야 한다. 왜냐하면 그때는 계약 내용도 다르게 될 수 있기 때문이다.

하여튼 고객이 목표를 바꾸려고 할 때, 의도에 대한 질문이 중요하다. 그 의도를 물어보아야 한다.

"그 의도는 무엇인가요?"

다소 도발적이라도 좋다. 고객의 목표와 지도에 도전하는 것이다.

"의도를 만족시키는 방법은 몇 가지 정도 있습니까?"

고객이 도중에서 목표를 바꾸려고 할 때에는 이와 같이 물어본다. 정의를 내리고 세련화(구체화)를 하고 도전(질문)을 한다.

코치와 고객 사이의 관계상의 관계 '범위설정Framing' 또한 중요하다. 프레임이란 문자 그대로 틀, 범위영역을 의미하므로 그 속에 무엇을 집어넣느냐에 관한 것이다.

코치는 고객에게 부모 역할을 하는 것은 아니라는 것을 인식시켜 둔다. 고객 자신이 해결하는 것을 돕는 파트너십을 맺는 것이다. 해결책은 고객 속에 있다. 그 해결책을 고객 스스로 이끌어내는 것을 질문을 통하여 돕는 것이 코치의 역할이다.

또 고객에 대하여 매우 구체적인 질문을 하게 됨을 미리 말해 둔다. 때로는 과제에 대해 이야기를 들려주기도 한다. 그 과제에 대하여 고객이 이해하지 못하는 일이 생길지도 모른다. 그렇더라도 고객은 그것을 실행할 필요가 있다. 그리고 도전적 자세가 되어야 한다. 이러한 것을 착실히 함께 수행할 수 있도록 결심을 이끌어낸다. 처음에 고객과 이러한 점들에 대하여 합의해 두어야 한다. 그다지 만만치 않은 일이 될 수도 있겠지만….

다음은 고객으로부터 가능한 한 빨리 '행동계획'을 세우고 그 실행에 대한 '결심(커미트먼트)'을 이끌어내는 것이 요점이 된다. 결심이 일어나는지를 되도록 많은 부분에서 끊임없이 관찰하여 체크하여야 한다.

코칭 세션에서 만나는 고객의 세계는 그야말로 미지의 세계이다. '바다'라고 해도 코치 자신이 이해하고 있는 바다와 고객이 가지고 있는 바다의 개념에는 큰 차이가 있을 수 있음을 알아야 한다. 자기가 모르는 미지의 영역에 들어갔을 때, 거기에서 무엇이 일어날지 예측이 안 되어 보이지 않고 들리지도 않고 알지도 못한다. 그때는 기존의 경험으로 축적되었던 준거틀에 비추어 보고 판단할 수밖에 없다. 그러나 가지고 있는 정보가 부족하거나 자신에 대한 믿음이 없을 때에는 타인의 영향을 받기 쉬운 상태가 된다. 마침 그런 때 누군가가 옆에 있다면 또는 도움이 될 만한 사람을 찾아간다면 그 사람이 하는 얘기에 귀를 기울이고 따르게 되지 않을까? 아마도 그렇게 될 가능성이 높다. 이것이 점을 보는 심리이다. 자기 판단력이 약할 때에는 외부의 암시, 징후, 조언에 넘어가기 쉬워진다. 나아가 그것이 마치 원래 자기의 아이디어인 것 같은 착각마저 들게 된다. 타인의 가치관과 관점을 뒤집어 쓴 꼴이 된다. 어떤 의미에서는 꼭두각시 노릇을 하게 되는 것이다. 설사 그것이 고객의 문제해결에 도움이 된다 하더라도 그것은 결코 윤리적이 아니다. 특히 고객은 코치의 영향을 받기 쉬운 상태이므로 코치는 이런 점에 대해 특히 유념하여야 한다. 코치 자신의 가치관이나 사고방식을 주입하려는 행위는 개인의 존엄성과 독자성을 해치는 것이기에 올바른 코치라면 그런 유혹에 넘어가지 않도록 스스로를 경계해야 한다.

그런 의미에서 코치는 의식적인 팬덤fandom(광신자)을 만들지 말아야 한다. 이 말은 고객으로 하여금 의존성을 갖지 않게 해야 한다는 의미이다. 코치에게 의존하게 만들면 당연히 단기적 수입이나 평판은 좋아질 수 있다. 그러나 그것은 이미 코칭의 본질에서 벗어나고 윤리적으로도 적절하지 않고 코치의 품격을 저버리는 행위가 된다. 코치 자신의 발전에도 저해요인이 된다.

코칭 중에 고객의 말을 메모하는 코치들이 있는데 좋은 버릇이라고는 하기 어렵다. 물론 긍정적인 의도가 몇 가지 있겠고 특별한 목적이 있을 수도 있겠지만 메모하는 시간에 관찰식별에 집중하는 것이 더 바람직하다. 메모를 하는 이유로는 때로는 고객의 말을 집중하여 파악하고 싶다는 의도가 있을 수도 있는데 이것은 콘텐츠 중심의 구식 카운슬링 시대의 자세라고 하겠다. 그 코치의 청력이 어느 정도인지는 모르겠지만, 그다지 청력이 발달되지 못한 사람은 귀로 들은 정보를 일단 메모하여 확인한다. 메모의 좋은 점도 있기는 하다. 나중에 보았을 때, 기억 재생의 자료가 된다. 3가지 표상체계와 연결되어 떠올려지는 것이다.

무의식은 매우 현명해서 완전한 글자보다 기호나 숫자를 기입할 때, 자동적으로 기억 정보를 떠올리기 쉽다. 메모를 하면서 기억 정보가 만들어지는 것이다. 이러한 메모 속의 기호나 정보를 보면 그때의 얘기가 회상된다.

그러나 고객이 앞에 앉아 있을 때는 메모를 하지 않는 것이 더 좋다. 중요한 것은 목표를 명확히 이끌어내어 그 세션에 집중하는 것이다. 실제로 고객이 말하고 있는 내용 이외의 것에 더 중요한 요소가 있을 수도 있다. 그런 것을 관찰식별로 찾아내는 것이다. 물론 코칭 개요는 세션 후 바로 메모해 두면 좋을 것이다. 코칭 중에 코치의 시선이 고객에게서 벗어나 메모지로 향하는 것은 바람직하지 않다. 고객이 말하는 콘텐츠 자체는 그다지 중요하지 않을 수 있기 때문이다.

우수한 코치가 되기 위해서는 다음 2가지가 특히 필요하다.

- 고객의 내면상태가 바뀌었음을 알 수 있는 관찰식별력
- 고객으로부터 정보를 이끌어내기 위한 유연성

사실 이것은 이미 NLP의 4가지 기본자세(내면안정, 관찰식별, 관계성, 유연성)

에 포함된 것들이다. 코치 등 NLP 전문가를 양성하는 트레이너들이 겪는 악몽과 같은 케이스가 있다. 여기서 말하는 악몽이란 인식론적 의미에서는 우수(내용을 잘 이해하는 것)한 사람이 실제 실행은 잘못하는 모순된 상황을 말한다. 알고 있고 설명도 할 수 있는데 실제 실행은 잘 못하는 것이다. 왜 이런 올가미에 걸려들까?

여러분도 이러한 상황에 빠질 가능성은 있다. 벗어나는 길은? 특히 관찰식별력. 유연성 발휘에 유념하면 된다. 그리고 반복 연습을 통하여 체화되도록 노력하여야 한다.

코칭상황 연습

■ 3인 1조로 실행한다. A는 코치, B는 고객, C는 관찰자이다.

■ 이미 알고 있는 여러 가지 도구를 활용하면서 진행한다.

1. B는 여러 가지 상황을 비음성언어로(표정, 자세 등)로 나타낸다(5가지 정도).
화가 나 있다 / 당혹스럽다 / 부끄럽다 / 혼란스럽다 / 대립적이다 / 수동적 자세 / 흥분되어 있다 / 초조해 하고 있다 / 겁을 먹고 있다 / 결심을 하지 못하고 있다 / 흥미를 가지고 있다 / 기분이 나빠졌다 / 지루해한다 등

2. A는 매 상황마다 관찰식별하여 상황에 어울리는 간단한 묘사를 한다.
오늘 저녁에 데이트가 있어 즐겁다 / 아침 출근에서 지각을 하여 면목이 없다 / 의사로부터 암 진단을 받아 절망 상태이다 / 부인의 생일을 잊어버려 당황했다 / 친구의 하소연을 들어주어야 해서 지루하다 / 해외출장을 가게 되어 들떠있다 등

3. 그리고 A는 B의 상태를 바꾸도록 한다. B의 상태가 바뀌었으면 A는 손을 들어 알린다. C가 동의하면 마친다.
4. 상호 피드백

◆ 구조화된 피드백 루프

코칭 실습 후에는 반드시 구조화된 피드백 루프를 실행한다.
피드백은 학습에서 필요불가결한 요소이다. 단순히 평가나 지적을 받는다는 의미가 아니다. 포병이 대포를 쏠 때, 관측병이 망원경으로 탄착점을 살펴보고 거리와 각도를 조정해 준다. 이런 과정을 통하여 다음의 발사는 점점 더 정확히 목표물에 맞추게 된다. 이처럼 NLP연습에서 피드백은 코치의 역량을 점점 고도화시켜 주고 세련화해 가는 필수 요소라고 할 수 있다.
이런 피드백을 잘하기 위해서는 다음 3가지 구조화된 피드백 루프 요령을 유념해야 한다.

1. 먼저 고객이 코치에게 피드백한다.
2. 그리고 관찰자가 있을 때에는 관찰자가 코치에게 피드백한다.
3. 코치가 제1포지션에서 스스로에게 피드백한다.
4. 코치가 제3포지션에서 자기를 보며 피드백한다(때로는 제2포지션에 들어가도 좋다).

※ 향후 모든 실습 후에는 참가자 서로 반드시 이와 같은 요령으로 피드백을 나눈다.

3) 코치의 기본 유념사항

코칭 행위는 맛있는 식사를 하는 것에 비유할 수 있다고 하겠다. 식사를 맛있게 하려면 음식은 기본이지만 테이블 세팅이 잘 되어 있어야 할 것이다. 맛있게 먹을 기대감이나 내면의 준비에 더하여 필수적인 도구로는 젓가락, 숟가락과 양식에서는 칼과 포크라고 할 수 있다(이것은 작은 메타포이다). 코칭에서 테이블 세팅 요소란 기본적으로 다음의 4가지이다. 무엇이 어떤 도구로 비유되는가?

(1) 내면상태 관리

코치 자신이 긴장해 있거나 혼란스러워하면 고객은 명석한 해결을 얻기 어려워진다. 코칭에 나설 때는 무엇보다도 내면안정을 확보한 상태여야 한다. 이런 내면상태 관리State Management는 고객에게도 긍정적 영향을 미치게 된다.

(2) 관찰식별

모든 NLP기법의 시작은 여기에서부터 시작된다. 관찰식별Calibration의 바탕 없이 일어나는 접근은 모두 제 멋에만 겨운 춤이 되어 버린다.

(3) 관계성 형성

관계성Rapport이 확립되지 않으면 코칭의 문은 닫힌 채로가 된다. 아예 코칭 자체가 불가능해 진다. 관계성이 선행되어야 모든 가능성이 열리기 시작한다.

(4) 유연성 발휘

NLP에는 많은 다양한 개념과 기법들이 풍부하기에 유연성Flexibility을 발휘할 수 있다. 상황에 어울리게 적절히 활용하되 자동반사적으로 나타날 수 있도록 평소의 반복 연습이 요구된다.

코치로서 유연성은 2가지 측면을 가지고 있다. 코치의 유연성은 머리로 이해하고 몸으로 실행할 수 있는 NLP기법의 종류와 숙달도만이 아니라 개입의 방식, 인간에 대한 통찰 등도 포함된다. 활용할 수 있는 도구만 가지고 따진다면 10가지 기법을 가지고 있는 것보다 30가지를 능숙하게 구사할 수 있는 편이 훨씬 유연한 대응이 가능할 것이다.

그리고 코칭은 다음 그림과 같은 범위 어딘가의 부분에서 이루어진다고 하겠다. 물론 한곳에 고정된 상태가 아니라 위치를 바꾸어가며 실행될 것이다. 때로는 어느 부분에서 콘텐츠가 다루어지기도 할 것이다. 다만 콘텐츠 자체에만 빠져서는 안 된다.

"무엇을 이루고 싶은가요?"

"당신의 목표는 무엇인가요?"

"구체적으로 무엇을 바꾸고 싶은가요?"

이러한 것은 기회베이스의 접근이다. 다음 그림의 왼쪽에서 주로 발생한다. 그리고 관찰식별을 바탕으로 한 고객의 내면세계에 접근하여 이끄는 것은 오른쪽의 접근방식이다.

NLP를 충분히 익힌 코치라면 버벌 패키지Verbal Package라는 도구도 잘 활용할 수 있을 것이다. 능숙하게 활용할 수 있으려면 고객이 말하는 것을 잘 듣고 구체적으로 정확하게 명사와 동사를 끄집어낼 수 있어야 한다. 문제는 '어느 부분에 접근하느냐?'는 것이다. 그것을 가장 잘 알아내는 방법에는 두 가지가 있다.

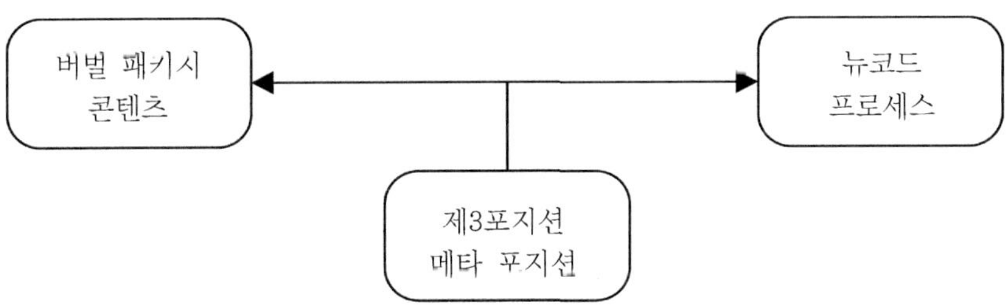

[그림 1-1] 코칭 개입방식: 코치의 유연성 발휘 범위

우선 관찰식별이다. 상대방이 정보를 제공할 때 어느 부분은 자신 있게 당당하게 말하지만 어떤 곳에서는 목소리가 낮아지고 힘이 없이 들린다. 이때 관찰식별을 잘 해야 버벌 패키지 질문을 효과적으로 할 수 있다. 고객의 말을 잘 듣고 관찰식별하면서 음성적, 신체적 측면에서 자신 없어 하는 부분 또는 강한 욕구를 드러내는 부분이 발견된다면 그때의 명사, 동사에 대하여 구체적으로 질문하는 것이다.

"동기들은 다 진급 시험을 보는데 저는 응시도 하지 못했어요."

"동기들이란 구체적으로 누구를 말하는 거지요?"

"시험 응시란 구체적으로 어떻게 하는 겁니까?"

여러분은 대부분 머리로는 잘 이해하여 학습이 빠르다. 여기에서 함정은 내가 이해하는 개념이 고객이 말하고 있는 내용과 다를 수도 있다는 점이다. 그러므로 결코 내 세계지도로 고객의 언어지도를 이해하려고 해서는 안 된다. 그리고 또 다른 문제는 지적 이해가 행동차원의 유능성으로 바로 연결되지 못한다는 점이다. 다음을 자문자답해 보자.

"나는 머리로는 제대로 이해하고 있는가? 그리고 그 바탕 위에 응용하여 연습 또는 실행할 수 있도록 구체적 프로세스를 숙지하고 있는가?"

"머리로 이해하고 있는 것을 잘 변환하여 구체적 행동차원으로 몸에 익히고 있는가?"

"그것을 숙달시키는 구체적 방법을 알고 실행하고 있는가?"

응답이 모두 "그렇다."라면 남은 것은 오직 하나, 더 연습할 시간을 확보하는 것뿐이다. 그러면 여러분은 당연히 기법 면에서는 일류 코치가 될 수 있다. 그 중에서도 버벌 패키지 하나만이라도 철저히 익혀서 그야말로 예술의 경지로 승화시켜낼 수 있게 된다면 더 바랄 것이 없을 것이다. 마치 무엇에 씌운 듯이 빠져들어 갈고 닦기 바란다.

다른 하나는 전략의 유무이다. 고객으로부터 이런저런 이야기를 들었다고 해서 코치로서 바로 뭔가를 할 수는 없다. 코칭을 하려면 고객의 목적을 공유해야 한다. 아웃컴을 분명히 알아야만 적절한 전략 하에 고객이 가야 할 길을 탐색하고 이끌어 줄 수 있다. 아웃컴이 무엇인지도 모르거나 부정확하거나 잘못 파악하고 코칭을 진행한다면 참으로 엉뚱한 결과를 초래하게 될 것이다.

"지금 현재 상황을 말씀해 주셨지만 당신의 목적(목표)은 무엇입니까? 이 회사에서 가능하다면 하는 데까지는 승진하려는 겁니까? 아니면 그런대로 안전하게 정년까지 가는 겁니까?"

아웃컴을 실현하려면 전략을 세워야 하고 실천을 위한 예지와 리소스를 고객 자신 속에서 이끌어내야 한다. 그런데 목표도 불분명하고 따라서 전략도 구체적이지 않은 가운데 세션이 이루어진다면 아무리 코칭이라는 형식을 취하는 대화라고 하더라도 그것은 그냥 잡담이지 이미 코칭이라고는 할 수 없다. 고객의 아웃컴을 정확히 알 때까지는 그에게 무엇이 가장 중요하고 시급한지 알 수 없고 손을 쓸 실마리나 방향을 잡을 수 없다.

엑스퍼트 코치가 되는 가장 확실하고 빠른 길을 명쾌하게 제시하겠다. 유능한 코치가 되는 길은 코칭을 자주 해보는 것 외에는 없다. 물론 형식적인 시늉이 아니라 고객의 인생에 가치를 제공해 줄 수 있어야 한다. 그러기 위해서는 지속적인 실전 연습 밖에 없다. 우리가 NLP패턴이나 코칭 스킬을 몰라서 못하지는 않을 것이다. 다만 몸에 충분히 익히지 못했을 뿐이다.

그린더는 15년 전 댄스 그룹의 일원이었다. 어떤 공연을 하기 위해 어느 날 오후 리허설을 하고 있었다. 아프리카 콩고 출신자가 리더로서 멋지고 우아한 안무를 선보였다. 그는 그린더의 연습 모양을 보고 말했다.

"존, 뭘 하는 거죠? 열정이 느껴지지 않아요. 아무리 연습이라도 실전과 같은 정도로 열정을 다하여 해야 해요. 시늉만 해서는 곤란해요. 왜냐하면 인생의 90%는 연습이기 때문이지요."

그의 피드백은 매우 적절한 것이었다. 무엇을 하든 하는 이상에는 열정을 나하는 것은 정말 중요하다. 연습한 것은 결국 실전에 나타나기 마련이다. 앞으로 다음 2가지 질문을 자주 받을 것이다.

① NLP 도구를 지적인 이해 수준으로 숙지하고 있는가? 패턴과 스텝을 완전히 몸에 익히고 있는가?

② 그 지적 이해를 실천적이고 효과적인 방법으로 수행 능력 발휘, 즉 시범을 보일 수 있는가?

당신은 여기에 어떤 응답이 가능한가?

고객은 왜 코치에게 오는가?

자기를 보다 좋은 상태로 만들기(성장, 향상시키기) 위해서가 아닐까?

구체적으로는?

스스로 내면에 있는 아웃컴(목표, 골, 희망…)을 실현하고자 해서일 것이다. 더 파고들면 인간관계에서 보다 좋은 커뮤니케이션 확립 등을 의미하기도 할 것이다. 이처럼 용기를 내서 코치를 찾아온다는 것은 개인적 또는 업무상 고민, 갈등이나 심리적 문제를 회피하고자 하는 것이 아니라 직시하고 도전하여 행동적 장애요인을 극복하려고 하는 자세가 있기 때문이다. 새로운 시도를 커미트먼트하여 전진하려고 하는 것이다. 코치는 그런 고객의 용기를 인정해 주어야 한다.

사람은 새로운 행동계획을 세울 때는 어느 정도 두려움과 불안감을 느끼게 마련이다. 그때 코치는 고객의 불안정한 내면에서 자원감을 불러일으켜 창의성과 유연성 및 자신감을 확보해 준다. 즉, 아웃컴 실현의 퍼실리테이터로서 기능한다. 때로 일반인은 물론 경영자, 기업 간부 등에게 두뇌를 활성화시키는 역할(브레인스토밍 등)을 하기도 한다. 아울러 개인의 가능성의 지평을 넓혀주고 신념·가치관과 자아정체성을 환기하거나 바로잡기를 하여 주기도 한다. 물론 해야 할 과업을 충실히 하도록 스트레칭하여 동기부여를 하기도 한다.

한편으로는 자기가 어떤 사람인지 알고 싶어 하는 고객도 있다. 자기의 진정한 잠재적 가능성을 탐구하는데 도움을 받고자 하는 것이다. 자기에 대한 평소의 선입관이나 필터는 벗어놓고 잠재적 가능성을 객관적으로 탐색하는 것이다. 그래서 코치는 일종의 알람시계이기도 하다. 고객의 세계지도에 도전하여 잠자는 잠재력의 잠을 깨우는 역할을 하기도 하기 때문이다.

코치가 코칭 세션에서 주의를 기울여야 할 부분은 무엇인가?

특히 코치로서 처음으로 세션을 진행하게 되었을 때는?

물론 여러 가지가 거론될 것이다. 코치와 고객의 적절한 관계는 어떤 관계인가?

우리는 코칭 세션에서 매번 이 문제에 직면하게 된다. 대부분 신뢰관계라고 생각할지도 모른다. 그런데 사실 신뢰란 보다 커다란 세트(시스템)의 일부에 지나지 않는다. 다음의 우산 그림을 보자. 우리는 앞으로 여러 가지 우산을 보게 될 것이다.

우산 그림(세트)에서 가장 상위 개념으로 자리한 X는 무엇인가? 당연히 적절한 관계라는 개념이다. 그러니까 그것은 우리가 이미 알고 있는 관계성Rapport이 형성된 상태를 말한다. 바꿔 말하자면 코치와 고객 사이의 적절한 관계란 관계성이 잘 형성된 상태라고 할 수 있다. 즉, 고객의 무의식이 완전히 개방된 상태, 고객이 안심하고 자신 있게 말할 수 있는 상태를 말한다. 그러니까 코치는 고객의 무의식을 이끌어낸다면 매우 가치 있는 세션을 만들 수 있다.

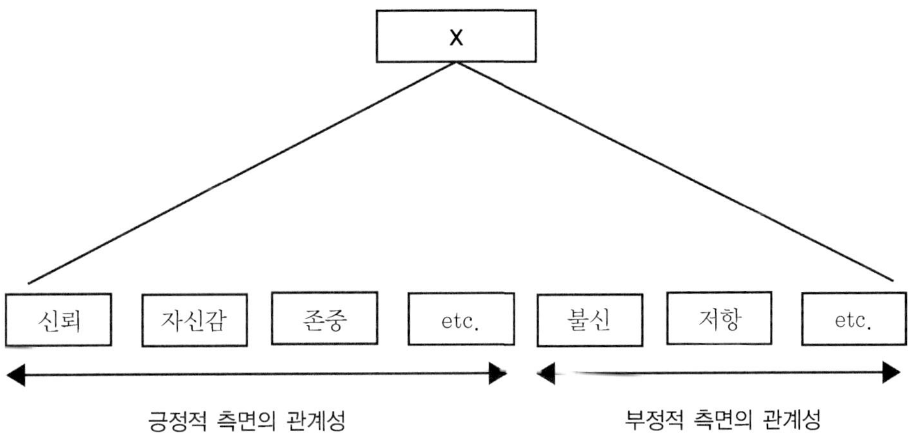

[그림 1-2] 코치와 고객의 관계성

4) 코치의 할 일

다양한 고객이 여러분 앞에 나타난다. 글로벌 기업의 임원, 정부의 고관, 자기동일성 장애인를 데리고 온 의사, 결혼생활에 고민하는 남성, 사업 야망에 불타고 있는 경영자 등. 이들의 공통점은 어떤 상자(제한 된 세계) 속에 갇혀있다는 것이다. 그들이 하소연하는 말은 모두 "상자 속에 갇혀 있다."는 상황을 선언하고 있는 것과 같다. 여러분의 역할은 그 상자를 열어 고객을 해방시켜주는 것이다. 그러나 여러분 자신도 그런 상자 속에 들어가 있다고 한다면 어떻게 고객을 해방시켜 줄 수 있을 것인가? 상대방을 변화시키기 전에 자기를 바꿀 수 있어야 한다. 자기가 바뀌면 세계가 바뀌어 진다.

그리고 코치로서 여러분이 말로 하는 것보다 여러분의 행동으로 보여주는 것이 더 효과적이다. 만일 여러분도 전통적인 제약에 사로잡혀 있다면 코치로서의 가능성을 충분히 발휘하는 것은 불가능할 것이다. 고객과는 별도로 먼저 자기의 상자에서 탈출하는 것이 필요하다.

만일 흥분해 있을지도 모르는 고객이라면 일단 경의를 표시하고 상대방에게 접근하여 함께 같이 호흡하여 처음에는 상대방의 호흡에 맞추다가Pacing 차츰 코치로서의 안정된 호흡을 천천히 한다. 호흡이 서서히 가라앉으면 이것은 3분규칙(고객의 상태를 3분 이내에 변화시킨다.)과 마찬가지로 차츰 상대방의 상태도 따라서 중단되는 효과(안정화)를 얻게 되고 점차 코치의 호흡에 맞춰지게Leasing 된다. 만일 패닉상태가 일어났다면 상대방에게 적절히 개입하여 차츰 새롭게 관계성 구축을 시도하며 그 상태가 중단되도록 한다. 어쩌면 이와 같이 호흡을 통한 간접적 방식이 동양의 분위기에는 더 어울릴지도 모른다. 그런 상태에서 벗어나게 되면 고객도 차분히 이성적으로 대화할 수 있게 된다.

코치의 최초의 선택지는 범위설정Framing이다. 잠깐 이야기를 들어보고 본인의 파악력을 자랑하듯 “뭔가 가정문제가 있어 제 도움이 필요하다는 말씀이군요?”라고 성급하게 질문할 수도 있으나 참아야 한다. 충분한 관계성 형성을 이룬 다음 차분히 세션에서 다룰 범위를 확정하여야 한다. 느닷없이 구체화 질문을 하기보다 잠시 기다려보는 것이다.

“계약에 입각하여 나의 과제는 당신을 지원하여 지금 당신의 상자에서 벗어나게 하는 것입니다. 이 상자에 대하여 나는 아무 것도 모릅니다. 오늘은 보통의 대화 방식, 전통적인 접근 방식과는 다른 접근을 하려고 하는데 그렇게 해도 좋을까요? 당신이 수행하려고 하는 것에 대하여 가능한 한 신속하고 정확하게 정의를 내리고 싶습니다. 인격을 존중하면서 가능한 한 나의 질문에 정확하게 응답 바랍니다. 내 질문을 이해하지 못할 때는 이렇게 손을 들거나 모른다고 고개를 흔들어 주세요. 모른다고 입으로 말하기는 어려울 수도 있기 때문에….”

이처럼 서로 신호를 정한다. 상자에서 벗어날 수 있기 위해서는 먼저 상자를 정확히 정의하지 않으면 안 된다. 이때 우리 NLP코치가 하는 질문 방식은 일반적인 것은 아니다. 그러나 정확한 것이다. 매우 빠르게 정의가 내려진다. 이때 사용하는 정확한 언어패턴이 있다. 바로 버벌 패키지이다.

두 번째 선택지는 “고객이 처한 상황을 몸짓으로 나타내게 할 수 있는가?”이다. 상황을 몸으로 나타낸다는 것은 소극장에서 배우의 역할을 의미한다. 세션을 소극장 공연으로 비유한다면 코치도 고객도 하나의 배우가 되기 때문에 정확한 상황을 공유해야 한다.

이상 2가지 선택지의 제안 모두 종래의 방식은 아니다. 여러분이라면 어떤 패턴을 선택할 것인가? 두 가지 선택지 중에서 상대방에게 어느 쪽으로 접근해야 할까를 판단해야 한다. 그러면 고객도 선택할 수 있음을 알게 된다. 사실 어느 쪽이나 같은 전제가 놓여 있다. 고객으로서는 말이나 행동으로 정보를 전하려고 할 것이다.

‘무엇을 바꾸지 않으면 안 되는가?’는 고객 측에서 제시하게 된다. 즉, 아웃컴의 제시이다. 그러면 정확한 과녁이 보이게 된다. 고객이 세션 진행에 따라 질문에 응답한다는 행위 자체가 상황에 대한 변화에 참여한다는 것이다. 코치의 구체화 질문에 응답하여 상황을 설명하기 위한 행동 자체가 요법적 효과를 가져오고 패턴중단이 된다. 만일 한정질문(버벌 패키지)을 하는 방식이 매우 훌륭하게 되었다면 고객은 그것에 응답하는 과정에서 전에는 무의식에 잠겨 있던 것이 명확하게 된다. 이런 종류의 워크를 경험하지 못한 사람이 그것을 처음 경험하면 어떤 변화를 나타낼까?

예를 들어 어떤 임원이 코치를 만나기 전에는 터놓고 이야기할 사람이 없었다. 자기 혼자 내적 대화만 되뇌고 있었다. 그는 완전히 격리되어 있는 것이다. 범위설정을 확실히 한 다음,

“이 문제를 가장 먼저 처리해주세요.”라고 한다면 버벌 패키지를 사용해도 좋

다는 허가를 얻었다는 것이고 상자에서 나올 결심을 얻은 것이나 다름없다.

임원이 그동안 머릿속에서 혼자 관념적으로 고민하던 것에 대하여 자기 입으로 구체적인 말로 설명하는 소리를 스스로 듣게 되는 것이다. 그 가운데 몇 가지는 이미 알고 있는지도 모른다.

"실은 새로운 사업분야를 맡게 되었는데 결과가 어떻게 될지 두렵습니다."

구체화 질문은 반사적으로 나올 수 있을 때까지 연습해 두라.

"구체적으로 새로운 사업분야란 어떤 것이죠?"

"결과라면 특별히 어떤 결과를 의미하는가요?"

한정질문의 방법론을 몸에 익혀두기 바란다. 그것에 의하여 '구체적으로는 어떤 일?' '구체적으로는 어떤 결과?'라고 반사적으로 질문이 나올 수 있어야 한다. 범위설정을 하는 것은 지극히 결정적으로 중요하다. 여기서 동사는 '맡았다' '두렵다'라는 두 가지이다.

"두렵다는 것은 구체적으로 어떤 현상인가요?"

고객도 코치도 상자 속에 갇혀 있어서는 잠재적인 가능성을 발휘하기 어렵다.

2. 코치의 코칭활동방법

1) 전화, 이메일 코칭

전화는 현대문명에서 매우 유익한 도구임에 틀림없다. 그린더는 약 8개 국어를 말할 수 있는데 어학을 배울 때, 전화는 좋은 도구가 되었다고 한다. 그러나 한편 전화는 매우 어려운 커뮤니케이션 도구이기도 하다. 눈으로 보고 관찰식별해야 적절한 응대가 가능한데 전화로는 그러지 못한다. 음성정보에만 집중해야 하기 때문이다. 그린더가 한국인과 이야기한다면 우리들보다 더 집중하여 잘 관찰식별을 하게 될 것이다. 왜? 당연히 그린더의 기술이 더 능숙할 테니까? 아니다. 우리들은 서로 말을 알아듣고 이해하기 때문에 콘텐츠도 쉽게 같이 듣는다.

그러나 그는 한글을 잘 이해하지 못하므로 비음성언어적인 요소에 더욱 신경 써 집중하게 되기 때문이다. 커뮤니케이션에서는 비음성언어 정보가 보다 중요성을 갖는다고 한다. 만일 우리가 전화만으로 이야기를 듣고 있다면, 5천 헤르츠 이상의 소리는 전부 놓쳐버리게 된다. 인간은 고주파는 들을 수 없어서이다.

단, 전화로도 코칭을 위한 최소한의 기본정보는 들을 수 있다. 전화를 통한 관찰식별을 위하여 간단한 연습을 해 보자. 전혀 모르는 외국어로 해 보도록 하자. 말을 알아듣지 못하는 상태가 더욱 진지한 연습이 될 것이므로.

패턴 1: 예를 들어 그리스어로 시각 패턴 묘사- 무슨 의미인지 잘 모름.

패턴 2: 몸짓으로 표현- 그 언어는 몰라도 무슨 의미인지 거의 알아차림.

패턴 2에서는 말은 모르지만 분명히 커뮤니케이션은 되었다. 전화로 커뮤니케이션할 때는 비음성언어적인 요소에 접근하기가 어렵다. 소리만으로 관찰식별해야 하는 매우 고도의 기술이 필요하다. 이런 때야말로 버벌 패키지가 여러분을 돕는 커다란 도구로 사용될 것이다. 만일 얼굴을 마주 대고 이야기를 할 때는 시각적 파악이 가능하다. 애매모호한 말이 들려온다면 때로는 고객이 말하는 것보다도 신체적 반응으로 더 잘 파악될 것이다. 자세나 표정 등의 비음성언어 신호라는 단서에 의하여 상황을 알 수 있다. 그러나 전화로는 말하는 것 외에는 구체화할 수 있는 방법이 없다.

"부친과의 관계는 구체적으로 어떤 관계인가요?"

만일 직접 대면코칭 환경이라면 이미 관찰식별을 통하여 응답의 일부는 얻었을 것이다. 살펴보는 것만으로 무의식 수준에서는 어떤 관계라는 것을 알게 된다. 코치로서 여러분은 무의식적으로 응답을 발견하게 되는 것이다. 그런데 전화로는 볼 수가 없다. 그런 정보를 얻기 위한 도구로서 버벌 패키지가 있다. 이 점은 만족스러운 측면도 있고 불만족한 측면도 있다. 무슨 말인가 하면 이 기법을 익혀 두면 다른 코치와 차별화된 역량을 갖추게 되는데 이 점은 매우 고무적인 측면이 있다. 그러나 이 기법은 동양의 문화풍토의 언어습관 아래서는 낯선 패턴이라 잘 활용되기 어렵다는 측면이 있어 이 부분은 다소 불만족스럽다는 것이다.

그런데 이 메일이나 전화를 이용한 코칭은 코칭의 본류에서 벗어난다는 점을 알아야 한다. 피치 못하게 진행해야 할 경우 말고는 가급적 피해야 한다. 또 그렇게 해서는 아무리 많이 연습한다고 해도 코칭을 제대로 익힐 수가 없다. 말로만 하기 때문에 콘텐츠에 빠질 가능성이 크고 코칭의 바탕이 되는 관찰식별이 곤란하기 때문이다. 비음성언어적 신호를 배제하고 음성에만 의존한 커뮤니케이션 능력을 높이겠다는 명확한 목적이 없다면…

2) 관련 직업과의 비교

코칭을 바탕으로 수행되는 다양한 형태의 일들 개념 사이에는 다소 경계가 모호한 부분이 있다. 그렇지만 용어가 다르므로 분명히 개념이나 방법상의 차이는 있게 마련이다. NLP[Neuro-Linguistic Programming]를 충분히 익혀두면 코치, 테라피스트, 컨설턴트, 트레이너 등의 다양한 이름으로 활동이 가능하다. 이 말은 NLP를 배워두면 그만큼 여러 분야에서 역량 발휘를 할 수 있는 확장성을 보유할 수 있다는 말이다. 왜냐하면 NLP는 인간에 대한 이해를 바탕으로 하고 있어 개인간, 조직 간 등 여러 문제에 구조적으로 효과적으로 대응할 수 있기 때문이다. 그러나 명칭이 다르다는 것은 기본적으로 속성이나 역할이 다르다는 것을 의미하고 실제로 미묘한 차이가 있다.

특히 명확히 해 둘 것은 NLP는 하나의 시스템을 이룬 실용성, 활용성을 중시하는 종합도구상자라는 것아더, 그리고 그 실현 방식의 하나가 바로 코칭이기도 하다. 코칭은 스포츠, 세일즈, 강의 등과 같이 NLP가 활용되는 하나의 분야일 뿐이다. 코칭에는 물론 에니어그램, 비폭력대화법, 일반 코칭기법, 전통 상담기법 등 다른 도구도 사용가능하다. 그러나 NLP를 적용했을 때 가장 탁월한 효과를 나타내고 있음은 틀림없다. 부언하자면 NLP는 코칭 그 자체이므로 코칭이

NLP의 본질에서 벗어날 수 없다. 마치 손오공(코칭)이 벗어나도 결국 부처님 손바닥 안(NLP)이라는 것이다.

전통적인 테라피스트(심리상담사, 카운슬러, 정신치료사)는 프로이드의 접근법에 따라 과거의 원인을 찾아 현재 문제에 대하여 대처한다. 고객이 들고 온 문제의 내용 자체를 다룬다. 전형적으로 내용(콘텐츠) 위주의 대처를 제공한다.

그런 전통적 테라피스트들도 코칭 그 자체인 NLP를 배우고 나면 지금까지와 같은 방식에서 자연히 벗어나게 된다. 더 효과적인 새로운 도구가 생겼는데 누가 낡은 도구를 사용할 것인가? 물론 익숙하게 몸에 배인 사람이나 자기 발전이나 새로운 도전에 무관심한 사람은 그대로 갈지도 모른다. 따라서 NLP 훈련을 받아 잘 적용하는 사람에 대해서는 코치와 테라피스트라는 구분이 모호해지기도 한다.

그렇지만 NLP 세계에서는 트레이너와 코치, 테라피스트 등에는 엄연한 차이가 있다. NLP 자체에 대한 전반적인 숙련도와 이해도에서는 트레이너가 보다 우위에 선다. 코치나 테라피스트가 NLP 훈련을 받으려면 트레이너의 지도를 받아야 한다. 어떤 의미에서 보면 NLP를 익혀 트레이너에 이르렀다면 새삼 코칭을 따로 배울 필요가 없다고도 할 수 있다. NLP 자체가 코칭이기 때문이다. 그리고 이미 NLP코치나 트레이너로서 활동하고 있는데 굳이 전통적 테라피를 배울 필요가 있을까? 이미 더 활용성이 높은 도구들을 가지고 있는데….

트레이너의 존재 목적이나 활동의 초점은 수강생에게 'NLP패턴을 어떤 상황에서 어떻게 적용할 수 있는가?'에 관련된 기법 세트를 전수하는 것이다. 다시 말하자면 효과적으로 NLP를 적용하는 상황을 만들어낼 수 있는 길을 이끌어주는 것이 트레이너이다. 그래서 어떤 패턴을 가르칠 때 그 패턴에 관련된 행동적 유능성을 트레이너 자신이 확보하고 있지 않으면 안 된다. 수강생에게 전달하는 프레젠테이션과 시연을 직접 하지 못하면 안 된다. 트레이닝의 수강생으로는 코치, 테라피스트도 참가할 수 있다(트레이너〉 코치≧ 테라피스트). 트레이너로서 개인적인 뜻이 있거나 사명을 느낀다면 얼마든지 코치로서도 활동할 수 있다.

그러나 코치는 코치 자격이 있어도 트레이너를 하기 어렵다. 트레이너는 엄격한 자격과정을 통해 배출되기 때문에 우선 해당 자격이 있어야 한다. 아울러 트레이너는 원칙적으로 소규모라도 집단이 대상이지만 코칭이나 테라피는 기본적으로 개인을 대상으로 한다. 물론 소규모 집단의 코칭도 있기는 하다.

코치의 목적은 고객에게 문제를 극복하기 위한 상황을 제공(지각위상 변화, 의미전환 등으로 내면상태 변화)하는 것이다. 그것은 NLP패턴을 적용함으로서 달성한다. 물론 트레이너가 수강생에게 가르치는 것은 같은 패턴의 NLP도구이다. 즉, 패턴을 적용하여 고객의 행동의 유능성을 이끌어내는 것이 목적이다. 다시 말하자면 고객이 원하는 인생을 살기 위한 새로운 상황을 발견하게 하는 것이 일이다.

코치, 테라피스트로서의 역할을 할 때, 고객은 NLP 패턴을 알 필요도 없고 그들을 이해시켜야 할 책임도 없다. 본인의 특정한 인생 문제를 해결할 수 있는 길만 찾으면 된다. 여기서 중요한 점은 그 길을 '코칭 차원에서 탐색하느냐?' 아니면 '테라피 측면으로 접근하느냐?'인데 여러분은 어떻게 생각하는가? 한 사람의 하나의 문제에 대하여 NLP를 익힌 사람이 다룬다면 어떤 방식이 될까?

여기에서 코칭과 테라피스트의 경계가 다소 모호해지게 되는데 NLP를 모르는 테라피스트라면 당연히 또는 어쩔 수 없이 전통적 방식으로 하겠지만, 일단 NLP를 익힌 테라피스트라면 자연히 코칭 기법으로 기울어지게 될 것이다. 만일 그 사람이 사용하는 방식이 코칭과 테라피가 혼재되어 있어 보이더라도 NLP를 활용하는 이상에는 '코칭 방식이냐? 테라피 방식이냐?'에 대한 구분은 실제로 큰 의미가 없다. 더욱이 NLP는 유용성을 추구하지 방식에 얽매이지 않기 때문이다. 특정한 고객의 '특정한 상황에서 어떻게 변화를 이끌어내는가?'라는 목적에 충실하면 된다.

또 한 가지 덧붙이고 싶은 것은 NLP 중에서도 전통 NLP가 있고 뉴코드 NLP가 있다. 어느 것이 더 뛰어나고 못하고 또는 구식이고 최신이고 하는 것을 논하는 것은 아무 의미가 없다. 전통 NLP(구체화질문모형, 모호화진술모형, 자극심기 등)를 경시할 필요도 없고 뉴코드 NLP(다중지각 묘사, 버벌 패키지, 뉴코드 게임 등)에 집착할 이유도 없다. 뉴코드는 NLP의 진화 과정에서 개발된 것으로 오히려 서로 보완 관계에 있다고 보면 좋을 것이다. 또 예를 들자면 단순히 시간선 기법이라고 해도 여기에는 콘텐츠 중심의 시간선도 있고 프로세스 중심의 시간선도 있다.

코칭이라고 해도 비즈니스 문제 상황에서는 콘텐츠가 다루어질 수도 있지만, 여기서 코치는 고객이 제기하는 콘텐츠에 초점을 맞추지 말라는 이야기를 쉬운 예를 들어 설명하겠다. 상사와 대면을 하면 무력감과 위축된 느낌을 갖게 된다고 하자. 이런 때 어떻게 대처하는가?

NLP는 과거로 돌아가지 않고 지금 이 자리에서의 행동패턴을 바꾸도록 하고 콘텐츠는 다루지 않는다. 먼저 상사의 얼굴(또는 상반신이나 전체)을 떠올려보라. 미키 마우스의 귀를 상사의 귀에 붙여보라. 어떻게 보이는가?

그러면 고객은 웃음을 띠며 두려움과 혼란이 가신 표정이 될 것이다. 여기에 상사의 목소리를 들어보는데 그 속도를 2배 빠르게 한다. 그러면 또 어떤 느낌일까?

이것은 하위감각양식 변화를 활용한 것인데 그 결과로서 상사와 대면할 때의 위축감이라는 부정적 현상이 사라지게 된다.

시간이 소요되는 어떤 원인 분석도 하지 않고 10분 이내의 시간 안에 문제 현상에서 간단하게 변화가 일어난다. 본인의 리소스가 회복되어 재미있는 상황이 일어나는 것이다. 그러면 앞으로 상사와 당당하게 대면할 수 있는 상태가 된다. 고객으로서는 커다란 가치 있는 결과를 거두게 된 것이다.

테라피스트의 대응은 어떤가?

실제의 상사를 떠올리고 그와 대면하면 위축감과 무력감을 느끼게 되는 원인을 찾는다. 그래서 잘 보면 상사 뒤에는 상사보다 더 위압감을 주는 다른 사람이 서 있다. 얼굴 표정이나 목소리가 상사와 매우 흡사하다. 상사 뒤에 어른거리는 그 사람은 누구인가?

바로 부친일 가능성이 높다. 본인이 어렸을 때 엄격하게 훈육하던…. 고객의 상사와 부친은 비슷한 부분이 있다. 어렸을 때 아직 미숙한 세계지도에서 부친의 의도를 충분히 헤아리지 못한 채 제대로 대응을 못하고 굳어진 부정적 체험 때문이다. 어렸을 때는 부친 앞에서 무력감과 위축감을 느끼지 않을 수 없었다. 이러한 습관화된 학습 때문에 상사 앞에서는 본인의 유능성 발휘가 무의식적으로 억제되는 것이다. 그 기억은 무의식의 매우 깊은 심연 속에 잠겨 있어 전혀 알 수 없었을 뿐이다. 상사와 부친의 관계가 명료하게 의식되고 원인을 알았다면 치유는 가까워진 것이다.

이런 과정을 밟으면 유아퇴행성 반응이 일어날 수도 있다. 만일 이것이 발생한 경우에는 콘텐츠를 모르는 척하고 그냥 덮어둘 수 없다. 그러므로 이때는 변성의식(트랜스) 상태를 활용해야 한다. 물론 뉴코드를 활용해도 좋다. 그런 하이퍼포먼스 상태에서 가상의 과거체험을 바로 잡는 것이다. 이때는 어쩔 수 없이 콘텐츠를 다루어야 한다. 그 속에서 본인이 새로운 선택을 하는 것이다.

콘텐츠를 다루거나 콘텐츠를 다루지 않기를 선택하는 것은 특정한 사람의 특정한 문제를 효과적으로 해결할 수 있는가에 초점을 맞추면 된다. 다루어서 좋은 결과를 내면 그것으로 좋고 다루지 않아도 좋은 결과를 가져오면 그것 역시 좋다.

다만 콘텐츠에 빠지지 않으면서 NLP프로세스로 문제에 접근하면 보다 코칭에 가깝고 단시간에 즉효성을 거두는 장점이 있다. 콘텐츠를 다룬다면 테라피, 카운슬링 방식이 되고 시간이 걸리거나 에너지가 많이 소요된다. 그러나 테라피라고 해도 과거의 원인을 찾거나 치유를 향해가는 과정에서는 그래도 역시 다양한 NLP패턴이 사용될 것이다. NLP를 배운 사람이라면…

코칭은 대체로 목적을 먼저 명확히 한다. NLP를 바탕으로 할 때는 더욱 명확한 아웃컴을 이끌어낼 수 있다. 전통적 테라피스트라면 목적을 명확히 하지 않을지도 모른다. 일견 테라피스트는 사람을 치유시켜주는(내적인 평안으로 이끌어주는) 존재인데 코치는 고객이 스스로 치유로 나아가도록 돕는(좋은 해결책을 갖고 있어도 고객에게 직접 제시하지는 않는) 존재라고 할 수 있을까? 코치는 고객이 스스로 문제해결을 할 수 있는 환경을 조성해주는 존재이다. 다른 말로 하면 코치는 고객이 처한 상황을 바꾸어 볼 수 있는 관점을 찾을 수 있도록(관점 전환) 돕는 존재라고 할 수 있다. 즉, 기존의 상자 밖으로 이끌어 내어 새로운 관점을 갖도록 하는 존재이다.

NLP를 착실히 배워 활동하고 있는 사람은 코치라고 하든, 테라피스트라고 하든 결과적인 내용면에서 거의 큰 차이는 없다. 그렇지만 사람들은 그 점에 대하여 잘 인식하고 있지 않다. 왜냐하면 코칭이라는 이름, 테라피라는 이름의 차이가 영향을 미치기 때문이다.

NLP를 하게 되면 여러 이름으로 활동할 수 있다는 예를 그린더를 통하여 살펴보자. 그는 기본적으로 트레이너이자 코치이지만, 그가 드물게 테라피스트 기능을 했던 케이스를 하나 소개한다. 물론 컨설턴트로서도 활동하는 예는 나중에 소개하겠다.

어느 가족에게 의뢰를 받아 가보니 그 집에는 혼수상태의 사람이 있었다. 그를 혼수상태에서 깨어나게 하려면 어떤 방법이 있을까? 이 사람은 다행히 누뇌는 활동하고 있었다(두뇌 정지상태= 뇌파가 없는 상태에서는 회복된 사례가 없다).

방법은 의외로 평이하다. 보통사람처럼 대하는 것이다. 구체적으로는 가족들이 순번을 정하여 돌아가며 각각 1~2시간 씩 그 사람 옆에서 이야기를 들려주는 것이 가장 보편적이다. 무슨 이야기? 가족으로서 함께 했던 즐거웠던 때의 추억, 경험을 들려주는 것이다. 그러면 생리적 반응이 나타날 수 있다. 때로는 기억을 일깨울 수 있는 간단한 질문도 하고 반응도 살피며… 또 평소 즐겨듣던 음악, 노래를 들려주는 것인데 노래는 다분히 정서와 직결되어 있어 효과가 좋다. 특히 본인이 어렸을 때 즐겨 부르던 노래가 좋다. 청각은 감각들 중에서 가장 일찍 작동하고 늦게까지 기능하는 특성이 있기도 하다. 그냥 단순히 음악이 좋다고 하여 아무 음악이나 들려준다고 좋은 것은 아니다. 간혹 병실에서 노인에게 지금의 걸 그룹 노래를 들려주는 모습을 보는데 귀만 시끄러울 뿐 무슨 정서적 효과가 있겠는가?

청각보다 더 강력한 방법도 있다. 당사자가 평소 좋아한 음식을 만들어 냄새를 맡게 하거나 향기를 맡게 하는 것(후각 자극)이다. 후각은 지속 시간은 짧지만 순간적 감각적 효과는 매우 강력하다. 그리고 사랑하는 아이나 손자로 하여금 손을 만지거나 얼굴을 쓰다듬든지 하는 것도 좋다. 촉각을 자극하는 것이다. 이처럼 정서적 접근을 통하여 당사자가 처한 상황을 바꾸거나 다양한 감각적 자극을 환기(평소에 어떤 자극심기 반응이 있음을 알고 있다면 그것을 활용)함으로 해서 당사자의 신경계를 활성화하면 회복의 가능성이 높아진다.

NLP를 잘 마스터해 두면 훌륭한 컨설턴트로서도 활동할 수 있다. 컨설턴트란 기본적으로 다양한 관점(특히 메타 포지션: 자사, 경쟁사, 고객, 업계환경 전체)에서 현상, 문제의 본질을 파악하고 해결책을 제시하는 존재이다. 일반 컨설턴트는 산업구조 분석과 대안 제시를 잘 하지만, NLP를 익힌 컨설턴트는 인간과 조직에 대한 통찰까지 갖추고 있어 더욱 강점을 갖는다. 조직의 상호작용까지 들여다 볼 수 있어야 한다. 모든 산업이나 조직을 운영하는 것은 결국 인간이고 사업상의 모든 문제나 트러블은 결국 인간의 문제이기 때문이다.

여기서 그린더가 어느 때 컨설턴트로서 경험한 사례를 소개한다. 제조라인에 문제가 생겨 조속히 조치를 취하지 않으면 안 되는 어떤 회사의 초청을 받아 방문하였다. CEO가 현황 프레젠테이션을 해 주었다. 그리고 현장에 가 보았다. 대략 3시간이 지난 후 머릿속에는 약 40종류의 해결책이 떠올랐다. 그 중 몇 가지를 제시했을까? 하나도 제시하지 않았다. 왜 그랬을까?

(1) 만일 그 해결책을 CEO에게 제시했더라면 그것은 그린더의 생각이지 그들 스스로 찾아낸 것이 아니다. 사람은 누구나 자기의 준거틀에 대한 깊은 믿음이 있다. 아무리 전문가에게 도움을 청했다고 해도 자기가 생각하는 가능성과 일치하지 않으면 잘 받아들이지 않는 성향이 있다. 다만 자기 생각을 그대로 실행할 자신이 없을 뿐이다. 그래서 타인에게서 자기와 같은 생

각을 제시받게 된다면 '옳구나' 하고 자기만족을 느끼며 실행하게 된다. 그러므로 CEO는 자기와 다른 생각에는 그건 아닐 것으로 치부하여 시답잖게 받아들이고 퇴짜 놓을 가능성이 크다.

(2) 그린더가 그것을 받아들이도록 강요하거나 유도해서 CEO가 설혹 받아들인다고 해도 그린더가 그 제안이나 타당성을 설명한 내용은 포괄적이거나 부분적이 될 수밖에 없다. 따라서 구체적이고 상세한 내용이 결여될 수밖에 없다. 그러므로 그 해결책을 그들이 실행한다고 했을 때, 그들로서는 예상치 못한 구멍이 생길 수도 있다. 그때는 또 그린더를 찾아오게 된다. 그렇게 해서라도 잘 해결되었다 해도 그 회사는 컨설턴트에게 의존하는 상태가 되어버린다. 이른바 중독에 빠지게 되는 것이다. 국내 대기업 중에서도 외국 컨설팅 회사에 의존하는 이런 현상을 많이 볼 수 있다. 일부 하급 코치들은 자기의 실적을 위하여 또는 수익을 위하여 의존을 부추기는 이런 상황을 의도적으로 조장하기도 하는데 이것은 그다지 윤리적이지 못하다. 그러면 어떻게 하면 좋을까?

그린더는 생각해낸 해결책들은 머리속에 그대로 둔 채로 컨설팅을 위한 일련의 프로세스를 시작하였다. 조립라인의 종업원이나 감독자 등과 NLP를 적용하면서 그들이 스스로 해결책을 찾아내도록 돕는 것이다. 결과는 그들 스스로가 찾아낸 해결책이다. 그들의 상황 자체에 대한 또는 상황에 대응하는 자세에 대한 인식을 바꿈으로서 스스로 문제를 해결하게 된다.

그 문제는 그들의 것이다. 그 문제를 초래했고 해결해야 하는 것도, 앞으로 운영할 것도 모두 그들이다. 그 문제의 주인은 그들이므로 당연히 최선을 다하게 된다. 이때 만일 다음 달에 다시 어떤 문제가 발생했다고 하면 그들은 어떻게 할까? 컨설턴트가 애당초 일을 훌륭히 했다면, 또 그들이 컨설턴트와 같이 일하면서 접근 방식을 비롯하여 몇 가지를 배웠다면 그들은 다음에 또 어떤 문제가 일어났을 때에는 컨설턴트에게 의뢰하지 않고 스스로 문제에 대처, 대응하여 해결을 시도할 것이다.

다시 말하자면 컨설턴트나 코치는 고객이 대응해야 하는 상황에 대한 인식을 바꿔줌으로서 해결책은 그들의 역량 수준의 최고점에서 찾아내게 하는 것이다. 이런 경우는 컨설팅, 코칭 등 모든 분야에서 일어난다. 이처럼 고객의 상황(고객이 상황을 보는 관점)을 바꾸어 해결책(아웃컴 실현)은 고객 스스로 찾게 하는 것이다. 자기가 처한 문제. 상황의 주인은 바로 고객 자신이므로 자기가 이끌어낸 해결책 역시 책임감 있게 최선을 다하여 대응하거나 진행한다. 이러한 패턴이 반복되면 장래에는 어떤 문제라도 스스로 대응하는 선순환적 자세가 확립될 것이다.

Chapter

02 코칭의 아웃컴

1. 아웃컴 찾기 포인트

코칭의 아웃컴outcome(목표) 찾기의 구체적인 포인트는 다음과 같다.

① 긍정적 표현: 아웃컴은 긍정어로 표현해야 한다. 인간의 무의식은 긍정 표현에만 반응한다. 부정 표현은 방향성이 모호하고 실체가 없거나 구체적이지 않아서 실현이 곤란하다. 즉, 과녁이 모호해서 자원을 투입할 수 없다. 아웃컴을 실현하려면 자원을 투입해야 한다.

② 본인이 컨트롤할 수 있어야 한다: 스스로 시작할 수 있고 진행 과정을 통제할 수 있어야 한다.

③ 상황Context이 구체적이어야 한다: 시간, 공간(장소, 환경), 관계 등이 구체적이어야 한다.

④ 지각 베이스로 표현되어야 한다: 보이는 것, 들리는 것, 느껴지는 것. 이런 것들을 구체적으로 지각할 수 있어야 무의식이 작동된다.

⑤ 관리 가능한, 적절히 다룰 수 있는 적량화Chunk 사이즈여야 한다.

⑥ 필요한 자원이 구체적이어야 한다: 행동 차원까지 표현되어야 한다. 그리

고 그 자원을 보유하고 있어야 하고 현실적으로 투입해야 한다.

⑦ 환경점검: 자신의 변화와 환경과의 적합성을 인식하게 되면 시행착오를 줄일 수 있다. 무엇인가 위험에 빠질 경우는 없는가?
다른 사람의 아웃컴을 방해하지는 않는가? 환경점검이 필요하다.

⑧ 미래가상체험Future Pacing: 아웃컴이 실현되었을 때, 자신은 구체적으로 무엇을, 어떻게 체험하고 있는가? 어떤 일이 일어나는가? 미래를 미리 체험해 보는 것이다. 기성체험as if과 비슷하다

이 프로세스는 말하자면 구(전통)코드 방식의 어프로치이다. 뉴코드 NLP에서는 같은 내용이지만 보다 무의식을 중요시하여 각 항목에 접근한다. 자신감이 부족한 사람은 종종 자기의 무의식으로부터의 신호를 의심한다. 무의식의 개념을 모르는 사람은 그런 신호를 자각하지도 못한다. 그렇지만 NLP를 아는 사람이나 코치는 특히 무의식의 신호를 민감하게 자각(내면 관찰식별)할 수 있다. 어떤 상황에서 무의식의 신호를 감지했다면 그것이 Yes인가 No인가를 파악해야 한다. 의심 많은 고객이 왔을 때, 코치의 눈으로 관찰식별하여 객관적으로 파악된 고객의 생리적 반응으로 그것이 Yes인가 No인가를 가늠할 수 있어야 한다. 코치는 적어도 코칭 중에는 항상 관찰식별을 지속해야 한다. 관찰식별은 코치로서 의무사항이라기 보다 필수요소이다.

어떤 과제를 실행할 것인가에 대한 커미트먼트를 확인할 때, 말로는 Yes라고 해도 생리적 반응이 No라면 그러한 불일치성을 어떻게 할 것인가? 그냥 스쳐버릴 것이 아니라 코칭 종료 전까지 해소해야 한다. 무의식이 이의를 제기하는 것에는 반드시 긍정적 의도가 있음을 알 것이다. 우선 내자아Parts와의 대화를 통하여 긍정적 의도를 확인하는 것이 좋다. 필요하다면 뉴코드 게임을 실시하여 회의적 상태에서 벗어나게 한 다음 긍정적 의도 찾기를 하는 것도 바람직하다.

천재와 범재는 무엇이 다른가? 요리에서 다 같은 재료(현지)를 제공받았지만 레시피(조리 방법, 절차 등, 지도)의 차이가 다른 맛의 결과를 만들어낸다. 인간

은 살아있는 동안 반드시 지도를 갖게 된다. 그러므로 결국 인생의 관건은 어떤 지도를 만들어갖느냐에 달려 있다. 따라서 인생의 아웃컴이나 비전을 찾고 품어 세계지도의 지표로 삼는 것은 매우 중요하다.

아웃컴은 본인의 자원 속에서 창의적으로 이끌어내는 것이 바람직하지만 본받기를 해도 좋다. 그리고 아웃컴은 현재 환경범위 내에서 찾으면 의미 없다. 현실은 온통 각종 장애, 방해물로 가득 차 있기 때문이다. 이래서는 아웃컴이 좌절되기 쉽다. 그러므로 현재 범위(수평적 뿐만 아니라 수직적으로도)를 넘은 위상에서 찾아야 도전할 가치가 있는 아웃컴이 된다.

원효가 해골에 담긴 빗물을 마시고 깨달았다는 것은 우연이 아니다. 그는 이미 구도求道를 위하여 당나라로 가는 도중이었기 때문에 그런 체험에서도 깨달을 수 있었다. 즉, 아웃컴이 명확하고 항상 거기에 몰두해 있었기 때문이다. 필자도 군생활 중 어느 날 밤중에 드럼통에 고여 녹물 섞인 썩은 물을 마신 적이 있는데 원효와 같은 깨달음은 얻지 못했다. 나는 둔해서였을까? 아니다. 단지 그 당시 깨닫고자 하는 아웃컴이 없었을 뿐이다. 남의 집에 들어가 훔치려는(아웃컴) 도둑은 돈 될 물건에만 눈이 간다. 아웃컴이 명확한 사람에게는 보고 듣는 모든 것이 아웃컴과 관련된 정보로서 안테나에 걸리게 되어 있다. 무의식 속에서도….

Outcome이라는 영어는 누구나 알다시피 Out과 Come의 합성어이다. 한자로 표현하자면 Out은 '낳을 출', '나갈 출出'(Output: 出生, 出力 등)이고 Come은 '올 래', '이르를 래來'(來訪, 來賓 등)이다. 이를 합치면 出來이다. 이 말은 우리에게는 생소하지만 같은 한자문화권인 일본에서는 일상적으로 사용되는 단어이다. 즉, 出來(いでく: 나오다, 나타나다), 出來る(できる: 할 수 있다. 생기다), 出來す(でかす: 잘 하다, 만들다, 생기게 하다), 出來した(でかした: 잘 했다. 훌륭했다) 등으로 사용된다. 우연의 일치인지는 몰라도 일본어의 出來는 Outcome의 의미와 속성을 너무나 잘 나타내고 있다고 하겠다.

아무리 멋진 아웃컴이라고 해도 내가 할 수 있는 범위 내에 있지 않으면 아무런 의미가 없다. 능력 밖의 일을 아웃컴으로 정했다면 냉정히 재고해 보아야 한다.

아무리 신념 차원에서는 "하늘 아래 뫼이로다."라고 외치더라도 능력과 행동이 갖추어지지 않으면 허황한 한 여름 밤의 꿈에 지나지 않게 된다.

목표 명확화 연습

1. 6인 1조가 된다. A~C는 각각 코치로서 서 있고 D는 고객이다. E, F는 관찰자로서 진행을 보면서 고객의 목표를 세련화(구체화)한다. D~F는 앉아서 한다. 각 코치의 일은 고객의 목표를 명확히 찾아내는 것이다. 두리뭉실 목화솜처럼 모호한 표현이 아니라 바위처럼 단단하고 명확하게 정의된 목표를 찾아야 한다. 목표 탐색 질문은 순차적으로 해도 좋고 임의의 순서로 해도 좋다. 15분간 소요된다. (구체적으로 찾아내지 못해도 중단한다.)
2. 명확한 목표를 찾았다고 생각되는 코치는 자리에 앉아 쉰다. 최종적으로는 다른 코치 모두 앉게 된다.
3. 서로 피드백을 나눈다.

피드백

- 요약하기를 잊은 사람도 있었다. 요약정리는 커뮤니케이션에서 매우 중요하다. 주제, 토픽을 특정하는 것만이 아니라 고객이 사잇길로 빠지는 것을 예방해 준다. 내용을 이야기하다보면 최초의 토픽에서 너무 멀리 번져가는 경우가 있었다. 그래서 목표를 명확히 해야 한다.
- 질문을 통해 얻은 정보는 요약과 함께 다음의 한정질문에 반영할 줄 알아야 한다. 얻은 정보를 활용하지 못하는 것은 요약을 잊어버리기 때문이다. 요약을 철저히 하라. 질문만으로 고객의 사고가 바뀌기도 한다.

NLP코칭에서 가장 먼저 할 것은 고객이 원하는 것(아웃컴)이 무엇인지를 확인하는 것이다. 여러분에게는 다양한 사람들이 찾아올 것이다. 종이에 목표를 써온 사람, 오긴 했지만 무엇을 변화시켜야할지 모르는 사람… 그럴 때, NLP기법을 활용하여 그들의 아웃컴을 명확히 이끌어내는 것이 바로 코치이다.

2. 행동과 의식 변화에 대한 커미트먼트

의식과 무의식의 불일치가 감지되었을 때, 벗어나는 한 방법으로서는 객관적으로 현실적 플랜을 세워보는 것이다. 그 전에 선행되어야 하는 것은 자기책임과 독립성(의존성이 아닌)의 자세 확립이다. 그렇게 하여 거품을 없애고 아웃컴의 본질에 입각했을 때, 의식과 무의식이 자연스럽게 일치하는 더없는 행복의 상태를 경험할 수 있다. 의식과 무의식이 협조하는 것만큼 커다란 자원이 어디 있겠는가? 의식과 무의식을 통합하려는 커미트먼트commitment를 통해 이러한 시도, 도전을 했을 때, 의식과 무의식의 불일치성은 사라지게 된다. 이처럼 내면이 통합된 상태에서는 반드시 합당한 결과를 만들게 된다. 작은 불일치성이라도 감지되면 바로 통합의 커미트먼트를 앞세워 해소를 촉구하고 도전할 일이다. 코치의 조바심이나 강요가 아니라 고객과 적절한 관계성이 확보되어 있다면 그런 도전은 얼마든지 가능하다.

우리는 흔히 행동을 변화하려면 의식변화가 먼저 선행되어야 한다고 생각한다. 이것은 근본적으로 잘못된 생각은 아니다. 의식차원 이론에서 보더라도 상위차원은 하위차원에 반드시 영향을 미치기 때문이다. 그러나 여기서 유의할 것은 하위차원도 때로는 상위차원에 영향을 미치기도 한다는 점이다. 예를 들어 아직 의식이 확립되어 있지 않은 아이에게는 그 이유나 이치는 모르더라도 특정한 행동을 반복적으로 실행하게 하다보면 어느덧 무의식 속에 패턴화되어 버리는 결과를 얻기도 함을 볼 수 있다. 그러다 보면 나중에 이치를 깨닫게 되는 것이다.

그러므로 의식변화가 절대적인 선행요소는 아니다. 따라서 의식변화에 너무 집착할 필요는 없다. 행동변화가 우선인 경우도 많다. 실제 코칭 세션 중에서도 의식변화로 먼저 접근하지 않고 행동변화로 먼저 접근하는 것이 효과적이다. 몸을 움직여 본다는 것, 그래서 몸을 실제로 움직여 그 패턴을 근육에 새기는 것이 중요하다. 처음에는 어떤 행동을 하기 싫어해도, 익숙하지 않다고 해도 특정 행동을 반복하다보면 그쪽으로 하위차원(행동)의 신경계가 형성되고 그것은 머지않아 상위차원(신념·가치관 이상의 차원)의 신경계로 영향을 미쳐 발전하게 된다.

만일 거부하는 신호가 감지되면 무의식의 신호를 활용하면 된다. 어떤 것이든 무의식의 동의, 협조가 없으면 만족스러운 실행이 이루어지기 어렵다. 여기가 중요한 포인트이다. 무의식의 합의가 없으면 다소 확립된 행동패턴도 환경 조건이 바뀌면 금방 사라지게 된다. 따라서 무의식의 합의를 도출하는 데에는 무의식의 신호를 적절히 사용해야 한다.

변화는 결국 행동으로 나타나야만 한다. 아무리 의식차원에서 변화되었다고 하더라도 행동으로 나타나지 않으면 아무 소용이 없다. 대뇌(좌뇌= 생각)만 작동시켜서는 실제로 아무 것도 나타날 수 없다. 두뇌에는 근육이 없고 팔다리가 없다. 그러므로 인간은 유기체로서 소뇌(우뇌)에 연결되는 팔다리의 정보나 작용과 대뇌의 정보가 일치하여야 원활하게 환경에 적응하는 존재로서 살아갈 수 있다. 이런 상태에서 행동이 반복되면 반복될수록 신경계의 회로는 명확하게 형성된다.

지식적인 탐구를 하는 사람들은 흔히 윌리엄 제임스가 남긴 유명한 "생각이 바뀌면 행동이 바뀌고 행동이 바뀌면…."이라는 말을 전가의 보도처럼 되뇐다. 특히 기업의 교육 담당자들은 아무런 검증 없이 이 말을 맹신하고 있는 듯하다. 이 말은 원리적으로는 합당하지만 실제는 다소 다르다. 여기서 행동을 먼저 바꾸는 것이 중요하다는 것은 몸으로 체험한다는 것으로 말하자면 결과적으로는 생각을 바꾸게 하는 일종의 마중물이라고도 할 수 있다. 행동이 체험을 통하여 근육, 신경계에 스며들면 의식차원에도 영향을 미치게 되기 때문이다. 생각처럼 쉽게 바뀌는 것은 없다고는 하지만, 실제로 생각을 바꾸는 것은 매우 어렵다. 지금까지 자기의 세계지도를 형성해 온 바탕이기 때문이다. 일관된 자아정체성을 보이려는 것이 인간이므로 낯익은 자아상에 안주 또는 고수하려고 한다. 그러므로 하위차원인 행동을 바꾸어보는 것은 변화 추구라는 점에서도 유연성의 폭을 넓게 활용할 수 있는 좋은 방법이다.

행동을 바꾸게 되면 그것이 상위차원에 영향을 미치게 되고 결국 바뀐 상위차원의 의식은 결과적으로 행동을 더욱 제어하게 된다. 이렇게 되면 결국 "생각이 바뀌면 행동이 바뀌고 행동이 바뀌면…."이라는 말이 성립되는 것이다. 비록 한 바퀴 우회하여 또는 역회전을 하여 얻은 결과이긴 하지만.

이론적, 좌뇌적으로 납득시킨다든가, 깨우치게만 하는 코칭은 코칭이 아니다. 생활 가운데 행동적 변화로 나타나지 않으면 의미가 없다. 달리 말하자면 코치는 고객의 대뇌와 소뇌가 통합된 신경회로를 만들 수 있도록 프랙티스를 돕는 존재이다. 이를 위하여 결코 고객에게 강요하거나 무리하게 시켜서는 곤란하다. 어디까지나 스스로 내켜 하도록 하는 상태를 만들어 주어야 한다. 필요하면 롤플레이를 하게 하거나 본받기를 하게 할 수도 있다. 롤플레이의 경우, 완전히 몰두하고 있는지, 입만으로 흉내만 내는지 잘 관찰식별해야 한다.

이러한 내용을 충분히 숙지하여 현장에서 잘 드는 면도칼처럼, 거친 바다에서도 정확한 방향을 잡는 조타수처럼 예리하고 솜씨 좋게 NLP를 활용하기 바란다.

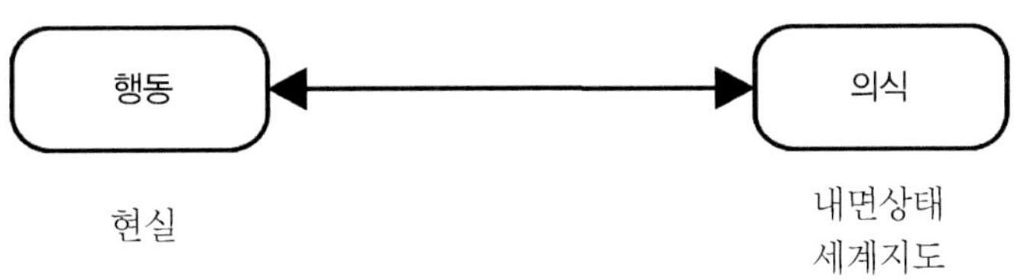

행동과 의식의 통합에 이르는 커미트먼트로 이끄는 포인트는 다음과 같다.

1. 정밀한 관찰식별: 무의식적 행동, 신호에 대한 캐치 능력, 감각의 민감성
2. 관계성 확립
3. 인간관계의 객관적 관점 확립: 내면안정화, 가슴으로 느끼는 경우가 많다.
4. 도전한다: 필요한 자원을 가지고 있는가, 이끌어낼 수 있는가를 제3포지션

에서 확인

5. 메타포를 사용하면 좋다.
6. 신체적 동작(자극심기 등)으로 긍정과 부정의 내면 통합을 한다.

이러한 것들이 자동반응적으로 발휘되지 않으면 보다 높은 수준의 의식 확보나 깊은 대화가 불가능하다. 학습해야 할 아이템이 많으면 거기에 눌리지 말고 논리적으로 구분하여 작게 나누어(하위적량화) 그 부분부터 차분히 익히고 그 다음 상위 청크 수준에 도전(상위적량화)하면 된다.

가장 상위까지 도달하면 그 자체로 곧 통합으로 연결된다. 학습에서 통합은 2가지가 있다. 바로 개념의 통합과 자기 자신과의 통합(몰두, 생리적 변화)이다.

처음부터 상위 청크 단위로 접근하면 실마리를 잡지 못해 문제해결이 어려워진다. 그러므로 낮은 단계에서 하나씩 처리하는 것이 도움이 된다. 그렇게 진행하다보면 결국 상위 청크 단위에 도달하기 마련이고 그것은 곧 결과적으로 자연스러운 전체 통합에 이르게 된다.

영어에서는 "실행 방법을 알고 있습니까?"라는 말은, "할 수 있습니까?"라는 말과 같다.

머리에서 완벽하게 이해하고 있어도 몸으로 실행하기를 습득하지 못했다면 의미가 없다. "할 수 없습니다."라고 해야 한다.

"스케이트 타는 방법을 알고 있나요?"

여기서 "알고 있다."고 응답하려면 좌뇌적 이해, 지식과 행동적 유능성이 겸비되어야 하지만, 실행은 못해도 지식차원에서만 아는 상태에서도 "알고 있다."고 하는 경우가 동양에서는 많다. 이것은 실제로 알고 있다고 할 수 없다. 잘라 말해 "모른다."고 해야 하는 것이다.

〈표 2-1〉 알고 모름의 동서양 차이

기준	서양 (행동 측면 평가)			동양 (지적 이해 평가)		
설명(좌뇌)	가능	불가능	가능	가능	불가능	가능
행동(몸)	가능	가능	불가능	가능	가능	불가능
평가	좌뇌의 이해력과 행동의 유능성 일치	좌뇌의 이해력과 행동의 유능성 불일치		좌뇌의 이해력과 행동의 유능성 일치	좌뇌의 이해력과 행동의 유능성 불일치	
판단 상태	알고 있다	모른다	모른다	알고 있다	알고 있다	알고 있다
NLP 자격	O	△	X	O	X	△

3. 아웃컴과 의도

아웃컴은 목표, 골 등과 같은 의미의 개념으로 사용하지만 그것 자체와 그것이 이루어졌을 때의 결과와는 구별하도록 한다. 예를 들어 어린 아이가 야구 연습을 하고 글러브를 운동장에 그냥 두고 왔나. 그러면 글러브를 잃어버리게 된다. 이때의 결과는 글러브를 운동장에 놓고 온 것이 아니라 잃어버렸다는 것이다. 글러브를 찾는 것이 목표라면 찾았을 때의 기쁨 등은 결과이다. 만일 못 찾으면 상실감 등의 결과를 얻을 것이다.

인생에서 무엇을 하려고 하다가 도중에 생각이 바뀌었다. 이렇게 되면 어떤 식이든 결과가 나타난다. 체중을 줄이려 살을 빼면 새로운 옷이 필요하게 되는 결과가 나타난다. 마찬가지로 사회생활, 인간관계에서도 이런 일은 당연히 발생한다.

어떤 직장인이 승진의 꿈을 꾸며 직장생활을 충실히 하고 있었는데 직장에서 승진하게 되었다. 회사에서는 승진과 함께 새로운 공장이 건설되는 지방으로 발령을 내려고 한다. 곧 근무지역을 바꾸어야 한다. 그러면 가족은? 그 결과는 새로운 곳으로 이사해야 할지도 모른다는 것이다.

부인이라면, "여보, 지금 상황을 분명히 말해줘요. 나는 결혼 이후 15년 간 여기서 살았는데 이곳을 떠나 지방으로 가자는 거예요? 난 이곳이 고향처럼 정 들었는데요. 어째 이런 일이…."

자녀라면, "아빠, 나는 내년에 고등학교를 가야 하잖아요. 그런데 지방으로 내려가게 되면 어떻게 해요?"

사장은, "새 공장이 안정적으로 세팅되기까지 최소한 1년은 당신 같은 인재가 필요해. 그러니 1년만 내려가 수고해 주게."

당사자인 남편은, 직급 승진과 동시에 새로운 환경과 업무에서 능력을 보여줄 수 있는 좋은 기회가 될 것 같아 설레는 가슴을 느끼고 있다. 연봉도 오르고 지방생활이라 기분적으로도 다소 여유로워지는 기분이다. 그곳에서 가족과 같이 더 많은 시간을 지내고자 하는 의도가 있다.

이처럼 가족 서로의 입장, 이해관계가 다른 상황에서는 어떻게 하면 좋을까? 만일 여러분이 코치로서 이러한 상황에 놓인 고객에게 어떻게 대응할 것인가?

결정사항(아웃컴)을 원천적으로 거부할 것인가?

승진을 포기하고 현재에 눌러 있을 것인가?

이직을 할 것인가? 현명한 길은 아웃컴은 그대로 인정하면서 관련자들의 생각을 반영하여 방법을 바꿀 수는 있을 것이다.

고객은 업무에 매진하여 모처럼 아웃컴을 실현하기에 이르렀는데 주위 사람들(가족)의 지원을 받지 못해 장애현상이 발생할 수 있다. 이때의 타개책은 제2 포지션이 되어보는 것이다. 남편의 목표로 말미암아 영향을 받게 되는 사람의 포지션이 되어보라는 것이다. 이것은 결과를 이끌어내는 질문과 대응한다. 즉, 본인의 인생에서 이러한 목표를 세웠을 때, 그 결과로서 '어떤 일들이 일어나겠는가?'를 살펴보는 것이다.

스텝을 다시 한 번 음미해 보자.

고객이 아웃컴을 말한다. 코치는 버벌 패키지를 사용하여 그 목표를 정의하고 구체화하도록 도전한다. 물론 요약하여 확인한다.

"당신의 목표는 ~이군요."

이어서 의도를 물어본다.

"그 목표의 배후에 있는 의도는 무엇인가요?"

"그 목표 실현을 통해 무엇을 얻으려는 건가요?"

의도에 관한 설명을 들으며 관찰식별한다.

"그런 의도에 의해 목표가 달성되면 당신의 인생은 어떤 결과가 됩니까?"

"부모님에게 보답하는 결과가 되지요."

이때 고객으로 하여금 제2포지션이 되어 부친 또는 모친의 의식상태가 되게 한다. 그리고 그 관점에서 고객의 아웃컴을 살펴보게 한다. 이런 때는 실제로 의자를 바꾸어 앉도록 한다. 부모가 자녀의 아웃컴에 대하여 서로 의논하는 입장을 취해보게 하는 것도 좋다.

그러면서 코치는 고객에게 액션플랜을 제시하게 하고 점검한다. 실현 가능하고 달성해야만 할 아웃컴을 명확화한다. 차근차근 진행하여 고객이 이미 목표를 실현한 상태(기성체험As if)을 맛보게 한다. 그때 보이는 것, 들리는 것, 느낌을 상세히 표현하게 한다. 그 표현 내용이 구체적일수록 실현 가능성, 현실석 형태로 나타날 정도가 높아진다. 이러한 체험을 제대로 이끌어내 주는 것이 코치의 중요한 역할이기도 하다. 그러면서 말맞추기를 통하여 자극심기를 한다. 관찰식별을 통하여 발견되는 고객의 외적신호는 모두 자극심기의 소재로 활용할 수 있다.

코칭에서는 우선 아웃컴을 명확히 하는 것이 첫걸음이다. 아웃컴을 명확히 하고 동시에 그 배후에 있는 의도를 정확히 이끌어내지 못하면 다음으로 넘어갈 수 없다. 이 과정에서 알고 있는 여러 NLP패턴을 사용할 수 있다.

"의도가 뭔지 저도 잘 모르겠어요."라고 하면 코치로서는 당황스러울 것이다. NLP 전제에는 '인간의 모든 행동에는 긍정적 의도가 있다'고 한다. 사소한 행동에도 무의식적인 의도가 있는데 인생에 큰 의미가 있는 또는 큰 영향을 미칠 일을 시도하는 데에 의도가 없다는 것은 말이 안 된다. 무의식 깊은 곳에 있어 바로 의식화가 못 될 수는 있다. 사람을 움직이게 하는 동기, 결심, 선택하게 하는 원천이 무엇인지 모른다거나 자각하지 못한다는 것은 비록 그것이 실현된다고 해도 그 과정에서 일관성이 결여될 수 있다. 추동력이 떨어질 수 있다.

"저도 그게 뭔지 확실히 모르겠어요."라고 할 때 난감해 하지 말고 유연성을 발휘하자.

예를 들어 X라는 목표가 있다고 하자. 이 목표 X를 달성했다고 하면,

"지금과 비교해서 무엇이 바뀌겠는가?"라고 질문한다. 그다지 명확하지 않은 응답이 나올지도 모른다. 그때 더욱 더 진지하게 파물어본다. 무엇인가가 다른 것을 찾아내면,

"구체적으로 무엇이 다른가요?"라고 버벌 패키지를 사용한다. 아니면,

"무엇인가가 지금과 다르다면 주변은 무엇이 달리 보입니까?"라고 묻는다. 그러면 차이를 구체화해 갈 수 있다.

코칭의 목적은 어디에 있는가? 언제 어디에서나 NLP도구를 사용하여 바람직한 성과를 올리려면 어떻게 하면 좋을까? NLP도구는 프로세스 도구이므로 뛰어난 기능이 있다. 어떤 도구(A기법)가 효과를 나타내지 못하면 다른 도구(B기법)를 사용하면 된다. 특정 상황에서 선택한 특정 도구가 적절한지 어떤지의 문제도 있겠지만, 코치가 선택한 도구가 적절했다고 해도 어떤 고객에게는 A도구보다 B도구가 더 잘 맞을 수도 있다.

못을 박고 싶을 때, 망치가 없으면 무엇을 사용하는가? 여기서의 목적은 못을 박아 두 물체를 고정시키는 것이다. 그런데 망치가 없다면 이 과제는 어떻게 달성할 것인가? 뭔가 강하고 무겁고 잡기 쉬운 속성의 어떤 다른 물체가 있으면 좋을 것이다. 손에 잡을 수 있는 것으로서 강하고 무거운 것이 무엇이 있을까? 돌, 렌치, 스패너….

여기에서의 포인트는 목적이 명확하다면 그것을 실현하기에 필요한 것은 무엇이든 찾아서 사용할 수 있음을 말하고자 하는 것이다. 목적을 이루는 길은 다양하다.

여러분이 내면에서 무엇인가 내적 대화를 하고 있을 때, 대부분 그다지 정의되지 않은 말을 사용하고 있을 것이다. 어쩌면 동양문화적인 특질로 자기가 느끼는 것, 원하는 것을 그다지 밖으로 드러내지 않고 있는지도 모른다. 그런 말하기 방식의 습관화로 그와 같은 버릇이 몸에 배었을 가능성이 크다.

여러분은 코치를 지향하는 만큼 충분히 명확하게 말할 수 없으면 고객에게서 변화를 이끌어내기 어렵다. 두루뭉술하고 모호한 표현이 많고 뚜렷한 개념이 없는 것 같은 이야기가 많으면 안 된다. 이렇게 되면 물고기를 잡으려고 기껏 그물을 몰고 갔으나 물고기는 술렁~ 엉성한 그물 사이로 도망치는 것과 다름없는 꼴이 되어버린다.

초보 코치로서 코칭을 시작한지 얼마 안 되는 단계에서 이와 같은 상황을 만나게 되면 부정적 전례를 만든 셈이 된다. 모처럼 행동을 일으켜 진행했는데도 고객은 물고기처럼 빠져나가 버리게 된다. 고객은 일종의 연기를 하는 경우도 있다. 특히 본인의 의사와 달리 타의에 의해서 코치 앞에 오게 되었을 때… 그러므로 초반부터 두루뭉술하고 모호한 응답을 듣지 않고 분명한 응답을 이끌어내는 것이 중요하다. 어떻게든 이 세션을 자기의 방향으로 컨트롤하려고 게임을 시도하는 고객이 있지만, 버벌 패키지를 사용하여 끝까지 구체화해 간다면 고객의 영리한 잔꾀도 허물어뜨릴 수 있다. 이러한 일은 현실적으로 일어나고 있다. 고객이 연기나 게임에 임하는 듯한 기색을 보이면 세션을 바로 중단하고 분위기를 바꾸어 진행한다. 프로세스를 진행할 때는 지속적으로 관찰식별할 필요가 있다. 어떤 상황에서 어떤 질문이 진정한 응답을 이끌어냈는지를 확실히 기억해 두고 점점 파고들어야 한다. 버벌 패키지는 여러모로 유용하다. 일류 코치를 지향한다면 꼭 익혀둘 필요가 있다.

또 하나 주의할 점이 있다. 자기 이야기를 할 때, 그다지 구체적으로 표현하지 않는 사람이 있다. 그러면 목표가 구체적으로 정의되지 않은 채 이야기가 흘러가게 된다. 예를 들어 두 가지의 길이 있다면 두 손을 사용하여 하나씩의 길로 나타내도록 하면 언어적인 설명을 보완할 수 있다. 그렇게 구체화해 가다보면 최종적으로는 전혀 다른 길이 나타나기도 할 것이다. 고객 본인에게도 명확하지 않았기 때문에 어디에서 시작해야 할지 잘 모를 수도 있다. 중요한 것은 어떻게 하든 빨리 목표를 찾아 차분하고 안정적으로 이끌어가도록 하는 것이다.

전에 어떤 특정한 상황에서만 목표를 달성하려고 하는 여성이 있었다. 그녀는 모친으로부터 좀 더 자기의 가치를 인정받았으면 하는 소망을 가지고 있었다. 코치가,

"지금 모든 것이 원만하게 잘되고 있을 때(원하던 것이 이루어졌을 때) 모친과 당신이 함께 있다고 하면, 그 상황과 평소에 모친과 함께 있는 상황과는 무엇이 다른가요?"라고 묻기 전에는 다른 차이를 찾지 못했다. '모친 앞'이라는 방에 갇혀 있었던 것이다. 여기에 다른 창문의 선택지를 내 주었던 것이다. 평소의 창문과 뭔가 잘 이루어졌을 때의 창문을… 평소와 같이 모친에게 가서 평소처럼 인사드리면 당연히 평소와 같은 대응을 받지 않겠는가? 모친에게서 환대(인정)를 받으려면 어떻게 하면 좋을까?

그린더의 부친은 그린더가 '희다'고 하면 반드시 '검다'고 하는 분이었다. 그러니 대화를 하면 서로 관점의 차이만 발견하게 되었다. 부친의 말 속에는 아들을 철모르는 애송이로 여기는 어른으로서의 권위 같은 것을 감추고 있었다. 그러던 어느 날 그린더는 말을 하지 않고 부친의 생각을 바로 잡을 수 있었다. 어떻게 했냐고? 부친은 야외운동 중에서 록클라이밍은 자기가 할 수 있는 가장 손쉬운 운동이라고 자부하고 있었다.

"뭘 그런 걸 운동이라고 할 수 있나?"

그래서 그는 부친에게 록클라이밍 경쟁을 걸었다. 왕년의 특전사 출신이라는 낡은 군대의식에 도전한 것이다. 실제 부친은 특전사 훈련교관으로서 근무하였기에 각종 고난도 훈련을 시범적으로 실시하는 것을 그린더가 어렸을 때 보기도 했었다. 경쟁 결과 그린더의 기록이 부친보다 앞섰다. 물론 그는 아직 젊었고 부친은 기분은 젊었지만 몸은 나이가 있었다.

"어, 너도 좀 하는구나!" 그 뒤로 부친은 그린더의 의견에 무조건 반대하지는

않게 되었다. 무작정 애송이 취급은 받지 않게 되었다.

앞서의 모친과의 문제에서는 모친이 딸의 가치를 경험할 수 있는 형태, 상황을 만드는 것이 중요하다고 본다. 여기서 이러한 예를 소개하는 것은 코치나 고객 모두 스스로의 창조성을 활용하기를 바라서이다. 고객에게 해결책을 직접 제공해서는 안 된다. 고객 본인이 해결책을 찾아낼 수 있도록 과제를 제공하거나 길을 열어주는 것이 코치의 역할이다. 본인 스스로 찾아내야만 본인의 능력에 어울리는 수준의 최선책을 발견할 수 있기 때문이다. 코치가 멋진 해결책을 주어도 실행에 힘에 부치거나 중간에 돌발 상황이 일어나면 대응하지 못하고 주저앉아버리게 된다. 즉, 자기 몸에 맞지 않는 옷이면 안 되기 때문이다. 목표가 명확하면 그것을 실현하는 방법은 수없이 많다. 본인의 능력 수준에 적절한 것을 선택할 수 있고 그래야만 성공할 수 있는 것이다.

부모와의 관계 개선이 목적이라면 말로만 바꾸는 것 외에도 구체적으로 어떤 종류가 있는지 검토해 보기 바란다. 흔히 '상황을 바꾼다'라는 말을 한다. 상황을 바꾸는 것만으로도 해결책이 되는 경우도 많다.

너무나 당연한 것이기 때문에 잊기 쉬운 것을 전하려고 한다. 고객을 상대로 세션을 할 때, 특히 콘텐츠를 다루어야 하는 케이스이다. 고객에게 본인의 상황을 살펴보게 하면 다분히 문제 지향으로 접근하려 하게 되는데 이에 따라 코치 자신의 내면상태도 점점 고객의 상황에 빠져 들어가 감정이입이 되어 생리적 반응도 일어난다. 문제가 눈앞에서 몸으로 나타난 셈이다. 이런 일을 방지하려면 끊임없이 고객의 상태를 객관적으로 모니터링(관찰식별)하는 것이 중요하다. 그래서 코치는 중심을 잡고 고객의 콘텐츠에 빠지지 않도록 경계해야 한다. 기본적으로는 프로세스에 충실하면 된다. NLP기법은 과거 원인을 찾는 것보다 아웃컴 지향의 접근방식이기도 하다.

코칭에서 NLP기법은 정확하게 실행되는 것이 바람직하기는 하지만, 코치가 좀 서툴러서 제대로 실행하지 못하더라도, 코치가 다소 세련된 진행이 아니어도 NLP 자체가 갖는 프로세스 구조로 인하여 고객은 나름대로 좋은 효과를 거두기도 한다. 그러니 코치는 내면안정을 하고 자신감을 갖고 임하도록 한다.

필터에 대해서도 말하겠다. 적절하게 기능하는 필터(정보 처리 기준)를 갖춰두어야 한다. 여기에는 두 가지 전략이 있는데 하나는 제2포지션에 들어가는 것이다. 즉, 코치 자신이 고객이 되는 것이다. 또 하나는 관찰식별을 철저히 하는 것이다. 즉, 객관적 관점을 유지하는 것이다.

⟫ 코칭 연습

1. 4인 1조가 된다. A는 코치, B는 고객, C, D는 관찰자(메타 코치)이다. 1회 20분.
2. 고객이 아웃컴을 말한다. 코치는 그 아웃컴에 따라 코칭을 진행한다. 표준적인 시간 할애는 아웃컴 정의에 3분 정도(그 이상 걸리면 중간에 멈추고 그때까지 내용을 요약한다), 의도 확인에 5분, 제2포지션에 들어가 결과 탐색에 5분, 액션플랜에 3분, 아웃컴 실현 체험과 자극심기에 5분을 소요한다.
3. C, D는 코치의 진행을 보며 다음을 중점적으로 본다.
    - 코치는 개입을 자연스럽게 하는가?
    - 버벌 패키지는 적절히 사용하고 있는가?
    - 목표를 명확히 정의하는가?
    - 의도를 정확히 이끌어내는가?
    - 제2포지션으로 확실히 들어가게 하여 결과를 탐색하는가?
    - 액션플랜을 리뷰하는가?
    - 더 세련되게 할 수 있는 부분은 없는가?
    - 고객으로 하여금 체험을 말하게 하고 타이밍 좋게 자극심기를 하는가?
    - 처음부터 끝까지 관찰식별을 하고 있는가?
4. 서로 피드백을 나눈다.

>>> 코칭 사례

코치라면 코칭에 임하는 4가지 기본적 요소SCRF를 잘 갖추고 있어야 한다.

"당신은 어떻게 되고 싶으세요?"

"지금까지의 제 인생은 그런대로 순탄했습니다. 그런데 2개월 전에 그만 직장을 잃게 되었습니다. 아내는 도망가고 돈도 다 떨어지고…."

그는 코치의 질문에 제대로 대답하고 있는가? 아웃컴을 묻는데 신세타령만 하고 있다.

"다시 한 번 물어봅니다. 잘 들어 주세요. 당신의 아웃컴은 무엇이지요? 무엇을 실현하고 싶은지요?"

그는 틀림없이 여기 오기 전에 코치를 만나면 무엇을 말할까에 대해서 정리해 보았을 것이다. 그래서 코치의 말에 집중하기보다 자기가 준비한 하소연하고 싶은 스토리를 늘어놓고 있는 것이다.

"지금부터 3개월 후, 또 반년 후, 그리고 1년 후에 무엇을 하고 싶은가요?"

이처럼 구체적으로 시간을 설정함으로서 고객도 구체적으로 생각하기 시작한다.

"평소 아내는 결혼생활에 만족하지 못했는데 그걸 알아차리지 못한 것은 제 책임입니다."

역시 아직 코치의 말에 귀를 기울이고 있지 않고 있는 셈이다. 이때는 어떻게 하면 좋을까? 앉는 위치를 바꾸게 하는 것도 한 방법이다. 그리고 먼저 앉았던 위치를 가리키며,

"저기 앉아 있는/있던 사람을 봐 주세요. 그의 옆에 나와 꼭 닮은 코치가 앉아 있습니다. 코치는 그 사람과 세션을 하고 있군요. 그 코치는 '어디로 가고 싶은가요?'라고 옆 사람에게 묻고 있습니다."

고객은 고개를 흘낏 들어 그 곳을 본다.

"전철에 앉아 있군요. 타기 전에는 목적지를 알고 있었는데 지금은 목적지를

잊고 있는 것 같네요. 목적지를 모르면 어디서 내려야할지도 모릅니다. 새로운 목적지를 찾을 때까지는 도중에 일어났던 일에 대한 얘기도 중요하지만 우선 목적지를 분명히 해야 그동안 잠을 자든지, 내려서 할 일을 생각하든지 할 수 있지요."

이런 식으로 이끌면 효과적으로 진행할 수 있게 된다.

또 여기서는 제3포지션을 활용한 것을 볼 수 있다. 이것은 고객의 경험을 잘 조직할 수 있는 대단히 강력한 방법이다. 신선한 관점에서 보고 듣기를 자유롭게 탐구할 수 있는 포지션이기도 하다.

그리고 메타포도 활용되었다. 전철을 타고 목적지로 간다는 설정은 아웃컴을 향해 진행되는 코칭 세션 과정 그 자체이고 고객의 앞으로의 삶을 비유한다. 지금까지 타고 온 경로와 상황은 분명히 이런저런 것이 있었을 것은 당연하다. 그러나 지금 시급하게 알아야 하는 중요한 포인트는 목적지가 어디냐는 것이다. 그걸 알아야 어딘가에서 내릴 수 있다. 이처럼 짧은 메타포도 매우 효과적이다. 보통의 상식이 있다면 누구라도 금방 알아들을 것이다.

그런데 이 속에는 고객이 목적지를 모르고 있다는 것을 전제하고 있다. 많은 사람들(특히 젊은 사람들)은 자기의 목적지를 말 그대로 "잘 모른다."고 응답하는 경우가 많다. 그들은 더 이상 어쩔 수 없이 꽉 막힌 상태에 있는 것이다. 이런 국면이라면 여러분 자신은 '어떻게 할까?'를 생각해 보기 바란다. 이런 사람들을 코칭 현장에서 자주 만나게 된다. 목적지를 모르는 그들이지만 분명히 알고 있는 것은 한 가지 있다. 지금 이 상태로는 있고 싶지 않다는 것이다.

또 한 부류의 사람들이 있다. 목적지를 알고 있기는 한데 어떻게 하여 거기에 도달할 것인지가 막막한 사람들이다.

"이것은 당신의 인생입니다. 무엇을 하든 그것은 당신의 자유입니다. 전철 안에서 동정을 청하는 구걸을 해도 되지만 그건 원하는 일이 아닐 겁니다. 그러면 지하철이 새로 연결되는 개발지역에서 쇼핑몰의 사장이 되는 겁니까? 아니, 걸그룹의 백댄서가 되고 싶은가요?"

물론 분명하고 강한 부정적 반응을 이끌어내려는 의도적인 도발질문이다. 도발질문 뒤에는 반드시 거부와 부정의 반응이 일어나는 전형적인 패턴을 보인다. 고객은 말도 안 되는 제안을 강력히 부정하는 가운데 그 반동으로 새로운 가능성을 탐색하기 시작한다.

'이건 아니지. 그렇다면 나는 어떻게 되고 싶은 거지?'

자기의 목적지를 찾는 사고의 회로를 작동하기 시작한다. 그러면 다른 위치로 자리를 옮기게(포지션 이동) 하여 소정의 기간이 지난 후(예를 들어 6개월 후)의 바람직한 모습을 그려보게 한다.

"그곳은 어디인가요? 무엇이 보이고 들리는지, 그리고 어떤 느낌입니까?"

"모두가 저를 존경의 눈으로 보고 있습니다. 저는 매니저로서 연구실을 이끌고 있습니다."

여기서 버벌 패키지를 사용할 수 있다.

"연구실의 매니저로서 팀을 이끌고 있군요. 멤버들의 존경의 시선을 받고 있으면서… 이런 모습이 미래의 가능한 바람직한 모습이군요. 지금부터 일련의 질문을 해도 되겠습니까? 제 질문에 최선의 카드로 응답하면서 목표를 명확히 해가고 또 그 실현에 대한 가능성도 굳혀보도록 합니다. 지금의 체험이 현실이 되도록 결단을 내리는 겁니다. 도중에 다른 가능성이 보이면 그것을 구체화해 가도 좋습니다. 어떤 선택이든 당신의 자유이고 선택지가 많다는 것은 일단 좋은 일입니다."

이러는 사이에도 관찰식별은 지속되어야 한다. 고객이 이 말을 충분히 받아들였는지 어떤지 반응을 살펴보아야 한다. 아직 충분히 이해하지 못했거나 결심이 서지 않은 것 같으면 지금 한 말을 요약해 보도록 할 수도 있다. 또는 고객으로 하여금 잠깐 일어섰다가 앉은 다음 다시 한 번 요지를 말하게 할 수 있다. 코치로서의 유능성은 상황을 변화시키는 행동을 일으킬 수 있다는 것이다. 이런 것도 유연성의 한 측면이다.

다양한 상황에서 적용할 수 있는 여러 가지 개입 패턴은 장기간에 걸쳐 연습해 두어야 한다. 최소 3가지 이상의 방법을 익혀 두어야 한다. 당신은 코치로서 고객을 본인의 목적지로 이끄는 데는 몇 가지 길을 준비해 둘 수 있는가? 코치의 역량은 목적, 목표를 명확하게 특정하는 데 달려 있다. 코치가 익힌 모든 도구는 여기에서 투입되고 발휘되어야 한다. 목적, 목표가 확인되면 그 다음은 알고 있는 기법을 활용하여 큰 어려움 없이 진행할 수 있을 것이다.

목적지를 명확히 하기 전에는 그동안의 경과 상황, 사연은 굳이 들을 필요가 없다. 그리고 제3포지션에서는 과거를 살피기에 앞서 미래를 향하도록 한다. 아울러 고객이 질문에 제대로 응답하는지 어떤지를 확인해야 한다. 제대로 된 응답이 아니면 기지개를 켜게 하는 등 상태 분리(의식 변화)를 하도록 한다. 짧은 메타포를 활용할 수도 있다. 그래서 질문에 대한 응답을 정확하고 구체적으로 말하게 한다. 응답을 듣지 않아도 좋을 질문이라면 처음부터 하지 않는 것이 좋다.

고객의 인생에서 부딪친 이 문제에서 코치로서 고객의 아웃컴 외에 알고 있어야 하는 것은 무엇인가? 언제, 어디서와 같은 환경적 상황이다. 과거의 스토리가 아니라 현재의 실상을 알아야 한다. 상사와의 마찰인지, 사춘기 자녀와의 갈등인지, 부부 사이의 불화 때문인지 모른다. 그러나 그 내용(콘텐츠)에 대해서는 일체 다룰 필요가 없다. 단지 필요한 것은 고객의 상황에서 구체적으로 어떤 부분을 바꾸면 좋은가를 발견하는 것이다.

"저의 연구 아이디어를 상사가 받아들이지 않아 충돌이 있었습니다."

자, 이제 개입의 준비는 되었는가? 다음에는 무엇을 해야 할까?

일단 고객을 제3포지션으로 이동시킨다. 포지션을 바꾸는 의도는 무엇인가? 새로운 관점에서 문제를 보도록 하기 위함이다.

"지금 그 상황이 보이는가요? 상사에게 아이디어를 제안하는 상황입니다. 상사가 제안서를 보고 있지만 그다지 내키지 않은 듯한 표정입니다. 당신의 동료 중에 상사에게 잘 접근하는 사람이 있나요?"

"최부장이 있습니다."

"그럼 이쪽 옆에 상사에게 잘 접근하는 최부장을 이미지하세요. 그를 잘 보고 그의 행동을 지켜보고 말을 들어봅니다."

잠시 이미지해 보는 것으로 관찰되었으면,

"그리고 이번에는 그쪽에 당신을 두고 상사에게 접근해 봅니다. 동료와 당신의 차이를 알 수 있나요? 그가 하는 것과 당신이 하지 못하고 있는 것은 어떤 것이죠?"

잠시 후 다시 말한다.

"이번에는 당신을 동료의 위치로 가까이 옮겨서 쑤–욱 그 속으로 들어가 봅니다. 그는 새로운 당신입니다. 그 위치의 당신은 동료처럼 상사에게 잘 접근하고 있습니다. 상사에게 인정받는 동료 그 자체가 되었습니다. 행동, 자세, 표정, 시선, 말투…."

이것은 콘텐츠와 프로세스 사이에 있는 정도의 접근이다.

코칭의 개입 방식은 콘텐츠 중심의 접근과 프로세스 중심의 접근으로 구분할 수 있다. 전자는 고객에게 의식적으로 선택지(아웃컴)를 이미지하게 하는 것이고 후자의 경우에는 그런 식의 개입을 하지 않는 것이다. 이때 필요한 것은 오로지 상황만이 중요하다. 만일 이때 고객이 뉴코드 게임을 한 후 새로운 신체상태가 되었다고 해도 아직 그 시점에서는 의식적으로 어떻게 행동을 바꿔야할지를 모른다. 어떻게 행동을 바꿀까에 대해서는 KNS Know Nothing State(멍한 상태)이기 때문이다. 그러나 어떤 차이가 있음은 분명히 느끼는 상태이다. 기본적으로 무의식 차원에서는 강력한 변화가 일어났을 터이다. 그리고 나서 뉴코드 게임을 했던 계기가 된 상황으로 다시 들어가면 자연발생적으로 새로운 행동이 나오게 된다. 그런데 이러한 경험이 코치에게 없으면 다른 사람을 코칭할 때에 이것을 적용하기 어려울 것이다.

뉴코드 체험을 하고서도 자기가 선택한 상황에 차이가 없었다면 다시 한 번 제대로 도전하여 체험해 보기를 권한다. 뉴코드 게임은 코치로서 가장 강력하고 간단하게 개입할 수 있는 방법이다.

성공적인 뉴코드 체험을 한 후라면 반드시 무의식 차원에서 변용이 일어나는데 시간이 흘렀다고 해서 원래의 상태로는 돌아가지 않는다. 뉴코드 체험으로 하이퍼포먼스 상태를 느끼면서 그 상황에 들어간다. 그러면 자동적으로 그 상태에서 자연히 '이렇게 하면 되겠구나' 하는 통찰을 얻게 된다. 이것이 앞으로도 이대로 영향을 미칠까? 물론 앞으로도 좋은 영향을 미치게 된다. 그러나 같은 게임의 되풀이는 패턴에 익숙하게 하여 자극을 둔하게 하는 부작용이 생길 수도 있다. 그러므로 퍼포먼스 상태가 전보다 덜 하다고 느낀다면 다른 뉴코드 게임을 적용하든가 하면 된다. 이 또한 유연성을 확장하는 셈이다.

Chapter

03 코칭의 의도와 활용

1. 코칭의 의도

1) 코칭의도의 중요성

NLP에서 의도(속셈, 속마음)는 특히 중요한 개념이지만 일상생활 현장에서도 의도라는 개념은 매우 중요하다. 세상 모든 일에는 거의 크고 작은 대립이 있기 마련이다. 대부분의 갈등에는 고차원의 공통의 의도가 들어 있지만 낮은 차원에서는 그것이 보이지 않는 것이다. 양자 사이의 공통의 의도를 찾아내는 것이야말로 어떤 문제에서도 가장 강력한 해결방법이 된다. 그렇지만 우리는 선조들에게서 물려받은 각종 지혜, 무의식의 가르침을 이미 알고 있더라도 그것을 자기에게 적용하는 것은 쉽지 않다. 후천적으로 배운 NLP 전제나 여러 기법 활용 또한 그렇다.

예를 들어 부정적인 상황에 대한 의미전환Reframing이나 기성체험As if 등도 유익함을 알지만 실제로 적용은 잘못하고 있지 않은가? 지각위상 변환도 언제든 자유자재로 활용 가능할 터이지만 그동안 워낙 자기 입장(제1포지션)에서만 살아왔기에 좀처럼 제2, 제3포지션에 들어가지 못한다. 연습이 안 되었기 때문이다.

그런 반면에 활용을 삼가야할 때 사용하는 경우도 있다.

버벌 패키지는 부부 사이에서는 사용하지 않는 것이 좋고 구체화질문모형Meta Model도 일반적 대화에서는 사용하지 않는 것을 권장한다고 배웠지만 때로는 사용하기도 한다. 왜 그럴까? 아직 근육에 자연스럽게 배이지 않았기 때문이다.

이런 가운데 의도 찾기는 언제 어느 때라도 적절히 잘 활용할 수 있도록 연습해두기를 바란다. 의도를 다룰 수 있는 코치는 보유하고 있는 도구 중에서 가장 강력한 것 중의 하나를 구사할 수 있다는 것이다. 프로 코치 또는 커뮤니케이터로서 상대방 행동의 배후에 있는 의도를 찾아내어 식별, 인식하지 않으면 안 된다. 실제로 의도는 우리가 사용하는 포맷의 여러 가지 면에서 쓰인다. N단계 의미전환, 의도/결과 모형, 내부대화 제거 등에서 사용할 수 있다. 이것은 신경계통의 일부로서 작용하기 때문이다.

“매년 골든위크에는 밖으로 나가 캘리포니아에서 온 애인과 만나요.”

무엇인가에 만족하지 못한 여성이 있다고 하자. 그리고 그녀에게는 바람을 피우는 남편이 있다. 남편이 무엇을 생각하고 있는지 알고 있다. 의도 또한 알고 있다. 때로는 어떤 결정을 내리기에 혼란스러워한다는 것도 알고 있다. 그는 부인을 사랑하고 있다. 남편이 하는 행동의 의도도 알고 있다. 당신은 코치로서 이 여성이 느끼는 감정을 이해할 수 있겠는가?

자, 이제 한 가지 제안을 한다. 그 부부가 사이좋게 살 수 있도록 하는 것이다. 커다란 것이든, 작은 것이든 여기서 필요한 것이 하나 있다. 그러면 조화를 이룬 가정생활이 가능해질 것이다. 이 제안에 흥미를 느끼는가?

골든위크에 캘리포니아에서 온 애인을 만나는 의도는 무엇일까? 남편은 자기 분야에서 성공자의 위치를 누리려고 애쓰고 있다. 자기를 위한 것이기도 하지만 대부분은 부인과 가족을 위해서이다. 그렇지만 이것을 그대로 부인에게 설명하기는 어렵다. 부인은 그에게서 무엇을 원하는지 생각해 보자. 그는 그녀의 남편이다. 골든위크는 남편, 가족과 즐길 수 있는 꿈같은 휴식기인데도 남편이 그런 시간을 빼앗았다고 생각하고 있지 않은가? 그래서 휴가는 남편하고 함께 즐기고 싶어 하고 있을 것이다.

그러면 두 사람이 서로 원하는 것을 손에 넣으려면 어떻게 하면 좋을까? 이 특별한 기간에는 매일 밤 서로의 감정, 생각을 함께 나누면 서로에게 충실하고 좋은 체험의 시간이 될 수 있을 것이다. 부부가 함께 질이 좋은 만족스러운 시간을 보낸다고 생각하게 되어 그때는 특별히 집중하여 같이 시간을 보낼 수가 있을 것이다. 이처럼 제3포지션(중재자)의 관점에서 살펴보는 것도 적용해 볼 가치가 있다.

의자에 앉아 문제가 있는 직원이 되어 느껴본다. 그러고 나서 제3포지션으로 나와 그 상황을 보고 듣는다. 그 사람의 신체적 특징, 표정 등도 자세히 관찰식별한다.

"상사의 지시를 제대로 수행하지 않는 의도는 무엇인가요?"라고 묻는다.

"상사라고는 하지만 사실은 입사 동기로 나이도 같아서 지시 받고 싶지 않아요. 조화를 이루고는 싶지만, 구체적인 사무적 지시를 받는 것은 싫거든요. 내가 그를 상사로서 존경하고 있듯이 상사도 나를 존중해 주었으면 해요."라고 말할지도 모른다.

당신이 유능한 코치라면 왜Why라는 말, 이유를 묻는 말은 이제 잊어버리도록 하자. 이것은 인과因果관계를 이끌어내기 때문이다. 우리는 인과관계를 따지기보다는 의도를 헤아려 확인하는 것이 더 인간다운 세상을 만드는데 도움이 된다. 마찬가지로 '어째서?'라는 질문도 이젠 그만 두어야 한다. 그것은 정당화의 주장을 수반하게 된다. 이것도 결국 인과관계를 따지게 되는 셈이다. 내가 정당하다면 상대방도 그만큼 정당한 사유가 있기 마련이다. 그러면 결국 대립과 마찰이 일어날 뿐이다. 그러나 의도를 묻는 질문을 하면 인식론적으로 다른 논리 차원으로 향하게 된다. 그러므로 결과적 상황에 대해서는 원인보다 의도를 물어보는 것이 바람직하다. 왜 그랬냐고 원인을 따져 물어보는 사람은 그 순간 갑이 되어 재판관, 감시자, 응징자의 모습이 되어버린다. 응답해야 하는 사람은 을이 되어 의기소침해지고 나는 못난이 임을 고백해야 된다. 기가 죽어버리는 셈이다.

정리하면, 인과관계를 따지면 한쪽은 나쁜 사람이 되고 만다. 그러나 결과적으로 두 사람 모두 속 좁은 사람이 되어 씁쓸함을 맛보며 거북한 관계가 된다. 의도를 헤아리면 양쪽 모두 아량이 넓고 착한 사람이 된다. 결과적으로 두 사람 모두 따뜻한 관계가 된다.

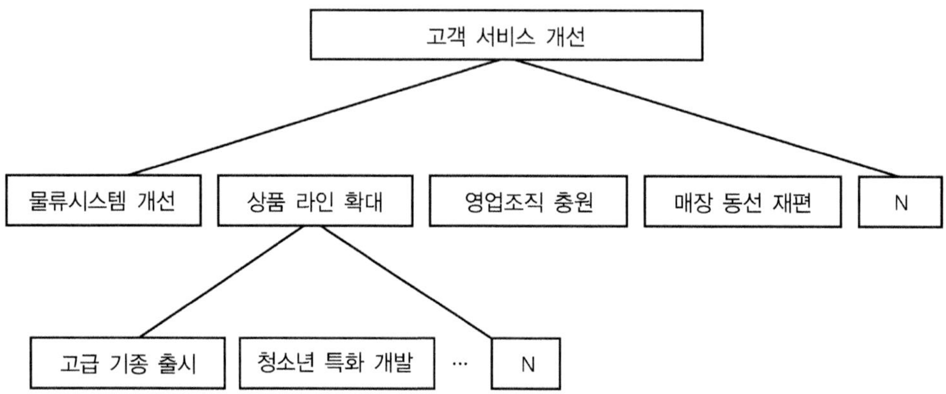

[그림 3-1] 의사결정 과정

의도 질문을 할 때, "상품라인 확대를 하려는 의도는 무엇입니까?"라고 물으면 '고객 서비스를 개선하기 위해서'라는 대답이 나올지도 모른다. 그러나 고객 서비스를 개선하기 위한 방법은 상품라인 확대 외에도 얼마든지 다른 것이 있을 수 있다. 그러므로 처음에 의도를 확인함으로서 보다 쉽게 고객 서비스를 개선하기 위한 유용한 방법을 찾을 수 있을 것이다. 예를 들어 물류 시스템을 개선한다든지, 영업조직을 충원한다든지, 매장 동선 재편 등 여러 가지 대체안을 강구할 수 있을 것이다. 이처럼 먼저 의도를 짚어봄으로서 보다 높은 논리 차원은 물론 전체상도 함께 그려볼 수 있다.

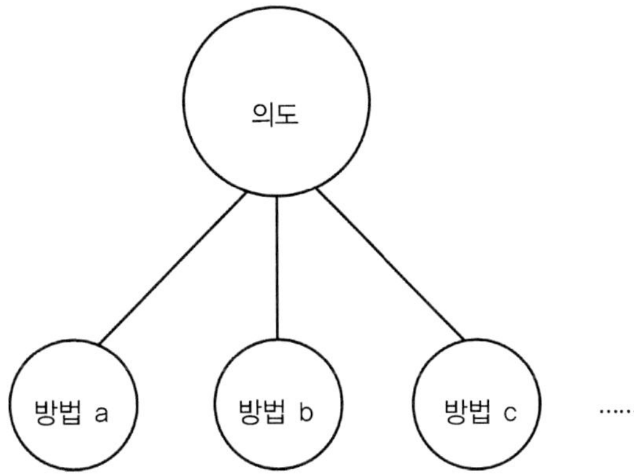

[그림 3-2] 의도와 방법의 관계

의도를 먼저 물어보는 것과 상황을 구체화한 다음에 나중에 의도를 물어보는 것을 각각 시도해 보는 것도 좋을 것이다. 그래서 잘 적용되는 쪽을 선택하여 자기의 경험에 의해 먼저 또는 나중에 필요할 때 적절히 사용하면 된다.

의도 질문이 중요한 경우가 있다. 우리가 NLP코치로서 NLP패턴을 어느 정도 마스터하고 있는지 테스트하기 위하여 두 가지 포인드가 있다.

하나는 '자기에게 스스로 적용할 수 있는가?'이다. 임의의 패턴을 꺼내어 그 패턴은 어떤 스텝으로 진행하는지를 묻는다. 그 패턴의 하나를 가리키며 이 스텝의 배후에 있는 의도는 무엇이냐고 묻는 것이다. 이것은 매우 중요하다. 그렇지 않으면 멜론 속의 생쥐 꼴(전체상과 핵심을 모르고 부분에만 집착하는 모습)이 되어버린다. 어떤 특정한 스텝으로 진행되는 것만이 유일한 방법이라고 맹신하는 것은 위험하다. 이처럼 스텝의 배후의 의도를 알 수 있고 없고는 여러분이 NLP를 어느 정도 마스터했는지를 아는 지표가 된다.

또 하나, 뉴코드를 적용할 때도 마찬가지이다. 처음에 제3포지션에서, "그 상황을 명확히 보고 있습니까?"라고 물을 때, 고객이 혼란스러워한다는 것을 관찰 식별을 통하여 알았다면, 고객이 명확히 이미지하지 못하고 있는 경우라고 판단하여, "보는 것이 어려운가요?"라고 묻는다. 그때는 다른 표상체계로 접근함으로서 고객으로 하여금 명확히 이미지화할 수 있게끔 할 수 있다.

"그러면 무엇이 들립니까?"와 같은 질문으로.

그러면 고객은 "이미지는 보이지 않지만, 소리는 들립니다."

그러면 청각이 시각보다 잘 작동한다는 것을 어떻게 확인할 수 있을까?

"구체적으로 어떤 소리가 들립니까?"

"형의 목소리가 들립니다."

"형님의 입술이 움직이는 것을 이미지화할 수 있나요?"와 같이 물어 V, A, K를 중첩시킨다. 즉, 조금씩 줌 아웃시키는 것이다. 이렇게 함으로서 전체상을 본다든지 주변 상황까지 명확히 파악할 수 있게 된다. 또는,

"거기까지 걸어가서 그것을 만져 보는 것은 어떨까요?"라고 체각(촉각)적으로 접근할 수도 있다. V, A, K 가운데 2가지만 명확하면 충분하다.

비즈니스에서 탁월한 의사결정을 할 때는 규칙이 있다. 우선 3가지 선택지를 강구하여 검토한 다음 그 중에서 하나를 최종 선택하는 것이다. 그런데 여기서도 동서양의 차이는 있는 듯하다. 예를 들어 미국에서는 처음에 의도를 묻는 것이 좋다. 그러면 목적을 달성하기 위한 방법이 한 가지만이 아님을 알게 된다. 그런데 동양에서는 의도보다는 방안을 먼저 중시하는 듯하다.

2) 코칭의도와 결과 모형

의도는 표명에 관한 표명(속셈, 속마음)이라고도 한다.

- 형이 방에서 멋진 모양을 만들며 레고 놀이를 하고 있다.
- 여기에 어린 동생이 들어와 그 레고를 부숴버렸다.
- 형은 동생을 밀쳐내고 방에서 쫓아버렸다.

여기서 우리가 가장 먼저 할 일은 무엇인가? 형에게 의도를 물어보는 것이다.

"동생을 밀쳐내고 방에서 쫓아버린 의도는 무엇이니?"

다음으로 그 결과를 묻는다.

"의도했던 대로의 결과를 얻었는지?"

(의도했던 대로의 결과를 얻지 못했다면) "어떻게 했더라면 좋았을까?"

"그렇다면 다음에 동생이 또 그와 같은 행동을 한다면 어떻게 하면 좋을까?"

왜? 어째서? 라는 질문을 하여 인과관계를 명확히 하는 것도 필요한 일이긴 하나 그다지 바람직한 것은 아니다. 때때로 세미나의 수강자 중에서는 완전히 이상하거나 터무니없는 질문을 하는 사람도 있을지 모른다. 전에 파리에서 세미나를 했을 때 그런 일이 있었다. 답을 알고 있으면서도 질문자 자신이 똑똑함을 과시하려고 질문하는 것이다. 그때는 본인이 얼마나 많이 알고 있는지 은근히 자랑하려는 것일 뿐이다. 이러한 경향은 소위 머리가 좋다는 사람들(예를 들어 박사…)에게서 자주 보인다. 그들은 남보다 깊이 안다는 것을 나타내 보이고 싶어 하는 것이다. 그런 때 그린더는 이렇게 질문한다.

"이런 질문을 하는 당신의 의도는 무엇이지요?"

그린더의 사례를 들어본다. NLP 세미나에는 때때로 정신과 의사나 다른 심리학 전공자가 참가하는 경우가 있다. 그들은 다소 까다롭다. 아니, 그들 자체보다 NLP에 대하여 갖는 그들의 자세가 그렇다고 하는 것이 더 적절할지도 모른다. 그들은 그들 나름대로 자기 분야에 정통하고 권위를 가지고 있다고 여기고 있을 터이다. 그래서 더욱 앞에서와 같은 행동을 하는 듯하다. 그래서 그런 때는 그들을 시연에 참가하도록 한다. 그러면 NLP트레이닝 도중에 개입하는 일이 없어진다. 자기 스스로 몸으로 체험하여 느끼게 되었으므로 이론적인 접근이 별로 소용없음을 알게 되는 것이다.

또한 다른 분야의 전문가나 의사들이 참가하는 때도 있다. 모두 인체의 생리작용 분야에 밝은 사람들이었는데 스트레스에 대한 부교감신경에 관한 토픽이 화제로 올랐을 때, 스트레스 상태에서는 어떤 신체 증상이 나타나는지 그들에게 대신 설명을 부탁하였다. 또는 그들을 일시적으로 패널로 등장시켜 디스커션을 실시하였다. 그러자 더 이상 강의에 개입하는 일이 없어졌다. 이것은 모두 존재감을 과시하려는 그들의 의도를 고려하여 사용한 예이다.

"밖에는 비가 내리고 있어요."라고 말하면,

"밖에는 비가 내리고 있다고 말씀하시는 의도는 무엇인가요?"라고 물어보면 된다.

"외출할 때 비옷이나 우산을 갖추라는 거지요."

"그 결과 뭘 얻을 수 있지요?"

"회사에 타임카드를 설치합시다."

"회사에 타임카드를 설치하자는 의도는 무엇이지요?"

"앞으로 복사실에 복사지를 놓아두지 마세요."

"복사실에 복사지를 놓아두지 말라는 의도는 무엇인가요?"

"요즘 복사지 낭비가 심합니다."

"구체적으로 어느 정도 낭비 되는가요?"

"50% 정도는 낭비입니다."

"제가 이해하기로는 복사실에 복사지를 놓아두지 말자는 말씀이군요. 왜냐하면 복사지의 50% 정도는 낭비된다는 것이지요. 복사실에서 모든 종이를 없앤다면 그 결과는 어떻게 되죠?"

"우선 종이를 절약할 수 있지요. 그리고 부서마다 복사지를 따로 보관해야겠지요."

"현실적으로 복사실에 종이를 두고 사용하면서도 종이를 절약할 수 있는 방법으로 몇 가지 아이디어가 있을까요?"

김 부장은,

"박사님, 우리 회사의 물류 시스템을 개선할 아이디어가 있습니다. 경영회의에서 발표하기 전에 전문가이신 박사님께 먼저 제시해드리고 의견을 반영하고 싶습니다."

"구체적으로 어느 사업부문의 물류 말인가?"라는 질문처럼 재귀적再歸的(Recursive pattern) 반복적으로 명사에 한정하여 구체화질문을 한다.

"구체적으로 어떻게 개선하겠다는 건가?"

다음에는 같은 방식으로 동사에 한정하여 구체화질문을 한다. 그러면 구체적 개선 방안이나 절차가 언급될 것이다.

의도를 묻는 질문은 조금 점프를 한다. 김 부장의 아이디어는 물류 시스템 개선에 관한 것이다. 이 아이디어를 회사에 적용하여 즉시 시행할 수도 있지만, 일단 전문가에게 먼저 의견을 구하고 있는 것이다. 그 의도에 대하여 질문하는 것이다. 의도 질문은 처음에 하는 것이 좋은지, 나중에 하는 것이 좋은지는 코치 각자의 스타일에 달려 있다. 예를 들어 김부장이 이 회사에 스카웃되어 입사한지 얼마 안 되는 사람이라면 처음에는 구체화질문을 통하여 자신감을 갖게 한 다음에 의도를 물어보는 것이 좋을지 모른다. 하여튼 마지막에는 개선방안을 구체적인 실행계획으로 제시할 것이다. 그때 의도를 물어볼 수도 있다.

"이러한 개선계획을 실행하려는 의도는 무엇인가?"

병든 어머니를 돌보는 것은 본인의 책임이라고 여기며 병든 어머니를 돌보게 된 순간 본인의 인생은 이제 끝났다고 믿는 여성이 있었다. 이 여성은 명백히 피해자의식에 사로잡혀 있다. 당신이 코치로서 이런 여성을 만났다면 가장 먼저 할 일은 무엇인가? 그렇게 여기는 의도를 명확히 하는 것이다.

"우리 집에서 어머니를 돌보는 것은 내 책임이에요."

이 책임을 어떻게 이해해야 할까? 책임이란 권한을 위양한 것이다. 그리고 그것은 혼자가 아니라 팀으로 할 수도 있다. 나(그린더)는 집에 가면 어머니와 함께 외출도 하고 식사도 같이 한다. 그린더는 그런 식으로 나름대로 어머니를 돌보는 책임을 다하고 있다. 그런데 그 여성은 어머니를 돌보기 위해 직장도 그만두고 24시간 옆에 붙어산다. 그것이 책임을 다하는 것이라고 믿고 있다. 그런데 그 여성은 그린더가 모친을 돌보는 이야기를 듣고 이렇게 말한다.

"어머니께 죄송하지 않아요? 어머니는 당신을 필요로 할 때가 많을 텐데…."

그런 여성에게 다른 대체안을 찾을 수 있도록 도왔다. 그래서 그녀는 지금은 그렇게 하지 않고 있다. 게다가 그녀는 암에 걸렸다. 2년 전에,

"당신에게 무슨 일이 생겨 더 이상 어머니를 돌보지 못하게 되면 어떻게 할 거죠?"라고 물어본 적이 있었다. 그때 그녀는 그런 일은 없을 거라고 했지만, 지금 본인이 암에 걸려 자기를 돌보기에도 여유가 없다. 그래서 이제야 다른 사람에게 어머니를 돌보도록 맡겨도 좋다고 생각하게 되었다. 그런 허가를 스스로에게 내렸던 것이다.

코치로서 여러분이라면?

코치는 고객이 사용하는 말에 주의를 기울여야 한다. '~할 필요가 있다/없다', '~하지 않으면 안 된다', '절대 ~한다/ 안 한다' '언제나'와 같은 말을 잘 들어야 한다. 그리고 그 배후의 의도를 확인해야 한다. 그래서 그 의도를 만족시키는 대체안, 선택지를 찾는 데 도움을 주어야 한다.

흔히 어렸을 때부터,

"너는 장남(장녀)이니까 네가 집안을 책임져야 해!"라는 말을 들어와 세뇌된 사람도 많다. 만일 그가 없다면 차남이나 다른 사람이 그것을 할 수도 있다. 이처럼 어떤 방법으로든 그것을 바꿀 수가 있을 것이다.

우리는 고객의 말을 들을 때, 고객의 어떤 패턴에 주의를 기울이는 것과 같이 코치 자신의 내적 대화에도 주의를 기울여야 한다. 그때는 제3포지션에서 대체안을 발견하도록 한다. 의식을 잠시 제3포지션으로 옮겨 제3자로서 스스로를 돌아보고 본인의 상황을 파악한다. 거기에서 본인에게 질문한다. 그는 현재 자기 시간의 90%를 다른 사람에게 할애하고 있다. 그런 사람은 어떤 결과를 얻게 될까?

"지금 이 상황에서의 대체안은 무엇인가?"

그러면, "잘 모르겠어."라고 할지도 모른다. 그러면 다른 어프로치를 한다.

"나는 시간이 없어. 너무 바빠. 피곤해."

시간이 없어 너무 바빠 피곤하다면 어떤 느낌을 갖고 싶은 것일까?

"충실감, 즐거움, 의욕에 찬 기분."

한편의 자기에게서 또 다른 편의 자기가 되기 위해서는 어떤 스텝을 밟으면 될까? 그런 다음 의도를 확인하는 것이다.

"자기 시간의 90%를 다른 사람에게 사용하는 그 의도는 무엇인가요?"

"기대 받고 있기 때문이지요. 기대를 만족시키기 위해… 제가 하지 않으면 안 돼요."

"만일 그렇게 하지 않으면 어떻게 되죠?"

"모두 나를 경멸합니다."

"모두가?"

"모두는 아니더라도… 제 스스로 경멸합니다."

이렇게 상황을 정의하여 좋은 상태가 되기 위하여 의도의 배후의 의도는 무엇인가를 찾아낸다.

"그건 내 책임이에요."

그 책임이라는 것을 정의한다.

"어머니는 평생 나를 위해 헌신하셨지요. 그래서 보답하려는 겁니다."

"만일 의도가 어머니에 대한 보답이라고 한다면, 다른 방법은 없을까요?"

"만일 어머니의 입장이 되어본다면 딸이 그렇게 피곤해 하는 모습을 보고 뭐라고 하실까요?"

자기 자신에게 신체적 부담을 일으키지 않으면서 어머니에게 보답하는 방법은 몇 가지가 있을까? 아니면 간단한 뉴코드 게임을 통해 찾아볼 수도 있을 것이다.

이러지도 저러지도 못하고 미칠 것만 같은 상황도 있다. 모든 것이 한꺼번에 몰아닥치는 상황… 전화가 울리고 있는데 어머니를 화장실로 데리고 가야만 한다. 식사할 때는 어머니를 옆에서 거들어야 하고 이야기를 하거나 들어주어야 한다. 그렇지만 그다지 즐겁지는 않다. 어머니에게서 항상 "힘들지?"라는 말을 듣는 것도 싫다. 이런 상황이 설정되었다면 뉴코드 게임을 해본다. 게임에 들어가기 전에 무의식에게 어떤 해결책을 얻도록 도와달라고 부탁해 두어야 한다. 코칭을 할 때 두 가지 포맷을 사용한다. 의도/ 결과 모델과 다중지각 기술이다. 물론 버블 패키지도 사용한다.

그린더가 멕시코에서 일을 하고 있었을 때, 매우 가난한 사람이 찾아왔다. 가지고 있는 물건들도 별로 없었는데 매우 큰 플라스틱 병 하나만은 어떤 용도로든 여러 번 재사용하고 있었다. 심지어 그것을 가지고 자동차를 고치기도 하였다. 실제로 플라스틱 병이나 철사로 된 옷걸이가 있다면 누구나 수 백 가지의 활용법을 고안해낼 수 있다. 필요는 발명의 어머니라고 하지 않는가? 우리가 평소 필요 없다고 버리는 물건이라도 그는 다른 용도로 사용하려는 눈(의도)을 가지고 있는 것이다. 남 보기에는 폐품이라도 거기서 활용성을 찾겠다는 의도가 없으면 그도 다양한 용도의 재활용은 실행하지 못했을 것이다.

다음에 소개하는 각각의 메타포를 읽고 그것을 제시하는 의도와 그 메시지를 받아들인 사람들의 반응(결과)은 무엇일까를 생각해 보자.

주위에 5세 정도의 어린 아이가 있는가? 그 아이가 자유롭고 즐겁게 놀고 있을 때는 어떤 모습인가? 딱 그대로 해 보기 바란다. 만일 내가 당신의 어머니라고 하자.

"오늘 나는 너무 바쁘구나. 지금부터 일하지 않으면 안 돼. 너를 보아줄 수 없는데 너는 집에서 나가면 큰일 나. 그러니 집에서만 놀고 있어라. 엄마 말 잘 들을 거지? 장난감이 없어 미안하구나. 늦어도 1시간 후에 다시 돌아올 테니까 그때까지 잘 놀고 있어라."

- 의도: 창의력을 발휘하라.
- 반응: 상황을 즐기는 자세를 가져야겠다.

"당신은 비즈니스맨이다. 이 제품을 팔아서 최우수상을 받았다. 다른 사람들에게 어떻게 하면 많이 팔 수 있는지 가르쳐주기 바란다."

-비즈니스맨: 트레이너

-제품: 프레젠테이션 8가지 포맷
-최우수상: 훌륭한 성과
-다른 사람: 수강생
-가르쳐준다: 강의를 딜리버리한다.

• **의도:** 프레젠테이션 8가지 포맷을 적용하라.
• **반응:** 프레젠테이션 자체에 집중해야겠다.

당신은 박물관장이다. 이곳은 유적이 이제 막 발굴된 참으로 제대로 정리가 안 되어 있어 아직 박물관이라고는 할 수 없는 곳이다. 여기에 역시 이름뿐인 박물관의 관장들이 모여 있다.

-박물관장: 트레이너 등 NLP 자격자
-유적을 이제 막 발굴: 해당 NLP 과정 학습을 이제 막 수료

• **의도:** 아직 실력이 뒤 따르지 않는 타이틀만의 트레이너임을 자각하라.
• **반응:** 아직은 타이틀로 만족하지만 실력을 쌓아야겠다.

당신은 하나의 물통이다. 물통으로서의 지각 차원에서 본 것, 들은 것, 느낀 것을 말한다. 지금 느끼는 경험 또는 일상생활을 영위할 때의 경험(관계성, 명시적 프레임)이라도 좋다.

• **의도:** (표상체계 중심으로) 관찰식별을 잘하자.
• **반응:** 본인의 감각 정보를 가동시키자.

자, 이제부터 여러분은 치즈 조각을 상상합니다. 적당한 크기의 맛있는 조각입니다. 그런 치즈를 보는 여러분은 생쥐가 되었다고 합시다. 이제부터 치즈를 노리는 생쥐가 되어 의자에서 오르는 행동을 해봅니다(이 메타포는 명시적 프레임, 자연형이 적절히 구성되어 있다).

• **의도:** 지각 포지션, 본받기를 활용하고 프레젠테이션 포맷을 적용하라.

• 반응: 예문의 생쥐와 같은 행동을 한다.

》》 사례 연구

장애인 지원센터에서 일하는 여성으로 그들의 이야기를 써서 책을 내고 세상에서 더 많은 관심과 협조를 이끌어내려고 한다.

"장애인을 돕고 있는데 그런 일을 주위에 널리 알리고 싶다고 하는 배후의 의도는 무엇인가요?"

"내가 해 온 일을 정리해보고 싶다는 것이 의도입니다."

"몇몇 희귀한 사람들의 이야기를 쓰는 것은 관심을 기울이는 독자층이 좁아 사회에 영향을 미치기에는 너무 기대가 큰 프로젝트로 여겨지는데, 좀 더 많은 사람들이 읽을 수 있는 내용의 책을 내어 자금을 만드는 것이 좋지 않을까요?"

"그 책은 장애인들과 관계있는 많은 사람들이 읽을 겁니다."

"예를 들면, 그 장애인들이 일어나 기뻐서 춤을 출 만한 내용의 책을 쓰면 어떻게 될까요?"

"장애를 가진 사람들이 의욕을 가지고 살게 되는 것이 우리들이 바람이지요."

"그러면 장애인들이 의욕을 가지고 살게 되면 당신은 어떤 메리트를 얻게 되나요?"

"저도 의욕을 가지고 살게 되지요."

"어떻게 해서 그것이 당신을 의욕적으로 만드는가요?"

"제가 평소 하는 일이 올바르다는 것을 알게 되기 때문입니다."

"축하합니다. 의도를 확인했습니다. 일관성도 있군요."

그런더는 그녀의 목표와 의도에 도전했던 것이다. 당초의 목표에서는 그다지 의지가 엿보이지 않았었다. 그러면 20년 후에도 계속 책을 쓰는 척하고 있을지도 모르고… 꼭 책을 낼 거야라는 힘(결의)을 느낄 수 없었다. 매일 하는 일의 일부로서 하염없이 글만 쓰고 있게 될지도 모른다. 그래서 정말로 실행력이 있는지 어떤지 시간, 노력, 에너지가 심층 수준에서 투입되고 있는가를 체크해 볼 것이다. 아직 완전한 결심 수준까지는 아닌지도 모른다. 실제로 책을 쓰기까지 몇 년이 걸릴지? 행동계획은 세웠을지 모르지만, 완전한 결심 수준에 이르지 못하면 시작했을 때 뭔가 순조롭지 않으면 지속하지 못하게 될 터이다. '이러면 안 되는데… 이 계획은 내가 세운 것인데…' 이렇게 한탄해도 소용없다.

때때로 코치가 고객을 대할 때, 너무 친절하게 다가가는 것은 그다지 바람직하지 않을 수 있다. 착실하게 도전하는 것이 필요하다. 목표는 확인했는데 그 배후에 결심이 서지 않은, 원동력이 없는 상태를 발견하게 되는 케이스도 있다. 목표는 배후에 분명한 의도가 있어야 실현되는 법이다. 때로는 목표는 가지고 있지만 경제적 이유 등으로 어쩔 수 없이 다른 것을 선택하게 되었다는 경우도 있다. 회사 퇴직 후 젊었을 때 하려고 했던 음악세계에 뒤늦게 뛰어든 사람들의 예에서 잘 볼 수 있다. 그런 가운데 목표인 아웃컴 상태만 그려보며 즐기는 사람도 있기는 하다. 도전은 못하고 가능성만을 꿈꾸며 현실에 안주하고 있는 것이다. 뭔가 새로운 것을 하고 싶다고 할 때, 실행을 이끌어내려면 그 배후에 있는 의도를 명확히 할 필요가 있다.

의도가 결심을 이끌어낸다. 강한 의도와 명확한 정의가 있으면 비로소 결심이 서게 되고 행동계획이 작성된다. 의도를 정확히 찾아내지 못하면 행동계획이 수립되더라도 동시에 감정적인 장애도 경험하게 된다. 코치로서는 욕구불만Frustration이 쌓이게 된다. 책임감이 강한 코치라면 10 중 8, 9는 병에 걸리게 된다. 게다가 다른 일에도 쫓기게 되어 제대로 처리하지 못하게 되면 참으로 악몽이 된다. 행동계획은 어정쩡하게 진행될 것이다. 그러면 완전히 엉뚱한 국면에 맞닥뜨리게 된다. 목적은 명확했음에도…. 그런 때 당신은 어떻게 할까? 그러므로 최초의 단계에서 목표와 그 배후에 있는 의도를 명확히 할 필요가 있는 것이다.

그래서 때로는 목표 찾기에 대하여 별도의 세션을 갖기도 한다. 이 시간을 충분히 가짐으로서 고객이 정말로 결심하는지를 파악하는 것이다. 고객에게 코치가 필요한 것은 이때뿐일지도 모른다. 목표를 명확히 하고 의도를 정확히 정의

하는 데는 시간을 충분히 투입할 필요가 있다. 고객에게 과제를 부과하는 것도 중요하다. 고객이 착실히 그 과제를 수행하여 실행계획 대로 나간다면 좋은 결과를 얻게 될 것이다.

실행계획 수립 자체에 비교적 시간을 들이는 사람들이 있다. 그 시간을 줄이려면 의도를 파악하여 결심을 확실하게 이끌어내는 것이 바람직하다. 가장 중요한 것은 무엇보다 의도를 정확히 찾아내는 것이다. 그리고 실행계획을 세우도록 한다. 이것도 과제의 일부로 제시할 수 있다. 고객 본인의 책임 하에 실행계획을 세우는 것이다. 과제는 고객이 무엇을 실현해야 할 필요가 있는가를 점검하는데 도움이 된다. 고객에게 동기부여를 하고 의욕을 일으키려면 어떻게 하면 좋을까? 칭찬? 금전적 보상? 존경을 표시하는 것? 완벽한 종결로 얻게 될 기쁨? 바꿔 말하자면 '고객의 습관 중에서 무엇을 바꾸지 않으면 안 되는가?'를 관찰식별하여 정하면 된다.

2. 코칭의 활용

1) 중독 현상의 해소

몇 년 전에 그린더가 에릭소니언 트랜스 패턴을 가르치고 있을 때였다. 몇 종류의 제한된 분야의 수강생만을 받아들여 그 패턴만을 밴들러와 함께 진행하였다. 1개월간 참가한 수강생은 모두 금연을 목표로 하고 있었다. 트랜스 상태를 활용하여 워크를 진행하고 있었는데 1시간 정도 깊은 트랜스 상태에 들어가자 효과가 나타나기 시작하였다. 6단계 의미전환6 Step Reframing도 잘 적용되었다.

유능한 코치가 되고 싶다면 6단계 의미전환 기법 하나만큼은 충분히 연마해두기를 바란다. 개인적 경험으로는 이 패턴 하나로 여러 가지 변용을 일으킬 수 있다. 40년간 이 기법을 사용하고 있지만 훌륭한 결과를 거두지 않은 때가 없었다. 그럼에도 불구하고 다른 여러 패턴을 개발하지 않았냐고 독자는 질문할 수 있다. 다른 패턴을 개발한 이유는 같은 것만 반복하고 싶지 않아서라는 것이 솔직한 고백이다. 따라서 6단계 의미전환 기법은 기본적인 패턴으로서 잘 익혀두기 바란다. 연습을 거듭하여 숙달해 두고, 본인에게도 적용해 보기 바란다. 다시 한 번 반복하여 당부한다. 6단계 의미전환 기법에 익숙하지 못한 사람은 이 패턴에 대한 경험을 충분히 갖추기 바란다. NLP코치의 필수 도구이기 때문이다.

아울러 뉴코드 게임의 참 맛을 충분히 보지 못한 사람은 잘 하는 사람의 도움을 받아 제대로 경험해 보기를 당부한다.

40년간 흡연을 하고 있어 어떻게 하든 끊으려고 한다. 어떻게 하면 할 수 있을까? 한 여성 흡연자를 대상으로 트랜스 상태에서 6단계 의미전환을 하여 1시간에 마쳤다. 그러고 나서 2주간 후에 경과를 확인하기로 하였다. 그 후 정확히 2주 후에 연락이 왔다. 아주 가볍게 담배를 끊게 되어 고맙다는 인사와 함께 현재까지 잘 컨트롤하고 있다는 얘기였다. 피우고 싶은 생각도 안 난다는 것이었다. 그런데 그쯤에서 이야기가 멈추었다. 수화기 너머로 남자가 시끄럽게 소리치는 것이 들렸다.

"남편이 불평을 늘어놓고 있어요. 금연 효과는 확실한데 코칭 요금이 너무 비싸다는 거예요. 그런데…."

이 '그런데' 다음에 나올 이야기가 매우 중요하다. 왜냐하면 그 연결어는 언어적 마크 기능이 있기 때문이다.

"그런데, 커플 테라피Couple therapy(부부 동시 치료)도 하시는가요?"

"물론이지요. 내일 오후 4시에 남편 분과 함께 오세요."

다음날 약속 시간 조금 전에 와서 응접실에서 대기하고 있는 두 사람의 모습을 밴들러와 나는 벽에 난 작은 구멍을 통하여 살펴보았다. 그런데 남편은 담배를 끊으려는 기색이 없어 보였다. 물론 전에도 이런 상황에서는 담배를 피워왔을 것이다. 남편은 주머니에서 담배를 꺼내들고 있었고 부인은 핸드백에 손을 뻗치려고 하였다. 그렇지만 부인은 곧 그 행동을 멈추었다. 이 장면을 살펴보는 것만으로 모든 것을 알게 되었다. 그래서 부인만 금연하는 것으로 하고 부부 동반 치료는 하지 않기로 하였다. 잠깐의 관찰로 순간적으로 서로의 행동 패턴이 너무나도 굳게 연결되어 있는 것을 볼 수 있었다. 즉, 서로 담배를 꺼내들거나 불을 붙이는 행동이 무의식적 신호가 되고, 그 신호와 함께 부부 사이가 좋아지는 패턴이 굳어버린 것이다. 그 외의 방법은 생각할 수 없었으므로 담배를 함께 피우는 순간만이 두 사람이 연결되는 기회로 굳어져버린 것이다.

정확하게 효과적으로 부인의 흡연을 치료했을 때, 부인 개인에게는 좋았겠지만, 부부로서는 불행하게도 부부의 마지막 연결의 한 줄기 끈이 끊어져버린 셈이다. 남편이 담배에 불을 붙일 때마다 무의식으로 연결되어 있는 신호에 부인은 응답하지 못하게 된 것이다. 2주간 사이 서로의 유대감이 끊어진 채로 서로 아무 것도 새롭게 시도하지 않은 셈이다. 그래서 커플 테라피라는 이야기로 연결되었던 것이다. 그 후 1시간 걸려 부부로서 사이좋게 지낼 수 있는 방법을 10종류 이상 이야기하였다. 그리고 다시 2주 후에 전화가 걸려왔다.

“너무 멋진 2주였어요. 잘 이끌어주셔 감사합니다. 우리 부부는 요즘 사이좋게 두 번째 신혼을 보내고 있어요. 남편은 아주 고마워합니다. 그런데 코칭비가 너무 비싸다고 합니다. 비싸다는 증거도 있답니다.”

“증거? 그것 참 재미있군요. 그럼 증거를 보여주세요.”

“금연 요금으로는 매우 비싼 것 같아요. 이번 2주 동안 남편도 자연히 금연을 하게 되었지만요.”

자, 이 시스템은 어떻게 된 것일까? 담배는 부부의 유대를 잇는 전략적 도구였던 것이다. 그런데 코칭의 결과 남편의 무의식 차원에서 담배 외에 사이좋게 되는 방법을 발견하게 되었기 때문에 담배를 피울 필요가 없어진 것이다. 담배를 피운다고 하는 행동의 이면에 있던 긍정적 의도는 「사이좋은 부부관계」라는 것이었다.

또 다른 사례로 알코올중독에 대하여 이야기하겠다. 술은 어느 나라에서도 큰 문제가 되어 있다. 전통적으로 알코올중독 치료는 매우 어려운 작업이라고 일컬어지고 있다. 알코올중독만이 아니라 약물중독, OO중독 등 다양한 중독증상은 외부로부터 무엇인가를 받아들여 본인 내부에서 바람직한 상태를 실현하려는 현상이다. 여러분은 알코올중독자를 만나본 적이 있는가? 관계성이 구축되었을 때, 그것을 통해 무엇을 얻을 수 있는지 물어볼 수 있다. 많은 알코올중독자들은 "마시면 릴랙스해지고 일상의 스트레스에서 벗어날 수 있지요."라고 말한다. 그 외에도 긍정적인 의도가 있을지도 모르지만 대부분은 그렇게 말한다. 알코올중독자의 의도의 우산을 펼쳐보면 [그림 3-3]과 같다.

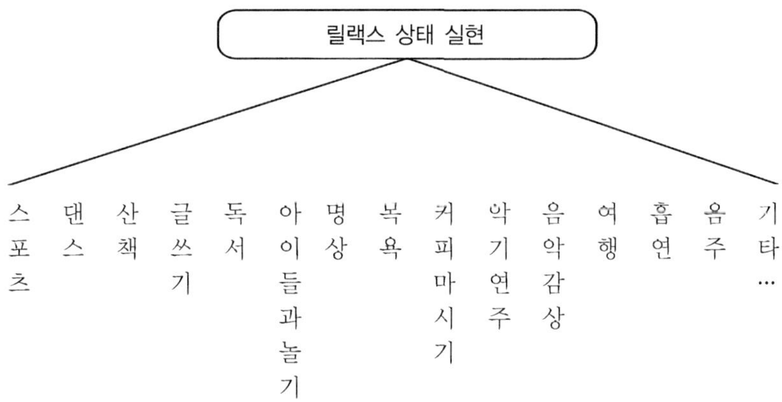

[그림 3-3] 알코올중독의 긍정적 의도와 대체안

이런 다양한 방법들을 통해 알코올중독에 대한 대처를 간단히 할 수 있다. 물론 원리나 이론을 알고 있다고 해서 쉽게 되는 것은 아니다. 코칭에 대한 기본적인 자세나 숙련도 및 고객과의 관계성 확보 등 많은 요소가 저변에서 작용함을 잊지 말아야 한다.

알코올중독자가 나타났다. "안녕하세요? 어서 오세요."라고 인사를 하고나서 바로 이렇게 말한다. 자기관리를 잘 해서 알코올중독자가 되었군요. 이것 참 멋지게 실현하였습니다. 축하드립니다."

어떤 반응을 보일까? 전혀 예기하지 못한 인사를 받은 터라 눈이 휘둥그레진 상태로 뭐라고 응대할지 모를 것이다. 그렇지만 계속한다.

"실제로는 알코올중독을 해결하러 왔군요. 당신이 해야 할 것은 한 가지뿐입니다. 지속적으로 지나치게 술을 마시는 것뿐입니다." 이것이 빅터 프랭클Viktor Frankl 의미요법Logotherapy에 나오는 역설지향paradoxical intention 기법과 같다.

그러면 어떻게 될까? 조금 전처럼 놀란 눈동자가 더 커져 할 말을 잃고 있을 것이다. 여기서도 완전히 그의 패턴이 중단되었다. 설마 지속적으로 술을 마시라는 말을 들으리라고는 생각도 못했을 것이기 때문에… 잠시 중단한 후, 관찰식별한다. 참으로 과녁의 정중앙을 맞춘 느낌이다. 그러면 문득 그의 무의식이 작동하는 상태가 된다.

"앞으로도 계속 실컷 마시도록 하세요(실제로는 중단하라. 중단하라). 단지 당신의 경험을 통하여 술을 마시는 배후에 있는 의도를 만족시키는 다른 방법을 발견하기 전까지는."

이것은 무술과 비슷하다. 상대가 무의식이라고 간주한다면 무의식의 힘을 일단 받아들여서 이 알코올중독의 배후에 있는 의도를 찾아내어 어떻게 하면 릴랙스 상태를 실현할 수 있는지 방법을 리스트 업한다. 몇 종류의 방법으로 알코올 섭취 이상의 만족을 얻을 수 있는가를 탐색하는 것이다. 나와 알코올중독자와의 차이는 릴랙스 상태를 실현하는 방법이 많은가, 적은가(알코올중독자는 알코올 섭취 한 가지로 고정되어 있다)에 달려 있을 뿐이다. 이런 사고방식으로 보면 충분히 이해되리라 믿는다. 알코올중독자에 대한 대처는 비교적 간단함을 알아야 한다. 배후의 의도만 정확히 특정해내면 된다. 배후의 의도가 릴랙스 상태를 실현하는 것이라고 하면, 이러한 릴랙스 상태를 실현할 수 있는 다른 방법의 종류를 찾아본다. 알코올을 과도하게 마시는 방법 외의 다른 방법을 찾는 것이다. 그리고 알코올을 계속 마실까? 아니면 그 이상의 만족을 얻을 수 있는 다른 방법을 찾아낼 것인가?. 그러면 알코올 외의 릴랙스 상태를 실현할 수 있는 방법은?

여행. 나쁘지 않다. 그렇지만 간단하고 가볍게 실행할 수는 없다. 독서. 음악감상… 긍정적 의도를 만족시키는 것은 무엇이든지 찾아본다. 그리고 고객에게 과제를 주는 것이다. 그 많은 대체안 중에서 어떤 것이 가장 효과가 있는지 3가지를 선택하도록 한다. 예를 들어 3가지 대체안으로 음악감상, 산책, 명상(아이와 놀기)을 꼽았다고 하자. 우선 앞으로 48시간 동안, 평소라면 한 잔 하고 싶어질 때에 좋아하는 음악을 들으며 효과를 확인해 본다. 그 48시간이 지나 새롭게 48시간 동안에는 한 잔 생각이 나면 산책을 한다. 그리고 다음 48시간 동안에는 명상을 하든가 어린 아이와 같이 놀기를 한다.

일주일 후에 리뷰를 한다.

"전에 만나고 나서 첫 2일간은 음악을 들었군요. 릴랙스를 느꼈나요? 만일 음악을 듣는 것이 알코올보다 더 만족스러웠다면 앞으로도 그렇게 합시다. 알코올과 음악, 어느 쪽이 좋을까요? 다른 선택지에 대해서도 반복해 봅니다. 술을 마시는 것보다 확실히 이것이 더 좋다면 다른 것은 하지 않아도 좋습니다. 다음 주에도 새로운 선택지를 시도해 봅시다."

고객에게 저항의 가능성을 줄이고 매우 순조롭게 해 나가도록 이끈다. 단, 고객의 무의식이 완전히 수미일관된 형태로 통합되고 지원되도록 할 필요가 있다. 이와 같은 가능성을 추구하기 위해서는 고객의 일부인 무의식이 완전히 지원해 줄 필요가 있다. 일종의 새로운 모험에 고객의 무의식이 동의(협조)하고 있는지, 어떤지 알 수 있을까? 여기에는 2가지 방법이 있다. 하나는 관찰식별이다. 고객의 무의식이 수미일관하여 협조하고 있는가를 잘 살펴야 한다.

"○○씨, 지금 말한 과제를 실행할 생각이 있습니까?"라고 물으면서 반응을 살펴보는 것이다. 그러면서 고객의 무의식에서 오는 Yes, No의 신호를 특정하여 확인한다.

"깊게 호흡하면서 내면으로 들어가 집중합니다. 본인 내면의 목소리로 무의식에게 다음과 같이 말합니다. 앞으로 1주일간 술을 마시는 대신에 새로운 선택지를 실행하는 것을 도울 수 있겠니?" 관찰식별을 지속하면서 또 물어본다.

"몸에서 어떤 느낌이 들죠?"

"으-음… 가슴 주변이 두근거리는 것 같은데 좀 무거운 느낌입니다."

"그 감각을 느끼는 부분에 가볍게 손을 대어보세요. 무의식에게 감사 인사를 합니다. 그리고 이렇게 부탁하세요. 자, 그렇다면 이 감각을 다시 한 번 일으켜 주세요."

그리고 현재로 돌아오게 하여 그 신호가 의식적으로 컨트롤할 수 있는지 어떤지 확인한다. 불수의근의 작동은 당연히 의식적으로 컨트롤이 안 된다. 그것이 무의식의 신호(동의, 협조)이다.

"그럼 그 상태에서 의도적으로 그 신호를 만들어봅니다."

만일 고객이 스스로의 의사로 그 신호를 만들어내지 못한다면 이제 필요한 준비는 모두 갖추어진 것이다. 그것은 무의식으로부터 Yes(허락, 동의)를 얻은 것이다. 무의식이 의식과 커뮤니케이션하기 위한 신호 시스템을 확립한 것이다.

2) 코칭의 전개

"이 프로젝트를 수행하려면 팀을 구성할 필요가 있습니다."

이런 말을 듣게 되면 어떤 질문을 하겠는가?

"구체적으로 어떤 팀입니까?"

"전문가들로 구성된 팀입니다."

"구체적으로 어떤 전문가인가요?"

"기술적 전문가입니다."

"구체적으로 어떤 기술인가요?"

"커뮤니케이션 기술입니다."

"구체적으로 어떤 커뮤니케이션 기술인가요?"

"마이크로파를 이용한 데이터 통신입니다."

"마이크로파를 이용한 데이터 통신이란 구체적으로 어떤 것인가요?"

"이겁니다(팜플렛을 들어 보인다)."

이렇게 하여 구체적 응답을 찾았다. 사실은 하나의 질문 패턴을 몇 번이고 사용했을 뿐이다.

"구체적으로 이 팀의 구성은 어떻게 하려는 겁니까?(동사의 한정)"

이런 질문을 통하여 응답을 찾는 상대방의 내적 세계지도, 무의식을 스캔하는 것이다. 이런 경우에는 충분히 시간을 가지고 진행하도록 한다. 여유 있는 시간과 공간을 제공하여 차분하게 진행하는 것이 좋다. 일반적으로 시간을 투입하면 관계성이 형성되고 릴랙스하게 되면 결과적으로 좋은 응답을 찾아내기 쉽게 된다.

"이미 알고 있는 전문가에게 의견을 들어봅시다."

한정질문은 명사와 동사에 대한 것이지만 동양문화권에서는 거기에 두 가지 질문을 더하면 더 좋다.

"당신이 진행하고 있는 것은 어디Where에서 일어납니까?"

"당신이 진행하고 있는 것은 언제When 일어납니까?"라는 식으로 함께 사용하면 매우 좋은 한정질문이 될 것이다.

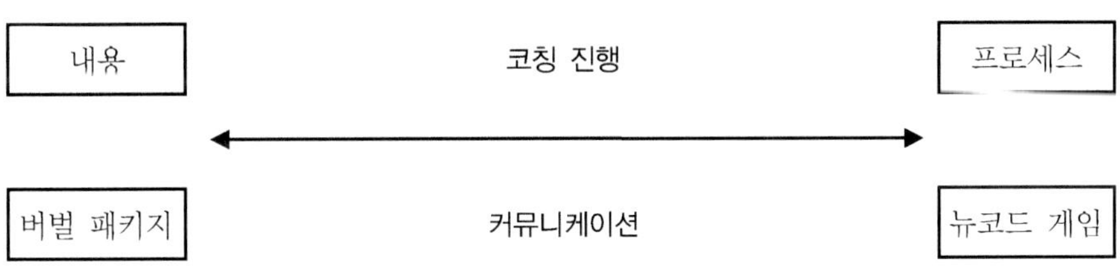

[그림 3-4] 뉴코드 NLP에서의 코칭의 전개

뉴코드 NLP를 적용하기 위하여 고객에게서 어떤 정보를 얻어 둘 필요가 있는가? 상황에 대한 것이다. '언제, 어디서 일어나는가?'라고 묻는 것은 상황을 한정하는 것이다. 이 언제, 어디서라는 상황정보는 동양문화권에서는 매우 중요하다고 하였다. 이런 정보는 콘텐츠 워크에서도 효과적으로 쓸 수 있고 프로세스 워크에서도 유용하다. 어떤 상황인지에 대한 파악과는 관계없이 2가지 질문을 한다.

"당신은 경험의 특정한 장소를 바꾸고 싶어 오신 거군요."

"예, 저의 문제는…."라고 이야기를 시작하면 그만하라고 제지한다.

"무엇을 해결하고 싶은지 그걸 제게 상세하게 말할 필요는 없습니다. 2가지만 가르쳐 주세요. 그 바꾸고 싶은 것은 어디에서 일어납니까? 그리고 언제 일어납니까?"

이 두 질문에 한정된 이미지와 소리를 상황에 삽입할 수 있다. 이것을 자연스럽게 할 수 있을 때까지 연습이 필요한 것은 물론이다.

이런 경험이 여러분에게도 있을지 모르겠다. 머리 좋고 유능한 한 친구가 있다. 물론 그 친구 외에도 비즈니스나 개인적 일로 강한 유대관계로 연결된 친구도 여럿 있을 것이다. 그런데 먼저의 친구는 일관성이 좀 부족해 보인다. 때때로 왜 그런 의사결정을 했는지 의아스러울 때가 있다. 좋은 머리로 안정된 상태에서 인생을 행복하게 살 수도 있을 텐데 하는 아쉬움을 느끼게 한다. 밖에서 그의 행동을 보고 있으면 그 친구라면 분명히 다양한 선택지 가운데에서 가장 적절한 것을 고를 것으로 보이지만 본인은 그런 가능성을 알아차리지 못하는 것 같다. 그는 왜 선택지를 잘 탐색하거나 선별하지 못할까? 밖에서 보면 간단한 선택으로 가능한데 왜 본인은 그것을 알아차리지 못하는가? 그가 감정적이 되어 명석한 판단을 못한다는 경우도 상정할 수 있다. 여러분이 이런 상태의 고객과 세션을 진행하게 되었을 때, 바꾸고 싶은 상황에 대한 설명을 듣게 될 것이다. 코치의 관점에서 보면 매우 간단하고 단순한 문제일 수 있다.

이런 일은 개인의 의식 수준 차이에서도 비롯되지만, 문화 풍토 차이에서도 얼마든지 일어날 수 있다. 여러분이 미국에 와서 어린이 교육 정책에 대하여 탐구를 한다고 하자. 연방 정부가 하는 방식, 주 정부의 방식 그리고 학교에서 일어나는 선생님과 학생 사이의 일을 보고 들으면 왜 어린 학생들이 분노하는지를 알게 될 지도 모른다. 그러면 여러분 머리속에서 해결책이 떠오를 것이다. 그러나 미국의 환경에서 미국인으로서 오랫동안 살아온 사람들에게는 너무나도 익숙한 일이므로 문제가 눈에 들어오지 않을 수 있다.

이와 비슷한 일들이 우리 주위에도 일어나고 있는 것이다. 여러분 앞에 오는 고객에게서 매우 어려운 문제라고 느껴지는 일이 있을 것이다. 그러나 그 문제를 다른 사람의 관점에서 보면 간단하게 해결책을 찾을 수도 있다. 다른 필터(관점, 사고방식)를 통하여 보고 듣고 느끼게 될 터이니까.

여러분이 몸담고 있는 문화나 사용하는 언어가 여러분의 사고(의 틀)를 만들어내고 있다. 미국에서 일어나는 다양한 사회문제에 대하여 동양의 관점에서 보면 쉽게 강력한 해결책을 찾을 수도 있을 터이다. 거꾸로 미국인이 동양의 사회문제나 현상에 대하여 설명을 듣거나 현황을 파악하면 바로 효과적인 해결책을 제시할 수 있을 것이다. 서로 들어앉아있는 상자가 다르기 때문이다.

우리는 서로 언어와 문화라는 다른 필터에 의해 우리의 경험을 만들어 낸다. 개인차원에서도 마찬가지이다. 서양과 동양의 커다란 차이. 서양이 실용성을 추구한다면 동양에서는 조화와 질서, 체면이 중시되는 것으로 간주되고 있다. 이 점은 동양에서의 인간관계를 연구하는데 중요한 포인트가 된다.

그린더는 대가족으로 9인 형제의 장남으로 태어났다. 미국에서 대가족의 일원으로 태어났다면 다른 형제자매와 구별되도록 행동해야 한다. 게다가 모친은 엄청나게 독립심이 강한 편이었다. 모친이 하신 일을 추억할 때에 자주 말하는 것이지만, 외출할 때 음식 준비를 해 가지고 나섰다.

어린 자녀들이, "엄마, 아무도 그런 식으로 하지 않아요. 그건 안 돼요."라고 말하면, "우리 집은 그렇게 부자가 아니야." 하고는 우리가 먹을 것을 챙겨 나가서 자동차 안에서 요리하여 먹었다.

"모두 레스토랑에서 사 먹는단 말에요. 왜 자동차 안에서 먹지 않으면 안 되는거에요?"라고 하면 언제나 의연하게,

"우리 집은 달라."라고 간단히 상황을 정리Reframing하였다. 전형적인 식사 풍경은 9명이 부모님을 중심으로 식탁에 나란히 둘러앉아있는 모습이었다. 우리 모두는 각자 매우 독립적인 사고방식을 갖는 것이 규칙이었다. 가능한 한 서로 제각각 행동하고 서로의 생각을 열정적으로 개진하는 것이 장려되었다. 때로는 논리적인 의론도 이루어졌지만 좌우간 정열적인 토론의 자유는 충분히 보장된다

는 암묵의 규칙이 작동되었다. 열정적인 상태에서 다른 의견을 말해도 가족으로서의 기본적 유대는 약화되지 않았다. 아무리 격렬한 토론을 벌인 직후라도 바로 원래의 모습으로 돌아왔다. 누구든 자유롭게 말할 수 있었기 때문이다.

여러분 가정에서는 가족 사이에서 토론이나 의견 교환이 즐거운 일인가? 아니면 서로 의견이 다를 경우에는 거북스럽고 위화감을 느끼는가? 지금 이야기는 그린더 가족의 시스템이 여러분보다 뛰어남을 말하려고 하는 것은 아니다. 그저 가정에 따라서는 문화적 차이가 있음을 말하려는 것뿐이다. 차이는 어디까지나 차이일 수밖에 없다. 차이가 있으므로 해서 그로 인한 영향, 결과에도 차이가 나타난다. 그 중에는 긍정적인 것도 있고 부정적인 것도 있다.

유념해 주기를 바라는 바이지만, 코치는 고객을 위해 해결책을 찾아주는 존재가 아니다. 고객 스스로가 해결책을 찾아낼 수 있는 상황, 조건을 발견하도록 도와주는 것이다. 만일 여러분이 고객이 놓여 있는 문화를 공유하고 있다면 같은 처지에 있기 때문에 다른 해결책을 찾아내지 못할 가능성이 있다. 고객과 비슷한 필터를 통해 보고 듣고 느끼기 때문이다.

내가 마스터 코치로서 하고자 하는 일은 여러분 손 안에 귀중한 NLP프로세스 도구를 제공하려는 것이다. 다시 말해 당신이 내용(콘텐츠)에 함몰되지 않고 프로세스 도구를 적용할 수 있게 된다면 탁월한 코치가 될수 있을 것이다.

고객으로부터 문제를 제시 받아 버벌 패키지를 구사하여 가는 과정에서 코치가, "어떻게 하면 해결할 수 있을까?"라고 생각하기 시작한다면, 당신은 지금 코치로서 일하고 있는 것이 아니다. 그러나 당신이 일관성 있게 버벌 패키지 질문을 하고 고객이 응답하면서, "어떻게 하면 해결할 수 있을까?"라고 고객 스스로 생각하기 시작한다면, 당신은 지금 코치로서 훌륭하게 일하고 있는 것이다.

3) 예측 가능한 전개에서 벗어나기

해외 출장이든 여행이든 장거리일 때는 시차를 느끼게 되는데 그것을 잘 극복해야 한다. 목적지에 도착했는데도 수면장애 등으로 좋은 컨디션을 유지하지 못한다면 목적을 충분히 실현하거나 즐기기 어려워진다. 그린더가 시차로 조금 멍해 있을 때에 사용하는 좋은 방법을 소개한다. 물론 지극히 NLP적인 방법이다. 과거의 행복했던 체험을 환기하는 것이다. 그러면 기분은 순간적으로 산뜻해지고 그렇게 바뀐 상태는 한 동안 지속된다. 왜 그럴까? 우리는 현실이 아니라 가상의 세계에 반응하며 살아가기 때문이다.

그린더는 평소 캘리포니아 산타크루즈 교외에 있는 집에서 승마를 즐긴다. 말을 타면 상쾌해지고 의연한 기상을 느끼게 되어 승마를 좋아하고 즐긴다고 한다. 이것은 일종의 휴식이기도 한데 예측 가능한 부분도 있지만 예측 불가능한 측면도 있어 재미있다. 그가 사는 곳은 바다와 산 모두 가까워서 해변에서 파도를 밟을 수도 있고 숲의 나무 그늘 속을 달릴 수도 있다. 물론 자택에서 누워 자는 것은 더 쉽게 예측할 수 있다. 이처럼 몇 가지의 예측 가능성은 항상 가지고 있다. 다시 말하자면 선택 가능성이기도 하다. 우리가 인생에서 어느 정도 수준의 예측 가능성을 확보하고 있는가는 중요한 문제이다. 스스로 강구하여 준비해 두면 좋을 것이다.

코치로서 NLP패턴을 적용할 때, 유능성이 발휘되는 상당한 부분이 고객과 코치가 '쉽게 예측 가능한 패턴으로 되어 있는 부분은 어디인가?'를 찾아 거기에서 '얼마나 새로운 것을 적용하느냐?'에 달려 있다. 특정 부부의 말다툼 현장을 살펴보면 마치 판에 박은 듯이 매번 반복되는 패턴을 발견할 수 있다. 그와 같은 사람이 고객으로서 여러분 앞에 왔다고 하자. 코치는 관계성을 형성하면서 버벌 패키지를 사용하여 특히 패턴화된 포인트를 특정한다. 그러면 고객이 제시하는 문제가 설명된다.

'어떻게 이것을 활용할 것인가?'가 중요하다. 여러분은 제3포지션에서 보고 있어야 한다. 패턴이므로 모두 예측 가능하다. 말다툼이나 싸움을 어떤 식으로든 중단시키려고 한다. 중단하기 전에 중요한 질문이 있다. 정확한 문제에 대한 설명을 들은 후, 고객을 보고 말할 수 있다.

"당신은 당신의 역할을 대단히 훌륭하게 연기하고 있는 듯하군요. 당신은 완전히 같은 행동을 반복하고 있군요. 아무 것도 바꾸지 않고 계속 그렇게 한다면, 완전히 똑같은 모습은 반복될 것입니다. 뭔가 다른 것을 하면 상대방도 다른 패턴을 사용하게 됩니다. 말다툼을 지속하려면 당신도 같은 패턴을 계속 사용해야 할 것입니다. 이렇게 같은 패턴을 반복하는 의도는 무엇인가요?" 어떤 응답이 돌아오겠는가? 고객은 꽤나 혼란스러워할 것이다. 안개 속을 헤매는 기분일 것이다.

"문제는 내가 아니라 상대방이에요."라고 말할지도 모른다.

그러나 코치는 명확히 알고 있다. 이와 같은 상황에서 여러분이라면 어떻게 하겠는가? 한 가지 방법으로는 고객에게 과제를 부과하는 것이다. 구체적으로 어떤 과제를 부과하면 효과적일까? 예를 들자면 '누가 무엇(어떤 행동)을 하는가?'라는 것에 관하여 행동 절차 기록지에 정확히 순서를 기입하는 것이다. 이러한 패턴이 '또 시작되었구나'라는 것을 알게 되었을 때, 이와 같은 과제를 수행(행동 기록지 기입)하기 바란다고 말하는 것이다.

그래서 이 패턴이 시작되었다고 알게 되었으면 상대방의 역할을 그대로 해 보는 것이다. 원래라면 상대방이 탁자를 내려치기 전에 내가 먼저 내려치고, 상대방이 언제나 입에 달고 있는 말을 할 타이밍에 내가 먼저 그 말을 하도록 한다. 그러면 어떤 상황이 벌어질까? 이것은 가장 깊은 차원에서의 패턴 중단을 일으킨다. 상대방의 역할을 거꾸로 내가 먼저 함으로써 언제 나와 같은 예측 가능한 행동 패턴을 먼저 잘 이용하도록 고객에게 과제를 부과하는 것이다.

또 고객에게 다음과 같은 과제를 부과한다. 상대방과 사이가 좋고 행복하게 연결되어 있을 때, 상대방을 제3포지션으로 이끈다.

"저기에 우리들이 앉아있는 것처럼 보이지 않아요? 언제나처럼 말다툼하고 있는 것으로 보이지 않아요?"

"저런 식으로 말다툼에 빠지게 되는구나." 하고 관망하다보면 습관적인 말다툼에 대응할 수가 있다. 매우 도움이 되는 분리상태, 제3포지션이다.

"저런 상태가 되면 저렇게 되는군요."

"그녀도 알고는 있지만 어쩔 수 없는가 보군요. 잠깐 게임을 해보지 않을래요? 우리들의 이 행동 패턴의 마지막 조각을 이렇게 바꾸면 어떻게 될까요?"

두 사람 가운데 먼저 이 패턴을 알아차린 사람이 문에 가까이 가서 '꽝-' 하고 닫는다. 다른 한 사람은 이에 맞추어 "으-앙" 하고 울음을 터뜨리도록 하자.

동양문화에서도 이와 같은 것이 코칭 장면에서 가능할까?

만일 적절한 관계성이 구축되어 있다면, 코치 자신이 일관성을 가지고 실행한다고 한다면 고객도 '한 번 해볼까?'하는 상태가 될 것이다. 과제로서 받아들이게 될 것이다. 그러나 실제 집에서 제대로 할 수 있도록 하기 위해서는 롤플레이를 하여 연습하게 해 둘 필요가 있다. 세션 가운데에서 15분 정도 롤플레이를 하여 시뮬레이션을 해두면 고객도 그 과제를 실제로 잘 수행하게 될 것이다. 그러면 고객의 상대방은 뜻밖의 상황에 멍하니 되어 '어떻게 할까?' '어떻게 하면 좋을까?' 어쩔 줄 몰라 할 것이다.

"때로는 좀 다른 대응을 해보지 않을래요?"라고 제안하여 그것을 실행하는 순간에 대단히 효과적으로 예측 가능한 패턴에서 탈출할 수 있다. 그러기 위해서는 고객에게 확실하게 리허설을 할 수 있는 기회를 제공해야 한다. 이렇게 하면 고객의 문제는 개선된다.

고객이 "상대방의 완전히 예측 가능한 행동을 먼저 한다는 의도는 무엇인가요?"라고 질문할 수도 있다. 그 배후의 의도는 '다른 강력한 방법으로 대응하는 방법이 없을까?'를 발견하려는 것이다. 다른 대체안을 찾지 못하면 상투적인 고정된 패턴(말다툼)이 고객과 상대방을 유일하게 연결하는 방식(관계성 형성)으로 굳어질지도 모른다. 이 점을 명확히 유념해 두기 바란다. 다시 말하자면 말다툼이 이 부부의 관계를 유지하는 유일한 방법이었던 셈이다. 이 점은 먼저 소개한 니코틴 중독 부부의 사례와도 같다.

한마디로 모든 것이 예측 가능하다는 것은 매우 안정적임을 나타내기는 하지만, 극도의 매너리즘Mannerism에 빠져있다는 증거이기도 하다. 코치의 세션이 고객이 알아차리든, 못 알아차리든 간에 이처럼 예측 가능한 패턴으로만 진행되는 것은 바람직하지 않다. 코치 본인의 유연성을 제한한다는 측면에서도 그렇다.

4) 적절한 과제 부과

먼저 그린더의 사례를 소개한다. 어느 날 정신과 의사를 앞세워 부모와 24세의 아들이 찾아왔다. 한 눈에 보아도 그 아들이 문제의 주인공이었다. 일반적인 수인사를 하고, "오늘은 어떤 일로 오셨는지요?"

먼저 모친이 대신 말문을 열고 이어서 정신과 의사가 말하고 부친이 말하였다. 그러는 사이 젊은 아들도 사이사이 끼어들었다. 그들의 말이 바보스럽게 들렸다. 그린더는 벌떡 일어나 말했다.

"모두들 밖으로 나가 주세요. 모처럼 갖게 된 세션을 망치게 되니까."

그들은 어쩔 줄 몰라 하면서도 밖으로 나갔다.

아들만 남게 하고 그의 입장, 제2포지션에 들어가 생각해 보았다. 그 아들이 몇 년 동안이나 머릿속에서 생각하고 있던 것이 떠올라 그것을 말하였다. 행동 맞추기는 그다지 하지 않았는데 관계성은 잘 형성되었다. 그린더가 말하는 것을 듣고 있던 젊은이가 말했다.

"아, 알고 계시군요!"

조금 기쁜 듯한 미소까지 보이면서 말하였다.

"이런 말을 하면 바보처럼 들릴지도 모르지만, 인간은 남녀로 되어 있는데 그 남녀에게는 어떤 차이가 있는지 정말 알고 싶어요."

이 아들은 매우 부유한 집에서 태어나 12살 때 우울증 진단을 받고 지금까지 정신과 의사로부터 강한 약을 처방 받아왔다. 이 약을 복용하면 그런대로 좋은 상태가 되었다. 그렇게 12년간이나 그 약을 지속적으로 투여 받아왔다. 다른 아이들이라면 학교에서 배울 것들을 모두 가정교사를 두고 집에서 배웠다. 같은 또래의 아이들과 어울릴 기회가 없었다. 24살이 된 요즈음 갑자기 아들은 더 이상 약을 먹지 않기로 결심하였고 그것을 말리려고 양친은 아들을 그린더에게 데리고 온 것이다.

"선생님, 저는 경험이 없어서 사회에서 사람들과 어울릴 수가 없어요. 같은 나이의 여성에게 적절히 어프로치할 수 있는 방법을 모르겠어요. 남여의 차이가 뭔지도 몰라요."

그린더가 무엇인가를 말하기도 전에 그 아들은 말했다.

"선생님, 그리고 저는 이 가족으로부터 독립하지 않으면 안 돼요. 그러기 위해 코칭을 계속해 주세요. 독립하여 스스로 벌어서 그 돈으로 코칭을 받고 싶어요," 이 퍼즐을 풀 수 있는 열쇠를 준 것이다.

"내일 10시에 다시 오세요. 당신이 일을 하여 돈을 벌 수 있게 하죠."

디음날 10시에 찾아온 그에게 40장의 고객만족도평가표를 보여주었다. 샌프란시스코의 베이 에리어에서 같은 체인의 3점포와 계약을 맺었던 것이다. 그리고 1주간에 40인의 고객을 면담하여 착실히 이 양식을 채워야 한다. 면접에는 스킬이 필요하다. 그래서 그 스킬을 2시간 가르쳤다. 관계성 형성을 위한 행동 맞추기 등도 가르쳤다. 한정질문의 방법도 가르쳤다. 시선 식별법도 알려주고 표상체계를 포함하여 커뮤니케이션 방법도 가르쳤다. 요는 인간관계 확립에 도움 되는 NLP의 기본적 내용을 모두 가르쳐주었다. 그는 열심히 연습하였다. 젊은이 혼자 면접이 가능하도록 반복하였다. 제대로 과제를 준 것이다.

"점포의 체인 이름은?"

"빅토리얼 시크릿(여성 내의 판매점),"

"어떤 점포인가?"

"젊은 여성이 많이 오는 점포였습니다. 보통 손님은 20대에서 30대 사이의 젊은 여성들이었습니다."

젊은 남성이라면 호기심을 느낄만한 곳이다. 그런데 이 젊은이는 그런 점을 그다지 의식하지 않았다. 다만 평가표 양식 채우기에 전념하였다. 그런 점포를 선택한 의도는 그가 접촉하려는 대상에 접근하는 기회를 주려는 것이었다. 그러나 청년은 의식적으로는 양식을 채우기에만 몰두하였다. 1주일 후에 돌아왔다.

"37건 밖에 채우지 못했습니다만….”

"40건 채우라고 하지 않았어요? 전부 채워 오세요."

40건 모두 채우는 것이 진짜 목적인 것처럼 가장(= 위장 전술Trick)하였다.

다음날 전부 채워 왔다. 그는,

"이 일을 하면서 두 사람의 여성과 데이트를 했어요. 너무나 흥미진진한 경험이었어요! 그래서 이 일을 더 하고 싶어요."

그러나 그를 변화시키는 작업은 이제 종료되었다. 충분히 목적이 실현되었기 때문이다. 이 작업을 하기 전에 그 젊은이는 이성을 사귄 경험도 없고 사교적 기술도 없었다. 젊은 여성들이 많은 해수욕장이나 디스코테크에 데리고 가서 접촉하게 했다면, "난 안 돼."라고 좌절에 빠지고 위축감은 더 강해져 자기혐오를 느꼈을 것이다. 의식적으로는 할 수 없음을 알고 있었기에 가짜 목표를 내세운 과제를 부과했던 것이다.

다음과 같은 구조가 있었다. 이 청년에게는 모종의 것(이성과 접촉하는 법)을 몸에 익히게 하고 싶었다. 그걸 배울 수 있는 요소를 포함시킨 가운데 숨어 있는 목적을 의식하지 못하도록 일을 꾸몄다. 질문표를 채우는 것에 의식을 붙잡아두었다. 만일 청년이 그린더의 의도를 알아차렸다면, "난 못해요!"라고 거부했을 것이다. 의식을 속여서 무의식에 이 과제를 부과한 것이다. 그러니까 의식에게 부과한 것은 명목상의 과제이고 무의식에 부과한 것이 실질적 과제였던 것이다. 청년이 전혀 알아차리지 못하게 잘 설계된 과제였다. 과제를 주는 것은 코치로서 고객의 일에 개입하는데 유익한 방식이다. 관계성 형성, 한정질문 등의 커뮤니케이션 기술도 익혔지만 단지 질문표를 채우는 접근 기술이라는 인식으로만 받아들인 것이다. 그러나 그것은 실제로는 이성과 접촉하는데 매우 유용하고 효과적인 기술이기도 하다. 아니 NLP는 원래 모든 인간관계, 세상살이에 도움 되는 기술이 아닌가?

예수라고 자칭하는 사람이 있었다. 행동거지며 말 하는 것이 거의 예수다웠다. 2천 년 전의 복장을 하고 신의 아들이라며 설교를 하였다. 그런 20살의 청년을 부모가 에릭슨에게 데리고 왔다. 보통은 "너는 예수가 아니다."라고 깨우쳐 줄 것이다.

"너는 유대인도 아닌 터에." 에릭슨은 목소리를 바꾸었다.

"너는 매우 진지하게 예수를 연기하고 있구나. 여기 정말 그럴 듯한 과제가 있네. 그리고 못과 망치와 큰 나무 조각 2개가 있네. 이제부터 이것으로 십자가를 만들어 메고 걷도록 하게. 그러면 사람들이 진짜 예수라고 믿을 걸세."

일주일 후 청년은 스스로 자기는 예수가 아니라고 하였다.

동아프리카의 모든 부족은 특별한 의식Ritual을 치른다. 12~13살이 되면 소년은 청년 대접을 받고 소녀는 여성으로 인정받는 의식이다. 의식의 목적은 주위의 어른들에게 어른이 됐다는 신호를 보내 인정받는 것이다. 해당되는 소년소녀는 그때부터 매일 어른이 되는 방법을 배운다. 창던지기, 사냥, 식료 채집 등을 한다. 그러면 어른들도 그들을 대하는 태도를 바꾸어 하나의 어른 대접을 하는 것이다. 그러면 소년소녀들은 더욱 더 의젓한 어른의 모습을 갖고자 노력한다.

⋙ 사례 연구 1

가정 내 폭력으로 남편이 아내를 폭행한다. 아내는 맞으면서도 어떤 두려움 때문에 도망을 가지도 못한다. 또 아내는 '내가 집을 나가면 남편은 어떻게 되나?'하는 걱정에서 떠나지 못한다.

이것은 상호의존증의 전형적인 패턴이다. 코치로서 이 부부에게 어떻게 접근할 것인가? 이런 때의 목표는 무엇인가? 적용할 수 있는 일반적인 NLP모델도 있고 상황도 분명하다. 남편이 때리는데 그런 남편을 '버리고 떠나면 어떻게 될까?' 그렇지만 남편이 걱정되어 떠나지도 못한다는 것이 현상이다. 한편 추구하는 바도 있다. 그것은 부인이 하기 나름이라고 볼 수도 있지만, 코치로서 여러분이 할 일은 먼저 부인과 관계성을 형성하는 것이다. 그래서 남편과 매력적인

바람직한 상태를 만들도록 돕는 것이다. 호흡을 맞추고 관계성을 형성하여,

"저기 자녀가 있습니다. 그들은 무서워 떨고 있습니다. 당신도 거기 있습니다만, 커다란 고함 소리와 두드려 맞는 감촉을 느끼는 당신입니다. 이것을 바꾸려는 것이군요."

여기서 지하철의 비유를 사용한다. 지하철에 타고 있다.

"도착해야 할 목적지에 대하여 생각해 봅시다. 현상은 분명하니 바람직한 상태를 만들 필요가 있습니다. 미래를 봐주세요. 6개월 후에도 이 남편과 결혼생활을 계속한다고 한다면, 무엇이 보이나요?"

"우리들이 서로 존중하는 시선으로 보는 모습이 보입니다. 아이들은 즐겁게 안전하게 놀고 있고 부부가 화목한 가정이 보입니다. 의견 차이가 생겨도 그것 때문에 폭력을 휘두르는 것은 없는 가정입니다."

이런 이상적인 정보가 아내로부터 나온다. 고객으로부터 정보를 이끌어내려면 깊은 관계성이 바탕이 되어야 한다. 버벌 패키지와 표상체계를 사용하여 무엇을 보고 듣고 느끼는지를 이끌어내는 능력이 필요하다. 만일 그 여성이 교양이 부족하다고 하자. 제대로 보호받지 못하는 세계에서 대부분의 결혼생활을 보내왔다고 가정하자. 언어적 감각이 미흡하여 관계성 형성에 대한 반응도 불완전하고 질문에 제대로 응답도 못하고 있다.

이때 코치는 어떻게 하면 좋을까? 우선은 관계성을 착실히 형성해야 한다. 그리고 코치, 고객 모두 좋은 상태에서 뉴코드 게임을 한다. 공간자극심기를 하여 현상과 바람직한 상태를 설정한다. 그리고 말로 표현하지는 않지만, 고객은 제3 포지션에서 현상을 본다. 물론 관망상태이다. 바람직한 상태에서 보이는 모습은 무엇인지 V, A, K로 확인하고 한정질문을 한다. 효과적인 도구를 사용하여 모든 정보를 고객으로부터 얻어낸다. 사실 이상적인 모든 정보는 고객에게서 나와야 하는 것이다. 찾아야 하는 것은 고객 스스로의 해결방법이지 코치가 제시하는 해결책이 아니기 때문이다.

부부는 서로 존경하고 있고 행복하게 사는 양친의 돌봄 아래 즐겁게 놀고 있

는 아이들, 부부 사이에는 문제가 있어도 주먹을 휘두르지 않는 남편. 대체로 평범한 수준의 가정에 대한 묘사이다. 그런데 잘 보면 여기에는 전제가 깔려 있다. 그 전제란 미래에도 부부는 같이 살고 있다는 것이다. 이런 이미지를 그리거나 결정하는 것은 누구인가? 고객(아내)이 그렇게 말해야 한다. 만일 코치가 이런 말을 한다면 그것은 내용을 강요하는 셈이다. 이 전제와 균형을 고려한다면 코치가 얼마나 윤리적인지가 중요하다. 이때 다시 한 번 미래의 상태를 만들어보게 한다.

고객이 현재 보이는 것, 들리는 것, 느껴지는 것에 대해 묘사하는 것을 잘 관찰식별한다. 또 하나 다른 바람직한 상태가 있을 수 있다. 거기에는 아내는 아이들과 함께 있으나 남편과는 떨어져 있다. 남편이 재정적으로는 지원하고 있다. 남편이 폭력적이어서 별거 상태의 미래의 모습이다. 이 두 가지 상황을 공간자극심기를 통하여 별도로 설정한다. 그리고 고객에게 요약 정리하도록 한다. 고객이 결과적으로, "행복한 가족입니다."라고 한다면, "구체적으로 어떻게 행복합니까?"라고 묻는다. 이것은 눈속임 장치(위장 전술Trick)이다.

누구에게나 많은 선택지가 있어 어떤 고객에게 어떤 선택지가 어울릴까를 검토하는 것이 여러분 코치의 역할이다. 남편과 헤어져 아이들과 사는 상황도 체험시켜본다.

"지금 이 시점에서는 어느 쪽을 선택하시겠습니까?"

이때 시선이 어느 포지션으로 움직이는지를 관찰식별한다. 최초의 장소를 보고 두 번째의 장소를 보고 또 양쪽의 공간을 살펴본다. 그녀가 어느 쪽 공간에 집중하는지를 관찰식별한다.

"생각해 보세요. 그리고 어느 쪽에 더 끌립니까?" 초점이 어디에 맞춰지고 있는지 몸의 움직임이나 방향에 대한 관찰식별에 의해 간단히 파악할 수 있다. 무의식적으로 어느 쪽을 좋아하는지를 체크하기 위하여 공간에 별도의 포인트를 설치해 둔 것이다. 이렇게 관찰식별만 잘 하면 간단히 알아낼 수 있다. 만일 그런 다음에 무의식 신호를 확립하여 Yes, No를 확인하면 된다. 내용을 강요할 필요는 없다.

가정폭력 문제를 다루어보았다. 코치는 항상 고객의 독자성을 존중하는 윤리적 자세를 견지해야 한다. 그런 측면에서 두 가지 대체미래를 검토해 보았다. 시선과 신체 방향으로 무의식이 어느 쪽을 원하는지를 알게 되었다. 예를 들어 무의식에게 행복한 삶을 선택하도록 했다. 그런 상황을 어떻게 하면 만들어낼 수 있을까? 그녀는 모른다고 하자. 그러면 그때에는,

"당신의 친구이거나 책을 읽었거나 영화를 본 스토리 또는 신화 속의 이야기라도 좋은데 지금 기대하고 있는 상황과 가장 비슷한 것이 있나요?"

"예, 제 동생이 행복한 결혼생활을 하고 있어요."

"전에 옆집에 살던 부부는 매우 행복해 보였어요."

"그러면 그들은 어떻게 하여 그렇게 살고 있는지 실제로 찾아가서 관찰하고 얘기도 들어 봅시다." 즉, 본보기를 찾는 과제를 부여하는 것이다.

"그 사람과 같은 행동을 합니다. 특히 그들 부부 사이에 의견이 다르면 어떻게 대처하는지 주의 깊게 살펴봅니다. 당신은 그 사람이 출연하는 연극에서 그가 못 나올 때 바로 등장할 수 있는 대역입니다. 그러기 위해서는 철저히 그 사람을 배워야 합니다. 1주간 후에 다시 와서 그 사람의 패턴을 내게 실제로 행동으로 보여주세요. 완전히 그 사람이 되어야 합니다."

가정폭력을 당하고 있는 이 여성을 보호하지 않으면 안 된다. 이것이 진행되는 동안 폭력이 일어나지 않도록 남편을 따로 만나 특별히 당부하는 것도 좋고, 이 여성에게 폭력이 발생하면 어떻게 대응하면 좋은지 가르쳐주어야 할지도 모른다.

부인이 남편과 헤어지는 것을 두려워한다는 것을 알았다면, 이러한 코칭에 전형적인 예지만 날짜, 시간이 특정되지 않은 비행기 표를 사도록 하고 그날 저녁 남편이 집에 왔을 때, 폭력적인지 어떤지 살피도록 한다. 만일 폭력을 쓴다면,

"앞으로 나를 때리지 않겠다고 아이들 앞에서 약속하면 나는 다시 올 겁니다." 라고 쓴 메모를 남편이 볼 수 있는 곳에 놓아두고 안전한 곳으로 피한다. 가까운

이웃의 도움을 받을 수도 있다. 일반적으로는 옆집 사람이나 다른 사람이 오면 남편은 폭력을 멈춘다.

만일 분위기가 좋다면, "테이블 위에 친정으로 가는 비행기표가 있어요. 저와 아이들 거지요. 제 본심은 그것을 사용하지 않는 거에요." 그 티켓을 사용하느냐, 마느냐는 남편의 폭력이 지속되느냐, 멈추느냐에 달려 있다.

"만일 다시 주먹을 휘두르면 내일 아무도 없는 빈집을 보게 될 거에요. 협박이 아니에요. 우리 집에서 폭력이 다시 일어난다면 어떤 일이 벌어질지를 얘기하는 거예요."

만일 남편이 티켓을 찢어버린다면?

"그 티켓은 그저 종이일 뿐에요. 항공사에 말하면 언제든 재발행할 수 있어요."

이와 같이 다양한 가능성을 롤플레이할 필요가 있다. 어떻게 대처할지를 새삼 확인하는 것이다.

아내의 시도로 남편의 폭력이 중단되었으면 아내가 남편 앞에서 자랑스럽게 비행기 표를 찢어버릴 수도 있다. 이것은 극적인 방식이다. 물론 리허설을 할 필요가 있다. 이렇게 종료된다면 여러분은 코치로서 마법사라는 찬사를 듣게 될 것이다.

⋙ 사례 연구 2

무슨 일이든 마감에 임박해서야 간신히 마치고 있는 여성이다.

"그러면 당신의 목표는 미루는 버릇을 고치겠다는 것인가요? 그렇다면 그 목표를 실현하고자 하는 의도는 무엇인가요?"

"성과물에 대하여 여유를 가지고 대응한다면 더욱 품질 좋은 것을 만들 수 있지요."

"그래서 마감 직전에야 서둘러 마친다는 것을 피하려는 것이군요."

"바라건대는 마감 전에 제출하고 싶은데 결과적으로 보면 결국 마감일에 마치게 됩니다."

"아직 명확한 정의가 내려져 있지 않네요. 즉, 프로젝트든 과제든 착수하기까지 몇 일간 어물쩍거리는지 모르겠군요. 예를 들어 15일 걸리는 프로젝트가 있습니다. 기한은 5월 30일까지입니다. 시작은 5월 1일이었습니다. 오늘이 5월 10일입니다. 언제부터 착수하지요?"

"바라기는 지금 바로입니다. 그렇지만 보통은 15일부터 시작합니다."

"상사로부터 이것은 적어도 20일간 걸리는 일이라는 말을 들었습니다. 그렇지만 당신은 실제로 15일 밖에 걸리지 않을 거라는 것을 알고 있습니다. 며칠부터 시작하지요?"

"처음 5일간은 하는 시늉만 하거나 준비만 하다가 그 후에 본격적으로 덤벼듭니다."

이때 과제를 부과한다. 쇼핑이든 뭐든 친구에 줄 선물을 고르거나 할 때, 어느 정도 시간이 확보되면 실제로는 그 절반의 시간에 일을 마치도록 제안한다. 그래서 기한 엄수를 하게 만든다.

이것은 코치로서 그녀가 목표 실현을 하는 것을 도우려는 셈이지만, 그녀에게는 2차이득Second Gain이 있었다. 그것은 자기 자신에 대한 압박감이다. 압박감을 느끼면 착실하게 일을 한다. 결과적으로 작업의 품질을 높일 수 있다. 이런 점이 그녀가 가지고 있는 문제를 지속하도록 영향을 미치고 있다. 의도를 파악하여 과제를 부과한다. 그녀에게는 정해진 기한을 잘 활용하는 다른 방법을 생각해내는 것이 필요하다. 시계를 정확히 맞추는 사람은? 10분 앞서서 세팅해 놓는 사람은? 이것은 일종의 위장 전술Trick이다.

사례 연구 3

선택지가 많다고 좋은 것만은 아니다. 비즈니스에서 선택지가 4가지나 되어 어느 것을 잡아야할지 고민이다.

여기에 공간이 있다. 본인이 처음 생각을 기울였던 것으로 무엇이 보이고 들리고 느껴지는가? 매우 현실적이다. 잠깐 확인하고 저쪽에 두 번째 선택지의 공간을 정한다. 여기서도 명확히 보고 듣고 느낀다. 또 그곳을 확인하고 제3의 선택지 공간을 설정한다. 여기서도 명확히 보고 듣고 느낀다. 또 그곳을 확인하고 마지막으로 제4의 선택지 공간을 설정하고 여기서도 V, A, K를 확인한다. 이러면서 각각의 공간을 구분하여야 하므로 지속적인 관찰식별은 잊지 말아야 한다.

이제부터 흥미 깊은 방법을 실행한다. 처음에는 움직임을 사용한다. 눈을 감고 각 공간으로 1~2회 돈다. 어느 선택지가 본인에게 다가 오는가? 자석이 쇠붙이를 끌어들이듯이 이끌리는 감각이 느껴진다. 눈을 감은 채로 그것을 느끼는 방향으로 이동한다.

이렇게 한두 번 각 공간을 돌았기 때문에 방향감각이 없어질지도 모른다. 그렇지만 눈을 감은 채로 인력이 어디에서 작용하는지 그곳으로 자연스럽게 이끌려가는 감각을 느껴보자. 어디서 이끄는지 느껴질 때까지 이동한다. 그리고 그 공간에 들어가 본다. 잠시 후 이제 현재로 돌아와 무의식이 추구하는 것을 형용한다.

(실제로 해 본 결과) 그곳은 1번 공간에 매우 가깝지만 2번과의 중간이다. 2번째의 어떤 요소를 1번으로 가지고 오면 매력적일지 검토하도록 한다. 1번은 우선적인 선택지임을 나타내는 것이다. 거기에 2번째의 요소도 포함시켜 시너지를 높이기를 무의식은 생각하고 있는 것이다. 2번째의 일부를 1번째에 통합시키라는 과제를 부과해 준 것이다.

여기에는 고객의 대표체계에 따라 달리하는 아이디어가 있다. 위의 것은 고객이 체각우위형이어서 그렇게 한 것이다. 예를 들어 시각이 발달한 고객이라면 동서남북으로 4개의 공간을 임의로 설정하고 2번 정도 스캔한다. 그리고 하위감각양식을 확인한다.

가장 밝게 보이는 곳은?

가장 가까운 곳은?

가장 선명한 곳은?

이러한 질문을 통하여 구별한다. 청각이 발달한 사람의 공간은 위와 마찬가지로 구분하고 체험하되 소리에 관한 하위감각양식의 차이로 선별하면 된다.

3. 비즈니스 코칭 현장

전통적인 심리상담 분야와 같은 일부에서는 감정의 동화 즉, 공감을 중시하는 경향이 있어 고객의 기분을 알아주기에 신경 쓰고 있다. 그리고 상대방의 기분을 해치지 않으려는 방향으로 흐르기도 한다. 그런 과정에서 철저하게 잘 들으라는 '경청'이 강조되기도 한다. 그러나 NLP는 군더더기 이야기를 듣는 것은 생략하려고 한다.

먼저 고객의 하소연을 요약해서 이야기의 핵심을 명확히 한다. 문제의 정의가 명확해질 때까지 진행 속도는 그리 서둘지 않아도 된다. 코치의 무의식과 고객의 무의식의 연결, 다시 말하자면 관계성이 형성되기까지는 한정질문을 해도 제대로 된 응답이 나오지 않을 수도 있다.

최초의 요약은 완전히 이해하였다. 동의가 이루어졌음을 나타낸다. 지금 것은 언어적 요약이다. 다음은 복합적 요약을 설명한다. 같은 자세를 취하고 침묵하며 관찰식별을 통하여 고객이 지금 말하고 있는 것을 생각해 본다. 편안하게 느끼고 있으면서 지금의 이야기가 얼마나 중요한지를 느껴본다. 고객의 느낌이 나에게 동화되어 서둘러 해결책으로 달려가는 것이 아니라 충분히 시간을 두고 느낌과 느낌을 확실히 연결한다. 두 사람의 느낌이 연결된 포인트에 이르면 코치는 어느 시점에서 한정질문을 하면 좋은지 알게 된다. 말이나 행동, 목소리의 톤을 바꾼다. 말 사이에 침묵을 넣고 상대방을 정면으로 직시하지는 않는다. 단 한 가지 동작만을 바꾸어본다(예를 들어 물끄러미 바라보기). 이것으로 고객의 내면은 순식간에 바뀐다. 이런 것이 복합적 요약이다.

고객이 말한 것을 반복하여 말맞추기를 하지만 전부를 반복하지 않아도 된다.

선택적 요약을 사용한다. 감정적인 것과 행동적인 것에 집중하여 선택적으로 말을 맞춘다. 고객으로부터 받은 감정적인 측면에 충분히 주의하여 실행한다. 느낌에 주목한 요약을 한다. 그것보다 중요한 것은 고객이 느끼고 있는 감정을 코치도 같이 느끼는 것이다. 그러면 태도, 자세, 목소리 상태 등에 의하여 감정이 일치됨을 알게 된다. 즉, 이것은 체각적 요약을 하고 있는 것이다.

정면으로 대면하는 것과 80도 정도로 비껴 마주 할 때 받는 인상은 전혀 다르다. 정면으로 직시하지 않으면 고객도 코치의 존재에 크게 신경 쓰지 않고 자기의 느낌에 집중할 수 있다. 충분히 공간적 사이가 있으므로 제대로 느끼면서 시간 여유를 갖고 진행할 수 있다. 고객으로부터 비음성언어적인 신호가 나타나는 것을 조용히 기다린다.

여기에서 3가지 중요한 점이 요구된다. 물론 내면안정, 관찰식별, 관계성이다. 여기에 동양적인 문화 특성을 고려하여 한 가지 더 추가한다면 그것은 이중 요약Double Paraphraise이다. 이것은 NLP를 통한 정식 개입 전에 하는 것이 바람직하다. 이것은 두 가지 부분으로 되어 있다. 고객이 말할 때, 감정과 체각에 충분히 주의를 기울여 요약을 한다. 먼저 언어적 요약이다. 그것보다 중요한 것은 체각적 요약이다. 관계성 형성에서 행동맞추기가 있는데 그것과 같은 것이다. 결코 정면으로 마주 앉거나 대치하는 식이 되어서는 안 된다. 이중 요약을 하기까지는 대치하거나 직시하지 않도록 한다. 관계성을 확립하기 위하여 행동맞추기, 교차행동맞추기를 한다. 말하고 있는 내용과 같이 하면서 공간적 사이를 두도록 한다. 한번 이 상태가 이루어지면 이제부터는 여러 가지 다양한 시도를 해도 좋다는 허가를 받은 것과 같다.

암벽등산에서는 오르기보다 내려오기가 더 어렵다. 목표 지점에 올랐거나 중간에 다른 일로 중지하게 되어 내려오게 되었다면 어떤 자원이 있으면 좋을까? 내려 올 때는 내려오는데 집중해야 한다. 다시 오르든가, 다른 길로 오르는 것은 그 다음의 일이다.

지금 바꾸려고 하는 상황에 대하여 질문할 때는 소극장에서 연기하는 것처럼 목소리 톤, 여유로운 동작(그때는 좌우 대칭으로 움직이는 특성이 있다)을 하고 질문 사이에 침묵을 둔다. 그때 고객이 나타내는 신호를 결코 놓치지 않는다. 주의하여 고객에게 공간을 제공하며 코치는 주변시야로 고객의 행동을 잘 관찰식별한다.

기업에서 경영자 코칭을 할 때, 물론 기업과 계약을 해서 진행하는데 코칭에 임하는 해당 임원은, "나는 별로 다루고자 하는 문제가 없습니다."라고 하며 자기를 감추는 경우가 있다.

이때는 어떻게 대응하면 좋은가? 우선은 90도 각도로 마주 앉거나 정면으로 직시하지 않도록 한다.

"지금부터 1시간은 같은 공간에서 이야기하게 됩니다만, 나중 1시간은 바둑이나 같이 둘까요?"

여기서 실제로 바둑판을 꺼내도 된다. 바둑을 두면서 질문해도 좋다.

"당신의 위치에서 가장 만족스러운 것은 무엇인가요?"와 같이 한정하여 구체화 질문을 지속한다.

"여기서 일하고 있어 가장 즐거운 일은 무엇인가요?"라는 질문을 하면 상대방은 행복감을 느끼게 된다. 변화가 일어났다. 여기에서 자극심기를 한다. 특정한 소리와 동작으로 만족스러워 하는 특정한 상황에 들어갈 때에 자극심기를 다시 건다. 조건반사적으로 사용할 수 있도록 되기까지 자극심기는 연습해 두어야 한다. 본인에게 유익한 상황임을 알게 되도록 자극심기를 하는 것이다. 자연스럽게 3~4분 이야기한 후에 자세를 바꾸어 이번에는, "가장 만족할 수 없는 부분은 무엇인가요?"라고 질문한다.

"바보 같은 아이디어로 나를 괴롭히는 동료가 있는데 여러 상황상 나는 그것에 응하지 않으면 안 된다는 겁니다."

"그것이 얼마나 흥미 깊은 일인가요? 특히 어떤 아이디어로 괴롭히고 있나요?"

"꽃들이 갖는 의미 따위를 말하는데 무슨 말을 하는지 모르겠어요."

"그 사람과 게임을 한 번 해 볼까요? 방법을 가르쳐 드리죠. 제 눈을 봐 주세요. 눈을 위로 뜨면 시각적 이미지를 가지게 됩니다. 수평 방향과 왼쪽 아래를 향하면 소리를 듣게 되지요. 오른쪽 아래는 느낌을 감각하게 됩니다. 동료의 얼굴을 잘 보다가 동료가 위를 본 순간, "지금 무엇을 보고 있지요?"라고 묻습니다. 그러다가 왼쪽 아래를 보면, "'무엇을 혼자 생각하고 있나요?'라고 묻습니다. 당신도 동료도 재미있어 할 것입니다. 바둑을 두면서 그렇게 해도 좋습니다."

이것이 한 가지 예이다. 안구동작패턴을 관찰하도록 가르쳐주는 것이다. 바둑돌을 놓을 때마다 또는 다른 동작을 할 때마다 안구동작에 대하여 질문한다. 시선이 오른쪽 아래로 향하면 "지금 어떤 느낌인가요?"

잘 인지하고 바로 질문할 수 있도록 한다. 5분 정도로 계속해 보면 충분할 것이다. 훌륭하게 커뮤니케이션 스킬이 향상되는 셈이다. 10분이 지났다고 해도 아직 50분이 남아 있다.

"다른 문제가 있군요."라고 대화를 계속한다.

"생각이 더욱 구체적이 되든가, 스스로 해결책을 찾게 되는 게임을 해볼까요? 제가 몇 가지 질문(버벌 패키지)을 하겠습니다."

바둑을 두면서 다시 10분간 이 게임이 가능하다. 표상체계, 버벌 패키지를 사용하여 동료와의 서로 다른 커뮤니케이션 방법을 실행하는 것이다.

"당신이 그의 입장이 되어 봅시다. 다른 사람이 되어보려고 하지 않는 의도는 무엇인가요? 그가 겸허하지 않은 것을 용서해 주었으면 합니다만, 아마도 그는 자기의 아이디어를 검증받기 위하여 당신에게 얘기하는 것이 아닐까요? 일을 진행하는 방향성에서 어드바이스를 원하기 때문에 그 동료는 그렇게 하는 것인지도 모릅니다. 그렇게 생각되지 않아요?"

또 하나 다른 방법이 있다. 종잡을 수 없는 이야기를 시작하면 그의 포지션으로 위치를 바꾸어 그가 말하려고 하는 것의 의도는 무엇인지를 헤아려본다. 그는 당신의 지성과 업무경험에서 우러나오는 어드바이스를 원하고 있음을 알 것이다. 그러면 그에게 특정한 도움을 줄 수 있을지 어떨지도 알 수 있을 것이다.

각 스텝마다 범위설정을 한다. 이 작업을 받아들였을 때, 바둑을 두는 사이 무엇을 원하고 있는지를 알게 될 때까지 진행할 수 있다. 1개월 후 또는 2주간 후 다시 1시간 코칭하기 위하여 고객을 만나게 된다. 동료의 탐탁스럽지 않았던 부분을 바꾸어 보고 게임의 형태로 필요한 대응을 제공할 수 있게 되었다면 회사의 다른 업무나 다른 사람에게도 적절히 그와 같은 도구를 사용할 수 있게 될 것이다. 이미 배우고 실행해본 것이니까.

게임을 하면서 메타포를 사용하여 메타포 속에서 도구(기법)를 사용할 수도 있다. 그 동료 임원이 당신의 시도를 잘 받아들였다면, 업무에 대한 조언자이자 코치로서 당신을 깊이 신뢰하게 되었음을 의미한다. 그때 자극심기를 하여 자원감에 가득한 상태를 불러일으켜 준다.

이상의 이야기는 몇 천 가지의 가능성 중에서 하나를 제시한 것에 지나지 않는다. 나름대로 유연한 도전을 강구해 보자.

또 1대 1 코칭이 아니라 집단 코칭을 할 때, 자기노출이나 개방을 꺼려하는 비협조적 사람이 있을 수 있다. 사례를 들어 말하겠다. 15인 그룹 중에서 12명은 비교적 협력적이었는데 다른 3사람은 목각인형처럼 별 반응이 없었다. 이들은 변화시키기 위한 하나의 가능성으로서는 행동맞추기를 하여 좀 더 관계성을 구축하는 것이다. 경험이 있다면 15명과도 동시에 관계성을 형성할 수 있다. 다른 선택지도 있지만 경우의 수를 모두 나열할 수는 없으니 유연성에 맡긴다.

15인의 멤버와 8시간 함께 있는 셈이지만, 구체적으로 정확하게 선택지를 만들기 위하여 질문이나 응답은 각 개인 별로 개별적으로 진행될 수밖에 없다. 선택지가 필요한 상황을 특정할 필요가 있다. 한 사람 한 사람이 효과적이기 위하여 추가의 선택지가 필요할 수 있음을 밝힌다(그렇게 하며 멤버들을 관찰식별한다. 회의적인 3사람은 그래도 무관심할지도 모른다).

예를 들면 대단히 멋진 아이디어를 꺼낸 일이 있을 것이다.

"이것은 회사에 바로 시행해 보자!"라고 동료와 말한 적이 있을지도 모른다. 그래서 상사에게 제안하였을 때(라고 말하며 비협조적 3인과 같은 자세를 취한다),

상사는 회의적, 비판적인 자세가 된다. 이러한 상사의 자세를 바꾸기 위해서는 어떻게 하면 좋을까(회의적인 3인을 위하여 메타포를 적용하고 있는 것이다)? "이와 같은 경험을 가지고 있는가?"라고 물어 관찰식별한다. 그리고 상사를 연기할 수 있는 사람을 찾는 시늉을 하여 가장 회의적이라고 여겨지는 멤버를 상사로서 시연에 참가 시킨다. 그리고 그에게 설명한다. 어떤 상황인가를 말한다.

예를 들자면 공장 라인의 생산 시스템을 바꾼다는 장면에서의 회의적, 비판적 상사가 되어 달라고 한다. 매우 그럴 듯하게 회의적 상사의 역할을 하도록 한다. 다음에는 그런 회의적인 상사에게 대응하기 위하여 직원 역(회의적 자세를 보인 3사람 중 남은 2사람)에게 대응요령을 설명한다(지각위상 변화의 활용). 이렇게 구성된 참가자의 역할과 상호작용을 통하여 당초 회의적인 멤버들의 자세가 바뀌고 기능이 향상되는 가운데 그들에게 새로운 흥미를 안겨줄 수 있다.

네 사람을 대상으로 그룹 코칭을 하고 있는데 그중 한 사람이 화를 내고 있다. "저 사람이 우리에게 화를 내고 있는데 왜 그러는지 모르겠습니다. 이런 상황에서는 어떻게 하면 좋을까요?"

화를 내고 있는 사람에게, "더욱 화를 내 주세요."라고 부탁하자. 그러면 그에게는 두 가지 선택지가 생기게 된다. 정말 계속 화를 낼 것인가, 아니면 부탁대로 하지 않기 위해서 다른 행동을 취할 것인가? 매우 재미있는 제안이다(의미요법의 역설지향 기법).

100인 규모의 IT회사의 과장인데 사내 인간관계의 문제로 상사는 그를 정신적으로 괴롭히고 있다.

"구체적으로 어떤 정신적 괴롭힘인가요?"

인간관계에서 발생하는 어쩔 수 없는 개인 별 선호감각(대표체계) 때문인 경우가 많다. 그 상사는 인간에 대한 이해도 부족하고 리더십이나 관리 능력이 미흡하였다. 과장은 마침내 출근 거부를 하게 되었다. 전에는 자발적으로 업무 처리도 잘 했지만, 점점 상사의 괴롭힘과 주위로부터 왕따를 당하면서 결근하는 일도 잦아졌다. 그 과장이 보유하고 있는 기술은 그 회사의 중심적 노하우이므로 그를 즉각 퇴사시킬 수도 없는 상황이다. 회사 사장에게서 과장을 어떻게든 다시 회사에 착실히 일할 수 있도록 해 달라는 요청을 받았다. 흔히 많이 일어나는 사례일 것이다.

"이해를 잘 했는지 확인하기 위하여 요약을 합니다만, 잘못된 곳이 있으면 바로 잡아 주세요. 어떤 특정한 부분의 기술을 보유하고 있는 과장인데 지난 6개월 동안 다음과 같은 일이 일어났습니다. 상사와 인간관계가 좋지 않아 괴롭힘을 받는 중에 주위로부터도 따돌림을 받아 결근이 잦아졌습니다. 이런 상황에서 코칭을 해야 하는데 과연 누구를 대상으로 하는 것이 좋겠습니까?"

물론 과장이 주요 대상(고객)이 될 것이다. 그러나 상사를 대상으로 할 수도 있고 부서원 전체를 할 수도 있고 사장을 두고 할 수도 있다. 결국 사장과의 개인 코칭을 통하여 회사 전체의 컨설팅을 하게 되었는데 관리자 15인에 대한 사내교육도 같이 하게 되었다(여기에는 문제의 과장도 같이 참가하게 되었다). 회사 경영에 대한 사장의 근본적인 반성과 조직 전체를 볼 줄 아는 안목이 있었기에 이런 결정이 내려진 것이다. 단기 비용만 고려했더라면 이런 조치를 내리지 못했을 것이다. 이처럼 사장은 전체를 아우르는 관점과 결단력을 가지고 있어야 한다.

당초 과장 혼자만을 코칭하게 되면 그 자체는 효과적으로 진행될 것이다. 그러나 그것은 커다란 문제의 작은 일부일 뿐이다.

매우 무거운 컨테이너를 옮길 때는 거기에 합당한 매우 강한 체인을 사용하지 않으면 안 된다. 체인의 일부에 약한 곳이 있으면 그 체인은 끊어지고 컨테이너는 옮기지도 못하고 파손될 수 있다.

이 짧은 메타포와 실제의 관계는 어떤가? 컨테이너는 하나의 조직(회사)이고 체인은 회사 조직원 전체를 연결하는 보이지 않는 유대감, 일체감이다. 체인을 묶는 것은 서로 유기적으로 업무를 착실히 수행하는 것이다. 여기서 약점이란 어디인가? 핵심은 사장에게 있다. 기본적으로 이런 문제는 사장의 리더십 때문에 발생하는 것이다. 중요한 업무를 특정한 사람에게 집중되도록 방치한 것은 안이한 조치였다. 그가 잘 기능할 때는 큰 문제없지만, 상황이 이렇게 되고 보니 큰 일이 벌어진 것이다. 이런 일이 아니더라도 과장에게 심장발작이나 예기치 못한 사고가 발생하면 그야말로 회사의 중심 업무가 스톱되게 되는 것이다. 매우 취약한 상태이다. 아울러 조직원 사이의 관계도 좋지 않다. 이것은 서로 독립된 사안이기는 하다. 그렇지만 훌륭한 컨설턴트는 이 모든 것들을 병행하여 연결된 상태에서 다룬다.

한 사람의 키맨에 관련된 이와 비슷한 케이스가 있다. 벨기에의 브뤼셀에 이름을 대면 누구나 알만한 유명한 화장품 회사가 있다. 그 회사는 소규모 동족회사로 매우 성공적이었다. 제품은 립스틱에서부터 크림까지 스펙이 다양하다. 어느 투자가가 그 회사를 매수하여 대량 판매를 하려고 하였다. 가족에게서 투자가에게로 권리가 이전될 때, 연구와 제조를 담당하고 있던 알랭씨가 있었다. 알랭은 30년간의 경험을 가지고 있었다. 연구소에서는 스펙에 합당하게 시제품을 만들었다. 성분 시험에서 합격하자 대용량으로 만들자는 방침이 세워졌다. 화장품 업계에서는 소용량을 만들 때의 배합 공식과 대용량을 만들 때의 성분 배합 공식이 다르다는 것은 널리 알려진 사실이다. 지금까지 가족회사로서 소용량만 만들었던 이 회사로서는 대용량을 만들 때 적용할 수 있는 명시적 공식이 없었다. 그러나 30년 경험이 있는 알랭은 손끝의 느낌을 가지고 있었다. 그는 소량생산에서 대량생산으로 바뀌어져도 할 수 있다는 감각이 있었다. 다만 그 방법은 알랭만이 알고 있었다. 그러나 새로운 사장이 취임하였고 그 사장은 알랭이 경험은 있지만 학벌이 약하다고 다른 업무로 보냈다. 그리고 새로운 팀이 구성되었다.

업무의 정의는 명확하고 스피디하게 진행되었지만 41%의 제품 불합격이라는 결과가 나왔다. 생산된 제품의 거의 반수가 성분 배합의 잘못으로 폐기되었다. 전에 알랭이 담당하던 때에는 없었던 일이다. 놀란 회사는 다시 알랭을 불러들이지 않을 수 없었다. 경영진은 숙고를 한 결과 새로운 연구개발 부서로 하여금 알랭의 손 감각을 배우게 하였다.

다시 불려온 알랭은 기분이 좋지 않았다. 사장은, "알랭, 당신은 우리 회사의 키맨이야. 당신은 누구도 가지고 있지 않은 기술을 가지고 있네. 그건 참 멋진 일이지. 나는 전문가로서의 자네를 믿네. 만일 어떤 문제가 있으면 직접 내게 연락해 주게나." 알랭은 자기 존재를 인정받는구나 싶었다.

얼마 후 또 알랭은 사무실로 호출 받았다. 조금 불안해졌다.

"당신은 이 업무를 가장 잘 알고 있네. 제조부문에 그 기술을 잘 가르쳐주게. 그리고 앞으로 두 가지를 해주게. 영어를 구사할 수 있는 코스에 등록하여 영어를 배우게. 세계향수대회에서 우리 회사에 초대장을 보내왔네. 가을에 열리는 그 국제대회에서 회사를 대표해서 발표해 주게. 당신의 경험에 흥미를 갖는 사람들에게는 유익한 프레젠테이션이 될 걸세."

알랭은 무슨 일이 일어나고 있는지 실감 되지 않은 채로 일터로 돌아왔다. 그때 제조부문 매니저가 와서 최근 적용한 성분 배합 공식을 보여주며 이것으로 소량생산체제에서 대량생산체제로 변경이 가능한지 검토를 요청하였다. 오후에는 연구소의 직원도 같은 테마를 가지고 찾아왔다.

"미팅은 오늘 저녁이나 내일 오전 중 어느 때가 좋은가요?"

이것은 어떤 화법인가? 여기에는 알랭이 회의에 출석하여 제조와 연구부문에 조언을 한다는 구체화질문모형Meta Model의 전제가 깔려있는 것이다. 각각의 팀들은 알랭이 보유하고 있는 노하우를 완전히 배우려고 하였다. 알랭을 대하는 자세도 달라져서 가치 있는 멤버로 대우해 주었다. 알랭의 업무환경, 대우는 완전히 바뀌어졌다. 알랭 자신도 회사에서 가치 있고 필요한 존재임을 자각하게 되었다.

이러한 일은 동서양에 문화 차이가 있다고 하더라도 어디에서나 흔히 있을 수 있는 상황일 것이다. 경영자가 얼마나 직원의 가치와 조직의 시너지를 중시하는가에 따라 일어날 수 있다. 상황을, 주위의 환경을 얼마나 바꿀 수 있는가? 그러면 내용도 바뀐다. 상황을 바꾸는 것은 밀튼 에릭슨 이래 NLP에서는 즐겨 사용하는 방법이다.

누구나 말하고 있는 가운데는 사람마다 어떤 특정한 패턴이 있음을 발견하게 될 것이다. 그것은 그 사람의 내적지도의 경계를 확인하는데 도움이 된다. 가능과 불가능의 경계, 책임의 범위, 기대 받고 있는 것, 기대하지 않는 것 등 이런 것들은 모두 내적지도이다. 어떤 경계, 한계를 나타내기도 한다.

예를 들면 부부가 있는데 그들은 관계에 대하여 각각 다른 지도를 가지고 있다고 하자. 남성의 지도는 아이를 양육하는 것은 여성이 해야만 한다고 여기고 있고, 여성의 지도는 아이 양육은 남성도 여성 못지않게 참여해야만 한다고 믿는 것이다. 이 두 지도는 매우 다른 세계를 나타내고 있고 각각 가능과 불가능의 한계를 보여주고 있다.

자기신뢰가 낮은 고객 코칭 연습

자기 자신을 믿지 못하는 고객이 있다면 처음에 무엇을 할 것인가? 어떤 프로세스 패턴을 사용할 것인가?

1. 4인 1조가 된다. A, B는 코치, C는 고객이고 D는 관찰자이다. 20분간.
2. C는 자신을 믿지 못하는 사람이다. 끝까지 그 상태에 어울리는 자세를 취해도 좋고 진행에 따라 내키면(코치의 질문에 따라 응답하면서 내면이 바뀌면) 자세를 바꾸어도 된다.
3. 코치는 두 사람(A, B)이다. 고객의 자세를 바꾸는 방법에 대하여 처음에는 서로 협의하여 방향을 정한 후 나름대로 코칭을 시작한다.
4. 피드백을 나눈다.

피드백

- 고객을 자리에서 일으켜 세우는 걸 보았다. 좋은 방법이다. 앉아서 말로 하는 것만이 능사가 아니다. 몸을 움직이게 하여 경험하는 것이 더 효과적일 수가 있다.
- 제2, 3포지션을 자유롭게 오가게 하거나 공간 마킹을 하는 것도 좋은 방법이다.

- 코칭에서 고객이 하는 말의 내용은 그다지 중요하지 않다. 노트나 메모는 최소한으로 하라. 그 사이에 관찰식별에 더 주의를 기울여라.
- 익숙하다고 너무 같은 기법에만 치중하지 않는 것이 좋다. NLP에는 다른 많은 기법들이 있다. 충분히 활용하라. 만일 코칭 받은 경험이 많은 고객이 있어서 코치의 세션을 예측하고 있다면 문제가 된다.

극단적인 사례이지만, 2차이득 때문에 다음과 같은 일이 벌어지기도 하였다. 뉴코드 게임을 한 후 바뀌었지만, 수 주간이 지나서 어찌된 일인지 원래 상태로 돌아가는 경우가 있다. 이것은 지극히 드문 일이기는 하지만 만일 이런 사태가 벌어지면 어떻게 대응할까?

대중강연가를 꿈꾸는 머리가 좋은 프랑스 여성의 이야기이다. 증권회사에서 성공한 전문직 여성으로 부사장으로 까지 승진하게 되었다. 3살과 6살 딸의 모친이기도 하며 남편과도 화목하여 사이좋게 살고 있다. 투자자를 대상으로 한 설명회에서도 좋은 성과를 내어 회사는 그녀를 마케팅 담당 부사장으로 발탁한 것이다. 마케팅 담당 부사장이 된 그녀는 프랑스 방방곡곡을 매월 3주간이나 출장 다녀야 했다.

승진을 통보 받았을 때, 그녀는 두 가지 감정을 느끼게 되었다. 승진에 따른 만족감과 동시에 두려움도 따라왔다. 혼자서는 그 두려움의 원천을 알 수 없었다. 그래서 그녀는 그린더를 찾았고 그와 함께 두려움을 탐구해 보았다.

뉴코드 게임을 하였는데 결과적으로 삶의 방식이 바꾸어졌다. 그녀는 생쥐처럼 두려움에 떨던 상태에서 호랑이처럼 변모하였다. 이리저리 업무 출장을 다니면서도 인생의 꿈인 대중강연도 같이 지속하였다. 만일 그녀가 대중강연가로서만 살 수 있었다면 어땠을까? 더 크게 만족스러웠을 것이다. 한동안 그렇게 잘하고 있던 그녀가 어느 때부터 대중강연을 하기 힘들어 하더니 결국 대중강연가로서의 길을 접게 되었다. 뉴코드 게임 전의 상태로 되돌아간 것이다. 그 배후에 있는 긍정적인 의도는 가족과 함께 더 많은 시간을 보내고 싶었던 것이었다.

이것은 버벌 패키지를 사용하여 바로 찾아내었다. 긍정적 의도를 찾았다면 남은 것은 이제 낯익은 의도의 우산을 펼쳐보는 것이다.

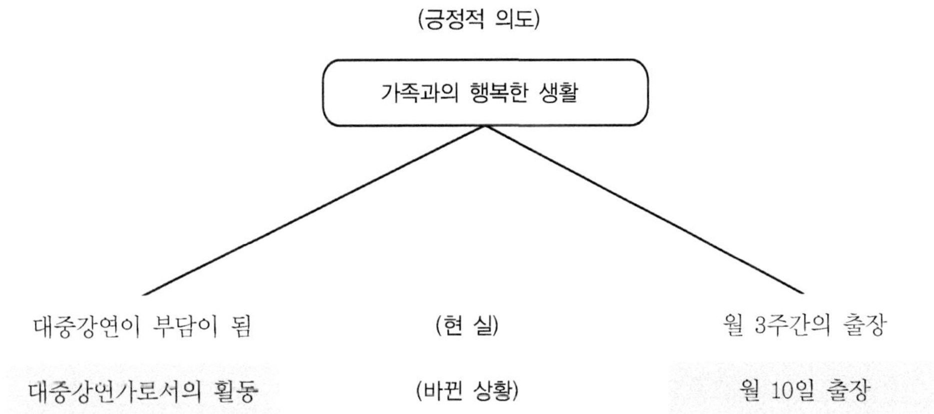

[그림 3-5] 긍정적 의도를 찾는 우산 모형

그녀의 긍정적 의도는 가족과 다정한 시간을 보내는 것이다. 그것을 실현하기 위한 행동으로서 선택되는 것은 부사장의 직위를 내려놓는 것이거나 대중강연을 하지 않는 것이었다. 그러나 어느 것이나 그녀로서는 원하는 것이 아니었다. 이때 긍정적 의도를 안다면 얼마든지 다른 방법으로 그것을 실현할 수 있을 것이다.

이 사례에서는 그녀가 원하는 것이 명확하게 발견되었다. 그래서 그녀는 사장과 이야기하여 출장은 월 10일로 줄여 일을 지속하게 되었다. 이렇게 하여 어느 정도 시간 여유를 갖게 되어 가족과의 행복을 누릴 수 있게 되었다. 물론 멋진 대중강연 활동도 즐겁게 재개할 수 있었다.

⋙ 코칭 개시 연습

1. 3인 1조가 된다. A는 코치, B는 고객, C는 관찰자가 된다. 코칭 시작이 어려

운 상황을 설정하고 코치는 고객에 작용하여 그 상황을 타개하려는 시도를 한다.

2. 각조의 A는 교실 뒤로 모이고 B, C는 강단 앞으로 나와 모여 설명을 듣는다.
   - B는 다루기 어려운 타입이다. 관계성을 맺기 어렵다. 그렇다고 전혀 안 되는 것은 아니다.
   - C는 10분의 시간을 지킨다. 코치를 잘 보고 피드백을 준비한다. 관계성이 다소 빨리 형성되면 고객에게 좀 더 버티도록 지시한다.
3. 피드백을 나눈다.
   - 코치는 제3포지션에서 스스로에게 피드백한다.
   - 고객이 코치에게 잘 한 점, 더 잘할 수 있는 점을 피드백한다.
   - 관찰자가 종합적으로 피드백한다.

피드백

- 고객과 같이 호흡을 맞추고 같은 자세로 상태를 확인하고 관찰식별하며 관계성을 형성하려 하지만 고객은 별 반응이 없다. 이런 상태를 바로 잡으려면 어떻게 하면 좋을까? 코치로서 답답하였다.
- "자, 말 좀 해 보세요." 등 말로 바로 잡으려는 것은 가장 초보적 접근이다. 이때는 의자에서 일어서게 하여 잠깐 같이 걷든가 하는 것이 가장 좋은 방법이다. 이렇게 간단히 몸을 움직이게 하는 것은 언어적인 것보다 심리적 저항도 적다. 상태가 바뀌면 내용도 바뀌게 된다.
- 고객이 3분 이상 같은 상태라면 코치는 반사적으로 그를 일으켜 세워 잠깐 걷게 하라. 설명, 동의 없이 그냥 일으켜 세우는 것이다. 물론 다른 행동을 하게 해도 좋다. 몸을 움직이면 반드시 상태는 바뀌게 된다. 게다가 같이 움직이면 그 2분 남짓 사이에 관계성도 무의식중에 형성된다.
- 이러한 3분규칙(같은 상태가 3분 가까이 지속되면 변화를 이끌어 낸다)에도 예외가 있다. 같은 고객이 반복하여 같은 상태가 될 때, 매번 일으켜 세울 수는 없다. 버릇일 수도 있다. 그때는 일으켜 세워도 큰 효과가 없다. 그때는 같이 호흡맞추

기만 하고 있어도 된다. 그러면 어느 정도 지나 제풀에 먼저 말이나 행동을 시작하기도 한다.

- 때로는 특별한 효과적 개입방법으로서 고객을 모욕, 비난하기도 한다. 그러면 입을 닫고 있던 고객도 뭐라고 대응할 것이다. 그렇게 되면 일단 관계성이 형성되기 시작한 것이다. 모욕 수준을 적절히 조정하여 나중에 인간적 마찰이나 오해가 없이 수습할 수 있도록 하여 관계성의 방향을 긍정적으로 바꾼다.
- 비상시에는 코치가 쓰러지는 장면을 연출할 수도 있다. 고객은 놀라서 "왜 그러십니까?" 할 것이다. 고객의 상태가 바뀌게 된다. 그때 감사를 표시하며 적절히 수습하고 시작하면 된다.
- 할 수 있다면 고객에게 코치 역할을 시켜볼 수도 있다. 입장을 바꿔보는 것이다. 또 인용(메타포)을 적용할 수도 있다. 일부러 들으라는 듯이,

  "우리 선생님이라면 이런 상태의 사람에게는 정신 차리라고 물바가지를 퍼부을 텐데…."
- 이미 알고 있는 고객에 관한 정보 중에서 신이 날만한 화제나 재능에 관련 있는 이야기를 끄집어낸다. "대중강연의 테마는 주로 어떤 것이지요?" "아마존 탐험에서 무엇이 좋았는지요?"
- 코치의 일은 고객으로 하여금 선택지를 찾게 하는 것이다. 그리고 고객이 나타내고자 하는 상태의 모범을 보여야 한다.
- NLP코치가 되기 위하여 다음의 질문에 응답해 보자.
  - NLP의 모든 패턴과 시연을 좌뇌로 명시적으로 이해하고 있는가?
  - 지적인 이해를 완벽하고 자신 있게 행동차원의 수행 능력으로 전환할 수 있는가?
  - 습관적으로 실행할 수 있는 구체적 기법의 프로세스를 확립하고 있는가?

코칭 연습

1. 4인 1조가 된다. A는 코치, B는 고객, C, D는 관찰자(메타 코치)이다.
2. 고객이 아웃컴을 말한다. 코치는 그 아웃컴이 명확한지 확인한다. 목표를 정의하고 구체화하기 위해 도전(질문)한다. 그 의도와 결과도 확인하고 액션플랜에 대해서도 확인한다.

코치는 고객을 제2포지션을 유지하도록 하여 모든 것을 명확화한다.

3. 코치는 고객의 액션플랜 중에서 아웃컴, 시간계획이 표현되어 있는지 확인한다.
4. 고객은 진행하면서 그때그때마다 해당 장소에서 보이는 것, 들리는 것, 느낌을 말한다.
5. C, D는 코치가 망설이거나 진행이 서투르거나 고객의 반응을 관찰식별을 못해 놓치면 어느 때나 개입하여 조언하는 메타 코치의 역할을 한다.
6. 최종적으로는 고객의 아웃컴과 성과를 명확히 확인하고 그때에 보이는 것, 들리는 것, 느낌을 체험으로 맛보게 한다.
7. 서로 피드백을 나눈다.

New Code NLP Expert coaching

02 PART

NLP코칭의 기법

Chapter 04 NLP의 속성과 표상체계

1. NLP의 3대 속성

현대의 내로라하는 학문분야에는 대부분 그 영역의 백과사전이 있다. 철학대사전, 의학대사전, 경영학대사전 등이 있듯이 NLP도 백과사전이 있을 만큼 깊고 넓은 분야의 학문이다. 여기서 NLP를 모두 설명할 의도도 없고 그것은 이 책의 집필 목적도 아니다. 그렇지만 3가지 중요한 속성만 살펴본다.

1) 커뮤니케이션 심리학

'NLP는 커뮤니케이션 심리학이다.'라는 이 말은 영국 출신 미국인으로 동양철학에 조예가 깊었던 철학자 알랭 워츠Alan Watts가 당초 그레고리 베잇슨이 중심이 되어 활동하던 팔로 알토Palo Alto그룹의 연구 성과 및 방식을 지칭한데서 유래한다. 그런데 이 그룹의 중심인물과의 관계를 보거나 또 그들의 특징적 측면은 그대로 NLP에서 계승하고 있으므로 NLP에 바로 갖다 붙여도 무방하다고 하겠다.

우리는 하루 86,400초의 시간을 살고 있다. 그 매 순간 자신을 가장 바람직한 상태(심신의 컨디션이 양호한 상태)로 유지할 수 있는가? NLP를 활용한다면 얼마든지 살아 있는 매 순간 자신의 컨디션을 바람직한 상태로 확보할 수 있다. 무슨 요술 같은 이야기냐고? 천만에, 매우 과학적인 이야기이다. 이론이야 그렇다고 해도 실제로는 그렇게 하기 어렵다고? 그건 그럴 수 있다. 왜냐하면 우리는 그렇게 하는 방법도 잘 모르거니와 이제 알게 된다고 해도 반복실행으로 숙달되지 않으면 당연히 실행하기 어렵기 때문이다. 머리로 알고 있다고 해서 근육으로 자동 실현되지는 않는다.

여기서 간단히 원리를 설명하자면, 우리는 누구나 나에게서 벌어지는 일에 대하여 일어난 실제(현실)가 아니라 내가 지각한 주관적인 지도(가상)에 반응하며 살아간다. 그런데 그 지도는 5감으로 입력된 외부정보가 내적 인지(삭제, 일반화, 왜곡을 거친 후)를 통하여 처리되고 자문자답自問自答에 의하여 생성된다. 그때의 자문자답은 곧 다른 말로 「생각」이라고도 하는데 이것은 내적 커뮤니케이션(내적 대화)에 의하여 일어난다. 이렇게 생성된 생각은 결국 언행, 언동 즉, 언어와 행동으로 외부로 나타나게 된다. 이것을 달리 말하자면 관념언어(생각= 사고, 속말), 음성언어(말, 입말), 신체언어(행동, 몸말)의 프로세스로 전개된다. 우리에게는 크게 두 가지 커뮤니케이션 패턴이 있는데 하나는 내적 커뮤니케이션 Intra-personal Communication이고 다른 하나는 대인 커뮤니케이션Inter-personal Communication 이다. 우리가 갖는 언어 중에서 관념언어 까지는 내적 대화Intra-personal Dialogue(내적 커뮤니케이션)이지만, 음성언어, 신체언어는 대부분 상호대화Inter-personal Dialogue 형식이 된다. 이것은 대인 커뮤니케이션이라고 한다. 이러한 프로세스의 연속이 곧 우리의 삶을 구성한다.

우리는 흔히 대인 커뮤니케이션만 커뮤니케이션으로 알기 쉬우나 사실 우리 생활의 대부분은 내적 커뮤니케이션(내가 만든 지도)에 따라 영위되고 있음을 알아야 한다. 따라서 우리는 바로 커뮤니케이션을 바탕으로 삶을 살고 있는 것이다. 이처럼 매 순간 우리의 지도를 형성하는데 큰 영향을 미치는 내적 대화(자문자답= 생각)를 얼마나 긍정적, 생산적, 전향적으로 하느냐에 따라 우리의 감정과 신체 컨디션(생리작용의 결과)은 달라지게 마련이다. 그러므로 매 순간을 바람직한 상태로 있으려면 우리의 내적지도를 잘 만드는 것이 요구된다. 그러나 의도만 있어서는 되는 일이 아니다. 거기에 합당한 방법을 알고 도구를 갖추어야 한다. 그것이 바로 NLP의 개인편집 기법Personal Editing Technique이다. NLP에는 약 80여종의 크고 작은 개인편집 기법들이 구비되어 있는데, 이들은 모두 내적 대화 프로세스로 이루어져 있다. 이러한 도구, 기법(자극심기Anchoring, 하위감각양식Sub-modality 등)을 적절히 활용한다면 우리는 언제든지 우리 내면을 바람직한 상태로 확보할 수 있다. 특히 NLP는 인간 혹은 인체를 몸과 마음Body & Mind으로 구분하여 따로따로 노는 것이 아니라 서로 유기적인 관계를 맺고 영향을 미치는 종합체로 보고 있어 상호 통합과정은 자연히 내적 대화로 이루어진다. 이러한 개인편집과정이 원활하고 합목적적으로 잘 진행된다면 자연히 우리의 삶도 바람직한 상태, 방향으로 나아가게 될 것이다. 내적 커뮤니케이션이든 대인 커뮤니케이션이든 기본은 내적 커뮤니케이션에 의한 내면 상태 컨트롤의 방식, 방향에 따라 과정과 결과는 달라진다.

즉, 우리의 삶은 매 순간의 커뮤니케이션에 영향을 받는데 NLP는 바로 인간의 커뮤니케이션 메커니즘을 해명하고 체계화한 효과적인 종합도구함인 것이다.

순간적으로 내면상태를 좋게 만드는 개인편집 기법의 하나로서 매우 간단한 활용법 한 가지를 소개 한다. NLP를 배운 분은 ESP를 알 것이다. 이것은 Eye Scanning Pattern(시선방향파악)기법으로서 기존 NLP에서는 Eye Accessing Cues(시선식별단서)라고 하는 것이다. 만일 우리가 어떤 불쾌한 체험을 했다고 하자. 이 상태를 자각했다면 오른손잡이의 경우에는 바로 시선을 오른쪽 위로 향하면 된다. 그러면 순간적으로 기분이 좋아지게 된다. 실제로 해 보면 잘 느껴지지 못할 수도 있겠으나 몇 번 반복해 보면 틀림없이 왠지 모르게 기분이 좋아짐을 느끼게 될 것이다. 이것은 자신에게만 적용하는 것만이 아니라 불쾌해 하는 다른 사람이 있다면 그의 시선을 그 사람의 오른쪽 위로 향하게 유도함으로써 그 사람의 기분도 순간적으로 바꿀 수 있다. 코칭 장면에서도 의기소침한 자세를 보이는 사람에게는 시선을 위로 향하게 하여 현장에서의 기분을 바꾸게 할 수도 있다(단, 이것은 오른손잡이의 경우).

◆ 개인편집기법

그린더가 제안한 용어로 개인의 기존의 사고, 행동패턴을 새롭게 편집하여 새로운 세계지도를 만드는 것을 말하며 본인이 원하는 방향으로 행동, 사고 패턴을 만들어 내는 일련의 기법들을 말한다. 예를 들면 「다중지각(Meta Mirror, Multi Perceptual Position)」「관계성 형성」「시간선」「신념체계 통합」「디즈니 창조전략」「코어 트랜스포메이션(Core Transformation)」 등 다양한 NLP기법이 있다.

보통의 인간은 탄생 이후 지금껏 하나의 낡은 CD-ROM을 사용하고 있다. 다른 것으로 교체하지 않는다면 매번 같은 식으로 보고, 듣고, 느끼게 된다. 따라서 모니터에는 같은 메커니즘의 화면만 나타나게 된다. 이미 어떤 화면이 나타날지는 사전에 결정되어 있는 것과 마찬가지이다. 이것을 숙명이라고도 한다.

그러나 우리는 얼마든지 이것을 바꿀 수가 있다. 그러기에는 적절한 교체 방법과 효과적 도구를 알고 실행해야만 한다. NLP는 이처럼 새로운 CD-ROM을 교체하는 방법이다.

달리 말하자면 두뇌에 프로그래밍 된 회로를 바꾸거나 조정하는 것이다. 나중에 말하는 자판기의 예와 같다. 자판기는 버튼만 누르면 해당 물건이 나온다.

이처럼 그 사람에게 기존에 프로그래밍된 회로를 바꾸면 당연히 그 사람의 인생은 바뀌게 된다. 단, 명확한 아웃컴이 있어야 함은 물론이다.

예전에 우리나라에서 유행했던 노래와 영화 제목으로 "위를 보고 걷자"라는 것이 있었다. 그 이전에 일본 가요로서 최초로 미국에 상륙하여 히트를 한 노래가 역시 "uewomitearukou(上を見て歩こう, 위를 보고 걷자)"였다. 그때 미국에서는 일본어가 낯익지 않아 원제대로 알려지지 않고 당시 많이 알려진 일본음식 이름을 따서 "스키야키"라는 제목으로 유행되었었다. 아마도 일본 노래임을 연상시키는 의미였을 것이다. 우리나라의 곡명도 이것을 모방한 것이다. 물론 시선을 위로 향하면 기분이 좋아진다는 것은 과학적 원리가 있는데 그것은 ESP 부분에서 설명한다. 그러면 어깨와 가슴이 펴져 산소 흡입량이 많아져 심신이 상쾌해지는 효과도 생긴다.

개인편집기법을 생활에서 활용하려면 먼저 어떤 기법들이 있는지를 배워서 알아야 한다. 그리고 활용 방법에 대해 흥미를 느끼고 스스로에게 적용해 보아야 한다. 때로는 다른 사람에게도 반복적용해 보면서 시행착오를 거치면서 습득해야 한다. 동시에 그 결과에 대하여 자신이나 상대방의 상태를 면밀히 관찰식별하여 피드백을 얻어 노하우를 축적해야 한다.

2) 실용 심리학

실용심리학이란 개념은 스키너, 왓슨 등으로부터 시작되었다. 그 특징은 결과를 중시하는 것이다. 블랙박스 어프로치로 잘 알려져 있는 바와 같다.

[그림 4-1] 블랙박스

기존의 프로이드의 정신분석학은 문제의 원인을 과거에서 찾는 인지론적 접근과 함께 블랙박스의 속을 들여다보고 그 속을 파악하려고 하였다. 그러나 NLP에서는 기본적으로 입력과 출력만 본다. 특히 결과 상태를 중시한다. 즉, 현실적으로 어떤 행동적 변화가 일어나는가에 중점을 둔다. 그래서 NLP는 후일 심리치료에서 결과를 중시하는 단기요법Brife Therapy, Short term Psychotherapy가 전개될 수 있었던 토대가 되었다. 가장 큰 특징은 Why는 묻지 않는다는 점이다. 오직 How만을 묻는다. 다시 말하자면 과거(원인)지향 접근이 아니라 미래(해결)지향 접근이다.

존 그린더John Grinder와 같이 신경 언어 프로그래밍NLP: Neuro-Linguistic Programming을 창시한 리차드 밴들러Richard Bandler는 엘리베이터 공포증이 있었다. 그래서 그는

How 사고방식에 입각하여 하위감각양식 변화를 시도한 결과 그 고통에서 완전히 벗어날 수 있었다. 그는 그 증상이 사라진 이후 무려 6시간이나 연속하여 엘리베이터 탑승을 즐겼다고 한다. 이러한 체험이 있어 밴들러는 NLP 초기의 보급 강연이나 세미나에서 하위감각양식에 대하여 많이 소개하였다. 하여튼 NLP는 이러한 긍정적인 결과를 가져오는 실용적 측면만으로도 최고의 내면편집, 행동수정 기법으로 작용되고 있다.

이러한 즉효적이고 실용적일 뿐만 아니라 결과를 중시하는 측면 때문에 NLP는 초기부터 학계보다는 기업 측에서 먼저 환영을 받아 경영자 육성, 직원 교육에 도입되었고 비즈니스 코칭 분야에서는 절대적으로 각광을 받고 있기도 하다. 아무래도 바뀌는 환경, 소비자 심리에 대응하기 위해서 기업은 즉효적 결과를 추구하여 즉시 변화를 이끌어내는 실용적 방법론에 관심이 높을 수밖에 없다. 특히 미국의 실용주의 정신에 가장 적합한 것이 바로 NLP이다.

다소 다른 예이긴 하지만, 예를 들자면 한 때 미국에서는 쥬크박스(동전을 넣고 원하는 노래를 듣는 기계)가 유행했는데 그것은 마치 요즘의 자판기와 같이 해당 버튼을 누르면 그 노래가 나오게 되어 있는 것이다. 그것은 기계의 회로가 그렇게 설계, 구성되어 있기 때문이다. 그러므로 내가 듣고 싶은 노래가 있다면 그 해당 버튼을 눌러야만 한다. NLP는 그 연결 회로 자체를 바꾸는 것이라고 할 수 있다. 즉, 내가 좋아하는 노래가 나오도록 회로를 근본적으로 재구성하는 것이다.

다시 말하자면 어떤 상태를 수평적으로 바꾸는 것Translate(치환置換)이 아니라 수직적으로 차원이 다른 세계로 바꾸는 것Transformation(변용變容)이다.

그렇다고 NLP는 무조건 "결과만 좋으면 다 좋다."거나 "모로 가도 서울만 가면 된다."를 맹종하는 것은 아니다. 당연히 과정도 중요시하며 의도도 중요시한다. 그러므로 환경점검Ecology Check을 목표, 목적Outcome 설정 시의 중요 포인트로 삼고 있는 것이다.

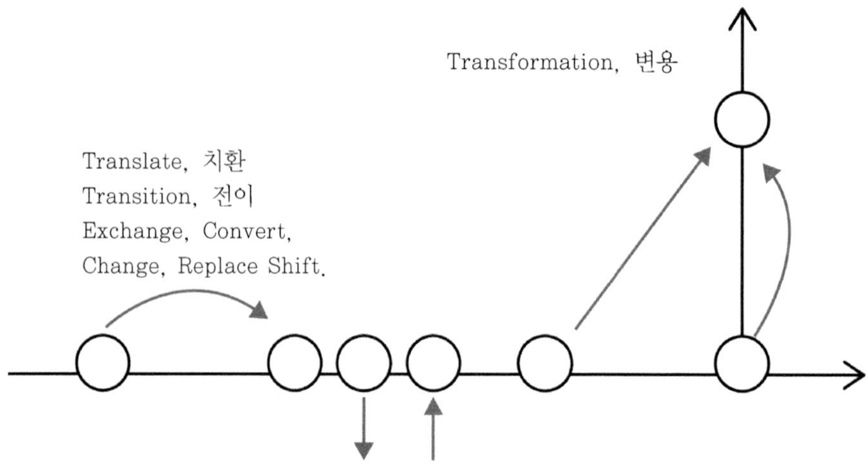

[그림 4-2] 트렌스포메이션

우리가 어떤 일을 할 때는 단계에 따라 접근 방법을 달리하는 것이 바람직하다. 예를 들어 목표를 설정할 때는 연역적으로 접근Chunking Up한다. 그러나 그 목표를 추구할 때는 귀납적으로 접근Chunking Down하는 것이 좋을 것이다. 그린더가 밴들러와 NLP를 연구할 때 "일류 테라피스트의 탁월성의 비밀을 해명하자"는 목표를 세우고 차근차근 귀납적으로 접근하여 마침내 대가들의 언어 패턴(구체화질문모형Meta Model, 모호화진술모형Milton Model)을 체계화하고 해명할 수 있었다. 그리고 그러한 것을 바탕으로 성립된 제반 NLP기법들은 대부분 연역적 접근을 하도록 고안되었다. 왜냐하면 그렇게 하는 것이 (시간 절약 등의 면에서) 훨씬 효과적이고 효율적이기 때문이다.

연역적 접근을 하자면 때로는 선입관을 갖게 되기도 하는데 그것은 그대로 좋다. 학문에서도 가설을 세우고 접근하기 때문이다. 그러나 곧 가설 검증을 하듯이 선입관이 옳은 것인지, 그른 것인지는 검증을 해 보아야 한다. 그러지 않고 만일 시종 그릇된 선입관을 바탕으로 진행한다면 그 코칭세션은 바라는 성과를 얻지 못하게 될 것이다.

3) 콘텐츠 프리 심리학

프로이드의 정신분석학과 같은 기존 심리치료에서는 내용과 감정이 수반된 당사자의 이야기를 꺼내도록 하고 들어준다. 마치 가톨릭 사제가 고백성사를 듣는 것과 같다고 볼 수 있다. 이것을 게스탈트요법에서는 주로 몸(신체언어)으로 내면에 쌓인 감정을 표현하도록 이끈다. 이러한 접근을 Contents Oriented(내용지향)라고 한다면, 이야기 내용 자체는 그다지 중시하지 않는 NLP는 Contents Free(내용무관內容無關) 방식이라고 할 수 있다. NLP는 고객의 현재 상태와 상황을 중시한다. 문제해결의 열쇠는 과거나 타인에 있는 것이 아니라 현재, 본인(Here & Now)에게 있기 때문이다.

그리고 NLP는 아웃컴 지향의 공식(프로세스)에 의한 방법론이기도 하다. NLP는 인간 커뮤니케이션 법칙 하에 학습이 가능한 일정한 프로세스를 명쾌한 도구로 제공한다. 이것은 마치 우리가 수학을 할 때, 어떤 내용, 어떤 개념의 숫자라도 특정한 공식에만 대입하면 일정한 바른 결과가 산출되는 것과 마찬가지이다. 또는 영어의 구문론과 같아서 무엇이든 단어를 바꾸어 넣어 배열해도 완전한 형식의 문장이 되는 것과 같다.

NLP는 상세한 콘텐츠 레벨을 넘어 인간행동의 프로세스(또는 상황) 레벨이라는 대국적 차원에서 고객이 현재 겪고 있는 바람직하지 않은 상황을 지배하는 패턴과 규칙을 다루어 상황(상황을 파악하는 관점)을 바꾸어 그들이 행복해지고 만족을 느끼도록 변화를 이끄는 것이다. 다시 말하자면 원인 파악과 납득에 의한 변화보다는 아웃컴을 향하여 상황 자체를 바꾸거나 의미전환을 하는 것이다.

기존의 심리문제 해결의 접근법은 과거 원인을 뒤져 내용에 대한 해결책을 도출하고자 했다. 문제 해결의 열쇠는 오직 과거 원인 한 점에 집중되어 있는 것이다. 그러나 NLP는 미래의 아웃컴을 찾아 현재의 상황 자체를 바꿔보도록(의미전환) 하는 것이다. 그러므로 문제의 내용이 중요하지 않다. '아웃컴이 명확하느냐?'가 더 중요하다. 아웃컴이 명확하고 커미트먼트만 확고하다면 그 실현의 방법론(해결책)은 얼마든지 발견할 수 있다.

다른 의미의 이해도 있다. A + B = X라고 한다면 A, B의 내용은 물론이고 X까지도 다름 아닌 당사자(고객)가 이세상의 누구보다 실제로 잘 알고 있다. 만일 잘 모른다면 병리적 정신이상자로 간주할 수밖에 없다. 이런 경우에는 정상적 코칭이나 일반적 심리치료 접근은 어렵다. 이처럼 이미 준비된 커뮤니케이션 공식인 A와 B의 자리에 본인의 상세한 문제, 상태와 같은 내용을 대입해 넣기만 하면 자연히 얻고자 하는 행동 상의 긍정적 변화(X)를 몸(행동)을 통해 생리적으로 경험할 수 있게 되는 것이다. 따라서 학습이든 문제해결이든 비약적으로 단시간에 이룰 수 있다. 물론 NLP의 여러 가지 기법이 간단하게 A + B = X라는 공식만으로 이루어져 있지는 않다. 다른 많은 요소들이 복합적으로 관련되어 있는 것이 보통이다.

좌우간 사건, 상태의 내용은 당사자가 가장 잘 알고 있으므로 NLP코치는 그 내용을 상세히 물어보지도, 공유하지 않아도 되고 당사자도 굳이 말하지 않아도 된다. 다만 고객의 아웃컴을 향해 NLP가 마련해둔 프로세스만 잘 밟으면 결과가 나오게 되어 있는 것이다. 여기서 코치는 구체화질문모형, 버벌 패키지를 활용할 수 있다. 특히 본인의 부끄러운 부분을 말하기 꺼리는 우리와 같은 동양적 문화환경에서 잘 적용할 수 있는 방법론이기도 하다.

NLP의 대표적인 프로세스 기법으로 예를 들어 ① 시간선, ② 입장 바꾸기, ③ 통합 등이 있는데 어떤 ㄱ상태는 ①을, ㄴ증상은 ②를, 또 ㄷ문제는 ③을 적용한다는 식으로 정형화되어 있지 않다. 코치의 재량에 따라 ㄱ상태를 ②에, ㄴ증상은 ③에, ㄷ문제는 ①기법에 자유롭게 대입할 수도 있는 것이다. 그런 점에서도 내용무관이다.

NLP코칭에서는 당사자가 일반상담과 같이 자기의 이야기를 구구절절 늘어놓으려고 한다면, “죄송하지만 선생님의 문제에 대해 이처럼 상세하게 말씀하시면 시간의 제약도 있고 제가 진행할 프로세스(공식) 순서를 원활히 전개하지 못할 수가 있으니 내용은 속으로 음미하시되 설명은 그렇게 자세히 말씀하지 않아도 됩니다."라고 말하게 될지도 모른다. 물론 다소 극단적인 경우이긴 하지만 그럴 개연성은 충분하다. 물론 자기의 부끄러운 부분을 입 밖에 꺼내기를 꺼리는 사람들에겐 좋겠지만 차제에 모든 걸 후련히 털어버리려는 사람들에게는 좀 미안한 일이긴 하다.

NLP에는 약 80여 가지의 개인편집 테크닉이 있다고 했지만 이것들을 조합하여 고안된 프로세스 기법은 무려 1천 가지를 넘는다. 그러나 아무리 좋은 테크닉, 기법이 다수 구비되어 있다고 하더라도 그것을 다 잘하기를 기대하는 것은 무리이고 그럴 필요도 없다. 가능한 몇 가지라도 활용해 보고 결과를 파악, 분석하여보고 나에게 잘 듣는 것을 찾아내어 나만의 핵심 기법으로 삼는 것이 중요하다.

이것은 또 NLP의 연역법적 접근 사고방식과도 관련 있다. 귀납법적 접근은 하위적량화Chunk Down이지만 연역법적 접근은 상위적량화Chunk Up이다. 인생의 남은 시간과 회복탄력성이 큰 유소년, 청년기에는 귀납적 어프로치가 바람직하다. 시행착오試行錯誤를 겪으며 얻는 경험은 무의식적 학습이 되어 깊고 오래가는 교훈으로 남기 때문이다. 그러나 성인이 되어서는 시간적 여유도 없고 회복탄력성도 적어 귀납적 어프로치는 바람직하지 않다. 미리 결론을 내놓고 그것을 도출 혹은 증명해 가는 연역적 어프로치 방식이 효율적이다. 성인들을 대상으로 하는 작업(학습이든, 업무든)에서는 이러한 NLP와 같은 미리 세팅된 프로세스를 활용하는 연역적 방식이 유용한 접근법이다. 먼저 가설을 세워놓고 전개하는 논문쓰기도 마찬가지이다. 그런 과정에서 가설에 합치하지 않는 결과가 나오면 그때 예외가 있음을 받아들이면 된다. 마치 에디슨이 오래 가는 전구를 발명하는 과정에서 의도대로 나오지 않은 실험 결과를 두고 "안 되는 방법을 발견했다."는 식으로 쿨 하게 받아들인 것처럼…

단지 그 가설이 선입관(편견)일 수도 있음에는 주의해야 한다. 이미 우리는 많은 경험을 통한 준거틀Reference Frame을 가지고 있기 때문에 그리고 주관적 지도에 반응하는 인간적 특성 때문에 선입관(삭제, 일반화, 왜곡을 거친)은 피할 수 없는 현상이다. 그러므로 "내 생각이 선입관일 수도 있다."는 것을 겸허하게 자각하는 것이 중요하다. 그래서 그것이 단순한 선입관인지 정당한 결론, 가설인지는 검증해 보면 된다. 다만 다른 진실을 발견했을 때는 당연히 기존의 가설을 바꿀 수 있는 유연한 사고가 요구될 뿐이다. 당초의 잘못된 가설, 결론(= 선입관)을 고집하는 것은 원칙 준수도 아니고 신념 관철도 아니고 그저 바보짓에 지나지 않는다. 적정하냐, 그릇되었느냐에 대한 판단은 의식차원에 비추어보면 된다. 의식차원의 고차원에 가까울수록(영성차원의 생명세계- 인간세계- 국가- 지역사회-직장, 일터- 가정- 개인 순) 그것은 좋은 것이다. 그러니까 결론은 개인적(낮은 차원) 아웃컴보다는 그 보다 큰 집단(상위차원)의 아웃컴에 합치할수록 바람직한 것이다. 우리가 공직자라면 정권에 충성하는 것보다는 국민에 충성하는 것이 바람직하고 마땅한 것이다.

그런데 NLP에 대하여 엄격한 기준을 제시하고 있는 그린더의 견해로는 로버트 딜츠가 제안한 「의식차원 이론Neurological Level Theory」 자체는 엄밀한 의미에서 NLP라고 할 수 없다고도 한다. 왜냐하면 NLP에는, 첫째, 인간에게 유익할 것, 둘째, 프로세스 모델로 구조화되어 있어야 한다는 필요조건이 있는데 의식차원 이론은 두 번째 측면에서 미흡하다는 것이다. 즉, 연역적인 구조가 아니라는 것이다. 그러므로 의식차원 이론은 프로세스 모델이라기보다 콘텐츠 모델에 가깝다는 것이다(그런데 딜츠는 의식차원 이론을 포함하여 NLP백과사전을 저술하였고 의식차원을 바탕으로 하여 프로세스 모델도 다양하게 고안하여 제시하고 있고 또한 활용하고 있다). 더구나 NLP는 초기보다 훨씬 방대한 확장성을 가지고 발전하고 있기도 하다. 아마도 그린더의 입장은 창시자로서의 보수적 견해의 표현인 듯싶다.

2. NLP의 표상체계

우리는 살아있는 매 순간 5감을 지각하며 살고 있다. 이처럼 인간의 현실 삶에서는 5감(시각, 청각, 촉각, 후각, 미각)이 바탕이 되지만, 내적세계를 중시하는 NLP에서는 주로 V(시각), A(청각), K(체각)만 다룬다. 이것을 NLP에서는 3Tuple이라고 한다. 원래는 체각에서 후각을 따로 떼어 4터플이라고 하였다. 이란 「~로 이루어진 원소」라는 의미이다. 우리 인간이 생활하는 시간의 90% 이상은 3Tuple의 내적 세계에 의거한다. 말하자면 3T는 인간 의식의 최소 원단위리고 할 수 있다.

이때 5감의 대상이 되는 외부정보는 $e^{External}$로 표현하고 그것이 인체에 들어와 내부에서 처리된 지각정보(= 표상체계)는 $i^{Internal}$로 표현된다. 무의식적으로 지각되는 $3Ti^{Vi,\ Ai,\ Ki}$를 통하여 자신의 상태를 식별하고 또한 상대방의 3Ti가 신체 외부로 나타나는 징후를 잘 포착하는 것은 바로 관찰식별의 핵심이 된다. 이처럼 자신이든, 상대방에게든 일어나고 있는 현실적인 정보를 파악하지 못하면 자신에게나 상대방에게나 적절한 대응, 행동을 일으키지 못하게 된다.

그런데 우리에게 본질적으로 중요한 것은 $3Te^{Ve,\ Ae,\ Ke}$가 아니라 $3Ti^{Vi,\ Ai,\ Ki}$이다. NLP 성립의 기본 바탕이 되는 대명제인 "지도는 현지가 아니다."라는 가르침은 바로 여기에서 비롯되는 것이다. 중요한 것은 3Te가 어떻든 우리가 3Te(외부 현실)를 어떻게 받아들이고 처리하여 내면에서 어떻게 3Ti(주관적 현실)로 변환시키느냐가 중요하다. 즉, 내면의 세계지도를 어떻게 만들어가지느냐가 중요한 것이다.

3Ti를 활용하려면 적절한 자극심기가 필요하다. 3Ti를 만들고 그 효과를 배가시키려면 자극심기와 연결하는 것이 매우 바람직하다. 고객이 경험한 3Ti가 외부신호로 나타나는 징후를 적절하게 관찰식별하고 그 순간 자극심기Anchoring

를 잘 연결하면 탁월한 퍼포먼스를 나타낼 수 있다. 이때 필요한 것은 자극심기를 언제 어디서라도 실행할 수 있도록 예비해 두는 것이다. 관객을 압도하는 연기력을 보이는 배우도 무대에서 내려와 무대를 바라보면 두려움이 든다고 한다. 이때 스스로에게 적절한 자극심기를 하면 다시 아무 일 없었다는 듯이 무대에 올라갈 수 있게 되는 것이다.

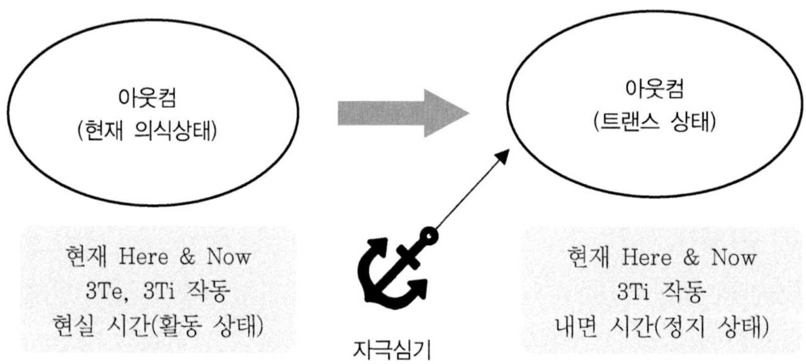

[그림 4-3] 3Ti 상태의 자극심기

⋙ 3Te, 3Ti연습

1. 2인 1조가 된다. A가 먼저, 명상(트랜스) 상태에 들어가 의식을 밖으로 향한다. 그리고 이어서 의식을 내면으로 향한다.
   이때 본인(A)은 안팎의 경계(3Te, 3Ti의 접점 영역)를 느끼는가?
   B도 A를 관찰식별해 본다.
2. 역할 교대
3. 피드백

우리가 삶에서 3Te(실제 세상의 객관적 현실세계)에만 충실하여 살아가면 마치 신의 경지에 오른 듯이 비교적 완전한 삶을 살 수 있다. 왜냐하면 우리의 삶은 사실 가치중립의 3Te뿐이다. 그런데 인간은 삭제, 왜곡, 일반화 필터를 무의식적으로 작동시켜 3Ti(내면의 주관적 가상세계)를 만들어 감정이 생기기 때문에 현실(현지) 그대로에 대응하지 못한다. 본인이 주관적으로 무의식중에 만든 3Ti(지도)에 의하여 살아가기 때문이다. 다시 말하자면 3Ti는 가상의 현실에 지나지 않는다. 이런 자기가 만든 지도에 의하여 우리는 웃고 울고 하는 것이다.

현자는 실제의 세계3Te와 내적세계3Ti가 일치되는 사람이기에 실제만 본다. 그러나 범인은 실제의 세계3Te와 내면세계3Ti가 차이를 갖게 되어 환상에 휩쓸리기 쉽다. 그렇지만 세상은 어디까지나 실제에 의해 돌아간다. 그런데 인간은 약 37조 개의 세포로 이루어져 있다고 하는데(기준에 따라서는 120조 개라고도 함) 원래 외부정보 수신 감각세포가 1억 개, 두뇌처리 지각세포는 약 20억 개라고 한다. 그러므로 보통인간은 영향력이 20배나 강한 내부 지각에 번롱되고 있다고 해도 과언이 아니다. 그러기에 3Te를 경험하는 수준이 사람마다 다르다. 물론 이런 바탕에서 '지도는 현지가 아니다'라는 전제가 대두된다. 그래서 사람마다 서로 다른 수준의 세계지도, 정의, 기준을 가지게 되는 것이다. 그리고 자기의 세계지도만이 오직 진실이라고 각자 굳게 믿고 있다.

부처가 깨달은 인생의 진리는 사색이나 사유로 인한 것이 아니라 3Te에 대한 철저한 객관적 관찰에 의한 것이다. 이런 경지가 되려면 깊은 선정 상태에 들어가면 가능하다. 방식과 수준은 다르지만 NLP가 성립된 것도 그린더와 밴들러에 의한 철저한 관찰의 결과이다. 물론 부처는 누구를 본받기를 한 것은 아니지만 NLP는 대가들의 본받기가 바탕이 되었다는 것이 차이인데 철저한 관찰에 힘입었다는 것은 마찬가지라고 하겠다.

그런데 3Ti가 긍정적이면 당연히 바람직하지만, 부정적이면 크고 작은 비극적인 일들이 일어난다. 부정적이지는 않더라도 시야(지도)가 좁거나 근시안이면 많은 기회나 가능성을 잃게 된다. 그런데 인간이라면 모든 상황에서 처음부터 긍정적인 반응은 하기 어렵다. 기본적으로 우리는 부정적으로 받아들이기 쉽다. 불교심리학에서는 이런 일반적 경향을 인간의 무의식에 이미 배태된 욕망에 의

한 것으로 설명하고 있다. 모든 것을 처음부터 100% 긍정적으로만 받아들이는 사람은 없다. 모든 것을 대부분 혹은 50% 이상 부정적으로 받아들이는 사람은 심리치료 내지는 코칭을 받는 것이 좋다. 그러한 점을 자각하면서 의식적 전환을 하다보면 좋은 상태로 변환될 수 있다.

문제는 그러한 자기를 자각하지 못하고 평생을 사는 사람이 많다는 것이다. 또 자각은 했더라도 적극적 문제해결에 나서지 못하는 사람들도 많다. 물론 시간, 돈, 수고로움 등 핑계를 대면서 인생에서의 우선순위가 무엇이 중요한지를 간과하고 살아간다. 아무리 선의의 의도가 있다고 해도 본인이 필요성이나 긴급성을 느끼지 못하는데 강제적으로 코칭을 할 수는 없다. 정말 안타까운 일이다.

가장 바람직한 모습은 내면이 부정적으로 기울어진 것을 바로 자각하고 가능한 한 빨리 긍정적인 상태로 생각을 바꾸려고 하는 사람이다. 이 전환을 스스로 하면 현명한 사람이라고 할 수 있는데 스스로 하기 어려우면 전문가(코치)의 도움을 받는 것도 좋은 방법이다.

감각의 차이에 따라 우리가 경험하는 세계[3Ti]는 서로 다르지만 그것은 현실이 아니다. 현실[3Te]과 우리들의 경험[3Ti]에는 차이가 있어 다를 수밖에 없다. 그래서 때로는 내적 경험을 의도적으로 바꿀 수도 있지만, 현실에서는 무엇이 어떻게 일어날지 아무도 모른다. 현실 상황[3Te]은 아무도 의도적으로 조작할 수 없고 무엇이 일어날지 예측도 어렵다. 그렇지만 세상은 3Te에 의한 변화의 연속이다. 그런데 사람은 좀처럼 거의 무의식적으로 형성되는 3Ti의 세계에서 벗어나지 못한다. 그러므로 유연성이 강조된다.

한 마디로 3Ti는 가상의 세계이다. 다시 말하면 거짓 세계이다. 이 가상의 세계가 실제의 현실세계보다 우리에게는 훨씬 강하고 선명하게 감각된다. 왜냐하면 외부의 3Te 정보가 접수되는 과정에서 나의 신념, 가치관에 따라 정보가 삭제, 일반화, 왜곡되어 내면에 들어오게 된다. 말하자면 내게 맞춤형 정보로 바뀌기 때문이다.

그런데 인간은 이러한 가상의 세계(지도)에 반응하며 살아간다. 왜? 그 변환

과정이 어떻게 되었든 자기 눈으로 보고, 자기 귀로 들은 정보가 자기 두뇌 속에서 거의 무의식적으로 인지되고 처리된 결과이기 때문이다. 여기서 무의식적이라는 말은 의도적 선입견이 없는 순수한 바탕에서의 처리 결과를 말한다. 그런데 그 처리과정의 요소요소에서 우리 두뇌의 선험정보와 준거틀, 편견 등이 이미 무의식적으로 작동하고 있음을 간과하지 말아야 한다. 결국 순수한 객관적 관점이라고 주장하고 있을지라도 이미 기존의 주관적 정보에 물든 상태에서의 처리결과일 수밖에 없기 때문이다.

하여튼 우리 인간은 어쩔 수 없이 3Ti의 세계(지도)에 의하여 살아갈 수밖에 없고 또 그러한 사실을 냉엄하게 받아들인다면 3Ti를 긍정적으로 만들어가는 것이 요구된다. 어차피 3Ti는 내가 만드는 것(무의식적)이라면 그것은 나의 삶에 도움이 되는 방향으로 만들어져야(의식적) 하지 않겠는가?

한 사람이 받아들인 외부 정보가 3Te이다. 그것이 그 사람 두뇌에서 처리되면 3Ti가 된다. 그리고 그 사람의 3Ti에 기초한 신체 징후(호흡, 표정, 동작, 자세 등)가 그 사람에게서 나타나면 그 자체는 다른 사람에게는 3Te로 작용한다. 그래서 3Te에 충실하여 살아가면 모든 것을 현상 그대로 보고 받아들이게 됨으로, 주관성이 철저히 배제되어 마치 신의 경지에 오른 듯이 비교적 초탈하고 완전한 삶을 살 수 있다고 하는 것이다. 말하자면「있는 그대로」받아들이는 것이다. 개인적이고 순간적인 감정, 선입견에서 벗어나 그야말로 객관적 견지에서 살아간다면 모든 일에서 공평무사한 대응이 가능할 것이다.

옛날 수행하는 수도승들이나 고매한 선비들 혹은 무도(검술 등)의 고수들은 이처럼 3Te 감각연마에 집중하였다. 객관적 관찰식별은 바로 현대 생활의 고수가 되는 지름길이다. 본인의 편견, 감정을 배제하고 최대한 있는 그대로 객관적으로 파악하기, 이것이야말로 NLP코칭의 필수불가결한 중요 사항이다.

3Ti에서는 시각이 가장 크게 작용한다. 우리가 5감을 통하여 수집하고 인지하는 정보량의 80%는 시각정보이다. 그 다음이 청각정보로 약 11~12%를 차지한다. 나머지가 8~9%가 체각정보(촉각, 후각, 미각)로 채워진다. 그러므로 미래

시점의 아웃컴을 찾으려면 우선 시각적 이미지를 명확히 그려보는 것이 중요하다. 그리고 그 아웃컴이 성취되었을 때의 느낌을 몸의 생리작용(체각)으로 느낀다면 그 아웃컴은 조만간 확실히 이루어진다.

여기서 청각은 역할이 미미한 것 같으나 그렇지 만은 않다, 정적인 이미지에 동적 입체성을 부여하는 효과가 있다. 이러한 점은 시작詩作에서도 여실히 나타나고 있다. 당나라 시인 가도賈島가 월하승퇴문月下僧推門(문을 밀다)이라는 시구를 얻었는데 월하승고문月下僧鼓門(문을 두드리다. 청각정보)이라는 시상도 떠올라 어느 것을 선택할까 고민하다가 고관의 행차에 부딪쳤다. 그 고관은 당대의 문장 한유韓愈였는데 사정 얘기를 듣고 월하승고문이 좋겠다고 하였다. 이것이 퇴고推敲(문장을 다시 고침. 추고라고도 읽음)라는 말이 생겨난 유래이기도 하다. 달빛 아래 스님이 절 문을 두드린다고 하니 그 소리가 그림에 생동감을 부여하고 있지 않은가? 이런 점은 일본의 하이쿠徘句에서도 잘 활용되고 있다.

"오랜 연못에
개구리 뛰어드는
물소리 '퐁당'" (청각정보).

고요한 연못(정적 풍경)에 개구리가 물에 뛰어드는 소리(동적 효과)가 그림을 살리고 있다.

"고요함이여,
바위에 스며드는
매미의 울음"(청각정보).

이 역시 정적인 풍경에 청각정보를 가미하여 생동감 있는 입체적 장면을 표현하고 있다. 이처럼 청각은 보조 수단으로 여겨질지 모르지만 이미지를 살아 움직이게 하는 커다란 효과가 있다(이상 2편은 마츠오 바쇼松尾芭蕉의 하이쿠).

"'뚝' 연필이 부러졌다."라는 어느 소설의 문장도 청각정보를 사용하여 강한 인상을 남기고 있다.

표상체계(V, A, K)에 대한 지식을 보유한 코치라면 고객이 시각우위형인지, 청각우위형인지, 체각우위형인지를 파악하여 그대로 페이싱하면 각각의 커뮤니케이션 채널에 맞추게 되어 바람직한 관계를 형성할 수 있다. 즉, 관계성(래퍼) 형성의 도구로 사용할 수 있는 것이다. 그러나 이러한 파악만으로 상대방을 완전히 이해할 수는 없다. 다만 상대방과의 거리를 보다 가까이 좁힐 수는 있을 것이다.

이것은 물론 상대방에게는 물론 자기 자신에게도 활용할 수 있다. 예를 들어 불쾌했던 체험을 떠올려보자(오른손잡이라면 아마도 시선은 왼쪽 위로 향할 것이다). 그리고 이어서 시선을 오른쪽 위로 돌려보자. 그러면 나도 모르게 불쾌한 기분이 다소 가시어짐을 느끼게 될 것이다. 이처럼 NLP의 개인편집 기법은 언제 어디서든 간단하게 활용할 수 있다. 지식적으로 안다고 저절로 활용되는 것은 아니다. NLP를 배운 후 당분간은 의식적으로 반복 실행해야 한다. 이론적, 지식적으로만 쌓아두면 망각곡선에 의해 자연히 잊히게 되기도 하고 몸에는 배이지 않게 된다.

인간은 자기가 말하는 단어가 곧 자기 자신이자 그 사람의 모든 것이라고 한다. 표상체계라는 개념은 Re +Presentation으로 외부 정보(3Te)를 자기 내면에서 다시 표상(3Ti)한다, 나타낸다는 의미이다. 그러니 그 사람의 내적 표현 자체가 바로 그 사람의 모든 것이라고 할 수 있지 않겠는가? 이러한 V, A, K 정보와 그것을 표현하는 어휘는 곧 그 사람이 지각하는 세계를 묘사하게 되어 언어지도를 구성하고 나아가 그 사람의 세계지도를 형성한다. 한 사람의 세계지도는 곧 그 사람 자체라고 할 수 있고 세계지도의 핵심은 언어지도이다.

언어는 세상을 규정한다. 그리고 그것은 결과적으로 자신을 제한하기도 하고 다른 사람에게 영향을 미치기도 한다. 이런 효과는 모호화진술모형에서 잘 나타나고 있다. 에릭슨은 이러한 어휘의 힘을 활용하여 상대방에게 긍정적인 영향을 미쳤다. 예를 들어 "지금부터 하는 실습은 약 40분간 진행하는데 이것은 여러분들에게 매우 적절한 소요 시간입니다."라고 말한다. 그냥 "지금부터 하는 실습은 약 40분간 진행합니다."라고만 말하면 듣는 사람에 따라서는 40분이 길다는 느낌을 갖는 사람도 있고 짧다고 여기는 사람도 있을 것이다. 그런데 "여러분들에게 매우 적절한 소요 시간입니다."라는 말을 들으면 무의식적으로 자기의 세계지도에 저항 없이 그렇다고 받아들이게 되기 쉽다. 이러한 점이 언어의 힘이기도 하다. 사람은 자기가 판단하기보다 다른 사람이 내려준 판단을 받아들이기 쉽다. 자기가 판단하려면 머리가 복잡해져서 번거롭지만 남의 판단에 따르면 그만큼 수고를 덜기 때문이다.

모든 사람은 서로 다른 지각과 체험을 하고 그에 따라 다른 어휘, 이미지, 표현을 갖게 마련이다. 아직 자기 세계지도에 없는 개념이나 어휘를 접하면 그 자체로서는 이해할 수 없으므로 어리둥절하게 되고 당황하게 된다. 그래서 자기가 이해할 수 있는 개념이나 어휘로 번역을 하게 된다. 번역조차 할 수 없다면 손을 놓을 수밖에 없다.

사람은 누구나 어렸을 때부터 형성된 무의식적 패턴이 있다. 이런 패턴은 여러 측면에서 나타나고 작동되고 있다. 표상체계에서도 그렇다. 그러므로 시각이 발달된 사람, 청각이 자유스러운 사람, 체각이 편리한 사람이 생긴다. 나는 과연 어떤 감각이 발달되었는가? 그것을 아는 방법의 하나는 사용하는 단어를 정리해 보면 파악 가능하다. 예를 들자면 본다, 밝다, 이미지, 초록색, 흐릿하다 등과 같은 말을 많이 하면 시각우위형이라고 할 수 있다. 또 들린다, 소리 높다, 속삭임, 졸졸 시냇물이 흐른다, 화음 등과 같은 말을 자주 쓰면 청각우위형이라고 할 수 있다. 그리고 먹먹하다, 쓰라리다, 간지럽다, 따뜻함, 향긋하다, 달콤한, 오싹하다, 마음에 와 닿다 등과 같은 말의 레퍼토리가 많으면 체각우위형이라고 할 수 있다.

이처럼 사람마다 우위감각은 다른데 시각우위형이라고 판단된 사람이라면 어떤 임의의 이야기를 하되 시각적 표현은 일체 삼가고 청각, 체각 표현으로만 이야기를 전개해 보는 것도 세계지도를 넓히는데 도움이 된다.

표상체계 연습

1. 3인 1조. A는 고객, B, C는 코치(관찰자)이다.
2. A는 자기의 우위 패턴이 아닌 다른 감각 표현(20가지 정도)을 통해 이야기한다.
3. 원래 본인의 우위 패턴의 감각 용어가 나오면 B, C는 체크한다(3번까지는 용인).

• 예: 시각우위형: 그녀는 노래하듯이 말한다. 기차가 기적을 울리며 지나간다. 목소리가 리드미컬하게 메아리친다. (이상 청각 단어)
이 답답한 심정을 누가 알랴. 거친 들판에 혼자 서 있다. 차가운 물에 목욕을 하니 시원하다 등 (체각 단어)

4. 피드백

표상체계 관찰식별 연습

1. 3인 1조가 된다. A는 코치, B는 고객, C는 관찰자이다. B가 정해진 표상체계를 작동하면 A는 그것을 알아맞힌다. C는 관찰하며 나중에 결과를 피드백한다.
2. 시각 관찰식별: B는 a, b 두 가지 패턴으로 걸은 후 한 가지를 다시 걷는다. A는 맞춘다.
3. 청각 관찰식별: B는 a, b 두 가지 패턴의 소리를 낸 후 한 가지 소리를 낸다. A는 맞춘다.
4. 체각 관찰식별: B는 a, b 두 가지 패턴으로 A의 신체 일부를 터치 후 다시 그대로 터치한다. A는 맞춘다.

5. 전체 피드백을 한다.

※ 난이도를 점점 높여가는 것도 좋다.

>>> 표상체계 체험 연습

이 실습은 상대방의 말을 얼마나 잘 귀 기울여 듣고 반응하는가에 대한 연습과 관찰식별력을 향상하기 위한 것이다.

1. 먼저 최근에 있었던 일, 취미생활 등 가벼운 내용을 A4지 한 장에 가득 쓰되(10분간) V, A, K를 충분히 표현한다. 단, 보았다, 들렸다, 느꼈다는 식의 초등학생 수준의 직접적 표현은 삼가도록 한다.
2. 3인 1조가 된다. A는 코치, B는 고객, C는 관찰자이다.
3. A와 B는 등을 맞대고 앉는다. C는 V, A, K를 구분하며 듣는 관찰자이다.
4. B는 천천히 글을 읽고 A는 그것을 들으며 시선으로 V, A, K를 체험한다. C는 그런 A가 제대로 따라가는지 관찰한다.
5. 마치면 역할을 교대하여 각자 체험한다.
6. 피드백.

>>> 표상체계 변경 연습 1

사람은 익숙한 패턴을 반복하여 사용하기 마련이다. 좋은 점도 있지만 단조롭게 굳어져 버릴 위험성도 있다. 그런 스타크(Stack) 상태에서 탈피하여 자유자재의 유연성을 확보하기 위한 연습이다.

1. 앞서 각자가 쓴 글 중에서 메타포의 소재로 쓰일만한 단어를 골라 하나의 메타포를 작성(스토리 텔링)한다. 코치가 자의적인 단어를 사용하여 메타포

를 들려주면 다소 거부감을 느끼기도 하는데 이미 상대방의 언어지도에서 나온 것이므로 받아들이는데 저항이 없을 것이다. 그러므로 상대방의 콘텐츠 중의 개념을 활용하면 효과적이다. 메타포 스토리를 들려줄 때 지각 베이스의 단어(V, A, K)에 주의를 기울이도록 한다.

2. 앞서의 멤버가 그대로 3인1조가 되고 순서도 같다. A는 코치, B는 고객, C는 관찰자이다.
3. B가 한 문장씩 읽으면 A는 다른 표상체계로 말한다. 예를 들어 B가 V로 표현했으면 A는 A, 또는 K로 바꾸어 말한다. C는 문장마다 그 변화를 기록(V → A 또는 K)한다. 6문장까지 해 본다.
4. 더 한다면 C가 B에게 시선식별단서를 활용하여(시선으로) 다음 문장의 표상체계를 지시한다. A가 얼마나 충실히 반응하는지 체크한다. 3문장 정도 실행한다.

⋙ 표상체계 변경 연습 2

1. 3인 1조가 된다. A는 제1코치, B는 제2코치, C는 제3고객이다.
2. 먼저 A가 표상체계를 다양하게 표현하며 지각 포지션 개념을 넣어 어떤 이야기를 하면 한 마디가 끝날 때, B는 이어서 다른 표상체계의 이야기를 지각 포지션을 바꾸어 이야기한다. 역시 한 마디가 끝날 때, C는 이어서 다른 표상체계의 이야기를 지각 포지션을 바꾸어 이야기를 지속한다. 이런 식으로 3라운드를 계속한다. 이야기가 어떤 식으로 발전하여 결말이 나는지 살펴보는 것도 흥미로울 것이다.
3. 피드백 루프를 가동한다.

Chapter

05 NLP코칭의 핵심기법

1. NLP코칭에서의 관찰식별

1) 관찰식별의 중요성

NLP코칭을 한다면 콘텐츠 중심의 접근 → 코치의 개인 경험에 입각한 선입견 작동 → 비음성언어 신호에 대한 주관적 의미부여와 같은 행태는 하지 말아야 한다. 좀 더 설명하자면, NLP 코치는 관찰식별Calibration을 한 결과 상대방이 슬프구나, 화를 내고 있구나, 기쁘구나와 같은 식으로 주관적이고 단정적 판단은 하지 않는다. 왜냐하면 그런 주관적 판단은 코치 개인의 특정한 체험에 의거한 견해가 개재되어 있기 때문에 매우 위험하다. 사람의 세계지도는 서로 다르므로 식별 가능한 객관적 현상으로만 파악하는 것이 바람직하다. 즉, 입 꼬리가 쳐져 있구나, 양미간이 찌푸려 있구나, 입술이 창백하구나와 같이 주관성을 배제한 관찰된 채로의 상태로 받아들여야 한다.

예를 들어 한 사람이 "OO이 되고 싶어요."라고 말하면서 머리를 좌우로 가로젓는다고 한다면 어떻게 받아들여야 할까? "OO이 되고 싶다."는 것은 의식차원의 반응이지만 머리를 좌우로 흔든다는 것은 분명히 무의식 차원의 신호이다. 그런 신호를 관찰식별 못하고 음성 정보에만 의지한다면 그 세션은 기대한 성과를 얻지 못하게 될 것이다. 이처럼 무의식 신호를 놓치고 하는 코칭은 마치 레인코트를 입고 샤워를 하는 것과 같다. 샤워는 하는 셈이지만 샤워의 목적이나 효과를 얻지 못한다. 즉, 코칭을 하는 형식을 취하고는 있지만 코칭의 목적이나 효과와는 전혀 무관한 결과를 얻게 된다. 무의식의 신호, 무의식의 작용에 대해 둔감하거나 이해가 미흡하면 절대 일류 코치는 되기 어렵다. NLP만큼 무의식을 중시하는 도구는 세상 어디에도 없다. 만일 무의식에 대하여 이해하고 활용하기가 성가시다면 일류 코치가 될 꿈은 접어야 한다. 좌우간 NLP코치는 될 수가 없다. 일반 코치로서는 그런대로 활동할 수 있을 지도 모른다.

어느 코칭 시에 이런 일이 있었다. 고객은 새로운 일을 성취하려는 아웃컴을 말하였다. 그러나 그의 고개 방향이나 시선은 과거를 나타내고 있음이 관찰식별되었다. 과거의 패턴을 바꾸지 않으면 새로운 꿈을 향해 가는 길에서도 과거의 패턴대로 가게 될 것이다. 그리고 관찰식별된 그런 무의식의 신호는 그 아웃컴의 실현은 무리임을 은연중에 무의식적인 메시지로 나타나고 있는 것이다. 그러므로 코치는 고객이 정말로 간절히(의식, 무의식이 일치되어) 그 아웃컴의 실현을 원하는지, 어떤지를 파악할 수 있어야 한다. 말로 하는 내용과 몸으로 나타내는 신호는 다를 수 있으므로 콘텐츠(말)가 아니라 신체적 신호의 관찰식별을 통해서 진실된 상태를 파악해야 한다. 경청은 귀만 기울이는 것이 아니다. 오히려 눈을 더 잘 기울여야 한다.

코칭을 할 때뿐만 아니라 일상생활에서 우리는 자주 다른 포지션(제2:상대방, 제3:선의의 3자)을 경험해 보는 것이 바람직하다. 그렇다고 코칭할 때 코치가 제1포지션(자기 입장)에서 벗어나 지속적으로 제2포지션(고객)에 들어가 있어야 한다는 것은 아니다. 단지 그때그때 일시적으로 들어가고 나오고 하는 것이다. 예를 들어 코치가 하는 말이 고객에게 암시로 받아들여질 가능성이 보인다면 잠시 고객의 입장에 되어서 판단해보는 것이다.

고객이 내면에서 변화를 일으키려는 시점은 아무래도 불안정한 상태가 된다. 안정된 기존 상태에서 변화를 일으켜야 하는 상황이기 때문이다. 그러나 그 순간이 쉽게 보이지는 않는다. 그렇지만 잘 살피면 감지할 수 있다. 내부 신경 작용으로 내분비계 등에서 화학적 변화가 일어나는 만큼 자연히 생리적 반응이 수반되어 모종의 신호가 신체 외부로 나타나기 마련이다. 그러므로 그러한 순간에는 매우 주의 깊게 관찰식별하면서 조심스럽게 커뮤니케이트(음성언어, 비음성언어 양면)해야 한다. 고객 내면의 변화가 순조롭게 이행되도록 지켜보아야 한다. 절대 코치의 주관적인 판단(지레짐작, 독단, 선입견 등)에 입각하여 접근하지 않도록 해야 한다,

신체 내부의 신경계가 작용하여 일어나는 변화는 거의 동시에 눈으로도 나타나는 것을 그린더는 밴들러와 함께 발견하였다. 무술의 고수는 겨루고 있는 상대방의 미세한 움직임(시선, 호흡 변화, 체중 이동 등)만 캐치해도 바로 유효한 대응(공격이나 방어) 자세를 갖춘다. 관찰식별은 비단 코칭만이 아니라 비즈니스 장면을 비롯하여 어떤 상황에서도 유용한 기법이므로 완전히 숙달되어야 함을 재삼 강조한다.

지각위상에서 여성은 특히 제2포지션(상대방의 의식상태)을 취하기 쉽다. 즉, 감정이입을 잘 한다. 그러나 우리는 어떤 경우에도 적어도 3가지 지각위상을 자유롭게 활용할 수 있어야 한다. 자기 자신(제1포지션), 상대방(제2포지션), 선의의 제3자(제3포지션)의 입장이 되어 볼 때 상황, 사태를 보다 객관적이고 입체적으로 명료하게 볼 수 있게 된다.

자기 입장 하나만 고수하면 옹고집, 고집불통, 속 좁은 사람이 되기 쉽고 자신과 상대방을 같이 고려하면 양자택일의 딜레마에 빠지기 쉽다. 그러므로 중립적인 제3자의 관점을 확보할 수 있을 때 비로소 균형 잡힌 입장에서 적절한 판단을 내릴 수 있게 되는 것이다. 여기에 더하여 모든 것을 살피는 메타 포지션(제3포지션을 넘는 세상 전반을 조망하는 입장)을 취해본다면 더욱 바람직하다.

참고로 뛰어난 사람들은 사무실 등 자기의 공간 속에 메타 포지션의 장소를 만들어 둔다. 그 공간이 여유가 있다면 뉴코드 변화 포맷을 원용, 실행할 수도 있다.

제1포지션(내 입장)이라고 하면 단 하나라고 생각하기 쉽지만, 사실은 그렇지도 않다. 제1포지션은 곧 자아정체성에서 비롯되는 것이기 때문에 그때 그 자리에서의 내가 어떤 자아정체성으로 있느냐에 따라 달라지기 마련이다.

에니어그램을 서방에 전한 구지예프는 주인과 하인의 우화를 통하여 우리에게는 수많은(적어도 9가지 측면의) 내가 있다고 갈파하였다.

어느 날 손님이 어느 집을 찾아갔다. 그러자 주인이랍시고 하인이 나와 응대하였다. 다음 날 다시 찾아갔더니 이번엔 다른 하인이 나와 맞아주었다. 그 다음날 또 찾아갔더니 또 다른 하인이 주인이라고 나섰다. 이렇게 매일 다른 얼굴이 주인이라고 나타나 손님을 맞았다고 한다. 누가 진정한 그 집 주인인가? 얼굴을 내민 빈도가 가장 많았던 사람인가?

우리의 내면상태(감정)에 따라 우리는 매순간 다른 얼굴(자아정체성)이 나타나고 있다. 이것을 NLP에서는 내자아Parts라고 하는데 열등감, 콤플렉스, 두려움, 자만심, 데몬Daemon(악마의 뜻도 있지만 무의식적 자아의 비유이다. IT분야에서는 이용자의 의도적 조작과는 관계없이 처리되는 백그라운드 프로세스를 가리키는 용어로 사용된다) 등을 일반화한 개념이다. 예를 들면 (가상의) 이상적 인물, SDMLBState Dependent Memory Learning Behavior(상태의존의 기억, 학습, 행동)의 대상, 기성체험As if, 에니어그램 등과 같은 성격 유형 별 특질은 모두 이와 같은 속성의 개념이라고 하겠다. 미완결된 일들 또한 그렇다. 본인이 완결하지 못한 일들은 무의식적으로 미결상태로 남기 마련이다(자이가르닉 효과Zeigarnik effect). 그리고 내 속에 악마의 얼굴도 가지고 있다고 느낀다면 적어도 내가 악마의 개념 또는 실체를 알고 있는 것이다. 악마를 품고 있는 자기 자신이 있지 않다면 성립될 수 없는 체험이다.

NLP의 대명제가 된 코르지브스키의 유명한 "지도는 현지가 아니다."라는 말은 언제나 유용하다. 우리는 현지가 아니라 지도에 의하여 살아가기(반응하기) 때문이다. 여기서 실어증에 걸린 사람의 사례를 보자. 그는 레스토랑에서 카레라이스라고 음식 이름과 사진이 곁들여진 메뉴판(지도)을 보고 그것을 진짜 카레 라이스(현지)로 동일시하여 그 메뉴판을 씹어 먹었다고 한다.

데몬Daemon(무의식적 자아의 비유)을 적시적소에 적절히 구분하여 작동시킬 수 있다면 아마도 코칭의 달인이 될 것이다. NLP코치임을 인정하는 서티피케이트 종이(지도)는 코칭에서 본질적으로 큰 의미가 없다. 실제로 NLP코치에 걸맞는 퍼포먼스를 구사하는 실력(현지)이 우선되어야 한다.

NLP 패터닝의 적용은 일종의 참가형 스포츠와 같다. 그것은 NLP 실행능력을 실제적으로 구현하겠다는 학습자의 커미트먼트와 개인적 규율, 컨트롤을 필요로 한다. 특히 필요한 것은 무의식적인 반사적 반응으로 작동될 때까지 NLP 패턴과 포맷을 의도적으로 반복 연습하여 신체 근육에 심는다고 하는 커미트먼트이다. 물론 코치가 이러한 패턴과 포맷을 매번 의식적으로 실행한다면 3류이다. 일류 코치라면 무의식적으로 자기 앞에 있는 고객의 요구에 적절히 대응한다고 하는 중요성을 유념해야 한다.

NLP를 배워 적용할 때에 자전거 타기 프로세스보다 복잡한 패턴은 존재하지 않음을 잊어서는 안 된다. 바꿔 말하자면 NLP 학습은 자전거 타기 배우는 것만큼 간단하다. 자전거 타는 방법에 대한 설명을 듣는다든지, 교습서를 읽는다든지 하는 것 또는 물리적 과정(기계적 구조와 인체의 대응)에 대한 지식을 습득하는 것은 실제 자전거를 타는 요령을 배우는 것 자체와는 관계가 없다. 이론, 지식에 매달리기보다 일단 행동으로 실행해 보자. 시행착오와 피드백을 거쳐 스스로 체험으로 터득하게 될 것이다.

NLP를 익히는 이상 자기의 행동에 대하여 탁월한 관찰자가 되어야 한다. 그리고 문제에 대해서는 간단하고 강력한 NLP 도구 활용 전략을 적용해야 한다. 인생이나 업무 등 어떤 상황에서라도 문제가 생겼을 때, 막혔을 때에는 NLP를 활용하자. NLP 기법을 꺼낼 필요는 없다. 우리 자신이 NLP 그 자체가 되어야 한다. NLP를 설명하는 것이 아니라 빨리 행동으로 문제를 해결하면 된다. 여러분은 NLP로 주위에 감명을 줄 수 있다. 주위의 사람들은 여러분이 제공하는 멋진 성과를 알고 영감을 받게 될 것이다. 회사에서나 가정에서 "어떻게 그렇게 했냐?"고 물을 때, 굳이 NLP라고 말하지 않아도 좋다. 이론적 설명보다 행동으로 보여주도록 하자.

데몬과 관련된 한 가지 사례를 소개한다. 고교 진학을 앞둔 중3 학생의 이야기이다. 그 아이는 내향적으로 게임에 빠져 공부를 등한시하였다. 반면에 동생은 외향적이고 공부도 잘 하였다. 중3 학생에게 아웃컴을 물어보았다.

"어떻게 하고 싶니?"

"원하는 고교에 진학해야죠."

"그렇게 하려면?"

"공부를 해야죠."

바로 결론이자 해결책이 나온 것이다. 그저 고교 진학을 앞둔 중3 학생으로서의 제1포지션(자아정체성)을 명확히 일깨운 것일 뿐이다. 다른 것은 일체 물어보지 않았다. 물론 데몬(무의식적 의도, 동기)에 대해서도 전혀 거론하지 않았다. 이처럼 뉴코드 NLP코칭을 활용하면 상대방의 콘텐츠에 접근하지 않으면서도 훌륭한 결과를 산출할 수 있다. 효과도 높으면서 신속하고 진행 과정이 즐겁기도 하다. 요령은 복잡한 데몬에 접근하지 않고 바로 아웃컴에 초점을 맞추는 것이다. 즉, 그 상황에 어울리는 제1포지션(자아정체성)을 확립시키는 것이다.

관찰식별에는 두 가지 방식이 있다. 하나는 제2포지션에 들어가 고객이 느끼는 것을 같이 느끼는 것이고 또 하나는 코치가 개관적으로 보고, 듣고, 느끼는 것(3Te)에 의거한다. 대부분은 후자의 방식을 많이 쓰는 듯하다. 그러나 더 숙달되면 전자의 방식을 활용할 수 있게 된다. 단, 지나친 감정이입은 되지 않도록 해야 한다. 주로 관찰식별의 대상이 되는 무의식적인 신호는 불수의신경계 또는 근육의 작용이므로 누구도 의식적으로 조작하거나 표현하지 못한다.

》》 관찰식별 체험 연습 1: 호흡 패턴

1. 2인 1조가 된다.
2. 상대방의 호흡패턴(날숨, 들숨의 간격, 리듬)을 살펴서 파악한다.

3. 호흡 패턴이 파악되었으면 같이 맞추어 따라서 호흡한다.
   - 요령: 상대방의 얼굴은 보지 말고 양쪽 어깨선의 상하 상태를 살핀다.
     가슴의 높낮이를 살핀다(흉식호흡).
     배의 높낮이를 살핀다(복식호흡).
4. 피드백

피드백

- 처음에는 상대방의 호흡에 맞추기 힘들었고 내가 불편했다.
- 실습을 마치고 내 호흡을 쉬니 편안해졌다.
- 일단 호흡이 일치되니 상대방과 함께 있는 것이 편안한 느낌이 들었다.
- 승객이 적은 전철에서 맞은 편 좌석의 임의의 3사람을 정하여 호흡을 살피는 연습을 해 보라. 이것은 주변시야 확보를 연습하기 위한 것이기도 하다. 일반적으로 소위 적극적 경청법에서 눈맞추기Eye Contact를 강조하는데 그 개념의 본질을 모르는 사람들은 말 그대로 상대방의 눈을 정시하려고 하는데 그러면 상대방도 부담을 느끼고 서로 어색해지기 쉽다. 그러므로 중심시야로 상대방을 보는 것이 아니라 주변시야로 상대방을 보는 것이 바람직하다. 주변시야만으로도 상대방의 얼굴 부위의 신호들BMIR(비머)을 훌륭하게 관찰식별을 할 수 있고 서로 시선으로 인한 부담감으로 거북한 기분을 느끼지 않게 된다. 주변시야라고 해도 중점 부분 주변의 어느 한 점에만 시선을 두는 것은 아니다. 중점 부분 주변의 여러 곳에 포인트를 이동하며 보는 것이 덜 어색하고 덜 불편하다.

  단, 가족이나 상사 등 가까운 사람과의 대화에서는 가능한 한 정시하는 것이 오히려 존중감을 나타내는 방식이 된다. 사람마다 감각기관의 발달은 각각 다소간 차이가 있지만 사람의 감각기관은 청각이 가장 먼저 트이고 가장 늦게 닫히는 것이 일반적이다. 어린아이일 때의 아이들은 청각에 의존하는 바가 크다. 언어, 어휘 발달은 당연히 청각을 통하여 이루어지고 학습된다. 당연히 문자를 읽고 글씨를 쓰는 것보다 말을 먼저 배운다. 이처럼 아이들은 눈을 마주치기보다 청각에 집중하여 열심히 귀를 기울여 듣는다. 그런데 어른들은 눈을 마주치지 않고 듣는 아이들에게 "왜 어른 말을 제대로 듣지 않느냐?"고 꾸중한다. 그런 아이들의 습성을 이해하면서 어른들은 아이들에게 정시하여 온화하게 이야기이든, 설명이든 말해 주는 것이 바람직하다. 그러면 당연히 아이들은 자기가 존중받고 사랑(관심 + 애정)받고 있다는 무의식적인 느낌을 갖게 된다.

- 주변시야 + 내적 대화가 없는 상태: 무의식 세계
  중심시야 + 내적 대화가 있는 상태: 의식 세계
- 중심시야와 주변시야의 자유로운 확보를 위해서는 저글링을 해 보면 좋다.
- 뒤에 앉은 사람의 호흡을 감지하여 호흡맞추기를 해 보라.

한편 동양인은 일반적으로 처음 만난 사람에 대해서는 눈을 마주치는 시간이 평균 2초 정도라고 한다. 비교적 짧은 시간이라고 할 수 있는데 왜냐하면 확고한 제1포지션에 의한 센터링(중심안정, 자기 확립)이 미흡하기 때문이다. 그만큼 수많은 내자아 중에서 어느 것을 상황에 적절하게 나타내야, 내세워야 하는지에 대한 컨트롤이 연습되지 못해서이다. 다른 이유로는 문화인류학 측면에서 동양인(특히 일본인)은 자기주장을 내세우기보다 남을 배려하는, 영합하려는 의식이 강한 부분도 있기 때문인 것이다.

평소에 남에게서 손가락질을 받으면 불쾌한 기분이 일어난다. 그렇지만 어떠한 상황, 환경에서도 적절한 자아정체성에 입각하여 센터링이 되어 있다면 어떤 사태에도 개의치 않게 된다. 예를 들어 처형장에서의 순교자들의 모습을 보라.

하여튼 상대방과 호흡맞추기를 하면 자연히 눈이 마주치게 되기 쉽다. 그러므로 눈맞추기 자체에 신경 쓰기보다 호흡맞추기에 집중하면 자연히 눈은 스스럼없이 맞추어진다.

상대방과 마주할 때 내가 3Ti 상태로 있으면 상대방에게 주도권을 빼앗기게 된다. 그러므로 자기 자신에게 센터링하여 3Te 상태를 확립하여 유지하는 것이 중요하다. 그리고 코치의 유형으로는 감성적 접근형이 있고 이성적 접근형으로 나눌 수도 있는데 감성형은 자기의 세계관(3Ti)에 입각하여 진행하는 경향이 강하고 이성형은 리얼리티 체크(3Te)를 하며 진행하는 경향이 높다.

관찰식별 체험 연습 2: 청각

1. 2인 1조. 상대방의 등 뒤에 서서 오른손 혹은 왼손으로 각각 책을 두드려서 소리를 내어 듣게 한다.
2. 랜덤으로 오른손, 왼손을 써서 소리를 내고 그때마다 어느 쪽 손이었는지 알아맞추게 한다.
3. 피드백

피드백

- 같은 사람이라도 오른손과 왼손의 소리가 달랐다.
- TV로 영화나 드라마 등을 시청할 때 소리를 소거한 상태에서 동작이나 표정에 의해서만 상황을 파악해 본다.

관찰식별 체험 연습 3: 상태 걷기State Waking

1. 2인 1조. A는 어떤 내면상태(a)를 체험하며 걷는다. B는 이를 잘 관찰식별한다.
2. A는 어떤 다른 내면상태(b)를 체험하며 걷는다. B는 이를 잘 관찰식별한다.
3. A는 (a), (b)를 무작위로 체험하며 걷는다. B는 이를 잘 관찰하여 (a), (b)를 식별한다.
4. B는 (a), (b)의 차이에 대하여 말한다. 그리고 따라 해보며 그 내면상태를 체험한다.
5. 피드백

피드백

- 표정만이 아니라 신체 전반적 상태를 잘 보아야 했다.
- 평소에는 이렇게 주의하여 살펴보지 않았음을 통감하였다.
- 보고 있으면서도 보고 있지 않았음을 알게 되었다.
- 행동만을 본받기 해도 정신적인 면도 본받기가 가능해 진다. 밀튼 에릭슨의 4대 제자의 한 사람으로 에릭슨을 본받기한 스티브 길리건도 그렇게 말했다. 어느 분야에서나 우수한 플레이어가 되는 비결은 본받기를 잘 하는 것인데 그것의 바탕은 관찰식별이다. 예를 들어 스포츠팀에서 육성군을 훈련시킬 때,

  1. 1군에서 본받고 싶은 선수를 특정하고
  2. 합동훈련 시에는 그 선수의 행동을 철저하게 관찰식별하여 본받는다. (훈련 시, 식사 시, 휴식 시 등 일거수일투족 모든 동작)
  3. 그 선수가 등장하는 시합을 관전할 때는 그 선수와 같은 호흡을 한다.

이처럼 관찰식별에 기반한 본받기를 하면 반드시 그 수준의 선수로 성장하게 된다.

관찰식별 체험 연습 4: 표상체계(V, A, K)

■ 시각 - 정적

1. 코치는 고객이 앉아있는 모습을 보고 그것을 기억한다.
2. 코치는 눈을 감고(뒤로 돌아 앉고) 그 사이 고객은 자세, 손 위치 등 3곳을 바꾼다.
3. 코치는 눈을 뜨고 관찰식별하여 바뀐 곳을 찾아낸다.

■ 시각 - 동적

1. 코치는 고객의 몸의 움직임이나 제스처를 보고 그것을 기억한다.
2. 코치는 눈을 감고 고객은 몸의 움직임이나 제스처를 바꿀 곳을 3가지 정한다.
3. 코치는 눈을 뜨고 고객의 바뀐 동작의 재현을 보고 관찰식별하여 바뀐 곳을 찾아낸다.

■ 청각

1. 고객은 눈을 감은 코치의 몸의 주변 어느 한 곳에서 박수, 허밍 등으로 한 가지를 선택하여 2가지 다른 소리(a, b)를 낸다.
2. 고객이 2가지 소리 중 어느 한 가지를 내고
3. 코치는 그것이 a인지 b인지 맞춘다.

■ 체각 - 1점

1. 고객은 눈을 감은 코치의 팔목 한 곳에 2가지 압박(a, b)을 가한다.
2. 고객이 팔목에 무작위로 2가지 압박 중 하나를 가하고
3. 코치는 그것이 a인지 b인지 맞춘다.

■ 체각 - 2점

1. 고객은 눈을 감은 코치의 손에 뾰족한 물건(볼펜, 요지, 젓가락, 바늘 등) 2개를 합쳐 쥐고 손바닥이나 손등 또는 팔목을 찌르는데 때로는 1개로도 찌른다.
2. 코치는 찌를 때 마다 사용된 물건이 2개인지 1개인지 맞춘다.
3. 전체 피드백

관찰식별 체험 연습 5: 체각

1. 코치, 제2코치, 고객 3인 1조.
2. 고객은 코치의 등에 한글, 영어, 도형 등을 손가락으로 쓴다. 이때 제2코치는 등의 옆에 다른 글씨, 도형으로 노이즈를 넣는다.
3. 코치는 등의 감각을 감지하여 고객이 어떤 글자, 도형을 썼는지 말한다.
4. 피드백

>>> 관찰식별 체험 연습 6: 청각

1. 코치, 제2코치, 고객 3인 1조.
2. 코치는 눈을 감고 공간을 걷는다. 이때 고객과 제2코치는 우 방향은 부부, 좌방향은 붐붐, 전진은 뿌뿌, 정지는 부— 라고 신호를 보내고 코치는 이에 따라 방향을 잡는다.
3. 피드백

>>> 관찰식별 체험 연습 7: 체각→청각→시각

1. 코치, 제2코치, 고객 3인 1조.
2. 고객은 미리 종이에 단순한 도형을 그려둔다. 그것을 코치의 등에 다시 그린다. 코치는 그것을 제2코치에게 말로 표현한다. 제2코치는 그것을 다른 종이에 그린다.
3. 처음 고객의 그림과 제2코치의 그림을 대조해 본다.
4. 피드백

>>> 관찰식별 체험 연습 8: 상태 식별

■ 시각

1. 고객은 어떤 긍정적인 경험을 떠올려 체험한다.
   〈의식전환〉
2. 이번에는 부정적인 경험을 떠올려 체험한다.
3. 고객이 각각의 체험을 하는 동안 긴장과 이완, 안색, 호흡, 자세 등의 변화와 차이를 관찰식별한다.
4. 고객은 앞의 1 또는 2의 경험 중 어느 하나를 재체험한다.
   코치가 3회 연속하여 식별에 성공할 때까지 계속한다.

5. 피드백

■ 청각

1. 고객은 어떤 긍정적인 경험을 떠올려 그 체험을 허밍이나 단음절로 설명한다.

   〈의식전환〉

2. 이번에는 부정적인 경험을 떠올려 그 체험을 허밍이나 단음절로 설명한다.

   (그 상태에 어울리는 시를 읊든가 횡설수설을 늘어놓아도 좋다.)

3. 코치는 고객이 각각의 체험을 표현하는 동안 청각적 요소의 변화와 차이를 관찰식별한다.
4. 고객은 앞의 1 또는 2의 경험 중 어느 하나를 재체험한다.

   코치가 3회 연속하여 식별에 성공할 때까지 계속한다.

5. 피드백

■ 체각

1. 고객은 어떤 긍정적인 경험을 떠올려 체각으로 표현한다.

   〈의식전환〉

2. 이번에는 부정적인 경험을 떠올려 체각으로 표현한다.
3. 코치는 고객이 각각의 체험을 하는 동안 몸의 움직임, 호흡 등의 변화와 차이를 관찰식별한다.
4. 고객은 앞의 1 또는 2의 경험 중 어느 하나를 재체험한다.

   코치가 3회 연속하여 식별에 성공할 때까지 계속한다.

5. 피드백

⟫ 관찰식별 체험 연습 9: 행동 패턴

1. 3인 1조(A: 코치/본받기 체험자, B: 본보기, C: 관찰자)로 한다.

2. B가 소리를 곁들여 어떤 행동을 한다. A, C는 잘 본다. A는 그대로 따라한다(본받기).
3. C가 피드백을 준다.
4. B가 1에서 했던 행동을 다시 한다.
5. C가 포인트를 일러준다.
6. A는 다시 따라하는데 B도 동시에 같이 한다.
7. 피드백

관찰식별 체험 연습 10: 감정 표현

행동으로 나타나는 것은 비교적 관찰식별이 쉽지만, 주의를 기울이지 않으면 감정의 관찰식별은 다소 어렵다. 온 몸의 신경, 근육을 통하여 표현하도록 한다.

1. 3인 1조(A: 코치/본받기 체험자, B: 본보기, C: 관찰자)로 한다.
2. B가 소리를 곁들여 어떤 감정을 표현한다. A, C는 잘 본다. A는 그대로 따라한다(본받기).
3. C가 피드백을 준다.
4. B가 서로 다른 감정 두 가지를 순간적으로 나타낸다.
5. A가 그대로 따라해 본다.
6. C도 그대로 따라해 본다.
7. 서로 피드백을 나눈다.

관찰식별은 그저 살펴보는 것만으로는 부족하다. 상대방의 내면상태를 같이 느껴보는 것이 필요하다. 마치 자동 반응처럼 반사적으로 같이 공감하게 되어야 한다. 이처럼 관찰식별 연습을 거듭 반복하여 무의식 차원에서 관찰식별이 가능하게 되면 코칭의 달인이 될 수 있다. 이렇게 관찰식별을 무의식에 맡기게 되면 의식은 고객의 말에 더 집중할 수 있는 여유가 생긴다. 그렇다고 콘텐츠 위주로 코칭하라는 뜻은 아님은 잘 알 것이다. 관찰식별은 코칭에서 아무리 강조해도 지나치지 않는 기본 스킬이다.

2) 시선방향패턴

시선방향패턴ESP: Eye Scanning Pattern을 잘 활용하면 대인 커뮤니케이션에서 훌륭한 결과를 얻을 수 있다. 이것은 기존 NLP에서는 시선식별단서EAC: Eye Accessing Cues라고 부르는 개념이다. 일반적으로 오른손잡이를 기준으로 보면 무의식적으로 오른쪽은 미래, 왼쪽은 과거를 나타낸다. 그리고 두뇌에서 눈의 윗부분은 시각을 관장하고 수평은 청각을 담당한다. 이러한 기준을 가지고 적용해 보면 한 사람의 내면에서 일어나는 풍경을 쉽게 파악할 수 있다. 예를 들어 한 사람이 시선을 오른쪽 위로 보내면 상상의 이미지를 보는 것이고 오른쪽 옆으로 돌리면 만들어낸 소리를 듣는 것이다. 아울러 시선을 왼쪽 위로 보내면 전에 보았던 장면의 이미지를 보는 것이고 왼쪽 옆으로 돌리면 과거에 들었던 소리를 듣는 것이다. 그런데 눈의 아래 부분은 내면세계에 접근하는 것인데 시각과 청각처럼 미래, 과거의 구분은 없다. 왜냐하면 외부세계에는 시간 구분이 가능하지만 내면세계는 과거나 미래나 현재나 다 같은 내면세계이기 때문이다.

좀 더 부연 설명하자면 예를 들어 고향 마을에 갔다고 하자. 시각적 모습은 과거에 본 풍경과 현재에 보고 있는 것, 또 미래에 보일 풍경은 각각 다르기 마련이다. 청각적 정보 또한 그렇다. 과거에 들렸던 소리와 현재에 듣고 있는 것, 또 미래에 들릴 소리는 각각 다르기 마련일 터이다. 이처럼 시각과 청각은 원천 정보의 소스 자체가 외부에 있어 과거와 미래는 사뭇 다르다. 그러나 사람의 내면은 원천 정보의 소스 자체가 내부에 있으므로 과거에도 나의 내면이요, 현재도 나의 내면이며 미래도 나의 내면일 것임에 틀림없다. 그러므로 내면세계에는 과거와 미래의 구분이 없다. 특히 체각에서는 과거, 미래가 따로 구분이 없다. 그렇지만 시선 방향의 좌우에 따라 나타내는 메시지는 다르다. 예를 들어 오른손잡이가 시선을 오른쪽 아래로 보내면 체각을 느끼는 것이고 왼쪽 아래로 향하면 내적 대화를 하는(내면의 소리를 듣는) 것이다.

이러한 ESP는 현재를 감각하는 상황에서 적용하는 것은 아니다. 어디까지나 내면에서 보거나(과거든, 미래든) 들을 때(역시 과거든, 미래든)에 적용하는 것임을 알아야 한다. 그래서 이것을 잘 파악하면 상대방의 내면풍경을 가늠할 수 있게 되는 것이다. 물론 여기에는 호흡, 표정 등 신체의 외적 신호도 함께 복합적으로 작용하기 마련이다.

이러한 패턴은 오른손잡이의 약 80% 수준에 해당한다고 하는데 왼손잡이는 오른손잡이와 과거, 현재가 반대 방향인 경우가 많다고 한다. 아울러 프랑스와 스페인 국경지대의 피레네 산맥에 거주하는 바스크족은 어릴 때부터 양손잡이로 키우므로 이러한 패턴이 작동하지 않는다고 한다.

⟫⟫ 시선방향 패턴 연습

1. 3인 1조로 실행한다.

   A를 사이에 두고 B와 C가 선다. B는 A의 등 뒤에, C는 A와 마주보고 선다(Ⓑ→Ⓐ→ ←Ⓒ).

   B가 이야기를 시작한다. 예를 들어 "나는 캘리포니아에 아주 멋진 말을 소유하고 있는데 그 말에 대하여 이야기 하겠습니다."

   자기의 말에 관한 것이므로 별 생각 없이 자연스럽게 말할 수 있다. 이야기에서 각각의 표상체계의 변화 때마다 손가락을 꼽아 보기 바란다. 안구 동작도 같이 움직여주기 바란다. A는 C에게 매 문장마다 적당한 손가락 신호를 보낸다. C는 A의 손가락이 가리키는 방향으로 시선을 보낸다(얼굴은 돌리지 말고 눈동자만). B는 C의 시선을 보고 그에 어울리는 이야기를 한다.

B: 내 말은 22살 되었습니다.		
(손가락)	(시선)	(이야기)
A: 우하	C: 우하	B: 내가 그 말에게 가까이 가면 달리고 싶은 충동이 일어납니다.
A: 우상	C: 우상	B: 타고 달리는 모습을 그려봅니다.
A: 좌하	C: 좌하	B: '정말 멋진 말이구나' 하고 속으로 감탄합니다.
A: 우측	C: 우측	B: 스치는 바람 소리가 들립니다.
A: 우하	C: 우하	B: 말과 한 몸이 된 느낌입니다.

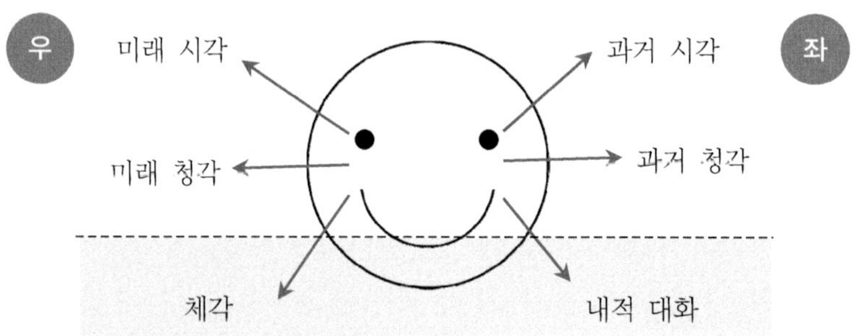

[그림 5-1] 시선 방향과 의미

2. B는 C의 시선을 보고 자기의 이야기를 하되 리듬이 흐트러지지 않도록 표상체계에 맞추어 이야기하도록 한다. 어울리는 이야기를 하면 A는 B에게 적절한 사인을 준다. 이것을 리듬이 잘 지켜진 채로 3분간 실행되었으면 이번에는 B의 이야기(한 문장)가 채 끝나기 전에 A는 C에게 다음 표상체계의 신호를 보낸다. 이야기가 조금 전보다 빠르게 이어져서 나올 것이다. 이것을 2분간 더 한다.
3. 5분마다 역할을 교대하여 실행한다.
4. 피드백

2. NLP코칭에서의 관계성

1) 관계성 구축의 3대 기법

래퍼Rapport는 '관계'를 의미하는 프랑스어에서 유래되어 영어에 편입되었다. '다리를 놓는다는 의미'라는 설명은 의역이라고 할 수 있다.

관계성Rapport 형성의 기본은 호흡맞추기, 행동맞추기, 말맞추기이다. 여기에 관찰식별이 선행되어야 함은 물론이다. 그 중에서도 V, A, K에 맞추는 것은 매우 중요하다. 그렇다고 시종일관 상대방에게 맞추기만 하면 대화가 단조로워지고 관계성의 질도 충분히 확보되기 어렵다. 처음에는 상대방의 표상체계에 맞추도록Pacing 하여 어느 정도 관계성이 확립되었으면 그러한 관계성의 바탕 위에 점차 나의 표상체계로 상대방을 이끌도록Leading 한다. 그러면 이야기의 폭이 넓어지고 대화의 질도 높아진다. 말하자면 이로 인해서 상대방의 세계지도도 확장되어 이야기하는 맛을 즐겁고 기분 좋게 느낄 수가 있다. 그러면 당연히 관계성도 더욱 깊게 형성될 것이다. 당연한 것이지만 처음에 상대방에게 맞추어 안정적인 관계성을 확립하지 않고 바로 나의 페이스로 이끌려고 하면 저항감이나 반발, 거부감을 사기 쉽다.

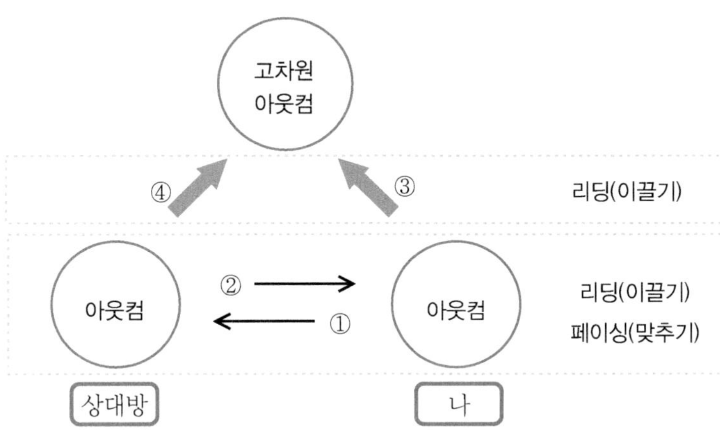

[그림 5-2] 이끌기 요령

그리고 행동맞추기를 아무리 잘 해도 표상체계를 맞추지 않으면 관계성 형성은 미흡하다. 마찬가지로 관계성을 형성하기 위해서는 여러 기법 중 어느 하나만에 치중하는 것이 아니라 호흡맞추기, 행동맞추기, 말맞추기(표상체계, 근본사고방식 포함) 등 모든 것이 복합적으로 이루어져야 한다. 여기에 근본사고방식까지 맞춘다면 금상첨화일 것이다. 이러한 것은 모두 상대방의 무의식에 접근하게끔 하는 것이다. 나는 의식적으로 실행하는 것이지만(물론 의식적으로 반복하게 되면 나중에는 무의식적 실행이 된다.) 상대방에게는 무의식적으로 작용하게 되는 것이다. 만일 이러한 일련의 관계성 형성을 위한 나의 시도를 상대방이 의식하게 된다면 상대방은 나의 접근에 대하여 경계심이나 불신감을 품게 될 지도 모른다.

사람 사이의 긍정적인 관계를 형성하기 위한 기법의 기본은 맞추기Pacing이지만 관계성은 맞추기의 뒤이어 이끌기Leading를 통하여 완성된다.

이러한 맞추기는 환경차원, 행동차원, 능력차원, 신념·가치관차원, 자아정체성차원 등에서도 형성될 수 있는데 맞추기의 구체적 방법의 하나로 신체적 맞추기가 있다. 이것은 행동차원에 맞추는 것으로 다른 말로 행동맞추기Mirroring라고 한다. 이것은 딜츠의 의식차원이론에서 보는 바와 같이 내면상태는 반드시 외적 징후로 나타나기 때문('의식이 생리를 지배한다'는 NLP전제)에 내가 상대방의 외적 신호(몸짓)에 맞추면 상대방은 무의식적으로 나에게서 동질감을 느끼게 되는 현상을 활용하는 것이다. 그리고 사람의 두뇌에는 생리적으로 이런 작용을 하는 거울신경Mirror Neuron이 기능하고 있기도 한다.

평상시에 연인관계의 남녀 사이에 뭔가 의견 차이가 생겨 말다툼이 일어났다. 서로 언성이 높아지고 표정이 굳어졌다. 이때도 관계성Rapport이 형성되었다고 보는가? 그렇다. 표면적으로는 보기에 좋지 않고 서로 불신하는 모습이지만 무의식차원에서는 완전히 서로 잘 연결되어 있는 것이다. 물론 서로 긍정적 의도도 있을 터이다. 이처럼 관계성은 많은 요소를 포함하고 있으며 신뢰는 그 중의 한 부분에 지나지 않는다. 코칭에서 자주 거론되는 경청, 공감 등은 긍정적 측면의 관계성의 일부 요소이고 적대감, 저항감 등은 부정적 측면의 관계성의 하나라고 할 수 있다. 그러니까 상대방을 하나의 존재로 인정하면서 대한다면 긍정적이든 부정적이든 관계성은 형성되어 있는 것이다.

긍정적 측면의 관계성에는 공감이나 동정, 연민과 같은 개념이 있을 수 있는데 공감은 제2포지션에 들어갔을 때이고 동정, 연민은 제3포지션에 들어갔을 때 느끼는 감정이다. 고객이 느끼고 있는 내면상태(감정)를 코치가 같이 느낀다면 그때 공감이 일어난다. 코칭에서 공감의 중요성을 외치는데 공감은 대체로 좋은 측면이기는 하나 반드시 모두 긍정적인 측면만 있는 것은 아니다. 제2포지션에 지나치게 빠지는 공감은 바람직하지 않다. 코치가 고객을 동정하게 되면 고객은 코치에게 의지하려는 상황이 일어날 수 있으므로 유념해야 한다.

인류 역사상 천재로 불린 사람들을 본받아 추출한 포인트 중의 하나는 그들은 항상 필터를 설정하고 있었다는 점이다. 이 필터의 목적은 자기 내면에서 일어나는 모든 부정적 요소를 체크하여 건강에 영향을 미칠만한 것들을 식별하여 취사선택하는 것이다. 그런 장치를 한 후에 제2포지션에 들어가면 매우 강력하고 효과적이 된다.

갓난아기가 새벽 3시에 갑자기 울어댄다. 어머니라면 그 울음소리를 듣고 배고파 우는 것인지, 기저귀를 갈아달라는 것이지, 어디가 불편해서인지 알아차리고 적절히 대처하는데 어떻게 아는 것일까? 바로 제2포지션의 의식에 집중하기 때문이다. 이런 경험이 있는 분이라면 금방 무슨 이야기인지 이해할 것이다.

사람 사이에서 좋은 관계성을 확보하려면 어떻게 하면 좋을까? 이미 설명한 대로 상대방의 신체적 상태, 패턴에 맞추는 것이 가장 효과적이고 NLP에서 최초로 개발(그린더는 개발이라기보다 발견했다고 표현)된 이 기법은 요즘은 세계적으로 협상, 세일즈, 서비스 등 사람과 대면 커뮤니케이션을 하는 모든 분야에서 활용되고 있다. 그만큼 효과성을 인정받고 있기 때문이다. 대표적인 기법은 행동맞추기Mirroring, 교차 행동맞추기Cross Mirroring이다.

그런데 굳이 발견했다고 하는 이유는 이것은 하나의 NLP기법으로 명시적으로 확립되기 전에 이미 우리 부모님들은 이런 방법을 무의식적(암묵적)으로 활용해 왔기 때문이다. 아이를 양육하는 과정에서 또는 아이와 놀 때 등 많은 장면에서 실제로 활용하지 않았던가? 이미 아이를 길러본 또는 어린이와 놀아본 경험이 있는 분들은 금방 이해가 갈 것이다. 이처럼 NLP는 모든 것을 하나하나 처음부터 개발한 것은 아니다. 대부분 이 세상에서 사람들이 이미 생활에서 사용하고 있는 것을 철저한 관찰식별을 통하여 그 핵심을 찾아내어(발견하여) 그것을 효과적으로 재현할 수 있는 프로세스로 명시적으로 정리하면서 합당한 이름을 새롭게 붙인 것들이다. 즉, 인간행동에 대한 정리, 체계화를 이룬 것이다. 행동맞추기 또한 그런 것의 하나이다.

이처럼 이름을 붙이고 개념화하고 내용을 규정함으로서 비로소 하나의 기법으로 확립된 것이다. 이러한 작업과정을 개발이라고 한다면 개발이라고 해도 무방할 것이다.

관계성 형성 체험 연습 1: 일반적 패턴

맞추기는 이끌기로 연결되어야 한다. 맞추기로만 끝나는 것은 별 의미가 없다. 그저 스쳐가는 사교모임이 될 뿐이다. 그러니까 이끌기까지 가지 않으려면 처음부터 굳이 맞추기를 할 의미는 없다.

1. 3인 1조. A는 코치, B는 고객, C는 관찰자이다.
2. B가 어떤 얘기를 하고 A는 호흡맞추기, 행동맞추기, 말맞추기를 통하여 관계성 형성을 시도한다(10분).
3. 피드백

피드백

- 신념·가치관차원에서 맞추기가 이루어지니 이끌기가 쉬웠다.
- 행동맞추기에서 동작의 적정한 크기를 가늠하기 어려웠다.
- 공통화제, 관심사를 찾으니 관계성 형성이 쉬웠다.

>>> 관계성 형성 체험 연습 2: 적대적 패턴

1. 3인 1조. A는 코치, B는 고객, C는 관찰자이다.
2. 강열한 테마의 공통 화제를 두고 적대적 입장에서 평소와 같이 진행한다.
   (예: 야구에서 LG: 두산, 음악에서 클래식과 걸 그룹 등)
3. 서로 의견은 다르지만 관계성 형성 기법만은 충실히 실행하며 진행한다.
   (2, 3 두 가지 패턴의 실습 결과의 차이를 체험한다).
4. 피드백

피드백

- 2에서는 서로 얘기하기 싫었고 상대방이 불쾌해졌다.
- 3에서는 입장이 달랐지만 상대방이 싫어시지는 않았다(직장이지만 존경하게 되었다).
- 관계성을 끊는 가장 쉬운 방법은 시계를 보거나 수첩을 꺼내 보는 등 한 눈을 파는 것이다.
- 악의를 품은, 또는 속셈을 속이는 접근과 성실한 사세의 접근은 과정과 결과가 다르다.

평소의 인간 생활에서 언어가 미치는 영향은 지대하다. 그런 점은 부정할 수 없다. 그런데 음성언어 메시지와 비음성언어 메시지가 서로 다른 2중구속Double Bind 현상이 발생할 때는 비음성언어의 영향이 더 크다고 한다. 음성언어는 의식에 소구하지만 비음성언어는 무의식에 작용하기 때문이다. 안 그래도 무의식의 힘이 의식보다 크지 않은가? 이것은 미국의 사회심리학자 머레이비언Mehrabian이 조사하여 발표하였다.

음성언어와 비음성언어가 다를 경우, 어느 쪽을 더 신뢰하게 되는가? 음성언어와 비음성언어가 일치될 때는 이러한 차이가 없다.

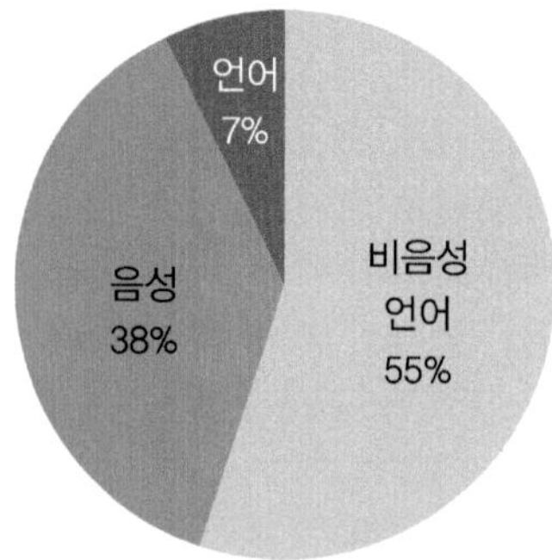

[그림 5-3] 머레이비언의 법칙

⋙ 관계성 형성 체험 연습 3: 호흡맞추기 패턴

가장 강력한 맞추기는 호흡맞추기Pacing이다. 행동맞추기Mirroring 없이 호흡맞추기만으로도 깊은 관계성이 형성될 수 있다.

1. 3인 1조. A는 코치, B는 고객, C는 관찰자이다.
2. A는 오로지 B의 호흡에만 집중하여 맞춘다. B는 그때의 느낌을 체험한다.
3. 피드백

피드백

- 과연 호흡이 일치되니 깊은 일치감을 공유하는 느낌을 갖게 되었다.
- 처음 침묵의 시간이 거북했으나 일단 호흡이 맞추어지니 내면이 편안해졌다.
- 호흡이 일치되니 상대방과 동질감(동류의식)이 느껴졌다.

⋙ 관계성 형성 체험 연습 4: 표상체계 패턴

1. 3인 1조가 된다. 코치, 고객, 관찰자이다.
2. 먼저 10분간은 표상체계를 매치하여 응대한다: 관계성 상태를 체험한다.
3. 다음 10분간은 표상체계를 미스 매치하여 응대한다: 관계성 상태를 체험한다.

4. 서로 피드백한다.

피드백

- 표상체계가 매치 되었을 때는 좋았는데 미스 매치가 되자 위화감이 들었다.
- 평소 A가 약하다고 느껴서 A를 집중적으로 투입했는데 연습하다보니 전에는 느끼지 못했던 것을 느끼게 되고 A 관련 단어도 많이 사용하게 되었다.
- 표상체계 단어를 V, A, K 별로 각각 기록해 보는 것도 좋은 공부가 된다. 그러면 어떤 감각이 발달되어 있고, 어떤 감각이 무딘지 알 수 있다.
- 고객을 상대로 하는 세일즈 트레이닝에서는 이러한 연습을 철저히 할 필요가 있다.
- 내가 A우위형인 것을 알고 상대방이 계속 A만으로 응대해 올 때는 저항감을 느꼈다.
- 때로는 말하는 단어와 시선의 움직임이 일치하지 않는 경우도 있다. 그 배경에는 공감각이라는 현상이 있다. 입력과 출력이 다르게 나타나는 경우이다. 예를 들어 시각으로 입력된 정보를 체각으로 느끼는 것이다. 서구에서는 Think-Judge라는 개념을 사용하여 정보처리 과정을 설명한다.

⟫ 관계성 형성 체험 연습 5: 종합 패턴

1. 3인 1조로 실행한다. A가 코치고 B는 고객, C는 관찰자이다(A는 한 쪽에, B, C는 다른 쪽에 모여 각각 다른 진행 요령을 듣는다).
2. 먼저 관찰자는 진행 상태를 보며 A가 관계성을 잘 형성하는지 지켜본다. B는 A에게 관계성 정도를 경의의 표명 개념을 살리면서 구체적으로 피드백한다. A는 B의 피드백을 제3포지션에서 듣는다. 그리고 자기의 눈으로 확인한 내용과 비춰본다. A 자신이 보고 느낀 것과 B로부터의 피드백을 비교해보는 것이다. 앞으로 이와 같은 상황에서 유익한 정보가 될 것이다.
3. 다음에는 C로부터도 관계성에 관한 피드백을 받는다. 이때도 경의의 표명 개념을 살리면서 구체적으로 피드백한다. A는 C의 피드백을 제3포지션에

서 듣는다. 그리고 자기의 눈으로 확인한 내용과 비춰본다. A 자신이 보고 느낀 것과 C로부터의 피드백을 비교해 보는 것이다. 자기가 더 잘 할 수 있는 부분을 명확히 알게 될 것이다.

4. 피드백

그러면 이러한 관계성을 좀 더 장시간 유지하려면 어떻게 하면 좋은가? NLP 기법을 통한 관계성 형성을 일부에서는 「즉석 관계성Instant Rapport」이라고 다소 가볍게 지칭하기도 하는데 그것은 관계성을 즉효적으로 만들어낸다는 의미가 강하게 부각된 측면이 있다. 사실 관계성은 모든 인간관계에서 시간이 누적될수록 더욱 끈끈하게 이루어진다. 물론 관계성은 확립만 중요한 것이 아니라 일정 시간 지속 유지되는 것도 중요하다. 장기적으로 관계성을 유지하려면 의도나 생각만으로는 되지 않고 구체적인 능력이 요구된다. 여기서 NLP전략의 가능성의 문을 열면 그 길이 보이게 된다. 일단 관계성이 확립되어야 장시간 유지의 길이 보이게 되지 않겠는가? 관계성이 형성되면 관계성 확립이 가져오는 효과와 그 자체의 가치를 승인하고 상대방에 대한 존엄성 또한 가져야 한다.

세상살이에서 사람과 좋은 관계를 맺는 것은 매우 중요한 일인데 NLP 기법을 활용하면 단시간에 바람직한 결과를 얻을 수 있다. 관계성을 형성하기 위해서는 어디까지나 객관적인 관점(3Te)에 입각한 관찰식별이 우선되어야 한다.

관계성 형성의 가장 보편적인 방법은 행동맞추기라고 한 바 있다. 기본은 모두 이 범주 안에 있다. 그러므로 쓸데없는데 신경을 쓸 필요가 없다. 고객을 제압하려고 한다든가, 굴복시키려고 하는 짓은 3류 코치의 행태이다. 말하자면 그저 하염없이 행동맞추기에 집중하여 즐기면 된다. 사람 사이의 관계성은 삶에서 가장 본질적인 부분이기도 하다. 일상생활에서도 만나는 사람마다 행동맞추기를 하여 관계성을 형성하는 시도를 해보라. 행동맞추기 숙달을 위한 연습에 더할 수 없는 좋은 기회가 될 것이다. 사람을 만나면 자동반사적으로 무의식적으로 행동맞추기가 작동되는 경지에 이르도록 해 보자. 그럴 때 생기는 한 가지 부작용은 관계성을 내가 먼저 끊기 어려워진다는 점이다. 사실은 마음만 먹으면 간단히 끊을 수도 있지만 말이다.

고객에 따라서는 코치가 조성하려는 관계성에 잘 이끌려오는 사람도 있고 당연히 그렇지 못한 사람도 있다. 그러한 결과는 어디에서 비롯되는 것일까? 대부분은 코치가 나름대로의 수준에서는 최선을 다한다고 해도 자기중심적으로 배운 대로만의 관계성 형성을 기계적으로 시도하려고 한다든지, 고객을 존중하지 않는다든지 하는 데서 온다. 다시 말하자면 관찰식별이 미흡하고 그래서 유연성이 떨어지기 때문이다.

2) 도발질문

코칭을 잘하고 싶은데 관찰식별 능력이 미흡하다고 생각된다면 우선 신호에 관한 프레임을 잘 설정해 두는 것이 요구된다. 구체적으로 설명하자면,

"A님, 당신이 지금 직면하고 있는 문제에 한 가지 제안을 하려고 합니다. 그 제안을 듣고 어떤 느낌이 드는지 자신의 감각을 느껴보기 바랍니다. 무의식적으로 거절이라는 느낌이 들면 드는 대로 역시 무의식 차원에서 즉각 신호를 보내주세요. 뭔가 이상하다는 느낌이 들면 그때도 바로 신호를 보내 주세요."

이렇게 당부하면서 어떤 다소 도발적인 제안을 한다. 그러면 그 제안을 이해한 고객은 무의식적으로 어떤 반응이든 신호를 나타내게 되기 때문에 그것을 순간적으로 캐치하면 된다. 반응 신호를 요청한 직후에 주의를 기울이고 있는 상태에서 나타난 징후이기에 바로 관찰식별할 수 있을 것이다.

도발적인 제안이나 질문에 관한 에피소드를 한 가지 소개하겠다. 전에 프랭크 퓨체릭이 300여명의 정신과 의사를 대상으로 템플대학교의 강당에서 워크숍을 하였는데 그 자리에 그린더와 밴들러는 옵서버로 참가하였다. 프랭크는 도중에 시연을 하기 위하여 한 사람을 앞으로 나오도록 하였다. 한 중년 남성이 나서자 프랭크는 바로 그 남성의 호흡, 자세 등을 관찰식별하여 그대로 따라 맞추었다

(Pacing). 그러나 그 시연이 끝날 때까지 그린더와 밴들러를 제외한 다른 참가자들은 누구도 프랭크의 그런 시도나 움직임을 눈치 채지 못했다. 왜냐하면 정신과 의사들은 시연에 나선 남성이 하는 이야기에만 집중해 있었기 때문이다.

프랭크는 시종일관 너무나 자연스럽게 관계성을 형성하면서 이야기를 듣고 질문하였다.

"문제는 제 결혼생활입니다. 결혼생활이 순탄하지 못 합니다."

"아내가 애정이 부족한 탓이로군요."

"그런 게 아니라, 그전처럼 함께 즐거운 시간을 가질 수 없어요."

"아,- 지속적으로 서 있지 못하는군요(남성으로서 발기 문제를 암시)."

"그런 문제가 아니라 야외에서 피크닉이라든가와 같은 즐거운 시간을 갖고 싶은 겁니다."

여기서 주의! 프랭크는 이미 그런 것(적어도 발기 문제는 아니라는 것)을 알아차리고 있었지만, 일부러 그런 도발적인 질문을 하여 반응을 살펴보았던 것이다.

"문제는 제 결혼생활입니다."라고 고객이 말할 때, 구체적으로 무엇을 말하고자 하는 것인지 확인하지 않으면 안 된다. 이때 프랭크는 그 말을 듣는 순간 어떤 특수한 전략을 세워두었던 것이다. 우선 그 말에서 연상되는 갖가지 상황을 유추해 보았을 터이다.

"구체적으로 어떤 문제인가요?"라고 묻는 것이 일반적인 순서이다. 그렇지만 문제의 핵심에 접근하려는 프랭크는 유연성을 살려 다른 방법을 사용했던 것이다. 코칭에는 일정한 정형화된 패턴만 있는 것은 아니다. 가장 아닐 것이라고 생각되는 것, 전혀 합당치 않은 것을 의도적으로 꺼내 든 것이다. 고객은 그런 응대에 당연히 저항을 느끼게 된다. 그러면 고객은 어떻게 할까?

"아니오, 아니오, 아니오, 아니오. 제 말의 의미는~" 하며 다른 표현을 한다. 보다 문제의 본질에 접근하는 내용을 말하게 된다. 이처럼 코치가 의도적으로 도발하고 고객이 그것을 수정하는 과정을 통해 가장 구체적으로 문제의 핵심이 파악될 때까지 진행한다. 고객이 말하는 명확하지 않은 진술에 대하여 이처럼 일부러 넘겨짚어 봄으로서 매우 구체적으로 내용을 파악할 수 있게 된다. 가장 사실과 거리가 먼 이야기를 말하면 뭔가 좋은 해결책을 찾으려고 찾아 온 고객은 길이 어긋날까를 걱정하여 바로 정정해 주기 마련이다. 그런 의미에서 프랭크가 취한 전략은 매우 효과적이고 나아가 고객 스스로가 문제해결을 위한 주도권을 쥔 상황으로 만들어 또한 윤리적이기도 하다. 말하자면 코치가, "좀 더 구체적으로 이야기해 주세요."라는 식으로 은근히 강요하는 듯한 분위기를 풍기거나 밀어붙여 고객을 수동적 자세로 일관하게 하지 않았다는 점이다.

코칭에서 효과성과 윤리성을 함께 돌아볼 수 있는 매우 흥미로운 사례이다. 이러한 점은 비즈니스(코칭, 컨설팅 등)에서도 마찬가지이다. 거대 광고회사가 고객 기업에 광고 계획 프레젠테이션을 하면 과거에는 이름값만으로도 계약에 성공하였다. 그러나 지금은 그렇지 않다. 거대 광고회사와 군소 광고회사가 경쟁에 참여할 때, 거대 회사는 그동안의 노하우를 살린 멋진 프레젠테이션을 통해 고객 회사의 환심을 사려고 전통, 과거 실적 등을 제시하며 선택을 강요하는 듯한 분위기를 풍긴다. 그러나 군소 회사는 다소 조심스럽다. 고객회사의 반응을 주시하며 고객회사의 의견, 방향을 충분히 반영하려는 자세를 취한다. 즉, 고객회사의 주도권을 살려주는 것이다. 고객회사가 방향과 기본 컨셉을 제공하고 광고회사는 그것을 바탕으로 전문적 도움을 줄 뿐이다. 그래서 요즘은 거대 광고사의 프레젠테이션 승율이 많이 떨어지고 있다.

그리고 코칭에서는 유연성도 주요 요소인데 이것을 확보하기 위해서는 몇 가지 접근 방식을 철저히 연습해 두어야 한다. 그야말로 즉흥적인 임기응변이나 임시변통이 아니다. 숙달된 몇 가지 패턴을 익혀 두었다가 필요할 때 적시적소에 선택적으로 활용하는 것이 일류 코치가 발휘하는 진정한 유연성이다.

그런데 이러한 도발질문은 삼가야할 때가 있다. 고객이 매우 수용적 또는 순종적인 성향이어서 코치의 말을 그대로 받아들일 가능성이 큰 경우이다. 그러면 고객은 그 도발적인 말을 곧이곧대로 속으로 곱씹어 자존심에 상처를 입게 된다. 이때에도 당연히 주의 깊은 관찰식별이 따라야 한다. 고객은 자연히 그 말을 거부, 부정하는 메시지(음성언어, 비음성언어를 불문하고)를 표출할 것이다. 그것은 곧 타당성 점검을 거꾸로 고객이 코치에게 하는 셈이 된다.

어느 중소기업에서 근무하는 미혼 여성이 있었다. 그녀는 성실하게 업무에 임했기 때문에 눈여겨보던 사장이 어느 날 그녀를 불러 그동안 결혼 자금으로 얼마를 모아두었냐고 물었다. 사장은 매우 양심적인 사람으로 직원들에게 충분한 급여를 제공하지 못하여 마음 아파하고 있었다. 그래서 자기의 부동산 지식과 채널을 통해 직원들에게 좋은 물건을 소개하여 이익을 남기게 하였다. 일종의 보상인 셈으로 그렇게 하여 직원에 대한 미안함을 덜고 있었다. 그날도 좋은 부동산을 소개해 줄 요량으로 그녀를 불러 물어보았던 것이다.

"아니요, 별로 모아놓은 것이 없는데요."

기대에 어긋난 대답이었다. 평소 착실한 모습이었고 사치를 하는 기색도 없었으므로 그동안 꽤 모아두었을 것으로 여기고 있었던 터이다. 사장은 실망한 나머지, "아니, 그동안 뭘 했는데, 연애를 했나? 술을 마셨나? 아님 도박을 했나?"

일종의 도발질문이다. 물론 사장은 그녀가 정말 그랬을 것으로는 생각하지 않았다. 자기의 선의가 어그러진 것에 대한 실망감에서 분위기를 무마하기 위해 농담 삼아 한 말이었다. 그런데 그녀는 매우 순수한 타입이었다. 평소 직원에 대해 배려가 깊은 사장을 다소 존경하고도 있었다. 그런데 사장의 그 질문은 자기를 모욕하는 소리로 들렸다.

"나를 그 정도 사람으로 밖에 안 보고 있었나…."

내면에 상처를 입은 그녀는 그 후 사표를 내고 퇴사를 했다. 사람을 그렇게 밖에 보지 않는 사장 밑에서는 도저히 일할 의욕을 낼 수가 없었던 것이다.

사실 그녀의 집은 넉넉지 못해서 그녀의 급여로 동생의 학비와 집안 생활비 일부를 부담하고 있었기 때문에 결혼자금으로 모아둘 여력이 없었다. 사장도 그런 그녀의 가정 상황을 모르고 있었고….

◆ Pally Provocative Model(짐짓 도발모형)

고객의 반응을 유도하기 위하여 또는 더욱 정확한 정보를 이끌어내기 위하여 의도적으로 그렇지 않다는 것을 알면서도 그렇게 믿는 척하며 일부러 짐짓 제시하는 질문

• 도발 언어 한정모델

1. 고객의 표현을 경청하면서 적절히 정의되지 않은 한 개 이상의 명사와 동사를 특정한다.
2. 해당 명사 혹은 동사가 의미하는 것에 포함될 가능성이 있는 범위의 상태에 대하여 생각한다.
3. 가장 그럴듯하지 않은(주의환기적인) 해석을 선택하여 마치 그것이야말로 고객이 의도한 표현이었다는 것으로 코치는 수미일관하여 이해하고(믿고) 있다는 듯이 고객에게 제시한다.
4. 그 내용은 터무니없다고 거부, 반발하는 고객으로부터의 정정을 받아들여 다른 의도된 오해를 다시 제시하든가, 또는 「Verbal Package(한정질문 모형)」의 한정질문 하나를 사용하든가 하면서 커뮤니케이션을 계속한다.

• Multi Package(혼합모형)

「Verbal Package(한정질문)」와 「Pally Provocative Model(짐짓 도발질문)」을 3 : 1의 비율로 사용하기를 권장한다.

만일 사장이 NLP코칭의 이러한 내용을 알고 있었더라면, 또 사람의 성향에 대한 공부가 있었더라면 그녀에게 그런 도발질문은 하지 않았을 것이고, 그녀도 NLP코칭의 이러한 내용을 알고 있었더라면, 그런 반응은 보이지 않았을 것이다. 그야말로 말 한 마디가 비수가 된 형국이다. 다만 그녀의 세계지도가 좀 더 넓었더라면, NLP코칭의 짐짓 도발질문을 알고 있었더라면, 사장의 그런 질문이 진심이 아닌 것을 간파하고 무너지지 않고 넉살좋게 유연하게 대응할 수도 있었을 것이다.

"어머, 사장님, 그걸 어떻게 아셨어요?"

도발질문 이후에 나타나는 고객의 표정 변화 등 반응에 대해서는 보다 날카로운 관찰식별이 요구된다. 보통 이런 때는 고객의 내면에서는 여러 가지 복합적인 감정상태가 일어나기 쉽기 때문이다, 일순 나타나는 그 신호를 놓치면 다음에 적절한 대응을 하기 어렵게 된다.

≫ 관찰식별 체험 연습 11: 미세근육 동작 관찰

미세근육 동작Micro Muscle Movement은 관찰식별의 고난이도 급에 해당된다.

1. A는 한 손을 들어 상하로 움직인다. 이때 매우 미세하게 근육이 움직인다.
2. B는 A가 손을 움직일 때의 리듬, 보이지 않는 근육의 움직임을 파악하여 따라한다.
3. 피드백

이 실습을 통하여 코칭 세션이 시작되었을 때, 코치로서 고객의 내면에 동조(맞추기)하여 내면 세팅을 기할 수 있다.

"오시느라고 수고 많았습니다. 자, 무슨 이야기인지 좀 들어봅시다."라는 식이 아니다. 콘텐츠에 귀를 기울이기보다 고객의 온 몸에서 나타나는 각종 신호에 동조하여 내면 상태를 공유하는 것이 먼저이다. 그래서 감지되는 미세근육의 움직임을 같이 느끼는 것이다. 내용만 들어 이해하고 공유하는 것이 아니라 생리 상태까지 내 몸 전체로 공유하는 것이다. 이것은 감각전이로서 본받기를 할 때에는 필수적인 요소이다.

누군가를 관찰식별하는 능력을 물리적으로 향상시키려면 직접 정시하는 것이 아니라 주변시야를 활용하는 것이 바람직하다. 소위 어깨 너머로 보는듯한 이미지로 초점을 상대방의 뒤로 설정하면 잘 보이게 된다. 익숙한 패턴이 아니기 때문에 처음엔 잘 모를 수도 있지만 자꾸 해보면 편안할 것이다. 어깨 넘어 뒤쪽을 보면 호흡 패턴의 리듬도 잘 보이게 된다. 미묘한 어깨의 움직임도 잘 파악할 수 있다. 그다지 표정의 움직임이 많지 않은 고객이라도 호흡 상태의 변화를 캐치하는 것만으로도 그 내면 상태를 알 수 있다.

우리가 사는 세계는 온통 관찰식별의 대상으로 넘쳐나고 있다. 무엇이든 관찰식별 연습으로는 최적의 환경이다. 낯익은 도시에서만이 아니라 관광지에서, 외국에서, TV를 통하여… 거리에서, 레스토랑에서, 누군가와 이야기를 나눌 때… 표상체계나 근본사고방식 패턴 등 탐구할 소재는 무궁무진하다.

아무리 NLP를 배워도 좌뇌적(의식) 지식, 이론의 탐구만으로는 NLP가 내 것이 되지 못한다. 우뇌(무의식)에 스며들지 않으면, 그래서 생리적 변화 체험을 느낄 수 있어야만 NLP는 내 것이 되었다고 할 수 있다. 로버트 딜츠가 자주 인용하는 남태평양 뉴기니 원주민들의 속담에는 "근육에 심어져야(체화되어야) 내 것이 된다. 머리에 저장된 것은 남의 풍문에 지나지 않는다."라는 말이 있는데 매우 적절한 표현이라고 하겠다.

3. NLP코칭에서의 자극심기

1) 자극심기의 개념과 요령

자극심기Anchoring, 앵커링가 작동된 가장 유명한 사례의 하나는 프루스트의 소설 『잃어버린 시간을 찾아서』를 들 수 있다. 주인공은 홍차에 적신 마들렌(과자)의 맛을 느끼는 순간 금세 그와 같은 방식으로 과자를 먹던 무렵의 과거의 어린 시절로 돌아가 긴 시간여행의 상념에 빠진다. 즉, 3Ti의 세계에 빠져든 것이다. 이 잠시의 시간을 특권적 순간이라고 한다. 완벽하게 어떤 방해도 받지 않고 자신만의 내면적 세계에 몰두하게 된 셈이다. 그리고 머지않아 과거 회상이 그치게 되면 다시 3Te의 현실세계로 돌아오게 된다(그렇지만 일반적으로는 어쩔 수 없이 또 3Ti의 세계를 감각하게 된다).

실제로 우리는 일상생활 중에도 시간왜곡이나 비현실적 꿈(상상, 공상 등)을 경험하는 경우가 많다. 다시 말하자면 3Te와 3Ti의 상호 반복의 연속이 곧 우리의 일상생활이다. 이러한 3Ti를 경험할 때 자극심기가 결부되면 그 내용이 긍정적이든, 부정적이든 그 체험은 더욱 강렬해진다.

기본적으로 인간은 3Te의 감각으로 느끼는 것보다 3Ti의 지각으로 느끼는 것에 더 강하게 반응한다. 왜냐하면 외부 정보를 감각하는 세포(감각기관 수용체)가 1억 개 수준이라면 그것을 받아들여 내부에서 처리하는 지각세포는 20억 개라고 한다. 단순 계산만으로도 인간은 외적 자극에 대한 감도보다 내적 자극으로 인한 감도의 세기가 20배나 강력하고 민감한 것이다.

이것을 무의식적 혹은 의식적 자극심기에 연결하면 그 효과는 더욱 커지게 된다. 우리의 성장과정에서 몸에 배인 대부분의 자극심기는 거의 무의식적으로 형성된 것이 많다. 긍정적인 것이든, 부정적인 것이든… 그러므로 우리가 이제 자극심기의 생성과 작동, 반응의 메커니즘을 이해한다면 앞으로는 무의식적으로 몸에 배인 부정적 자극심기는 의식적으로 털어버리고 긍정적인 자극심기 또한 의식적으로 반복 활용하여 심화하는 것이 바람직하다고 하겠다.

자극심기를 의도적으로 활용한다는 측면에서 가장 대표적인 쓰임새는 현대의 광고이다. 물론 영리 목적의 상업적 수단으로 활용되는 것은 틀림없지만, 시각적, 청각적, 체각적으로 다양한 루트로 시도 때도 없이 접근해 온다. 그런 의미에서 우리 주위를 돌아보면 세상이 모두 다양한 자극심기로 채워져 있음을 발견하게 된다. 온갖 색깔과 모양의 간판, 다양한 픽토그램(상징 도안), 교통신호등, 병원, 종교시설 표지, 네온사인 전광판 등 시각적 요소뿐만 아니라 CM송, 앰뷸런스 신호, 소방차 신호, 패트롤카 신호, 급브레이크 소리, 오토바이 등의 굉음, 어디선가 들려오는 특정한 노래, 귀에 쟁쟁거리는 누군가의 음성 등 청각적 요소도 많다. 게다가 더위, 추위를 비롯한 외부 온도를 포함하여 지나가는 여자에게서 풍겨나는 향수 내음, 가게 앞을 지날 때의 빵 혹은 커피 내음 등과 어느 음식점에서 먹는 된장찌개 또는 카레 맛은 과거의 일들을 회상하게 한다. 이처럼 우리는 싫든 좋든 자극심기에서 헤어나지 못한다.

그러니까 시각이 발달한 사람들은 시각적 자극심기에 반응하고 소리에 민감한 사람들은 청각적 자극심기에 반응하며 느낌에 충실한 사람들은 체각적 자극심기에 반응한다. 예를 들어 아파트 이웃 사이의 층간소음에 의한 트러블은 대개 청각이 민감한 사람들에 의해 발생되었을 가능성이 크다. 만일 그러한 특성을 알아차리고 적절한 사전 조치를 했더라면 다툼, 폭행이나 살인에까지 이르지는 않았을 것이다. 이러한 개인적 특성을 고려하지 않고 예의범절이나 교양, 태도, 건축셀계 미흡 측면의 문제로만 보고 다루려는 데서 감정이 상하고 사건이 일어나게 된다. 가뜩이나 청각이 발달된 사람이 거친 말로 언쟁을 하다보면 감정은 더욱 악화되기 마련이다.

코칭 장면에서 자극심기를 시도할 때는 고객의 내면상태가 얼마만큼 순수한지 그 순도를 가늠할 필요가 있다. 이상적으로는 순수한 내면에 초점이 맞추어진 상태가 바람직하다. 관찰식별로 고객의 내면 상태를 살펴보거나 물어보고 실행한다. 고객의 바람직한 상태를 이끌어내는 능력, 자극심기를 수용하는 능력, 내면상태의 순도도 중요하다.

다음의 그림에서 보다시피 자극심기Anchoring는 자극체Anchor(닻)에 의하여 일어난다. 여기서 자극체란 시각, 청각, 체각적 요소 중 어느 것 하나 또는 복합적으로 작용하는 정보이다. 앵커는 바다에 선박을 일시적으로 정박시키는 물체이다. 따라서 이것이 NLP에서는 인간의 내면에 특정한 내적 상태를 일시적으로 환기하는 작용을 하는 자극체로 이해할 수 있다.

〈표 5-1〉 실제와 NLP 닻의 비교

실제의 닻(앵커)	NLP의 닻(자극체: V, A, K, 공간)
특정한 선박	특정한 생리상태
특정한 바다 공간	특정한 인체부위 또는 내면세계
일시적으로 정박시킴	일시적으로 불러일으킴
평정한 상태 유지	평정한 상태 확립 → 자신감 확보

그 효과는 일시적인 것이어서 장시간 지속하지는 않는다. 그러므로 의식적으로 자주 반복할 필요가 있다. 이것이 극도로 의식적으로 특정한 목적을 위해 반복적으로 이루어지면 이른바 세뇌가 된다. 우리가 주일이면 종교집회에 참가하여 말씀을 듣는 것도 일종의 자극심기 효과에 바탕을 둔 세뇌행위라고 해도 과언이 아니다. 선거유세나 어떤 캠페인에서 같은 메시지를 반복해 들려주는 것도 일종의 세뇌작업의 하나이다. 우리가 보통 세뇌라면 좋지 않은 뉴앙스를 갖게 되는 것은 북한 사회에서처럼 폐쇄적 집단에서 주입식, 강제적 방법으로 전개되는 행위를 연상하기 때문인데 자발적으로 기꺼이 참여하는 세뇌행위도 있다. 특히 종교적인 가르침은 그런 측면이 강하다. 그런데 사이비 종교에서는 이러한 메커니즘을 바탕으로 한 개인의 자유로운 삶을 교묘한 올가미로 옭아매어 결과적으로 꼭두각시로 만들거나 삶을 파탄에 빠지게 한다. 이러한 것을 알아차리고 돌아서려고 하면 이미 때는 많이 늦어있음을 깨닫고 후회와 비탄에 빠지지만,

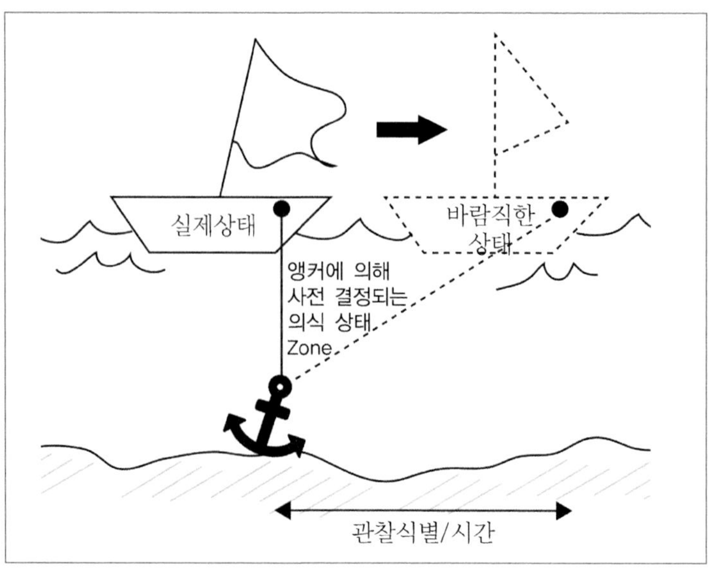

[그림 5-4] 자극심기 지속시간

스스로 선택하여 빠져든 터라 누구를 원망할 수도 없게 된다. 매우 안타까운 일이다.

이러한 자극심기를 스포츠심리학에서는 Zone(범위, 영역)이라는 개념으로 부른다. 어느 분야나 그 분야 독자적인 용어, 개념을 사용하고자 하는 경우가 많은데 이 경우도 그렇다(물론 NLP도 예외는 아니다. NLP에는 특히 언어학자인 존 그린더가 참여했으므로 더욱 용어나 개념이 일반적 영어의 의미와는 다른 독자적인 의미를 갖는 측면이 강하다). 스포츠에서는 선수가 도달하려는 존(내면상태, 기록 등)에 접근하는데 도움 되는 조건이 다양한데 이것을 추구하려고 할 때 자극심기가 활용된다. 행위 직전의 내면상태, 내면의 풍경, 내면의 소리, 신체 감각 등 여러 요소가 작용한다. 물론 외적인 특정한 시각, 음악 등이 허용된 범위 내에서 자극체로 사용되기도 한다. 야구를 예로 들자면 마운드에 선 투수가 타석을 바라보는 자세, 타자가 타석에 들어섰을 때 행하는 일련의 의식Ritual과 같은 동작들, 타자 별 개인 응원 노래 등은 모두 자극심기를 불러일으키는 요소이다. 그리하여 결과적으로 자신감 있게 플레이를 하게 되는 것이다. 그런데 스포츠에서는 이처럼 현장에서만이 아니라 현장 밖에서도 내면상태 확립에 많은 노력을 기울이는데 그것을 우리는 일반적으로 이미지 트레이닝이라고 한다. 그러나 대부분의 이미지 트레이닝은 의식적으로 이루어지고 있는데 그것만으로는 완전하지 못하다. 무의식적인 측면이 가미되어야 한다. 이른바 무아지경에서 생리적인 감각, 상태와 연결되어야 제대로 된 이미지 트레이닝이 될 수 있다. 이를 위해서는 뉴코드 NLP의 KNSKnow-Nothing State, 깊은 무의식 상태활용하면 좋다.

밀튼 에릭슨의 4대 제자 중의 한 사람인 어니스트 롯시는 자극심기는 SDMLBState Dependent Memory Learning Behavior(상태의존의 기억, 학습, 행동)라고 하였다.

자극심기에는 공간 자극심기도 있는데 지각위상 공간 개념도 이에 따른 것이다. 상사에게 좋지 않은 보고를 할 때의 위치는 평소와 달리 하는 것이 좋다. 부정적 자극심기가 반복되는 것을 징크스Jinx라고 한다.

완전한 NLP프랙티셔너 자격의 수준을 학습한 사람은 몸을 사용하여 특정한 동작, 자세를 보여주어 시각적인 자극심기를 할 수 있다. 때로는 목소리의 톤을 바꾸기(아날로그 마킹Analogue Marking)도 하고 터치를 하여 체각적 자극심기를 한다. 물리적 공간도 자극심기에 활용한다. 문제가 있으면 그 물리적 공간에 자극심기를 한다. 이어서 상태 분리를 하여 그 문제 상황에 잠시 고객을 둔다. 제3포지션으로 이동하여서 거기에서 해결책 공간을 만든다. 원래의 상황에서 무엇을 하고 싶은가? 이상적인 행동을 제3포지션에서 보는 것이다. 그리고 제1포지션에 들어가 이상적인 상태를 이미지하고 몸을 실제로 움직여 본다. 이때 공간자극심기를 한다. 문제 공간, 해결 공간, 제3포지션 등. 하나하나 각각 공간자극심기를 하며 이동한다. 해결 공간에 있는 고객에게 '의식의 리소스를 문제 공간으로 가지고 가게 할 수 있는가?'를 묻고 관찰식별에 의해 리소스를 불러일으켜 가지고 오는 것을 확인한다. 문제 공간에 있는 사람을 해결 공간으로 이동시킨다. 하이퍼포먼스(변화된 최고 상태)가 나타나고 있는지, 어떤지를 관찰식별한다. 부정적 상태를 무너뜨리기 위한 공간자극심기의 방식을 설명하였다.

암시와 명백이라는 개념이 있는데 비즈니스 분야의 이야기를 하고 있을 때, 상사와의 사이에서 문제가 있다고 이야기할 때, "문제를 재체험하는 사이에 추구하는 해결책을 보게 될 것입니다."라고 말하면서 고객의 왼쪽 옆에 서서 왼쪽 어깨에 문제를 체각적으로 자극심기한다(이때 무슨 말을 해도 좋다). 그리고 상태를 분리하기 위하여 기분을 흐트린다("백두산에 함께 갈까요?"와 같은 엉뚱한 질문을 하여 의식전환한다). 이번엔 오른쪽 옆으로 가서 하이퍼포먼스 상태를 불러일으키고 그것이 확인되면 오른쪽 어깨에 체각 자극심기를 한다. 그리고 "해결책을 찾았지요?"라고 물어서 확인되면 양쪽 어깨를 동시에 터치하여 자극심기를 해제한다. 이때 고객은 무엇이 일어났는지 알아차릴까? 그가 NLP를 배우지 않았다면 모를 것이다. 이런 방법이 암시이다. 명백한 방식의 접근은 아니다.

고객은 선택지를 찾아내는 절차에 대해 의식적으로는 알아차리지 못할 것이다. 더욱이 동양문화권에서는 이 방법이 더 어울릴 수도 있다. 아무 것도 명확히 설명하지 않고 실행하는 것이다. 그러나 고객도 편안하고 코치도 안심할 수 있다.

2) 상태의존의 기억과 학습 및 행동

우리의 인생이란 어떤 면에서는 바로「상태의존의 기억, 학습, 행동SDMLB: State Dependent Memory Learning Behavior」의 결과라고도 할 수 있다. 그러므로 SDMLB의 질을 높이는 것이 바람직하다. 그러기 위해서는 정리되고 안정된 내면상태가 요구되는데 이것은 삶의 온갖 영역에 영향을 미친다. 이에 따라 온갖 일들이 일어나므로 직감을 발달시키는 것이 좋다. 이러한 내면상태(감정)는 긍정적인 경우에는 이런저런 일에 열정을 불러일으키기도 한다. 이때의 열정이란 Enthusiasm(영적인 열정, 성령에 충만한)으로 어원은 그리스어(또는 헬라어) entheos인데 그 의미는 en(내적, 내면) + theos(신, 절대자, 규범, 가이드 라인)으로 '내재하는 신a God within', '내적 가이드 라인에 철저한', '신에게 사로잡힌'이라는 의미가 된다.

이것을 NLP와 연결해 보면 결국 체각의 하나인 내장감각에서 비롯됨을 알 수 있다. 이처럼 내장감각(뱃장, 뱃심, 근거 없는 자신감)에 충실하여 행동하면 당연히 열정이 넘치게 된다. 디시 말하자면 불가능을 모르는 상태가 된다. 그리고 어렵다고 느껴도 도전과 진행이 즐거운 상태에서 이루어진다. 이처럼 어려움을 감지하더라도 즐거움을 함께 갖는다면 더욱 열정이 솟아오르게 된다. 이것은 한마디로 센터링이 되어 자신의 신체적 감각을 믿는 것(자신감, 자기확신)에서부터 시작한다. 즉, 자아정체성과 사명에 충실한 자세이다. 우리는 여기서 바오로 사도나 안중근 의사와 같은 인물을 떠올리게 된다.

그래서 다수의 얼굴을 가진 내가 3Te(객관적 입장)에 철저할 때, 일종의 자극심기에 걸려있는 자신을 비로소 직면, 확인하고 자각할 수 있게 될 것이다. 이러한 사실을 모른다면 자신을 부정적인 자아정체성과 동일시하는 현상에서 벗어나기 어려울 것이다.

예를 들어 내가 어느 회사, 어느 부서의 사명감 있는 사원으로서 업무를 진지하게 다루고 있다고 한다면 개인 입장으로서는 그 부서 전체의 방향과는 다를 수가 있어 갈등할 수도 있다. 또 사원이라서 그냥 월급쟁이라고 스스로를 인식한다면 부서 방침이 어떻든 그저 수동적으로 따르면 된다는 입장을 취할 것이다. 그런데 전자의 사명감 있는 사원으로서 자신의 입장과 부서의 방침이 달라 갭이 생길 경우, 자신은 어디까지나 그 부서의 일원, 그 회사의 일원이라는 사실을 잊어서는 안 된다. 그러므로 자기 자신의 개인 차원의 최적화보다 부서 차원 나아가 회사 전체 차원의 최적화를 고려해야 한다(물론 나아가서는 사회 환경, 지구 전체 차원까지 고려해야 마땅하겠지만…). 그렇다고 부서장, 조직장에게 무조건 충성하라는 것은 아니다. 이처럼 자신은 회사라는 고차원의 일원이고 서로 연결되어 있는 존재라는 것을 자각한다면 당연히 고차원 수준에 어울리는 최적화를 지향해야 할 것이다. 다시 말하자면 보다 큰 차원(조직, 세상)에 대한 공헌, 기여, 이바지의 자세를 확립해야 하는 것이다. 이것은 곧 내가 곧 이 부서의 대표, 이 회사의 얼굴이라는 주인의식을 갖는 것이다. 그 개인에게는 다양한 자아정체성이 있지만, 그때 그 자리에 어떤 자아정체성으로 임하느냐가 매우 중요하다.

우리는 항상 보다 큰 차원의 세상과 연결되어 있음을 자각해야 한다. 말하자면 언제나 인간으로서의 본질에 충실한 삶의 자세(메타 포지션, 근원상태)를 가져야 한다. 이것이 불교의 연기론적 세상이고 그리스도교의 '서로 사랑하라'는 황금율의 세계로 곧 상생, 공존의 모습이다. 이러한 메타 포지션(고차원의 관찰자)을 자주 경험할 때, 우리는 오류, 편견에 빠질 위험을 최대한 방지할 수 있다. 만일 잘 안 되면 기성체험As if을 활용해 보면 좋을 것이다. "내가 회사의 사장 또는 인류의 대표자(평소 존경하여 본받고 싶은 인물을 본받기해도 좋다)라면…?" 그러면 이러한 간접체험도 큰 효과를 가져 올 수 있다.

인간의식의 가장 높은 경지는 모든 것에 대한 관찰자Witness의 관점인데 이 경지에 충실하다면 센터링은 완벽하게 확립할 수 있다. 그러면서 상황에, 필요에 따라 3Te, 3Ti를 구분하여 적절히 사용할 수 있다면 가히 도사 급이 될 수도 있을 것이다. 내가 스스로 센터링(중심안정)을 확보하지 못하면 결국 상대방에게 끌려 다니게 된다. SDMLB, 자극심기, 내면의 부정적 속성을 자각한다면 그런 부정적인 것들과 자신을 동일시하지 말아야 한다. 결코 안이하게 일반화("나는 그런 사람이야.")하지 말아야 한다. 항상 높은 차원의 관찰자로서의 의식을 가져야 한다.

개인차원이나 중간차원의 입장에서의 최적화만 중시하다가 패가망신 당하고 처벌을 받는 사람들이 얼마나 많은가? 소위 목구멍이 포도청이라 자리보전 때문에 거부나 거절을 못 하고 어쩔 수 없어 잘못을 저지른 사람도 많을 것이다. 또 처음부터 개인적 욕망이나 금전적 유혹에 빠져 스스로 불나방처럼 덤벼든 사람도 있을 것이다. 물론 유한한 인생이어서 잘못을 저질렀어도 당대에는 아무 탈 없이 지내는 부류도 있기는 하다. 그렇지만 우리 한 사람 한 사람은 기록에 남든, 그냥 묻히든 엄연한 역사적 존재임을 명심해야 한다. 따라서 우리 각자는 가장 인간다운 모습으로 살아가기 위해서도 다양한 지각위상을 적절하게 활용하는 것이 바람직하다. 이것을 스페이스 소팅Space sorting(공간정열)이라고도 한다.

03 PART

뉴코드 NLP의 실제와 적용

Chapter

06 뉴코드 NLP의 배경과 변화포맷

1. 뉴코드 NLP 개발 배경

존 그린더와 리차드 밴들러가 개발(1974~1978에 걸쳐)한 오리지널 클래식 NLP를 존 그린더가 진화된 형식의 버전으로 만든 것을 「뉴코드 NLP」라고 한다. 클래식 NLP에서 나타난 몇 가지 설계상의 미비점을 보완할 목적으로 1980년대의 중반에 존 그린더에 의해 개발되고 완성되었다. 여기에는 쥬디스 드로지어(그린더의 전 부인)도 개발 초기에 몇 부분 참여했고 도중에는 칼멘 보스티크도 참여했으므로 이들을 뉴코드 NLP의 공동창시자라고 해도 좋을 것이다(『Turtles All the Way Down』, 『Whispering in the Wind』 참조).

1980년대 초반 존 그린더는 NLP를 배워 활용하는 사람들이 자기불일치를 나타내는 것을 보고 실망하였다. 즉, NLP를 잘 배운 코치가 고객에게는 마법의 주문과 같이 강력한 변화를 이끌어내고 있음에도 불구하고 코치 본인의 인생에는 이러한 NLP를 제대로 사용하지 못하고 있음을 확인한 것이다. 클래식코드 NLP도 원칙적으로는 제공자(코치)가 스스로에게 적용하고 자기일치를 하지 않으면 NLP기법을 고객에게 효과적으로 제공하기 어렵다고 보아야 한다.

이를 계기로 클래식코드NLP의 결함을 수정하여 코드화하는 일련의 패턴을 설계하려는 목적으로 작업을 시작하였다. 그 결과 NLP 체인지 워크의 질을 크게 진보시킨 뉴코드 NLP 패턴이 만들어진 것이다. 말하자면 NLP를 배운 사람들이 상대방을 돕는 데만 치중하는 것이 아니라 스스로를 위해서도 더 잘 적용, 활용할 수 있도록 하여 자기일치를 기할 수 있도록 한 것이다.

NLP창시자가 약 10년간 현장에서 지도하면서 발견한 클래식코드NLP의 약점을 보완한 뉴코드 NLP를 시도해보니 명확한 차이가 나타났다. 전문가들의 활동에 대하여 깊게 확장된 본받기와 트레이닝의 자연스러운 결과이기 때문이다. 뉴코드 NLP는 클래식코드NLP의 설계변수를 극단적으로 제거(미니멀리즘)한 것이다. 예를 들면 뉴코드 NLP에서의 리소스 스테이트(하이퍼포먼스 상태)는 과거의 경험에 대해서는 전혀 접근하지 않고 내용무관Contents Free의 하이퍼포먼스 상태를 활성화하는 게임이나 과제에 의해 활성화 된다. 뉴코드 변화 포맷의 특징의 하나는 행동적 변화에 대한 검증과 선택이다. 이것은 체각적 신호를 사용하여 무의식을 관찰식별함으로서 이루어진다.

- 뉴코드 NLP의 특성

1. 바람직한 상태나 리소스, 새로운 행동의 선택에서 고객의 무의식을 명시적으로 관여시킨다.
2. 새로운 행동은 기본적으로 긍정적 의도를 만족시켜야 한다.
3. 변화는 행동 차원뿐만 아니라 근본적으로 상태 차원과 동시에 의도 차원에서 일어난다.

그린더는 다음 사항이 뉴코드에 포함되면 더욱 실질적인 패턴이 된다고 한다.

1. 복수의 지각 포지션. 특히 3중지각.
2. 명시적 프레이밍(아웃컴 프레임, 의도 프레임, 결과 프레임, 관련된 확인 질문 포함)
3. 논리 차원 등 계층을 포함한 관계 관리(여기서 논리 차원이란 딜츠의 의식차원이 아님을 명심해야 함.)

4. 시간선(이것은 80년대 초반 그린더와 딜츠가 진행한 공동 세미나에서 처음으로 개발되고 소개됨.)
5. 버벌 패키지(한정질문, 구체화질문모형을 미니멀라이즈하여 효율화를 기한 버전): 간결한 질문으로 명시적인 프레이밍을 하여 진술, 의미부여, 평가를 일으키는 언어에 대하여 구체적인 구별을 이끌어내는 언어 패턴.
6. 4스텝 변화 포맷: 하이퍼포먼스 상태를 불러일으키기 위하여 디자인된 뉴코드 게임(알파벳 게임, NASA게임, 트램폴린 등)
7. Sanctuary(성역, 성스러운 장소, 깊은 내면의 근원적 상태): 의식적으로는 알아차리지 못할 정도로 서서히 스며드는 바람직하지 않은 상태나 컨트롤을 잊어버릴 만큼 매끄럽게 다가오는 부정적 상태를 자각하여 깊은 내면정화를 이끌어 내어 존재의 본연을 변화시키는 의식세계(공간)
8. 무의식과의 커뮤니케이션을 위한 복수의 불수의근 신호 활용.
9. 결과적으로 성격(자아정체성) 변화에 이름.

2. 뉴코드 NLP 관련 내용

1) 무의식

인류는 그동안 무의식에 대하여 많은 견해를 제시해왔다. 어떤 한 가지 절대적인 정의는 없다고 생각해 두자. 불교에는 비불비, 시불시非不非, 是不是라는 가르침이 있다(증도가證道歌, 현각대사玄覺大師). 그름과 그르지 아니한 것, 옳은 것과 옳지 아니한 것들이 따로 없다는 가르침이다. 보는 사람의 관점에 따라 어느 쪽으로도 볼 수 있는 것이다. 많은 선택지가 있음에 동의해 주기 바란다. 선택지가 많으면 많을수록 개인적으로도, 업무적으로도 유연성이 확보될 수 있다.

무의식이라고 하면 우선 프로이드를 떠올리겠는데 프로이드에 대하여 제대로 읽어본 경험은? NLP를 하는 이상 프로이드는 이제 잊기 바란다. 서구에서는 현재 「정신분석」이라든가 「심리요법」이라는 말은 사어화死語化 되고 있다. 프로이드의 업적이라고 칭송받아온 것은 이곳에서는 꺼내지 않기 바란다.

사실 20세기에 프로이드가 처음 발견했다고 하는 무의식의 세계가 현대 심리학의 발판이 되었다면, 이미 인도에서는 5세기에 불교 승려 바수반두世親가 무의식 개념을 정립하였다. 유식학唯識學에서는 단순히 무의식이 아니라 말나식末那識, 아뢰야식阿賴耶識으로 세분해 놓았다. 이것을 보면 인도인의 탐구가 얼마나 깊은지 새삼 감탄하게 된다.

만일 인류의 예지가 오래 전부터 동서양이 공유되었다면 심리학은 당연히 5세기 인도에서 시작되었다고 기록되었을 것이다(초기 불교 자체는 바로 심리학이다). 그동안 서로 정보가 공유되지 못했기에 모든 학문이 서구의 지적 배경에서 틀을 잡았고 모든 학문이 아리스토텔레스 등으로부터 연원을 찾는 꼴이 되었다. 그러나 이제 동양의 지혜가 새삼 평가 받는 시대가 되었다.

얘기가 나온 김에 좀 더 소개하자면, 불교 유식사상의 식識이라는 개념 자체가 5감과 관련된 것으로 안식眼識, 이식耳識, 비식鼻識, 설식舌識, 신식身識을 전오식前五識이라고 하고 6식인 의식意識과 7식인 말나식末那識까지를 7전식轉識이라고 하며 여기에 8식인 아뢰야식阿賴耶識을 합하여 8식설八識說로 인간의 의식세계를 정리하였다. 유식학은 고대의 NLP라고 해도 좋을 것이다. 아니, NLP 그 자체이다. 더욱이 벽암록碧巖錄으로 대표되는 선화禪話들은 바로 '지도는 현지가 아니다'임을 깨우치려는 가르침으로 유식학의 본질은 NLP와 상통하고 있다. 서양에서는 겨우 1970년대에 정립된 NLP가 인도에서는 벌써 400년대에 유식론이라는 이름으로 체계화되었고 이미 무의식 개념도 정립되었으니 놀라운 일이다.

또 일체유심조一切唯心造를 추구하는 불교의 선수행은 현대의 '지도는 현지가 아니다'임을 깨우치는 NLP수련에 다름 아니다.

〈표 6-1〉 동서양 무의식에 관한 비교

동양	불교(심리학)	5세기 무의식 정립	바수반두(世親)	유식학
서양	심리학	20세기 무의식 발견	프로이드	정신분석 → NLP

사실 코칭이라는 개념만 해도 서구적 편향에서 소크라테스의 산파술産婆術에서 연원을 찾기도 한다. 이런 접근은 단지 코칭이라는 개념이 서구에서 성립되었음에 기인한다. 그렇지만 질문을 통해 응답을 찾는 방식으로 동양에는 일찍이 깨달음의 길을 찾는 불교의 선문답이라는 형식이 있었다. 특히 남종선南宗禪에서 잘 나타나고 있다. 이 역시 동서양의 인류의 지혜가 일찍부터 공유되었다면 코칭은 서양에서 시작되었다는 이와 같은 서구 일변도의 편향된 서술은 없었을 지도 모른다.

인도인의 사유가 깊다는 것은 그들이 생각한 수의 개념을 보면 더 명확히 알 수 있다. 대수大數로는 대표적인 것으로 항하사恒河沙 10^{52}, 아승기阿僧祇 10^{56}, 나유타那由他 10^{60}, 불가사의不可思議 10^{64}, 무량대수無量大数 10^{68}가 있고 소수小數로는 찰나刹那 10^{-18}, 허공虛空 10^{-20}, 청정清浄 10^{-21}, 아뢰야阿頼耶 10^{-22}, 아마라阿摩羅 10^{-23}, 열반적정涅槃寂静 10^{-34}에 이른다.

현대적인 무의식에 대한 정의를 살펴보면 의식에 없는 것, 의식이 아닌 것은 모두 무의식이다. 매우 내포적인 정의이다. 지금 여러분들은 이 책을 읽고 있는 이 공간의 온도에 대하여 알아차리지 못했을 것이다. 이 말을 듣는 순간 비로소 온도를 감각할 것이다. 엉덩이의 감촉 또한 지금 말하기 전에는 느끼지 못했을 것이다. 엉덩이라는 말을 들은 순간, 그 부위에 주의를 기울였을 것이다.

"어제 저녁 식사에서 가장 맛있었던 것은 무엇인가?"라고 물으면 어제 무엇을 먹었는지 떠올리고 그중에서 가장 맛있었던 것이 어떤 것이었는지 생각할 것이다. 그와 관련된 정보는 내가 질문하기 전에는 무의식에 있었다. 주의를 기울이니 어제의 일이 기억되고 의식화된 것이다.

초등학교 시절 좋아했던 담임선생님의 얼굴은 어떻게 보이는가? 그러면 여러분 모두는 나름대로 이미지를 떠올릴 것이다. 질문하기 전에는 무의식에 있던 것이 질문을 받으면서 의식화되는 것이다. 어떤 임의의 시점에서 의식화되지 않은 것은 모두 무의식이다. 의식, 무의식의 경계는 항상 흔들리고 움직이고 있다. 의식이나 무의식이라는 두 가지 단어는 보통명사이다. 하나의 언어일 뿐인데 구체적 사물과 같은 개념이 되어버렸다. 넌센스라고 할 수 있다. 그렇지만 그것이 언어의 기능이고 변수이다.

무의식 부분을 의식화할 수 있는데 그것은 때로는 유익하기도 하다. 무의식적 의식에 대하여 이상한 감각을 느낀다면 그것은 그럴 수도 있다. 우리는 무의식과 커뮤니케이션할 수 있을까? 쉽게 가능하다면 도저히 정상적인 상태라고는 할 수 없을 것이다. 무당, 심령술사(의도적 실행)나 정신이상자(비의도적 실행)는 가능하다고도 볼 수 있다.

의학적으로 의료적 조치로 고치고 싶은 통증을 가지고 있는 사람이 있는가? 그 통증을 없앨 수 있는가? 지금 몸 어디에서 통증을 느끼고 있다면 자발적으로 의식적으로 제거할 수는 없을까? 자, 시험해 보자. 그것을 제거해 보자. 만일 통증을 쉽게 제거할 수 있다면 그런 것은 처음부터 생기지도 않았을 것이다. 무의식적으로 발생하여 느껴지는 통증을 의식적으로 제거할 수는 없다. 의식이 그 정도의 파워를 가지고 있지 못하므로 통증을 제거하기 위해서는 더 힘이 센 존재의 힘을 빌리지 않으면 안 된다. 그것이 바로 무의식이다. 무의식의 힘을 빌려야 한다는 것은 방법론으로서 타당한 것이다. 내적 대화로 의미전환하여 무의식과 커뮤니케이션을 하여 의미전환Reframing하면 된다. 작업 범위나 형식은 다음과 같이 정한다. 구체적 방법은 이런 것이다.

"무의식아, 너는 나와 같은 배를 타고 있다. 내 몸이 배(Ship)라고 하면 몸속의 상태를 치유(배의 고장을 수리)하기 위하여 너와 한 팀을 이루려고 한다. 무의식아, 너는 어떻게 하면 좋은지 이미 알고 있을 터이다. 이것이 나의 의도이다. 그러기 위해서는 정확한 커뮤니케이션 수단이 필요하다. 너는 말을 하지 못한다. 그러나 몸의 감각을 통하여 내게 신호를 보내줄 수 있다. 내게 Yes라고 말하려고 할 때는 통증을 2배로 했다가 원래로 돌아가 주렴. No라고 말하고 싶으면 통증을 0로 했다가 다시 원래로 돌아가 주렴. 이렇게 통증의 강도 조절을 통하여 의사를 밝혀다오."

이처럼 내적 대화로 작업 범위설정을 하고 Yes, No 신호를 약속한다. 작업 범위와 가능 방식을 확립한 후에 질문을 한다.

"이것에 대하여 나를 도와주겠니? 그렇다면 통증을 2배로, 아니라면 통증을 0로 해다오."

이런 방식으로 진행한다.

"이 통증을 고쳐서 건강하게 돌아올 용의가 있니?"

만일 Yes라면 고마움을 표시하고 No라면 이유를 물어본다.

하여튼 무의식과의 커뮤니케이션은 이런 방식으로 진행하면 되는데 확인할 것이 있다. 이때 나오는 신호는 자발적인 것인지 작위적인 것인지 점검하지 않으면 의미가 없다. 무의식에게 어떤 신호도 보내지 말아달라고 부탁한다. 그리고 내면에 들어간 채로 트랜스에는 들어가지 말고 의식적으로 신호가 재현되는지 어떤지 확인해 본다. 아마도 재현이 안 될 것이다. 의식적으로 재현이 되지 않는 것이 정상적 현상이다. 의식적으로 통증(신호)이 재현 되지 않으면 무의식과 효과적인 커뮤니케이션을 하고 있다는 반증이 된다. 이렇게 되면 이 작업을 지속할 수 있는 바탕이 마련된 것이다.

"무의식아, 이 증상을 고칠 책임을 가질 용의가 있니?"

Yes라는 무의식의 자발적 신호를 받았다면, 그것은 무의식이 책임지고 치유하겠다는 약속을 한 셈이다.

다음으로는 그 치유시기를 물어본다. 추정이라도 좋으니 소요되는 기간을 물어본다. 가장 이상적인 경우부터 시작한다. 지금 바로인가, 내일인가, 1주일 후인가, 1달 후인가… 이렇게 그 시기를 확인해야 한다. 그러나 본인의 초조감에서 무리하게 앞당겨서는 안 된다. 그야말로 무의식에 맡겨야 한다. 의사들은 100% 고친다고 장담하지는 않는다. 그렇지만 여기서는 100% 치유된다고 하자.

"오늘 밤 12시까지는 이 통증이 치유될 수 있도록 도와주겠니?"

"어떤 상태가 되면 그렇게(치유) 된 것을 알 수 있니? 임상적 체크 시스템이 있니? 12시에 통증이 느껴지지 않으면 치유된 하나의 증거로 보면 되겠니? 그러면 12시까지 기다릴게."

여기서 무엇을 하고 있는가? 의식과 무의식 사이의 정확한 신호를 확립하려고 하는 것이다. 건강문제를 해결하는데 도움이 되는 방편으로서 인체가 신경학적으로 생물학적으로 어떻게 되어 있는지 완전히 이해하고 있어야만 하는 것일까? 의학적 지식이 충분히 갖춰져야 하는가? 그것은 전혀 그렇지 않다. 그저 인류의 탄생 이후 우리 DNA에 축적되어 온 몸의 지혜에 의존하면 된다. 내 몸 속의 기능을 무의식이 활성화하여 건강을 돌려준다. 이것을 흥미 있는 연습으로 삼기위해서는 일단 지속적으로 느끼는 통증, 증상이 있어야 한다. 대화의 충실도, 진척 상황에 따라 통증의 강도가 커지기도 하고 작아지기도 하는데 그것은 의식적으로는 조정할 수 없다. 무의식만이 가능하다. 우리의 둘도 없는 친구인 무의식을 믿고 맡겨두자. 무의식과의 커뮤니케이션을 통하여 통증을 완화하거나 제거할 수도 있다. 밀튼 에릭슨의 치료사례에서는 이렇게 무의식에 접근한 치료 케이스를 많이 볼 수 있다.

2) 무의식 신호 확립

무의식적 신호Unconscious Signal(관념운동 또는 관념동작을 통한 신체적 신호) 식별은 뉴코드 NLP에서 매우 중요한 요소이다. 이것은 내면상태에 따라 몸이 보내는 일종의 커뮤니케이션으로서 중요한 메시지이므로 민감하게 파악할 수 있어야 한다. 우리는 주로 우리 몸 외부에 정보 소스가 있는 5감에는 어느 정도 반응해 왔으나 우리 몸 자체의 감각(피부운동감각, 평형감각, 내장감각 등)에 대해서는 그다지 주의를 기울이지 못하는 듯하다. 그래도 피부운동감각이나 평형감각은 어느 정도 감지하고 있으나 내장감각은 그저 피상적으로만 감지하고 크게 신경쓰지 않은 듯하다. 배탈이나 나면 모를까. 외부 감각(5감)은 우리의 생명 안전에 직결되는 정보이므로 매 순간 중시하지만 내부 감각은 인체 제어 시스템이 작동하는 이상 어느 정도 급격한 신호는 아니고 비교적 자율적으로 제어되기 때문에 비교적 경시하는지도 모른다. 그러나 내장감각은 우리의 삶을 이끄는데 매우 중요한 감각으로 NLP를 배우는 우리는 이것을 좀 더 세련되게 다룰 필요가 있다. 현대 의학에서는 대부분의 내장이 위치하여 사령본부(두뇌)의 통제를 일일이 받지 않고 자율적으로 기능하고 있는 복부를 제2의 두뇌Second Brain라고도 하고 있다. 말하자면 팔다리 등은 접하는 정보를 모두 본부(두뇌)에게 일일이 보고하고 또 일일이 지시받아 대응하지만, 복부는 내부에서 일어나는 정보를 일일이 본부에 보고하지도 않고 대부분 자체적으로 대응, 처리하는 독립여단 또는 자치정부라고 할 수 있다.

무의식이 반응을 나타내는 경로는 어디까지나 언어가 아니라 체각적인 신호(신체언어, 행동, 비음성언어)뿐이다. 무의식이 활성화되어 작동하는 때는 록클라이밍을 할 때와 같이 내가 신체적, 외부환경상의 위험 상태에 노출되어 있을 때와 같은 상황에서이다. 만일 그런 상황에 처하게 되었다면 그전에 처음부터 "나의 안전은 너(무의식)에게 맡긴다."라는 커미트먼트를 해두면 좋다. 밀폐공간에 들어가야 한다면 거기에서 나오는 냄새나 가스 측정기에 의식이 향하도록 한다. 하여튼 무의식은 특수한 상황에서 작동하는 경우가 많다. 어린이가 울 때는 부모는 바로 알아차린다. 부모는 어린이의 사소한 신호에도 자각한다. 부모는 자고 있어도 어린아이에게 어떤 신호가 나타나면 바로 눈을 뜬다. 이런 현상은 의식과 무의식이 한 팀이 되어 일관성을 가지고 상황에 대응하기 때문이다.

무의식을 다루는 워크를 연구하는 중에 밴들러와 그린더가 정리한 바와 같이 6단계 의미전환 기법이 개발되었다. 의식과 무의식의 통합이 이루어지도록 고안된 것이다. 표상체계는 사실 밴들러와 그린더가 개발한 것은 아니다. 이미 인체에서 작동하는 것을 코드화한 것뿐이다. 이와 같은 사실은 구체화질문모형이나 다른 기법의 개발에도 해당된다. 인간이 처리하는 감각정보 등을 코드화한 것이 그린더와 밴들러이고 그것이 그들의 공적(NLP 개발)의 실질적인 내용이고 업적이다. 우리들은 이처럼 명시적으로 코드화된 패턴을 활용하여 편리하고 효과적으로 자기 생각을 전하고 인간행동을 해명할 수 있게 된 것이다. NLP 도구는 실제로는 어떤 사람에게서도 자연스럽게 쓰이고 있다. 인간행동 또는 존재방식을 나타내는 프로세스이므로, 사람이라면 자연히 활용되는 것이어서 사실 NLP를 모르는 사람도 NLP를 활용하고 있는 셈이다. 그러므로 모든 것을 외워 둘 필요는 없다. NLP를 제대로 배워 적절하게 활용하느냐 아니면 모르는 채로 사용하느냐의 차이일 뿐이다. 그렇지만 인간의 삶은 알고 하는 것과 모르는 채로 하는 것 사이에는 커다란 차이가 나타난다. 우선은 "아는 것이 힘"이 아닌가?

무의식과 커뮤니케이션하는 간단한 방식을 해 보자. 필터는 그다지 큰 문제가 되지 않을 것으로 생각한다. 질문의 메뉴를 더블 체크해 볼 필요가 있다. 무의식과 커뮤니케이션 하는 능력은 상당히 미묘하기 때문에 열심히 연습해야 한다. 그러나 일관성을 확립하기 위하여 끝까지 무의식을 내편으로 삼아야 한다. 무의식만큼 큰 힘은 어디에도 없다. 그런 무의식을 내가 내편으로 삼아두지 않으면 삶에서 엄청난 손해를 보는 셈이다.

「자기 사보타주」라는 현상을 알고 있는가? 어떤 사람이 자기가 의식적으로 지향하는 목적과는 반대의 행동을 무의식적으로 하는 상황을 말한다. 자기의 성공의 길을 스스로 회피하는 것이다. 예를 들면 많은 사람들은 자기의 체중을 감량하려고 애쓰기 마련이다.

그린더는 멕시코에서 200여 명의 청중을 대상으로 체중감량 세미나를 하였다. 참가한 사람들의 대부분이 50파운드 정도 체중을 오버하고 있었다. 그리고 3개월 후에 다시 모였다. 거의 모두 평균 25파운드는 감량이 되었으나 7인의 여성은 체중이 줄지 않았다. 그 7인 전원을 점심식사에 초대하였다. 모두 샐러드를 주문하여 먹었다. 그린더는 그들에게 생활이나 직업에 관해서 물어보았다. 전형적인 하루 일과에 관한 것이었다. 그녀들 모두는 정부기관에서 일하고 있었다. 멕시코에서는 젊고 몸집이 작아 매력적이고 패셔너블한 여성을 귀엽게 보는 반면 머리가 빈 사람이라고 보는 인식이 있다. 정부기관의 일을 하자면 남에게 그렇게 보여서는 안 되기 때문에 어느 정도 체중이 나가는 편을 선호하는 듯 했다. 정부기관에서 일하고 있는 사람들은 무게 있게 보여야 했기 때문에 몸집을 키웠다. 그것을 유지하기 위해서는 체중을 올릴 필요가 있었던 것이다. 가냘프고 마른 몸집으로 직장에서 제대로 된 대접을 받고 민원인에게서 경의의 시선을 받을 수 있었을까? 그런 현실적인 상황에서 자기 사보타주가 일어나는 것이다. 체중은 그녀들을 실업의 위험에서 지켜주고 자기존중감을 높여주는 것이다. 무의식이 신체의 대사를 제어하여 체중이 줄지 않도록 하고 있는 것이다. 먹는 량을 줄이고 운동량을 늘여도 안 되는 것이다. 이러한 사실을 명확히 알아차린 순간 그 중 3사람의 여성은 정부기관의 일을 그만 두었다. 남은 사람들은 자기의 무의식과 대화를 하였다. 체중을 줄이면서도 직장에서 제대로 대접 받을 수 있는 쪽으로… 그만 둔 3사람은 이 방법을 취하는 것이 어려웠나 보다. 무의식은 말이 없다. 그러므로 높은 수준의 질문에서부터 시작하여 신체적 신호를 얻어내고 반응과 협조를 구해야 한다. 나의 무의식은 지혜로워서 나의 모든 문제에 대한 답을 알고 있다. 그렇다면 더욱 무의식과 친하게 지내야 하지 않겠는가?

≫ 무의식 신호 확립 연습

이 실습은 뉴코드 NLP의 일부이기도 하지만, 무의식적(관념운동적) 신호의 확립과 식별의 중요성을 체험하는 것이 목적이다. 이 실습 프로세스는 기존 NLP의 6단계 의미전환 기법과 비슷하다. 뉴코드 NLP의 중요한 포인트인 「SCRF」 중 「내적상태 안정화」 「관계성 형성」 「관찰식별」을 유념하여 활용하면서 진행한다.

1. 코치(A)는 고객(B)의 특정한 본인의 건강상의 문제를 듣는다.
2. 그 문제의 문맥(문제 상황, 내용)을 특정한다.
3. 고객에게 무의식적 혹은 의식적 신호를 감각케 하고 식별하게 한다.
4. 무의식적 신호를 특정하여 재체험한다.
4. 잠시 후, 고객이 자기의 무의식과 직접 커뮤니케이트하게 하여 문제의 고차원 목적(아웃컴)을 달성할 수 있는 대체수단을 생성하도록 요청한다.
5. 그 대체수단을 가지고 2.의 해당 문제 문맥에 적용하여 넣어본다.

6. 피드백한다.

무의식에 대한 질문

먼저 트랜스 상태(무의식 상태)에 들어간다. 그런 상태가 확인되면 다음 순서로 진행한다.

1. 코치는 무의식과의 커뮤니케이션을 촉진할 목적으로 우선 고객에게 무의식으로부터 어떤 형태로든지 신호를 알아차리도록 요구한다.
2. 고객이 특정한 신호를 보고하거나 나타내면 코치는 고객에게 다음과 같이 무의식에게 요청하도록 한다.
   "만일 지금 이 신호가 '예'이면 다시 한 번 신호를 보내 주렴."
   "만일 지금 이 신호가 '예'이면 신호의 강도를 보다 강하게 한 번 더 보내 주렴."
3. '예' 신호가 확립되면 마찬가지로 '아니오'의 신호도 확립한다(해당 신호의 강화가 '예'인 경우 '아니오'는 신호 강도를 약하게 하는 것으로 한다).
   이러한 신호는 의식적으로는 재현할 수 없는 것임을 확인할 필요가 있다.
4. 코치는 고객에 대하여, "본받기 대상의 사람을 떠올리고 본받기를 승낙합니까?"라고 무의식에게 묻도록 한다.
5. 대답이 '예'라면 코치는 고객에게, "본받기 할 때 필터링 해야만 할 것이 있습니까?"라고 무의식에게 묻도록 한다.
6. 대답이 '예'라면 코치는 고객에게, "본받기할 때 필터링 해야만 할 것은 배제하여 본받기 할 것입니까?"라고 무의식에게 묻도록 한다.
7. 대답이 '예'라면 코치는 고객에게, "그러면 앞으로 본받기할 때 필터링 해야만 할 것은 배제한 형태로 실제로 실행합니까?"라고 무의식에게 다시 한 번 확인 묻도록 한다.
8. 코치는 고객에게 무의식 상태에서 Ecology Check(위화감 체크 등 환경점

검)를 하도록 요청한다.

9. 코치는 고객에게, "무엇인가 위험한 것이 발생하면 바로 트랜스 상태에서 깨어나 의식적으로 주의를 기울일 것에 동의합니까?"라고 무의식에게 물어 확인한다.

무의식과 대화 시연

- **프로세스**

무의식적 신호 발견과 체험 그리고 확립에 중점을 두기로 한다.

1. 의자 배치: 의자에 앉는다.
2. 주제 선정: 체중감량이라면 그것을 종이에 적어 놓는다.
3. 일어서서 머리를 흔든다(셔플): Know-Nothing State(무의식 상태) 확립
4. 문제 상황에 들어가 체험한다. V, A, K를 질문한다.
5. 일어서서 머리를 흔든다(셔플).
6. 의자에 앉는다. 여기에서 무의식 신호를 확립한다.

- **사례**

코치: 지금 어떤 신호(느낌)인가?

고객: 위가 잡아당겨지는 느낌.

코치: 신호를 보내준 무의식에게 감사 인사를 전합니다.

고객: (신호를 보내줘서 고맙습니다)

코치: 지금 신호가 정말로 무의식이 보낸 것이라면 좀 더 강하게 보낼 수 있나요?

고객: 같은 느낌인데 변화가 있는 것 같습니다.

코치: 그 변화는 Yes인가요?

고객: 배에서 작은 경련이 납니다.

코치: 무의식에 감사를 표하고 Yes라면 한 번 더 신호를 보내달라고 합니다.

고객: 다시 느껴집니다.

코치: 그 신호는 의식적으로 재생 가능한가요?

고객: 완전히 똑 같지는 않습니다만…

코치: 무의식에 감사를 표하고 다시 한 번 더 신호를 보내달라고 합니다.

고객: …

코치: 지금 오른손과 왼손의 엄지가 움직였는데 그것은 의식적이었나요?

고객: 아니요. 무의식입니다.

코치: 무의식 신호를 보내주어 고맙다고 전합니다.
무의식과 제(코치)가 직접 커뮤니케이션한다면 더 빠릅니다.
무의식에게 고맙다는 인사를 하고 이번에는 No 사인을 요청합니다.

고객: 왼손가락이 움직입니다.

코치: 무의식에게 고맙다는 인사를 하고 그것이 No 신호라면 더 강하게 요청합니다.

고객: 더 강하게 움직입니다.

코치: 이제 Yes, No의 구분이 분명해졌습니다. 귀여운 데몬(내자아Parts 개념)이군요.
무의식에게 고맙다는 인사를 하고 무의식이 만족스러워 하면 다시 Yes 신호를 요청합니다.

고객: 엄지가 움직입니다.

코치: 지금 체중감량을 하려고 하는데 뭔가 방해물이 있군요. 예를 들어 알코올 중독의 높은 차원의 아웃컴은 릴랙스하는 것이라면 그것을 만족시키기 위해서는 알코올이 아닌 다른 대체 수단이 필요합니다.
이번 케이스는 대체수단이 아니라 목적을 달성하기 위한 솔루션이어야 하는데 그것을 무의식은 이미 알고 있으므로 그 방안을 3가지 제시해달라고 부탁합니다. 우선 Yes, No의 응답을 받아봅니다.

고객: Yes 신호입니다.

코치: 무의식에게 고맙다는 인사를 하고 행동 선택지 3가지를 부탁합니다. 의식적 응답은 아닙니다. 무의식과 관계성이 형성되어 있다면 응답이 옵니다. 우선 한 가지를 말해 준다면 먼저 Yes 신호를 보냅니다.

고객: Yes.

코치: 무의식에게 고맙다는 인사를 하고 두 번째 해결책 발견을 부탁합니다. 찾았으면 또 신호를 보냅니다.

고객: Yes.

코치: 무의식에게 고맙다는 인사를 하고 마지막 세 번째 해결책 발견을 부탁합니다. 찾았으면 또 신호를 보냅니다.

고객: Yes.

코치: 자, 그 3가지는 각각 어떤 것인가요?

고객: 각각의 신호라고 할까, 무의식의 응답은 첫 번째는 보기 좋은 몸매의 이미지가 보였고 두 번째는 뭔가 막연한 오렌지 빛이었고 세 번째는 등이 가볍고 반듯이 서는 느낌이었습니다.

코치: 무의식에게 고맙다는 인사를 하고 가능한 한 조속히 실현시켜주도록 부탁합니다.

고객: 배에서 작은 경련이 느껴집니다.

코치: 그러면 이상의 3가지를 가지고 실현하고 싶은 테마(기성체험As if)로 들어갑니다.

고객: 아까와는 다른 느낌입니다(목소리가 높아졌다).

코치: 무엇이 다른가요?

고객: 멋진 옷을 입고 가볍고 부드러운 음색의 제 목소리가 들립니다.

코치: 예, 이제 곧 그런 모습이 실현될 겁니다. 충분히 이미지해 보세요.

고객: (충분히 체험한 다음) 감사합니다.

피드백

- 무의식과의 커뮤니케이션하는 방법을 처음 배웠다.
- 무의식과 대화하고 인사를 나누는 것이 신선하였다.
- 앉아 있을 때는 신호 감사가 어려웠는데 일어서서 하니까 잘 감지되었다.
- 구체적인 내용은 다소 모호해도 결과적인 모습은 명확해서 직감(무의식)을 신뢰해야겠다.
- 아무리 작은 신호라도 느끼지 못할 리가 없는데 만일 반응이 없으면 20초 동안 더 기다려 보고 그래도 신호가 없으면 Yes인가를 물어보라.
- 에릭슨이 가르쳐주기를, 클라이언트가 찾아오는 이유는 스스로의 무의식과 대화하지 못 하거나 그 무의식을 신뢰하지 못하기 때문이라고 하였다.
- 무의식과 커뮤니케이션이 잘 안 될 때는 질문을 바꾸든가, 어프로치 방식을 바꾸든가 하는 유연성 발휘가 요구된다. 내면안정, 관찰식별, 관계성과 유연성을 확보하면 무의식이든, 고객이든 Yes가 되기 마련이다.
- 3가지 해결책을 요구하는 것은 보다 자유로운 행동 선택을 하기 위해서이다
- 내면에 부정적인 데몬이 있다면 그 데몬에게 보다 고차원(전체적Holistic)의 아웃컴과 융합, 통합되도록 성실하게 이끌면 된다. 전체적인 시야를 갖는 메타 차원의 자신이 주인이고 부분적인 데몬은 일개 하인에 불과하다. 이러한 통합을 언제든지 실행하면 그야말로 탁월한 인간성이 육성된다.
- NLP는 지극히 목적지향 접근법이다. 게다가 내용무관Contents Free 방법론이다.

NLP는 무의식의 중요성과 효과성을 강조하는 입장이다. 평소 우리가 어떤 문제에 봉착했을 때, 그렇게 골똘히 해결책에 머리를 싸매지 않아도 된다. 무의식과 착실히 얼라인먼트를 이루면 쉽게 해결책이 떠오르게 된다. 문제를 살피고 해결책에 고심하다가 잠깐 놓아버렸을 때, 문득 번득이는 해결책이 떠오른 경험이 없는가? 경험해 본 사람은 그 순간의 오묘한 느낌을 알 것이다.

많은 사람들은 자기의 무의식을 그다지 신뢰하지 못하는 듯하다. 어렸을 때부터 좌뇌적인 분야에 치중하여 배우고 성장했기 때문이다. 그래서 비교적 우뇌의 영역에 가까운 무의식의 중요성이나 효과성을 별로 경험하지 못했다. 좀 이상하

게 들릴지 모르지만 고대에는 무의식에 의지하는 바가 컸다. 즉, 내면의 무한한 자원을 신뢰하고 의지하였다. 그런데 물질문명의 발달에 따라 외부 기기에 의지하게 되었다. 이처럼 점차 과학에 기반을 둔 물질문명이 발전하면서 인간의 무의식적 힘은 퇴화되고 세상 모든 것은 의식적 인지에 기울어지게 된 것이다.

그렇지만 인간이라는 구조는 지금도 고대인과 기본적으로는 크게 다르지 않다. 인류 역사상 현대문명이 지배하는 기간은 극히 최근 몇 세기에 지나지 않는다. 그사이에 우리의 무의식이 완전히 쇠퇴하거나 소멸된 것은 아니다. 그러므로 우리는 지금도 얼마든지 무의식의 감각을 일깨우고 세련시켜 활용할 수가 있다.

어떤 사람은 자기가 해야 하는 강의 또는 스피치 등을 하나하나 세부적 스크립트로 정리하여 준비한다. 그래야 안심이 되고 자신감을 갖는다. 그런데 그 스크립트를 활용하지 못하는 상황이 되면 커다란 패닉에 빠지게 됨은 당연하다고 하겠다. 그러므로 우리는 평소에 자기의 무의식을 믿고 대국적인 맥락만 정하고 상세는 무의식에게 맡겨 놓는 것이 바람직하다. 그러면 유연성 발휘의 폭도 넓어진다. 말하자면 내면상태 안정이다. 내면 지배권의 무게를 무의식에 더 맡겨 두면 된다. 이것이 자신감의 바탕이 된다.

코치가 세션 시에 모든 것을 배운 그대로 기억했다가 실행하는 것은 불가능하다. 또 어떤 문제를 지닌 어떤 성향의 고객이 올지도 모르는데 사전에 상세한 진행 스크립트를 준비할 수도 없다. 그렇다고 코칭 매뉴얼을 옆에 펴놓고 들여다보며 진행할 수도 없다. 일류 코치로서의 품격을 고려해야 한다. 그러니까 결론은 무의식에 맡기고 자신감을 갖고 임하는 것이다. 물론 이렇게 되기 위해서는 평소의 반복적인 연습을 통해 무의식에 인풋하여 언제든지 연결을 확보해 놓아야 하는 것은 두 말할 필요도 없다. 마라톤 연습은 하지 않고 월계관만 쓰려는 것은 터무니없는 욕심이다.

무엇보다 내면안정을 먼저 이루고 다음에 관찰식별이다. 이어서 관계성을 형성한 가운데 유연성을 발휘하여 진행하면 된다. 그러면 고객 또한 릴랙스 상태에서 진행하게 되고 내면을 오픈하여 멋진 선물을 나누게 된다. 어쩌면 코칭은 복잡하고 어려운 듯하면서도 전체적으로 보면 이처럼 간단하기도 하다.

3) 무의식과 꿈

수면 중의 꿈은 여러분에게 무엇을 의미하는가? 서양에서는 프로이드의 영향으로 꿈이란 잠든 사이에 무의식이 보내는 신호라고 인식되어 왔다. 꿈은 메타포로서 우리가 알고 있는 의미, 상징, 은유(사람, 사물, 상황…)도 있지만, 그것은 그다지 관계없다. 이야기Story에서는 관계를 의미하는 동사가 중요하다. 이야기에서 명사를 바꾸면 의식은 혼란을 일으킨다. 무의식과 커뮤니케이트하기 위한 현상인 꿈에서는 실제 관계는 유지되면서 비현실적인 일이 비유적으로 일어난다. 꿈이란 무의식이 일으켜내는 자발적인 메타포이다.

자기의 꿈을 이해하는 것은 중요한가? 우리는 무의식이 활성화된 꿈을 이해하기 위하여 해몽 또는 풀이하는 대신에 대체수단을 활용할 수가 있다. 좋아하는 시를 떠올려보라. 시를 읽고 정서가 움직인 체험이 있을 것이다. 시 속에서 시를 통하여 시인이 말하고자 하는 것이 자기의 감정에 영향을 미친 것이다. 평론가나 국어교사는 불행스럽게도 그런 시를 분석 대상으로만 삼을 지도 모른다.

꿈은 시와 같이 이해한다든지, 분석하는 대신에 있는 그대로의 본질, 정서를 인식하거나 상징으로 이해하는 것이 중요하다. 서양에서는 꿈을 무의식의 발현이라고 보아 의식세계에서 논리적으로 분해하려는 어리석은 짓을 해왔다. 또 소위 꿈분석을 일기처럼 기록하는 사람도 있다. 그 사람에게는 그럴 가치와 의미가 있겠지만 가장 우뇌적인 소산인 꿈을 좌뇌적 현상으로 이해하려는 별로 바람직하지 않은 시도라고 하겠다.

"이해되지 않는 꿈에는 어떻게 반응하면 좋은가요?"

"자, 무엇을 하면 좋을까요?"

최근 특히 반복적으로 꾼 꿈이 있다면 떠올려보라. 시각적 이미지로나 청각적이든, 체각적이든 관계없다. 그러나 우선 시각적 이미지로 떠올린 꿈부터 다루어보자.

"이 꿈에 대하여 감사합니다."라고 먼저 인사를 한다.

꿈에 대한 반응으로서 당신이 하고 싶은 것이 있다면, 이미지에 초점을 맞추고 그 부분을 2배로 크게 확대한다.

"너는 네가 보내준 선물(꿈)에 내가 반응하기를 원하니?"

그때 이미지의 하위감각양식이 밝아지는지 어두워지는지, 커지는지 작아지는지, 가까워지는지 멀어지는지 등을 체크한다. Yes 반응이 있으면 계속 진행한다. 만일 거부(No) 신호를 받으면 그때는 고맙다고 인사하고 그냥 마치면 된다. 거부신호일 때에 다른 방식으로는 하위감각양식을 활용하여 어둡게 하든가, 멀리 보내 버린다(Fade Out, 화면이 점점 어두워지다가 사라지는 효과).

"나는 네가 원하는 반응 내용을 어떻게 전해주면 좋을까?"

어떤 신호가 있으면 감사를 표시하고,

"그 꿈에 어떻게 반응하면 좋을지에 대하여 이미지나 소리나 느낌으로 전해다오."

역시 어떤 신호가 있을 것이다.

이 질문에는 의식적으로 응답한다. 무의식이 요청한 것에 대하여 어떻게 반응할까를 의식적으로 응답할 수 있을까? 만일 이미지나 소리, 느낌으로 응답을 받았고 무의식이 당신의 꿈에 대하여 무엇을 전하려고 하는지 알 수 있다면, 요청받은 것을 안다면, 그것은 의미 있는 일이다. 그 요청을 받아들일 용의가 있는 것이다.

이 프로세스의 진행에서 도중에 막히게 될 때도 있다. 그때는 그 상태를 있는 그대로 말한다.

"무의식의 응답이 이미지로 나왔는데, 그것이 무엇인지 잘 의식화되지 않습니다." 그러면 무의식에게 고맙다는 인사를 하고, "내가 원하는 것으로 더 선명한 이미지를 주렴." 하고 부탁하면 된다.

무의식으로부터 의식에게 메시지가 명확하게 되기까지 이런 프로세스를 계속

한다. 생리학적인 반응이 나타나거나 반복되는 것은 무의식으로부터의 타당한 신호이다. 이것은 무엇을 의미하는가? 우리들은 모른다. 그러나 간단히 찾아낼 수 있다. 무의식에게 인사를 하고 "만일 그 감각이 Yes이면 다시 한 번 재현해 주렴." 하고 요청한다. 이것이 무엇을 의미하고 있는지, 어디서 일어나는지를 알게 된다.

여기서 무엇을 하고 있는지 생각해 보자. 꿈이라고 하는 무의식으로부터의 메시지에 어떻게 대응하면 좋은지 알게 되었다. NLP전문가로서 자기의 무의식과 코디네이트하는 것은 매우 중요하다. 코칭 장면이나 트레이닝 시에 이런 작업도 할 수 있도록 대비해 두는 것도 필요하다.

3. 뉴코드 NLP 변화 포맷

NLP 창시자 존 그린더가 1980년대 중반에 개발한 새로운 방법론이다. 그는 당시 쥬디스 드로지어Judith DeLozier와 『개인적 천재가 되기 위한 필수조건』이라는 세미나를 열면서 이 개념을 처음 선보였다. 이론적 설명은 그린더의 저서 『Turtles All the Way Down(계속 아래로 중첩되어가는 거북이), 1987』과 『Whispering in the Wind(바람의 속삭임), 2001』에 수록되어 있다.

NLP가 개발된 이래 그동안 꾸준히 NLP를 진화시켜온 그는 이처럼 NLP의 새로운 접근 방식을 제안하였는데 그 현저한 특징은 코치와 고객 사이 또는 각 개인 차원의 무의식적 커뮤니케이션을 중시하는 것이다. 구체적으로는 「뉴코드 NLP 변화 포맷」 등을 비롯한 일련의 기법 체계와 게임을 활용하고 있다.

전형적인 예는 무의식의 회로가 충분히 열린, 무의식이 활성화된 상태인 KNSKnow-Nothing State= Knowing Nothing State(잡념 없는 무의식 상태, 또는 멍한 의식 상태)라고 하는 상태를 확립하고 활용하는 것이다. 이것이 곧 하이퍼포먼스 상태이고 Sanctuary(근원 상태)이기도 하다.

문제를 만나면 먼저 이 같은 상태(준거틀의 작동이나 선입견 등 잡념 없는 상태)

를 확립하고 그 상태를 유지하면서 문제 상태에 들어감으로써 매우 유연한 새로운 행동의 선택지를 다양하게 얻을 수 있게 된다.

전통 NLP와 뉴코드 NLP의 차이점에 대한 간단히 이해를 돕기 위하여 그림으로 풀면 다음과 같다.

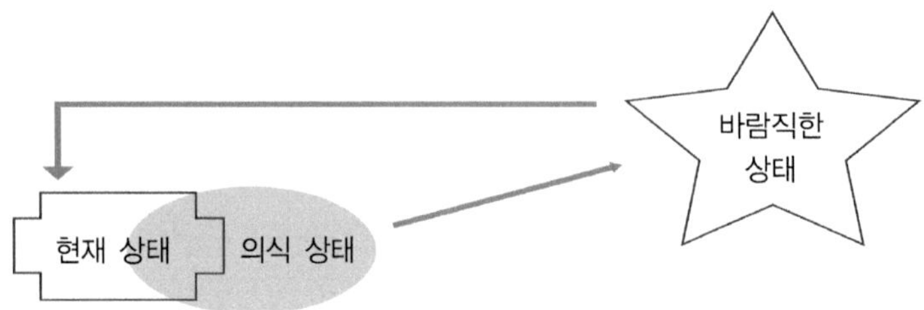

[그림 6-1] 전통 NLP 방식

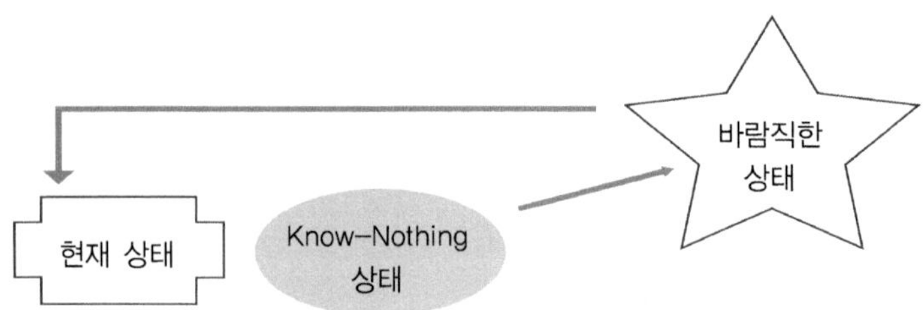

[그림 6-2] 뉴코드 NLP 방식

전통 NLP에서는 고객이 현재상태나 아웃컴을 경험할 때의 경험도 주로 현재 의식이 활성화된 상태에서 이루어지는데 비하여 뉴코드 NLP에서는 고객이 현재상태와 아웃컴을 경험할 때, 5감이 열린 상태인 Know-Nothing 상태에서 고객의 무의식이 보다 크게 관여하여 무한의 선택지에 접근할 수 있어 무엇이 일어날지 사전 예상이 전혀 불가능한 창조적 상태가 된다.

뉴코드 NLP의 중요 요소로는 다음 3가지가 있다.

1) 무의식 상태 확립과 활용

이 같은 상태를 확립하고 그 상태를 유지하면서 문제 상태로 다시 한 번 돌아감으로써 매우 유연한 새로운 행동의 선택지를 다양하게 얻을 수 있게 된다.

2) 다중지각위상 확립과 활용

다양한 지각위상을 확립하고 그 상태를 활용하면서 문제 상태를 관망하면 다양한 관점을 통하여 가장 적합하고 구체적인 행동의 선택지를 얻을 수 있게 된다.

3) 주변시야 확립과 활용

내면안정 상태를 확립하고 그 상태를 유지(3Te)하면서 주변시야를 통해 문제 상태를 바라보면 보다 객관적으로 보이게 되고 창조적인 새로운 행동의 선택지를 다양하게 얻을 수 있게 된다.

뉴코드 NLP의 특징은 크게 3가지로 이해할 수 있다.

1. 앞서 설명한 대로 5감이 열린 상태인 Know-Nothing 상태를 확립(그러면 결과적으로 무의식적으로 하이퍼포먼스 상태가 되고 고도의 창의성이 발휘된다)하고 활용한다.
2. 게스탈트 테라피가 전통적으로 사용해 온 스페이스 소팅Space Sorting(공간 마킹을 해 두고 롤플레이 형식으로 실제로 몸을 움직여 몇 가지 공간을 이동하는 방식)을 활용한다.
3. 이 스페이스 소팅에 입각(실제로는 다중지각 체험)하면서 다양한 NLP 개인 편집기법들을 활용한다.

그린더의 미니멀리즘Minimalism(가능한 한 최소수의 단순 요소를 활용하여 최대 효과 산출 달성을 지향하는 사고방식)이 반영된 것이 뉴코드 NLP 변화 포맷인데 이것은 변화워크에 응용된다. 뉴코드 NLP 변화포맷의 전체 순서는 다음과 같다.

>>> 뉴코드 NLP 변화포맷의 전체 순서

1. 먼저 제3포지션에서 긍정적 변화, 영향을 미치려고 하는 특정한 행동을 경험하려는 구체적 상황(부정적 행동, 상황)을 선택한다.
2. 이렇게 이미지한 상황과 그 상황에서 변화, 영향을 미치려는 행동(현재 행동)을 하고 있는 자신에 대한 V와 A를 물리적인 특정 장소에 두고 아직은 아무 것도 바꾸려고 하지 않는 채로 자신의 이미지의 제1포지션으로 들어가 그저 자신을 관찰식별한다(이것은 또한 코치가 고객의 해당 상황에 대한 반응 상태를 관찰식별하는 기회이기도 하다).
   〈Break State(의식 전환)〉
3. 제1포지션에서, 뉴코드 게임(실습)을 시작한다. 여기에는 알파벳 게임, NASA 게임 등이 활용된다. 그렇게 하여 내용무관Contents Free의 하이퍼포먼스 상태에 들어간다.
   플레이를 통하여 게임(실습) 중 하이퍼포먼스의 기반이 되는 신경회로와 근육을 완전히 활성화한다.
4. 회로가 완전히 활성화되었다고 관찰식별되면 제1포지션의 고객은 주저 말고 한층 더 중요한 것으로서, 의식적으로 자기의 경험에 영향을 미치도록 하는 시도는 일체 하지 말고 2의 물리적 장소, 즉 무엇인가를 변화하려고 생각하여 이미지한 상황을 둔 장소(최초의 공간)로 돌아온다.

여기서 순서 3.에는 변수가 있는데 그것은 고객이 하고 있는 게임의 내용이다. 실제로 이 변수에 의해 활용하고 있는 게임(알파벳, NASA 등)에 포함되어 있는 「타당한 조건 형성」을 만족하고 고객에게 어떤 내용이든 하이퍼포먼스 상태를 생성할 수 있는 게임(G1, G2)이 있다면 얼마든지 다른 방식을 고안하여 적용하는 것도 가능하다.

변화를 불러일으키려고 생각한 상황(아웃컴, 해결책)에 고객이 돌아왔을 때(4.의 공간, 즉 최초의 공간), 그가 경험하게 되는 변화의 질은 게임 중의 고객의 내면 상태의 질에 따라 결정된다.

뉴코드 변화 포맷의 실행에서 매우 중요한 것은 이러한 원칙을 유념하는 것이다. 위의 원칙을 고려할 때, 뉴코드 변화 포맷에서의 코치의 역할은 다음과 같다. 코치(게임을 유도하는 역할)는 앞서의 순서 3.에서 선택한 게임의 내용에 따라 책임이 변하지만(특히 코치 스스로 고안한 G1, G2…를 도입했을 때) 어느 것을 적용하더라도 가장 중요한 과제는 한 가지 있다. 그것은 뉴코드 변화 포맷의 어느 게임에나 부과되는 것인데 「고객의 신체적 특징, 상태에 대한 감시자로서 기능하는 것」이다. 따라서 고객의 상태의 질은 코치의 역할에 따라서 변화될 수도 있다는 것이다. 그러므로 고객으로 하여금 최상의 컨디션을 확보할 수 있도록 돕는 코치 역할의 중요성은 아무리 강조해도 지나치지 않는다.

코치는 고객의 신체적 특징과 상태를 관찰식별하며 게임의 사이사이에 최적의 신체상태 발휘를 확보할 수 있도록 개입할 수도 있는 재량과 책임이 주어진다(패턴 중단, 의식전환 뿐 아니라 칭찬, 격려 등).

그러나 이러한 조치는 어디까지나 제2차적인 것이므로 이것이 코치의 주역할인 양 이뤄져서는 안 된다. 애당초 그런 일이 발생하지 않도록 이끌어야 한다.

그리고 고객은 뉴코드 변화 포맷 순서 3.을 마치면 의식전환 없이 그 상태를 벗어나거나 짬을 두지 말고 바로 4.로 이동한다. 이어서 순서 1.에서 선택한 부정적 상황을 긍정적으로 바뀌어 활성화된 하이퍼포먼스 상태를 체험한다.

당초 고객 속에서 리소스 결여상태를 일으켰던 바로 그 자극(문제현상)이 다음에 고객이 그 특정 상황 또는 비슷한 자극이 있는 상황에 들어갔을 때, 이번에는 게임 중에 달성된 하이퍼포먼스 상태가 자동적으로 재활성화 되는 효과를 발휘하는 다이나믹한 앵커(역동적 자극체)로서 기능하게 된다.

뉴코드 변화 포맷 연습: 4단계

A는 코치, B는 플레이어(고객) 역할을 한다.

1. 메타 포지션 설정: 먼저 B는 중립적 위치에서 제2포지션을 본다.
2. 문제 현상(이제부터 빅 퍼포먼스(=하이퍼포먼스)를 실현하고자 하는 상황)에 몰두한다.
   〈의식전환〉
3. 뉴코드 게임 실행(알파벳 게임이나 다른 방식 활용도 가능)으로 Know-Nothing 상태가 된다.
4. 문제 현상(빅 퍼포먼스(=하이퍼포먼스)를 실현하고자 하는 상황)으로 돌아온다.

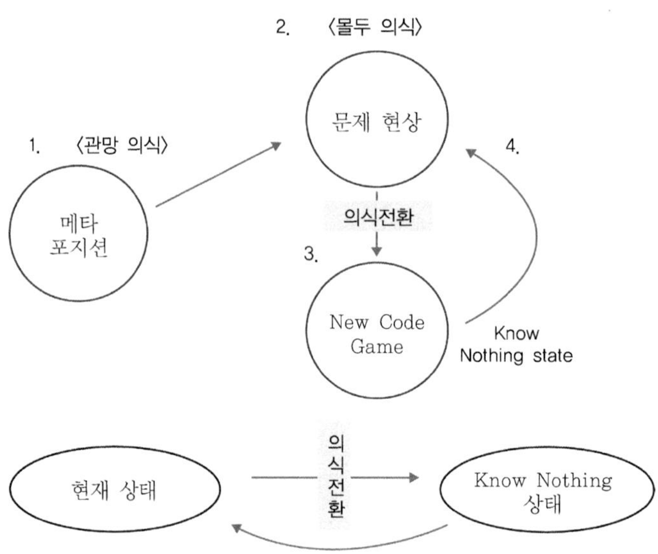

* 몰두: 자기 동일화 상태, 자기 감각으로 체험한다.
* 관망: 자기 객관화 상태, 자기를 밖에서 본다.
* Know-Nothing 상태: 깊은 트랜스 상태에서의 자기 동일화
DTI(Deep Trance Identification) 상태

[그림 6-3] 뉴코드 변화 포맷

4. 뉴코드 NLP 의도 및 결과 모형

의도를 명확히 찾아내려면 몇 가지 도구가 필요하다. 무엇보다 먼저 버벌 패키지, 그리고 의도/결과 모형을 이해하고 있어야 한다.

"밖에는 비가 내리고 있어요."라고 말하면, 왜 그런 말을 하는지 혼란스러울 수가 있다.

"어째서 그런 말을 하는 거지?"라고 머릿속에서 생각을 굴릴 터이다.

"이러한 말을 하는 의도는 무엇일까?"하는 생각을 하기 마련이다. 그러므로 그때는 "그렇게 말씀하시는 의도는 무엇인가요?"라고 물어보면 된다.

지금 강의가 끝날 무렵이라고 하자.

"밖에는 비가 내리고 있어요."라고 말한다면 그 의도는 휴식을 취하려고 밖으로 나갈 사람은 비옷이나 우산을 준비하라는 것이다.

어떤 말을 들을 때, "무엇을 말하고 있는가?" 그리고 "그 의도는 무엇인가?" 확실히 들어야 한다. 흘려듣는 인디언 목상처럼 마이동풍馬耳東風으로 들어서는 곤란하다.

의도 찾기 시연 1

고객: 얼마 전에 영화관에 갔었습니다.

코치: 어떤 영화관에 갔었나요?

고객: 이 근처에 새로 생긴 곳입니다.

코치: 무엇을 보았나요?

고객: 뮤지컬이었습니다.

코치: 누구랑 같이요?

고객: 친구와요.

코치: 얼마 전이란 구체적으로 언제인가요?

고객: 1주일 전입니다.

코치: 어떤 뮤지컬이었죠?

고객: 「레미제라블」이었습니다.

코치: 감상한 느낌은?

고객: 너무 좋았어요.

코치: 구체적으로 어떻게 좋았나요?

고객: 가슴이 울렁거리고 감동적이었어요.

코치: 구체적으로 무엇이 감동적이었나요?

고객: 무대가 매우 화려했습니다.

코치: 무대의 어느 부분이 매우 화려했는가요?

고객: 배우들의 의상이 화려했어요.

코치: 구체적으로 무엇이 감동적이었나요?

고객: 동양인과는 다르구나 하는 점에서요.

코치: 동양인과는 무엇이 다른가요?

고객: 물론 배경 문화이지요. 아름다움의 질이라는 점에서요.

코치: 좀 더 구체적으로 말하자면?

고객: 대륙적이라는 생각입니다.

코치: 대륙적이라면?

고객: 스케일이 크다는 것이죠.

코치: 그 차이를 구체적으로 말한다면?

고객: 우리들이 보고 느끼는 세계는 비좁다는 것이에요.

코치: 비좁다는 것은 구체적으로 어떤 것인가요?

고객: 옷 색깔이라든가, 스타일이 우리와 달리 개방적이었어요.

코치: 개방적이란 어떤 의미인가요?

고객: 색 그 자체, 실루엣 등 모두 내면으로 소구해 들어오는 것 같아요.

코치: 구체적으로 색 그 자체, 실루엣 등의 차이로 감동했다…는 말씀인가요?

고객: 또 하나는 연기의 움직임이었어요.

코치: 연기의 움직임도 포함하여 감동한 것이군요.

고객: 우리들이 가지고 있지 않은 부분에 대하여 감동했습니다.

코치: 그렇다면 뮤지컬을 보고 문화의 차이, 의상, 색채, 실루엣, 연기, 개방적 느낌이 감동을 불렀군요?

고객: 그렇습니다.

코치: 당초 영화관에 간 의도는 무엇이었나요?

고객: 그저 동료를 따라 간 것이에요.

코치: 그저 동료를 따라 간 것이라면?

고객: 업무의 연장선이었지요.

코치: 어떤 업무였는지요?

고객: 우리 회사의 업무에요. 소비자 트렌드 파악 업무요. 그리고 새로운 세계를 접해보고 싶은 개인적 의도도 있었어요.

위의 대화에서 여러분은 무엇이 초점인지 이미 알아차렸을 것이다. 버벌 패키지에서 유념해두지 않으면 안 되는 포인트는 코치의 질문 의도이다. 코치로서는 '어떤 의도로 고객에게 정보를 리마인드시켜 주려고 하는가?'가 포인트이다. 위에서는 고객의 의도는 명백히 자각하게 되었다. 그렇게 되면 고객은 자신의 행동을 완벽히 이해했고 앞으로 바꾸려고 한다면 얼마든지 잘 바꿀 수 있다. 그것은 그것으로 됐다.

요약 정리하면, "얼마 전에 즐거운 체험을 하였군요. 동료와 함께 극장에 가서 매우 감동을 받았군요. 새로운 세계를 접해보려는 개인적 의도도 있었군요?"와 같이 요약하고 다음 질문으로 연결해 간다.

(위의 시연 사례는 한정질문(버벌 패키지)의 패턴을 보여주기 위한 것으로 실제는 이렇게 길게 진행되지는 않는다.)

의도 찾기 시연 2

고객: 스포츠 센터에서 운동을 합니다.

코치: 구체적으로 어떤 운동인가요?

고객: 월 클라이밍입니다.

코치: 몇 시간 하는지요?

고객: 1시간 반입니다.

코치: 1주일에 몇 번 합니까?

고객: 4번 합니다.

코치: 어떤 기분인가요?

〈이것은 물어보아야만 하는 질문인지, 점검해보아야 한다.〉

고객: 다음 주 1,000미터에 도전해야 하므로 몸을 만들어야 합니다.

코치: 처음 시작한 계기는 무엇인가요?

고객: 높은 바위 산 위에 멋진 레스토랑이 있었기 때문에요.

코치: 다른 방법은 없었나요?

고객: 지금까지 해보지 않은 것이라서 도전해 보았지요.

〈어떤 의도였는지 명확히 찾아내야 한다.〉

어떤 행동, 방식을 취하고 있는지 확인했으면 다음에는 의도를 물어본다.

"오늘 아침 바나나를 먹었습니다."

"그 말씀을 하는 의도는 무엇인가요?"

"당신이 내게 주려는 그 과일은 사양하고 싶다는 말입니다."

〈여기에서 버벌 패키지를 사용하면 된다.〉

"오늘 아침에 탄 택시에서는 이상한 냄새가 났어요."

"그 말씀을 하는 의도는 무엇인가요?"

"요 며칠 동안 후각을 잃어버렸는데 냄새를 맡을 수 있어 기뻤습니다."
〈여기에서 버벌 패키지를 사용하면 된다.〉

⋙ 의도 찾기 시연 3

고객: 어제 밤에 메일을 받았습니다.
코치: 그 말씀을 하는 의도는 무엇인가요?
고객: 나를 기쁘게 한 연락이었어요.
〈여기에서 버벌 패키지를 사용하면 된다.〉
코치: 구체적으로 어떤 메일을 받았는지요?
고객: 딸이 보낸 것입니다.
코치: 구체적으로 어떤 부분이 기쁘게 했지요?
고객: 좋은 소식을 전해주었습니다.
코치: 구체적으로 어떤 좋은 소식이었는지요?
고객: 딸의 남편이 로스쿨에 합격했다는 얘기였어요.

⋙ 의도 찾기 시연 4

고객: 집을 샀습니다.
코치: 어떤 집을 샀지요?
고객: 펜트하우스가 달린 고층 아파트입니다.
코치: 어떤 이유로 그 집을 사려고 했는지요? ("그 집을 산 의도는 무엇인가요?"라고 물어야 한다.)
고객: 친구가 그런 집을 가지고 있어서요.
코치: 어떤 매력을 느꼈는지요?
……

이렇게 질문이 무작정 거듭되는 것은 바람직하지 않다. 쓸데없는 정보를 많이 끌어내지 않도록 조심해야 한다. 무엇을 원하는지 명확히 하는 것이 의도 질문이다. 먼저 질문 의도를 명확히 하라. 다시 말하자면 질문은 코치의 궁금증, 호기심을 충족시키려고 하는 것이 아니다. 고객 자신의 생각의 심층을 이끌어내어 언어화함으로서 스스로 명확히 인지하도록 하기 위해서임을 명심하자.

코치: 펜트하우스가 달린 고층 아파트를 구입한 결과는 무엇인가요?
고객: 그 집을 사게 되어 그런 집에서 살고 싶어 하는 약혼자의 결혼 승낙을 받았습니다.
코치: 그러한 결과 얻게 되는 결과는 무엇인가요? 다소 흥미가 있어서요. (웃음)
이처럼 의도의 의도, 결과의 결과를 물어볼 수도 있다.

고객: 나는 스키 타러 갑니다.
코치: 스키를 가는 의도는 무엇인가요?
고객: 즐기기 위해서죠.
코치: 구체적으로 어떻게 즐기는 거지요?
고객: 크게 움직이지 않아도 되어서요. 슬로프를 내려올 때의 쾌감….
〈좋은 질문이었는지 생각해 보라.〉

코치: 스키를 간다고 말한 의도는 무엇인가요?
고객: 만나고보니 달리 말할 것도 없어서…. (웃음)
당신 가슴에 단 북극 곰 뱃지를 보니 눈이 연상되어서…. (웃음)

이렇게 특별한 의도가 없어 보이는 경우도 있다. 꼭 필요하다면 무의식 상태에서 의도찾기를 진행할 수도 있다.

Chapter

07 뉴코드 게임과 다중지각 및 리프레임

1. 뉴코드 게임

뉴코드 게임이란 고객의 정신상태를 지극히 무념, 무상의 상태로 만들기 위하여 신체를 움직여 무의식 상태를 확립하여 창의성을 활성화하기 위한 일련의 운동이다. 운동으로 근육이 이완되면 내면이 유연해지고 안정된다.

뉴코드 NLP 변화 포맷의 순서 3.으로 진행되며 HPS(High Performance State)(최고 성과 실현 상태, 심신 최적 상태)의 기반이 되는 신경회로 활성화가 목적이다. 뉴코드 변화 포맷을 시행하는 가운데 3.의 순서에서, 코치의 직관에 따라 다양한 뉴코드 게임 중에서 하나를 선택하여 실행하면 된다.

뉴코드 NLP는 기존의 NLP만을 배우고 활용한 코치들에게는 다소 생소할 수 있다. 그렇지만 핵심은 기존 NLP 보다 더 많이 무의식(Know-Nothing State)(잡념 없는 청정한 상태, 멍한 상태)을 활용할 수 있다는 것이 강점이다. 충분히 실행하려면 일정한 여유로운 공간이 구비되어야 한다. 뉴코드 NLP 게임에서 중요한 포인트는 3가지가 있다.

1. 뉴코드 변화 포맷- 사용 가능한 레퍼토리 확립
2. 뉴코드 게임 실행 타당성 조건- 적정한 시점에 적절한 기법 선택

3. 의식과 무의식의 식별 및 개념 이해- 무의식의 효과성과 중요성 체험 필요

1) 알파벳 게임

알파벳ALPHABET 게임은 아래의 순서대로 진행되며 하이퍼포먼스 상태의 기반이 되는 신경회로 활성화가 목적이다(30분 정도).

순서

1. A에서 Y까지 5자씩(5열) 5행으로 모조지 전지에 써 둔다. 각 알파벳 아래는 2~3행 정도의 여분의 공간을 마련한다(총 10행이 되도록 함).
2. A에서 Y까지의 알파벳 바로 아래에 각각 LLeft, RRight, TTogether를 임의로 기입하되, 같은 글자가 3연속으로는 오지 않도록 한다.

A	**B**	**C**	**D**	**E**
L	R	T	R	L
F	**G**	**H**	**I**	**J**
T	L	R	L	T
K	**L**	**M**	**N**	**O**
R	T	L	T	R
P	**Q**	**R**	**S**	**T**
L	R	T	R	L
U	**V**	**W**	**X**	**Y**
L	T	R	R	L

3. 고객은 이 종이를 본인 앞의 1미터 떨어진 거리의 벽에 붙이고 릴랙스 상태에서 신체적 조화를 이룬 유연한 자세로 서서 시작한다.
4. 알파벳의 A부터 소리를 내서 읽으며 동시에 아래 글자의 방향 표시에 맞추어 해당하는 방향의 팔을 든다(2분). 이런 작업을 Y까지 한다. 정확하게 만

족스러울 때까지 몇 번 반복하는데 실제로 수행에 필요한 최소한의 긴장만 유지하면서 무엇보다 자연스러운 리듬으로 해야 한다.

5. 이번에는 Y부터 거꾸로 수행한다(2분). 4.~5.의 과정에서 코치는 끊임없이 고객의 신체적 특징을 관찰식별한다(코치는 끊임없이 고객의 최적의 신체적 특징, 조화, 조정, 우아함, 최소 노력, 자연스러운 리듬 등을 지켜본다).
6. 이어서 4.~5.를 다시 하되, 새 동작을 추가 한다. 즉, 드는 팔의 반대쪽 다리를 든다. T에서는 가벼운 점프를 한다. 충분히 몸에 익을 때까지 A→Y, Y→A를 몇 번 반복한다(10분).

고객은 이 순서를 수행하다 보면 몸의 근육에서 운동감을 느끼는데 이것은 신경계가 자극되어 활성화 증상을 나타내는 것으로 하이퍼포먼스 상태의 활성화 신호이다. 단, 이 게임은 총 30분을 넘지 않도록 한다(무의식이 차트를 기억하게 되어 학습효과 감소).

코치는 고객의 시야를 가로질러 오가며 방해하거나 팔을 뻗어 흔들기도 하며 옆에서 의미 없는 소리를 내어 고객을 혼란시킬 수도 있다. 그러면서 시종일관 관찰식별하여 긴장하고 있거나 활동이 굳어 보이면 최적의 신체상태를 발휘하도록 때로는 중단, 의식전환을 시킬 수도 있다.

2) NASA 게임

뉴코드 NLP 변화 포맷의 3. 순서로 진행되며 하이퍼포먼스 상태의 기반이 되는 신경회로 활성화가 목적이다(30분 정도).

시신경은 신체의 모든 신경계와 연결되어 있으므로 시선만 바꾸어도 실제로 운동 효과가 크고 내면 상태도 바뀐다. NLP가 발견한 이런 원리를 응용한 것이 트라우마나 과거 나쁜 기억 치유에 효과적인 EMDR[Eye Movement Desensitization and Reprocessing](안구운동요법)이기도 하다.

순서

1. 고객은 벽 등 시야가 1 미터 정도 확보되는 곳의 앞에 선다. 그때 릴랙스 상태에서 방심하지 않고 조화를 이룬 유연한 자세로 서서 시선 높이의 전방의 벽 등의 표면에 상상의 한 점을 응시한다(상상만으로 한 점을 응시하기 힘들면 A4지에 검은 점이나 별 모양 등을 표시하여 이 종이를 고객 앞의 벽 등 1미터 떨어진 곳에 붙여두고 응시해도 좋다).

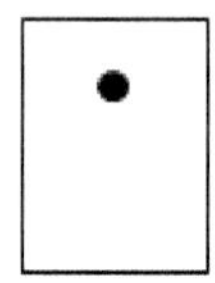

2. 1단계(2분): 고객은 '좌, 우, 상, 하' 라고 지시하는 코치의 목소리에 따라 방향을 차례로 외치면서 눈동자를 그 방향으로 각각 돌리는데 외칠 때마다 먼저 좌로 60센티 정도의 위치에 눈동자를 움직였다가 정면으로 오고 다시 우로 60센티 위치에 눈동자를 움직였다가 제자리로 하는 식으로 상… 좌… 우… 하… 하는 동작을 반복한다(방향지시는 코치의 재량에 맡기되 3연속 같은 방향은 하지 않는다. 고객은 머리는 그대로 두고 눈동자만 움직인다).
3. 2단계(2분): 어느 정도 잘 진행되면 1단계를 계속 수행하는 가운데 코치는 한 사이클(좌, 우, 상, 하) 시작할 때 간단한 산수 문제(+, −, ×, ÷)를 낸다. 정답 여부는 중요하지 않다. 머리 좋고 나쁨을 확인하려는 것이 아니다. 자연스러운 리듬을 타도록 한다. 이러한 취지를 시작하기 전에 미리 말해두면 좋다.

   고객은 한 사이클이 끝남과 동시에(시선이 중앙으로 돌아올 때) 대답을 한다. 한 사이클이 끝난 후에 답을 말해도 된다. 코치는 간단한 산수 문제부터 시작하다가 점차 어려운 문제를 낸다. 그러면서 코치는 방심 말고 잘 지켜보고 문제가 어렵다든가 하여 고객의 긴장감이 높아지면 감당 가능한 수준으로 낮춘다. 답을 좌뇌에서 계산하여 정답을 맞혀야 한다는 강박관념에서 벗어나 우뇌적으로 처리하여 운동 자체를 즐기도록 한다. 중요한 것은 계산하는 활동이 피지배적 뇌반구를 활성화 시킨다는 것이다. 문제를 받았을 때. 고객이 선택할 수 있는 프로세스는 두 가지 있다.

a. 사이클 시작과 함께 코치의 목소리를 기억하였다가 그 소리를 반복하면서 의식적으로 계산을 하고 사이클 활동 끝에 의식적으로 타이밍을 맞추어 답을 말한다.

b. 문제를 듣자마자 답을 무의식에서 추출한다. 즉, 의식적 계산이 아니라 무의식의 계산(직감)에 맡겨 정답 여부에 신경 쓰지 말고 즐겁게 답한다. 활동 자체에 몰두하여 즐기는 것이다.

이 게임에서는 당연히 b의 방법을 따른다. 고객이 정답을 내는데 너무 고심하고 있다고 보이면 개입하여 중단시키고 격려하면서 의식전환 시킨다. 그리고 앞으로는 일부러 틀린 답을 5번 연속하여 내도록 지시하여 부담을 덜어준다.

온전히 처음부터 무의식에 맡기게 되면 보통 처음에는 틀린 답을 말하는 빈도가 많지만 차츰 정답을 말하게 된다. 그렇더라도 정답률이 높고 낮고는 중요하지 않다. 중요한 것은 계산하는 활동을 통해 피지배적 뇌반구(우뇌)를 활성화시킨다는 것이다.

4. 3단계(최저 10분): 기본적으로 2단계와 같으나 코치는 통상적 책임(고객의 상태에 대한 주시)을 다하면서 사이클 도중에 코치는 고객의 시야를 다소 방해하거나 의미 없는 잡음을 낼 수도 있고 몸을 터치하거나 팔을 잡아 당기기도 하여 주의를 산란시킨다.

이런 것을 몇 가지 복합적으로 하기도 한다. 단, 이것은 천천히 부드럽게 행하여져야 하며 너무 지나쳐 고객을 불쾌하게 하거나 긴장시켜서는 안 된다. 이렇게 하는 의도는 고객이 계산할 때 사용하는데 필요한 모든 정보에서 주의를 빼앗는 외에 그런 가운데에서 지금 벌어지는 온갖 상황에 대한 정보를 고객으로 하여금 강제적으로 구분하여 식별하도록 무의식의 능력을 증가시키기 위해서이다.

진행 도중 코치가 언제나 유념해야 할 사항은,

a. 고객의 신체적 상태를 잘 살펴 좋은 상태를 확보해 줄 책임이 있다.

b. 먼저 방향을 말한 다음 눈동자만 움직여야 한다는 등 모든 지시를 제대로 수행하는지 확인한다.

고객이 여기에서 벗어난 상태를 보이거나 긴장하면 일단 코치의 의도적인 방해 동작을 조금 소극적으로 하거나 잡음의 정도를 줄여본다. 그래도 진정이 안 되거나 제대로 수행을 못하면 게임을 중단시키고 격려하면서 의식전환(몸 추스리기 등)을 시킨다.

3) Ball Catching 게임

뉴코드 NLP 변화 포맷의 3. 순서로 진행되며 Know-Nothing State에서 하이퍼포먼스 상태를 유지하며 아웃컴을 명확히 시각화하는 것이 목적이다(10분 정도).

순서

1. 고객이 의자에 앉고 코치는 관계성을 형성한다. 고객은 호흡과 자세를 편안하게 하여 중심을 잡고Centering 앉아 눈앞의 공간, 장소의 화면에서 아웃컴을 시각화하여 집중한다. 이 상태는 실습 중 내내 고객이 유지할 수 있도록 주의를 기울여야 한다.
2. 코치는 고객이 시각화를 시작하였다고 확인이 되면 고객으로부터 약 1.5미터 떨어진 곳에서 고객을 향해 30~45도 정도의 각도로 오자미를 던지기 시작한다.

   고객은 아웃컴 화면에 주의를 기울여 초점을 맞춘 채로 주변시야를 이용하여 오자미를 잡아 코치에게 되던진다.

3. 코치는 투구의 거리와 각도를 약간씩 난이도를 어렵게 하여 던진다. 즉, 처음에는 고객이 포구 상태를 예상할 수 있는 정도로 쉽게 시작하여 서서히 예상하기 어려운 상태로 난이도를 조금씩 높인다. 이 과정에서 코치는 끊임없이 고객을 관찰식별한다.
4. 고객이 하이피포먼스 발휘 상태(아웃컴 화면에 집중하여 시각화 유지)를 잃었을 때 마다 코치는 새롭게 도전하도록 격려하거나 피드백해 준다.
5. 고객이 비교적 높은 난이도에서도 하이퍼포먼스 상태를 확립하고 있으면 실습을 종료한다. 처음부터 끝까지 고객의 존엄성을 지키면서 코치는 종료 직전 "그 아웃컴은 당신의 것입니다!"라는 Magical Word(의욕환기 메시지, 자기확신 메시지)를 던져 앵커링시킨다.

이 게임을 할 때는 보조코치(또 한 사람의 코치)를 추가 투입할 수도 있다. Ball Catching의 난이도를 더욱 높이기 위하여 또 한 사람의 보조코치가 추가되어 양쪽에서 랜덤(불규칙)하게 볼을 던진다. 이로써 실행에서 장애의 난이도의 범위가 극적으로 높아진다.

물론 이때도 주 코치는 고객을 잘 관찰식별(호흡, 자세, 간장도 등)하여 하이퍼포먼스를 유지하도록 코칭, 피드백 한다(보조코치는 관찰식별만 하고 개입, 지시는 주 코치만 한다).

4) 음성 리듬 게임

음성 리듬Voice Rhythm 게임은 Voice와 Rhythm을 주로 사용하여 청각을 자극하지만 결국 V. A K를 모두 자극하여 KNSKnow-Nothing State가 된다(10분 정도).

순서

1. 고객은 (의자에 앉아) 더욱 선택지가 다양해지고 명확하기를 바라는 문제 상태Context를 떠올린다. 고객은 지금 그 자리를 기억해 둔다. (그 위치에 장소 설정 표시를 붙여도 좋다.)
2. 코치는 고객을 일어나게 하여 임의의 방향으로 걷게 하면서 이제부터 목소리/ 소리의 단음절로 Nonsense Loop(비상식적 반복 행동)를 만든다.
   예) 코치가 먼저 "부-부-" 하면 고객은 "비-비-"로 화답한다. 이러한 형식을 몇 번 거듭한 후에는 패턴을 바꾸어 간다. 즉, 코치가 "부-바-" 라고 하면 고객은 "삐리링-" 한다.
3. 이러한 넌센스 루프 패턴을 실습 중 계속 다른 목소리/ 소리와 리듬으로 바꾸어 가며 점점 다양한 패턴을 구사한다.
4. 차츰 모든 V. A. K를 동원해도 좋다. 때로는 손뼉이나 몸 혹은 다른 물체를 리드미컬하게 두드려 소리를 내기도 한다. 즉, 복수의 지각체계가 동시에 작동하여 감각이 활성화되어 열리는 상태를 맛보게 하는 것이 이 실습의 포인트이다.
5. 코치와 고객은 이러한 패턴을 거듭한다. 코치는 고객이 이제 무의식 상태에서 진행하는 것이 관찰식별을 통하여 확인되면 고객을 「Context Space (문제 상태의 장소)」, 즉 이제는 다양한 선택지를 얻고 명확한 해결책을 얻을 수 있게 된 상태의 장소를 향해 나아가 지금 활성화 된 Know-Nothing State를 충분히 체험한다(그곳의 무의식 상태에서 새로운 선택지나 해결책을 탐색하고 체험할 수도 있다). 문제 상태 공간은 뉴코드 NLP 게임 후에는 곧 해결책 공간이 된다.
6. 고객에게 시간을 배려하여 5의 과정을 경험하게 한 후, 지금까지의 리듬, 기분State을 유지하면서 그 장소에서 벗어나와 최초의 1.의 장소로 돌아오게 한다.

7. 코치는 고객에게,

"지금 이 Context(문제 상태)에 대하여 생각하면 변한 것은 무엇인가요?"

"지금 이 문제에서 어떤 해결책을 얻었나요?"라고 물어 볼 수도 있다.

피드백

- 게임에 몰두하다 보니 문제고 뭐고 잊어버리고 기분전환이 된 느낌이다.
- 틀려도 좋다고 하기에 마음 놓고 했더니 만족스러운 기분이 들었다.
- 게임의 난이도를 높여도 좋고 고객 본인이 직접 알파벳을 쓴 종이를 사용하는 것이 좋다.
- 매번 알파벳을 바꾸는 것이 좋다. 또 글자 색깔도 다양하게 하거나 동그라미 등 부호를 활용하면 좋다. 뉴코드 게임이 간단, 단순하면 좋지 않다.
- 연습이라도 절대 혼자 하지 않는 것이 기본이다.
- 뉴코드 NLP에서는 트랜스 상태를 중요하게 활용하는데 그 핵심은 DTI Deep Trance Identification(깊은 트랜스 몰두, 무아몽중 無我夢中, 부지불식 不知不識)이다. 아직 NLP라는 개념이 확립되지 못했던 시기(NLP 개발 전기)에 밴들러와 퓨체릭이 펄즈 Fritz Perls를 본받기 했는데 그때 이들은 오직 DTI 상태(몰두, 집중)로 일관하였다. 그 결과 이들은 펄즈보다 더 펄즈 다운 상태를 단기간에 실현하였다. 이처럼 NLP에서 중요한 개념이자 기법인 본받기의 비결은 DTI에 있다. 하여튼 모든 것은 기본에 충실할 때 숙달이 되고 응용도 할 수 있게 된다.

뉴코드 게임을 하고나면 매우 흥미롭게도 변성의식 Trance 상태를 체험할 수 있다. 그런 상태에서는 선택한 상황에서 하이퍼포먼스 상태가 활성화된 경험을 할 수 있다. 이런 것이 전에는 다른 것에서 느끼지 못했던 혁명적인 체험이 아니겠는가?

트랜스의 조건에 대하여 데이브 엘먼(트랜스요법 의사)은 다음과 같이 말하고 있다.

1. 의식적 비판 능력이 작동되지 않는다. 테라피스트의 말을 그대로 수용한

다. 어떤 암시라도 받아들인다.

2. 선별적 의식Selective Awareness 상태가 된다. 칵테일파티 효과- 테라피스트의 목소리만 들리고 다른 주위의 소리는 들리지 않는 상태.

뉴코드 NLP 워크에서도 위와 같은 현상이 일어난다. NLP는 가벼운 트랜스 상태를 통하여 최면에서 체험하는 깊은 트랜스 상태 이상의 효과를 거둘 수 있다. 단, 요법적인 효과는 트랜스가 깊다고 해서 반드시 그 효과도 큰 것은 아니다. 즉, 트랜스의 깊이는 효과와 정비례하지는 않는다.

5) 탁월성의 연쇄

뉴코드 게임에서 탁월한 행동과 결과를 얻으려면 앞에서도 언급했지만, 다음과 같은 4가지 요소가 일체가 되어야 한다. 이것은 비단 뉴코드 게임이나 코칭에서만이 아니다. 모든 상황에서도 적용된다.

1. 호흡
2. 내면 상태
3. 자세(신체적 생리 상태): 수의근, 골격근의 작용
4. 퍼포먼스(행동과 결과)

내면상태와 외적 자세는 밀접하게 연결되어 있다. 의식이 생리를 지배하기 때문이다. 흔히 자신감에 넘친 사람은 호흡이 여유롭고 어깨를 펴고, 등을 고추 세우고 시선을 위로 하는 자세를 보이며 신체에 활력이 엿보인다. 또 긍정적인 말을 한다. 낙담 상태의 사람은? 호흡이 얕고 어깨가 굽어지고 고개를 떨구고 있으며 신체에 활력이 없다. 또 부정적인 말을 한다. 이러한 상태가 반나절만 지속되면 반드시 위장병이 생긴다. 그러므로 우리는 자신감에 차 있는 특정한 신체상태를 두뇌에 기억(자극심기)시켜둘 필요가 있다. 그래서 스트레스 상황이

나 뭔가 기분전환Reframing, Refresh이 필요한 때에는 그렇게 두뇌에 프로그래밍된 상태를 자극심기를 통하여 재현하면 새로운 활력이 나타나게 된다.

인간의 두뇌는 현실과 가상을 구분하지 못한다. 특히나 우리는 현지가 아닌 지도에 반응하며 사는 것이 아닌가? 그러므로 어떤 경우에도 긍정적인 내면상태를 확보하는 것이 바람직하다.

자세(신체상태)와 감정(내면상태)은 직결되어 있기 때문에 그때그때 바로 자각하여 셔플Shuffle(뒤섞기, 상태 바꾸기, 고개를 흔들거나 몸을 흔드는 등의 동작)하는 것이 바람직하다. 그래서 시선을 위로 하거나 눈을 힘 있게 크게 뜨거나 가슴을 펴거나 여유로운 호흡을 하거나 팔, 다리에 힘을 느껴보는 동작을 한두 가지만 이라도 자주 해 보자. 내면상태가 달라진다. 대개 자세를 바꾸면 호흡은 자연히 바뀐다. 또 호흡을 바꾸어도 내면상태는 달라진다.

코칭 세션에서는 고객의 자세, 근육의 움직임, 호흡 등을 잘 관찰식별하여 내면상태를 파악하는 것도 뛰어난 코치의 센스이다.

아울러 탁월성 반휘에 수반되는 것은 집중(몰두)이다. 행동에 집중하면 자연히 호흡이 안정되고 자세도 반듯이 되어 물건을 나르더라도 떨어트려 깨트리거나 엎지르는 실수가 없어진다. 목소리 또한 부드럽지만 힘 있게 나오고 고요한 분위기를 이끌어낸다. 정신적으로는 혼신일체渾身一切, 삼매경三昧境, 무아지경無我之境, 정신일도하사불성精神一到何事不成 상태이다. 이러한 상태의 정밀한 공간, 침잠된 상태, 정지된 듯한 감각의 장소를 불교에서는 대적광전大寂光殿, 적멸보궁寂滅寶宮, 원통보전圓通寶殿이라고 한다, 서양에서는 지성소至聖所(Santuary)라고 한다.

고요한 상태를 명상, 기도 등으로 표현한다. 어떤 대상이나 행동에 몰두해 있는 상태이다. 그러면 잡념(내적 대화)이 사라져 맑은 상태가 된다. 이런 상태를 조성하기 위헤 종교에서는 침묵기도, 침묵수행을 하며 한 가지 테마에 몰두하는 화두話頭, 공안公案을 활용하기도 한다. 잡념에 시달린다면 차라리 그 시간에 잠을 푹 자는 것이 낫다.

탁월성은 코치 내부의 자원을 어떻게 얼마나 이끌어내느냐가 관건인데 기존

NLP와 뉴코드 NLP에서의 자원의 개념은 다소 다르다. 기존 NLP에서는 자원으로 활용할 수 있는 대표적인 4자원은 ① Imagery(창의적 상상), ② Personal history(개인사, 과거 성공체험), ③ Modeling(본받기), ④ Self image(자아상, 자아정체성)를 꼽고 있다. 그러나 더욱 더 미래지향적인 뉴코드 NLP에서는 과거의 성공체험보다는 미래 지향성에 초점을 맞추고 있다.

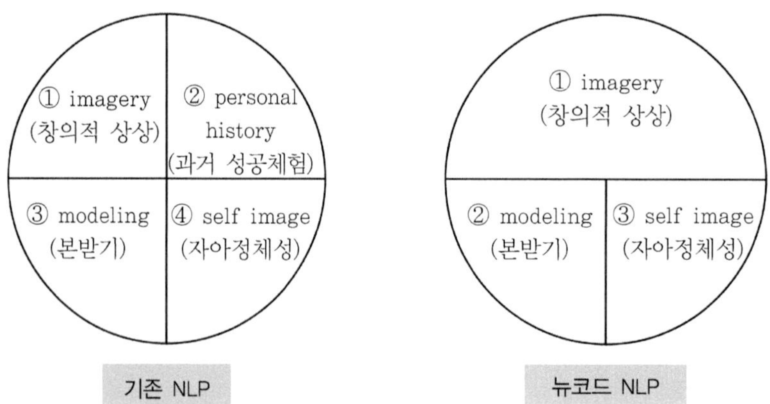

[그림 7-1] 내면의 자원

6) 뉴코드 NLP 게임에서의 코치의 역할

뉴코드 워크에서 코치라는 존재의 중요성은 아무리 강조해도 지나치지 않다. 스포츠 경기에서도 그렇지만 뉴코드 워크에서 코치는 플레이어(고객)의 신체 컨디션의 감독자이며 경기 도중 최적의 신체 컨디션을 발휘하도록 지도(패턴 중단, 의식전환 등)하는 중요한 권한과 책임을 갖고 있다. 코치는 선수가 지시한 방식대로 행동하는지 퍼포먼스를 확인(게임이 잘 진행되고 있는지, 충실하고 즐겁게 임하고 있는지 여부 등)도 하지만 이러한 확인은 그다지 중요하지 않다.

게임을 하는 플레이어의 상태의 질에 의하여 본인이 결과적으로 경험하게 될 변화의 질이 좌우되므로 플레이 컨디션 확보가 더욱 중요하다. 즉, 뉴코드 게임을 통하여 체험한 잡념 없는 무의식Know– Nothing 상태의 질에 따라 문제현상으로 다시 돌아왔을 때, 얻게 되는 변화 체험의 질이 달라진다는 것이다. 특히 고객(플레이어)는 다음 4가지 요소를 유념해야 한다.

1. 호흡
2. 내면 상태
3. 자세(신체적 생리 상태): 수의근, 골격근의 작용
4. 퍼포먼스(행동과 결과)

그러므로 코치는 위와 같은 플레이어의 4가지 요소를 수미일관하여 강조, 확인하고 유지시켜야 하므로 그 역할은 매우 중요하다. 일반 NLP기법은 프로세스만 숙지하면 얼마든지 혼자 실행할 수 있지만 뉴코드 게임은 혼자 하는 것을 장려하지 않는 것이다. 반드시 코치의 조력을 받아야 한다.

이에 힘입어 플레이어(고객)는 뉴코드 변화 포맷 4단계에 직접 뛰어들어야 한다. 주저하거나 내면상태가 동요(생각이 복잡)하면 곤란하다. 그리고 1단계에서 선택한 문제현상에 대하여 당초 플레이어 내면에서 리소스가 결핍된 상태를 조성한 어떤 자극(장애요소)이 있었다고 하더라도 상기 4요소를 충실히 유념하여 실행한다면 변화를 이끌어내는 자극(동기부여)으로 활성화된 높은 퍼포먼스 상태로 나타날 것이다. 이러한 변화 체험은 다음에 고객이 그러한 특정한 상황 또는 비슷한 자극이 있는 상황을 접했을 때, 당초 고객 내면에서 리소스가 결핍된 상태를 조성한 어떤 자극(장애요소)은 이번에는 이번 게임 중에 달성한 높은 퍼포먼스 상태가 자동적으로 재활성화 되도록 하는 효과를 발휘하는 역동적인 자극체로서 기능하게 된다.

기존 NLP에서의 자극체(Anchor)는 어떤 의미에서는 정적 앵커, 행동차원의 앵커로서 부정적 상태를 긍정적 상태로 일시적 변환하는 단순한 것이라고 한다면, 뉴코드 NLP는 동적 앵커, 상태 앵커라고 할 수 있으며 어떤 행동적 결과를 가져올지 사전에 규정되지 않는다. 같은 상황이 되더라도 전혀 다른 선택지를

가진 행동이 나타날 수도 있기 때문이다. 그럼에도 하이퍼포먼스적 결과가 나타난다는 것은 확실하다. 그리고 이러한 결과 상태는 매우 오래 지속된다.

그런데 그린더는 자신이 고안한 뉴코드 NLP 워크가 아직 완성되지 않았다고 본다. 그 이유는 아직 뉴코드 NLP가 효과가 없다는 반증, 반대사례Counter Example가 발견되지 않고 있기 때문이다. 반증이나 결점이 제기되면 그것을 보완하여야 비로소 완성을 기할 수 있다는 것이다.

〈표 7-1〉 NLP에서의 의식과 무의식 차이

의식	무의식
중심시야	주변시야
내적 대화(혼잣말): 잡념	무념(無念)
콘텐츠(내용): 프로세스의 세부가 콘텐츠	프로세스(문맥)
디지털: 좌뇌적	아날로그: 우뇌적
3Ti	3Te

※ 당연히 의식은 무의식의 세계를 알 수도 없지만, 알 필요도 없다. 왜냐하면 각각의 기능과 작동 기제가 별개이기 때문이다.

◆ 주변시야(Peripheral Visual Field)

사람들은 평소 중심시야만을 의식적으로 사용한다. 그러나 경우에 따라서는 주변시야를 의식적으로 활용하는 것도 바람직하다. 특히 NLP는 이러한 주변시야의 활용을 장려하고 있다. 관찰식별에서는 매우 중요하게 활용된다.

이것은 콘텐츠(중심시야)와 상황(Context, 주변시야)의 대비와도 관련된다.

중심시야는 몰두하는 의식상태로 범위가 좁아 국부적이지만, 주변시야는 관망의 의식상태로 넓은 범위여서 대국적이다. 즉, 세계지도가 넓어지고 의식차원이 높아지는 효과가 있다.

가능성의 카드를 다양하게 확보할 수 있다.

직업 중에 아이디어가 특히 중요한 분야가 있다. 그 중의 하나가 카피라이터이다. 사람의 눈을, 귀를 끄는 한 줄, 한 마디를 이끌어내기 위해 그들은 머리를 싸맨다. 좋은 문구는 가만히 있다가 갑자기 떠오르는 것이 아니다. 그 테마에 집중하여 생각하다가 무의식에 어프로치 되었을 때, 불현듯 떠오르는 아이디어가 좋은 카피(광고문안)가 된다.

우수한 카피라이터나 작가는 산책을 즐겨한다. 산책은 특별히 의식하지 않아도 출발지와 도착지(목적지)가 같다. 그 과정에서 그들은 자연세계로 눈을 주면서 자신의 내부의 리소스를 작동시키는 것이다. 그들은 뉴코드 NLP 개념은 모르더라도 자기 능력을 무의식적으로 믿고 있는 것이다. 자기를 훌륭하다고 여기며 또한 타인도 그렇게 인정하고 믿는다. 그러면서 그 가치에 대하여 인정받거나 대가를 지불 받을 때, 그들은 자신에게 선물을 주거나 격려한다.

비즈니스에서 성공하려면 대국적인 맥락, 흐름이나 방향을 잘 살피ㄱ 컨트롤할 수 있어야 한다. 그럴 때의 의사결정은 대체로 무의식에 접근(뱃장, 뱃심)하여 내리는 것이다. 마치 철강왕 카네기가 사업 초창기에 했던 일에서 좋은 사례를 볼 수 있다. 우리도 평소에 상황의 흐름, 맥락을 감지하고 있지만, 우리가 하는 내적 대화에서는 주로 상황적 맥락의 세부(현재 상태)에 초점이 맞춰지기 때문에 제한성 전제가 작용하게 되어 오히려 큰 맥락은 소홀히 하는 경향이 있다.

조직차원을 다루는 경영학에서는 이러한 상황적 맥락을 패러다임Paradigm(생각을 근본적으로 규정하는 인식체계, 사조思潮, 풍조)이라고 한다. 개인에게는 종교적, 문화적 학습 등의 패러다임 요소가 큰 영향을 미친다. 뿐만 아니라 사람들은 시대적 패러다임(제한성 전제)의 영향 속에서 살고 있다. 아랍의 일부다처제, 조선시대의 숭명사상崇明思想이 그렇고 일제강점기의 단발령이나 5공 때의 장발족 단속 등은 머리카락에 대한 시대적 풍조가 빚어낸 해프닝들이다. 이러한 시대적 한계에서 벗어나려는 사람을 이단아, 선구자 등으로 부른다. 천동설을 부정한 갈릴레오, 신여성의 길을 개척한 나혜석을 보라.

비즈니스에서의 동기부여나 프로젝트팀 킥오프 시의 분위기 조성 등은 서로 만난 순간 이미 방향이 결정된다. 그럴 때 선입관을 배제하기 위하여 3분 이내에 이성적 판단이 일어나더라도 가볍게 스쳐버리고 선별적 의식Selective Awareness 상태가 되도록 한다. 그래서 순간적으로 가벼운 트랜스 상태에 들어가 무의식에 맡기면 된다.

실제로 이 방법을 그린더가 기업 컨설팅에서 활용한 사례가 있다. 프로젝트팀을 구성하여 업무를 시작하기 전에 전원이 모여 논의할 내용에 대해 범위설정 Framing을 하고는 바로 트랜스 상태에 들어갔다. 당연히 아웃컴을 명확히 주지시켰음은 물론이다. 그리고 두뇌를 활성화 시키도록 유도하였다. 기업체 종사자는 대체로 이성을 중시하는 좌뇌적인 디지털 경향이 강한데도 차츰 트랜스에 들어가는 분위기였다. 처음엔 이게 뭐냐는 듯 의아해 하고 저항하는 듯이 보였던 사람도 점차 좌뇌와 우뇌의 균형을 이루게 되었다. 워크를 마친 뒤 얻어낸 아이디어를 취합해 보니 매우 좋은 내용들이 추출되었다. 이처럼 작업을 시작하기 전에 작업 목표를 명확히 한 가운데 Know- Nothing 상태에 들어가면 대단한 집중력이 발휘되어 참신한 아이디어를 얻어낼 수 있다.

NLP는 블랙박스 접근이다. 중요한 것은 입력과 출력뿐이다. 내용이나 결과가 도출된 이유나 근거 탐색을 중시하지는 않는다. 그렇다고 해서 물론 과정을 경시하는 것은 아니지만 과정 그 자체라기보다 방법은 중시하는데 방법은 곧 입력의 일부이기도 하다.

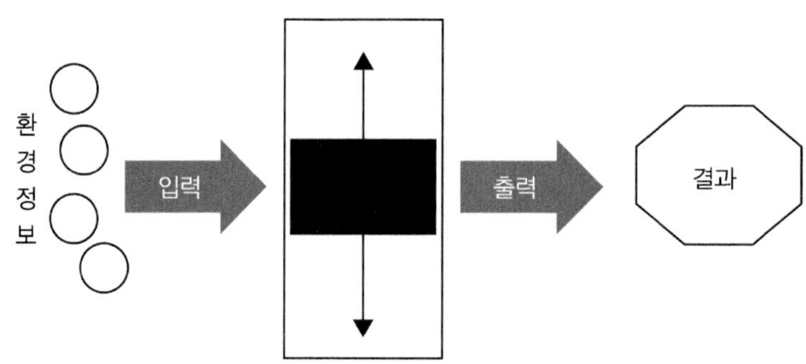

[그림 7-2] NLP의 블랙박스 접근

이때 작용하는 것이 내장감각Guts Feeling, Visceral Sense이다. 이렇다 할 근거가 없어 보여도 "좋아" "가자" "오케이" "위험해" "그만 두자"라고 하는 결단의 감각이다. 이것도 선별적 의식 상태에 맡기는 것이 좋다. 어떤 리소스를 사용하면 좋을지 무의식은 모두 알고 있음을 믿어야 한다. 원래 좋은 데몬, 나쁜 데몬이 따로 있는 것이 아니라 좋게 보면 좋은 것, 나쁜 의미를 부여하면 나쁜 것이 된다. 상황적 맥락에 적절히 부합시켜 구분 사용하면 된다.

2. 다중지각 포지션

NLP코치와 일반코치의 역량 차이는 여러 면에서 거론할 수 있지만 그 중 큰 측면이 바로 다중지각 포지션(3중지각 포지션)의 활용 여부이다. 많은 경우 일반 코칭에서는 제1포지션, 나아가 제2포지션까지는 가기도 하지만 다중지각까지는 그다지 활용하지 못하는 듯하다. 물론 NLP를 배운 사람이라도 이런 의식상태를 활용하지 못하면 일반 코치와 다를 바 없겠지만, 요는 NLP를 제대로 익혔다면 이 지각위상 개념을 충분히 잘 활용할 수 있어야 한다는 것이다.

비유하자면 일반 코치가 안경을 사용하는 것이라면 지각위상을 활용하는 NLP코치는 망원경, 현미경, 광각렌즈, 색상 필터 등 다양한 도구(관점)를 필요에 따라 자유자재로 확보, 사용할 수 있다는 것이다. 말하자면 세계지도가 그만큼 넓어지고 수용력이 높아진다는 것이다. 이 점은 비단 코칭 장면에서만이 아니라 일상생활이나 업무에서도 커다란 이점을 가져다준다.

이왕 안경이나 렌즈에 비유한 김에 덧붙이자면 NLP를 익히면 현실증강VR: Virtual Reality용 특수 안경을 쓴 것이나 다름없다고 하겠다. 증거는? 기성체험As if, 미래선행체험Future Pace, 자원 자극심기Resource Anchoring 등의 기법을 활용한다면, 막대한 시설 투자나 전자장비가 없어도 우리는 얼마든지 내면세계에서 탁월한 가상현실을 체험할 수 있다. 결국 AIArtificial Intelligence(인공지능)이란 인간의 두뇌 작용을 기계적, 전자적 메커니즘으로 재현하는 것이니까. 우리는 이미 다 가지고 있는데 자신을 믿고 활용하려 하지 않고 애써 물체 또는 문명의 힘을 빌려 의지하려고 하고 있다.

NLP코치와 일반코치의 두드러진 차이 요소는 기본적으로 다음 3가지 정도이다.

1. NLP코치는 보다 신속하게 깊은 관계성을 형성할 수 있는 효과적 기법을 실행한다(관계성 형성 기법 활용).
2. NLP코치는 진행하는 세션의 중요한 요소로 고객이 보내는 무의식의 신호를 지각하여 반영한다(관찰식별 기법의 활용).
3. NLP코치는 고객의 동의, 동참을 잘 이끌어낸다(범위설정Framing과 버벌 패키지 활용).

인간은 통합적 유기체로서 의식과 무의식 간의 커뮤니케이션, 조화를 효과적으로 하기 위해서 무의식이 보내는 불수의신경의 신호를 의식적으로 자각할 수 있어야 한다. 우리는 무의식의 신호에 더욱 많은 주의를 기울여서 나중에는 반사적으로 자연스럽게 느낄 수 있어야 한다. 무의식과 무의식의 커뮤니케이션Intra-personal Communication이 잘되면 대인 커뮤니케이션Inter-personal Communication도 잘된다. 이러한 것들을 감지하고 실행할 수 있는 능력 보유 여부가 NLP코치와 일반코치 사이의 최대의 차이이다.

코치는 고객의 문제를 해결해 주는 존재가 아니다. 문제의 해결책을 찾아내는 것은 결국 고객 자신이다. 코치는 다만 그가 가장 적절한 응답을 찾아낼 수 있도록 문제를 명확히 구체화해주면 된다. 그러면 고객은 자기 역량 범위 내에서 스스로 해결할 수 있는 수준의 해결책을 얻게 될 것이다. 그리고 그것이 그에게는 가장 최선의 선택이 될 것이다. 만일 고객이 그러한 해결책을 못 찾는다면 그것은 코치가 과녁을 명확하게 이끌어내지 못했기 때문이다. 즉, 코치가 문제를 구체화하여 명확히 인지하도록 하는 질문을 하지 못했기 때문이다.

지각 포지션을 변경해 보는 것만으로도 커다란 변화를 느낄 수 있다. 우리는 흔히 자기 입장(상자)에만 고착되어 있는 경우가 많은데 그러면 유연성 발휘도

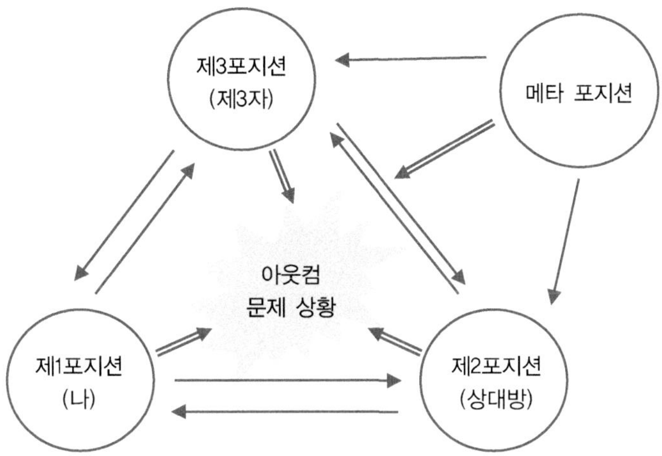

[그림 7-3] 다중지각 포지션

어렵고 사고가 좁아져 편협한 모습이 되기 쉽다. 그렇지만 우리는 사실 얼마든지 다양한(제2포지션, 제3포지션 등) 지각 포지션을 경험할 수 있다. 그런데 왜 그렇게 하지 못하는가? 평소 자기 입장 외에 다른 입장이 되기를 연습하지 않았기 때문이다. 무엇이든 반복하여 연습하지 않은 것은 숙달될 수 없고 자연스레 실행할 수 없다. 그러니 우리는 자주 다른 사람의 입장을 헤아리고 배려한다면 나 자신도 훨씬 편안해 지고 나아가 보다 살기 좋은 사회를 구축하게 될 것이다.

수평적 지각 포지션은 3~4가지가 된다. 나라는 의식 상태(나의 입장= 제1포지션)와 상대방의 의식상태(상대방의 입장= 제2포지션)이 있고 선의의 중립적인 제3자의 의식상태(제3자의 입장= 제3포지션)이 있으며 이 모든 것을 전체적으로 포괄하여 보는 초월적 의식상태(고차원의 입장= 메타 포지션)이 있다. 그런데 일반적으로 제3포지션과 메타 포지션을 엄밀히 구분하지 않고 사용하기도 한다.

만일 우리의 포지션이 단 한 가지라면 겨우 1/3~1/4의 세계에 얽매여 살게 되는 셈이다. 두 가지라면 어느 쪽으로 기울어지느냐는 딜레마에 빠져버릴 갈등과 위험성이 있다. 그래서 최소한 세 가지를 확보하면 균형 잡힌 관점에서 입체적으로 통찰할 수 있게 되며 운신의 폭이 자유로워진다.

제1포지션은 몰두 의식상태로 당사자로서 직접 체험하는 세계이다. 제2포지션에서 제3포지션을 거쳐 메타 포지션으로 가면 갈수록 일종의 관찰자, 국외자로서 관망 의식상태가 되어 간접체험의 경험이 깊어진다. 점점 더 객관화(3Te의 세계) 되어 간다. 이렇게 의식세계가 확대되면 제1포지션에서는 보이지 않던 것이 보이게 되고 새로운 세계를 통찰할 수 있게 된다. 말하자면 그만큼 성숙한 모습을 보이게 되는 것이다. 즉, 3Te의 세계를 경험하게 되는 것이다.

그리고 지각 포지션에는 수직적 개념도 있다. 불교의 유식론唯識論에는 「일수사견一水四見」이라는 가르침이 있다. 하나의 호수(물)도 보는 주체의 관점에 따라 달리 인지된다는 것이다. 사람이 보면 당연히 그저 평범한 호수로 보일 것이다. 그런데 하늘에서 보면 빛나는 보석으로 볼 수도 있다. 우리도 비행기를 타고 내려다보면 호수가 햇빛에 반사되어 빛나고 있지 않던가? 이것은 또 하늘나라(천국)에서 살고 있는 존재는 선량해서 모든 것을 좋게 인식하는 패턴이 형성되었다는 얘기이기도 하다. 그렇지만 지옥에서 사는 악귀들이 보면 고름 덩어리로 보인다. 그들은 물이라면 그런 더러운 액체들만 보아왔기 때문에 그렇게 준거틀이 형성된 것이다. 또 물고기들이 인지하는 호수는 그저 편안한 거처, 놀이터일 것이다. 물고기에게는 호수 자체가 그들의 세상 전부이니까…

이탈리아에 가면 정말 맛있는 피자를 먹을 수 있다. 그런데 같은 피자라도 미식가는 맛으로 평가할 것이고 영양학자는 칼로리를 분석할 것이다. 회계사는 원가를 계산할 지도 모르고 곡물상은 원재료가 무엇인지 탐구할 것이다. 이미 다른 음식으로 배부른 사람에게는 그다지 먹고 싶지 않은 음식으로 여겨지고 배낭여행으로 배고픈 학생에게는 진수성찬으로 다가올 것이다. 감성적인 사람은 함께 먹던 헤어진 연인이 떠오르기도 할 것이고 의심 많은 사람은 이물질이 들어있지 않나 하고 꼼꼼히 살필 것이다. 즉, 자아정체성에 따라 달리 보이는 것이다.

이처럼 어떤 대상, 사물을 보는 주체에 따라 상황을 각각 다르게 인지한다. 그것이 인간의 기본 습성이다. 그런데 우리는 그리스 신화의 외눈박이 키클롭스Cyclops처럼 자기 입장의 공간에만 집착하여 과대한 망상 또는 편협한 집착에 빠져 있지는 않은가? 다른 포지션, 다른 자아정체성을 가져볼 때 우리는 자기가 작아져 겸손해지고 타인의 관점, 존재를 존중하고 배려하는 삶을 살 수 있게 될 것이다. 우리는 코치이기 전에 하나의 성숙한 인간이자 사회인을 지향해야 하지 않겠는가?

다음은 제3포지션 체험 기법을 소개하고자 한다.

이것은 그린더가 고안한 것으로 누구라도 제3포지션의 감각을 익히는데 매우 효과적이고 중요한 기법이다. 우리는 흔히 제1포지션에 머물며 그 관점만이 곧 정의이며 기준으로 살아가고 있다. 그러나 우리 인간에게는 지각위상이 있어 제2포지션, 제3포지션을 얼마든지 체험할 수 있다. 다만 너무나 제1포지션에 익숙해 있어 다른 지각위상 체험이 둔화되어 있을 뿐이다.

순수한 제3포지션에 들어가면 훨씬 명료하게 체감을 느낄 수 있다. 말하자면 공감 능력의 회복이다. 회의를 할 때나 대화를 나눌 때나 협상을 할 때, 필요한 순간 바로 순수한 제3포지션에 들어가 본다면 매우 유용할 것이다.

제3포지션 체험 기법 연습

1. 3인 1조. A는 코치, B는 고객, C는 가이드이다.
2. A와 B는 주제에 따라 대화를 시작하여 2분 내외 지속하다가 2분경과 무렵 가이드가 '스톱'을 건다. (가이드는 실습 내내 같은 위치에 앉아 있는다.)
3. 코치는 지금까지의 대화 내용, 고객에 대한 관찰식별 결과, 관계성 형성 상태 등을 돌아본다. 더욱 바람직한 세션이 되려면 어디를 어떻게 수정하면 좋을지를 생각(3Ti의 세계)한다.
4. 잠시 후 가이드는 '계속'을 선언하고 코치는 고객과 대화를 이어간다.
5. 가이드의 신호로 코치는 신체 내부 신호에 주의를 기울이며 천천히 일어선다(제1단계).
6. 일어서서 A, B 두 사람의 중간 지점으로 방향을 바꾸면 잠시 후 가이드가

'스톱'을 건다. 코치는 그때의 3Te(V, A, K) 체험을 말한다(제2단계).

7. 가이드가 다시 '계속'을 지시한다. 코치는 고객과 가이드 위치의 삼각형 지점에 가까이 간다.
8. 잠시 후 가이드가 '스톱'을 걸고 코치는 그 순간의 3Te(V, A, K) 체험을 말한다(제3단계).
9. 코치는 삼각형의 꼭지점에 위치하여 제3자의 의식상태, 관점, 자세로 자신의 원래 자리와 고객의 자리를 본다. 그리고 3Ti 상태에서 고객과의 지금까지의 대화를 되돌아본다. 마쳤으면 가이드에게 마쳤다는 신호를 보낸다.
10. 코치는 원래의 자기 자리로 돌아와 당초의 대화를 이어간다.
11. 잠시 후 가이드는 '스톱'을 건다. 코치는 신체 내부 신호에 주의를 기울이며 천천히 일어선다(제1단계).
12. 잠시 후 가이드는 다시 '스톱'을 건다. 코치는 그때의 3Te(V, A, K) 체험을 말한다(제2단계).
13. 잠시 후 가이드는 다시 '스톱'을 건다. 코치는 그때의 3Te(V, A, K) 체험을 말한다(제3단계).
14. 제3포지션에 들어가 지금까지의 모든 커뮤니케이션을 리뷰한다.
15. 피드백

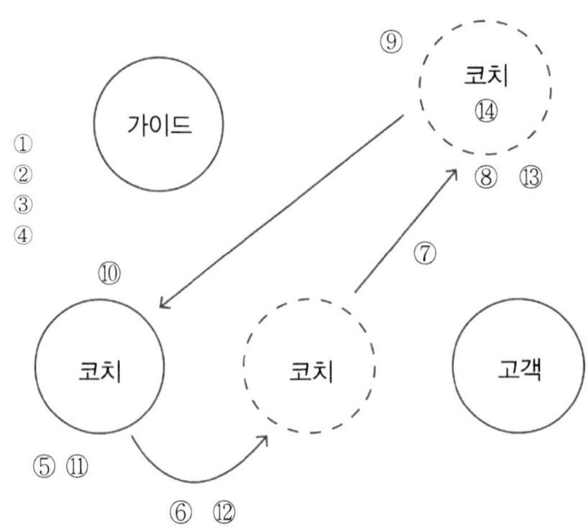

[그림 7-4] 제3포지션 체험 기법 순서

피드백

- 제3자가 된 자기를 경험하니 마치 유체이탈된 느낌이었다.
- 3Ti에서 3Te로 바뀌는 체험이 강렬했다. 처음이어서 그런가…?
- 네고시에이터, 퍼실리테이터, 컨설턴트, 코치 및 리더라면 필수적으로 익혀야할 감각이다.
- 잘라 말하기는 어렵지만 남성은 제1포지션, 여성은 제2포지션이 되기 쉽다.
- 제3포지션일 때의 자세, 포즈가 제3자에 근접 또는 일치할 때, 보다 잘 실감되었다.
- 가이드는 지속적으로 제 자리에 앉은 채로 지시해야 한다.
- 코치가 천천히 일어설 때, 신체 내부 신호(근육이나 피부운동감각)에 주의를 기울여 그 미묘한 느낌을 자각해보는 훈련이 필요하다. 전철에서 일어설 때나 서 있을 때, 서 있다가 앉을 때 등….
- 커뮤니케이션의 진행과 동시에 제3포지션을 체험할 수 있다면 유연한 대응이나 편집이 가능해져 커뮤니케이션의 달인이 될 수 있다.
- 문제 상황이나 콘텐츠에 빠져든 것을 자각하게 되면 바로 제3포지션을 체험하도록 하라.

3. N단계 의미전환

1) N단계 의미전환의 발견

N단계 의미전환N Step Reframing에 관해 설명하기 위해 그린더의 워크숍 때의 사례를 소개하고자 한다. 그린더가 유럽에서 비행기로 시애틀 타코마 공항에 내려섰을 때는 목요일의 늦은 저녁이었다. 장거리 해외 출장은 다소 피곤을 수반하든 일이어서 유럽에서 미국 서해안으로의 귀국에는 건강 등에 대한 주의가 필요했지만, 그는 이제부터 연수회가 개최되는 3일간을 즐거운 마음으로 기다리고 있었다.

사실 몇 개월 전, 그는 캐나다 브리티시 컬럼비아주 뱅쿠버의 세인트 폴 정신병원 직원들에게 4일간 세미나를 주재하였다. 연수는 이 병원의 정신과의사, 간

호사, 기타 보조직원에게 정확한 패턴과 전략을 제공하도록 명시적으로 고안되어 있었다. 이 연수의 반응은 좋았고 참가자들은는 수개월 간 지속적으로 자기가 배운 패턴을 자기의 업무에 적용할 것에 동의하였다.

그는 그 세미나의 후속 코스로서 그 병원에서 만성통합실조증 입원자에 대한 워크숍을 하기 위해 시애틀에 도착했던 것이다. 그래서 데몬스트레이션에서는 그가 준비한 것을 설명하고 병원 종사자들이 과거 수개월 간 그들이 실행했던 패턴의 직접체험에 대하여 피드백을 하기로 되어 있었다.

그린더는 공항에서 차를 빌린 후에 뱅쿠버로 가서 호텔에서 체크인했다. 그때 그는 몸 상태가 좋지 않음을 느껴 다음 날부터 시작되는 워크숍에서 새롭게 충전된 모습으로 임할 수 있도록 방에서 아침까지 충분한 수면을 취했다. 그런데 다음날 아침 눈을 뜨니 여전히 몸이 이상함을 느꼈다. 40도에 이르는 열이 나고 가벼운 폐염과 같은 증상을 의심할 정도였다. 그는 그 상황을 재빨리 판단하고 그것에 대처하는 가장 효과적인 방법은 무의식에 맡기는 것이라고 마음먹었다. 병원에 갈 시간적 여유도 없었다.

그는 무의식에게 다음과 같이 말했다.

“좋아. 지금은 너의 지원이 정말 필요한 때야. 이제부터 얘기 좀 해보자. 서로 도움을 주고받는 거지. 나는 내 행동을 완전히 네게 맡기겠어. 그 대신에 너는 워크숍에서 병원 직원과 입원자가 가장 많은 배움을 얻을 수 있도록 내가 최고의 품질과 성과를 내는 결과를 얻기를 보장해 주기를 바래. 그러면 나는 워크숍이 끝나는 대로 바로 호텔에 돌아와 브랜디를 2잔 마신 다음 침대에 누워 너를 쉬게 하여 열이 식도록 할 것을 약속할게.”

의식 없이 몽롱하게 보내는 날은 언제나 그렇듯이 그날은 정말 눈 깜짝할 사이에 지나갔다. 그는 지금까지도 그날 일어난 일에 대해서는 당일 2번 남짓(휴식시간과 점심시간) 잠깐 쉬고 하는 일에 대하여 약간 의식을 회복했던 때 외에는 무엇에 관해서도 의식적인 기억이 없었다.

그날 그는 잘 진행되고 있는지 어떤지에 대해 진행 도중에 무의식에 물었는데 대답은 곧 바로 나왔다.

"잠자코 있어. 내가 모든 것을 잘 처리하고 있는 중이니까."

나중에 연수 참가자로부터 그날 5명의 통합실조증 입원자와 세션을 가졌는데 적어도 참가자의 의견으로는 높은 품질의 결과를 냈다는 것을 알았다. 만족한 그는 의식적 측면의 약속을 지키기 위해 일이 끝나자마자 호텔에 돌아와 브랜디를 2잔 걸친 뒤 침대에 나가떨어졌다. 13시간의 수면 중에 깊은 잠을 자며 완전히 땀을 빼고 난 다음날 아침에는 매우 상쾌한 기분을 느꼈다.

아침식사 중에 그날 해야 할 일, 즉 전날 세션 대상자들과 했던 워크에서 그가 사용했던 패턴에 관하여 해설을 해야 한다는 것에 생각이 미쳤다. 그런데 그는 그 전날 했던 워크에 대하여 의식적인 기억이 전혀 되지 않음을 알아차렸다.

그래서 그는 연수회장에 일찍 도착하여 회장에 도착하는 참가자들에게 차례로 다음과 같은 질문을 하여 넌지시 비공식적으로 정보를 이끌어내고자 하였다.

"데몬스트레이션의 어떤 부분이 가장 흥미를 끌었나요?"

"그 특정한 데몬스트레이션 중에서 무엇이 가장 인상에 남았나요?"

"나와 입원자들과의 커뮤니케이션 중에 어느 부분, 무엇에 가장 관심이 깊었나요?"

"특히 무엇이 어떻게 주의를 끌었나요?"

이와 같은 종류의 정보를 연수실 뒤쪽의 공간에서 아침 커피를 들며 아침 인사를 겸하여 수집하였으나 응답자들의 반응이나 답변 내용에 얼마간 실망감을 맛보면서 진행하는 사이에 그는 문득 연수실 앞쪽에 세워둔 칠판에 무의식적으로 눈길이 여러 번 향하는 것을 알아차렸다. 그것은 그에게 낯익은 무의식의 충동이었다. 그래서 얘기 도중에, "실례합니다." 하고 양해를 구하고는 연수실 앞쪽으로 가서 칠판 앞에 섰는데 그 칠판에는 그가 어제 아침에 그날 6단계 의미전환6 Step Reframing을 실행할 것을 염두에 두면서 써둔 메모가 다음과 같이 쓰여 있었다.

[진행 순서]

1. 변화시켜야 할 행동을 특정
2. 신뢰할 수 있는 무의식의 자발적인 신호체계를 확립
3. 변화시켜야 할 행동에는 긍정적 의도가 있음을 확인
4. 긍정적 의도를 만족시키는 당초의 행동 이상으로 적절한 대체 수단 탐색
5. 실행 책임을 무의식이 받아들이는 것(무의식의 동의)을 확인
6. Ecology Check

그린더는 칠판에서 어제 아침 자기가 써놓은 글씨를 보는 순간적 체험을 통해 무의식의 직접적 산물인 그 간명성에 놀랐다. 이것은 결과적으로 뉴코드 NLP 패턴과 전통코드NLP 패턴을 구별할 수 있는 참으로 분명한 차이를 나타내는 패턴을 찾는 계기가 되었다. 6단계 의미전환이라는 우아한 패턴은 그가 밴들러와 오랫동안 연구해온 작업의 산물이고 또 베잇슨과 에릭슨이 끼친 영향의 보기 좋은 통합을 의미하고 있다는 것에 대해서는 그때도 지금도 의심하지 않는다. 그러나 좌우간 이렇게 칠판에 기록된 이 간명한 메모는 N단계 의미전환이라는 새로운 패턴을 정립하는데 얼마나 멋진 선물인가! 그야말로 우연히 무의식이 가져다준 뜻밖의 발견이었다. 그는 무의식에게 고마움을 표시하였다.

연수가 시작되어 참가자들과의 새로운 대화에서 몇 사람인가는 전날 그가 다뤘던 각 통합실조증 입원자와의 세션의 어느 시점에서 칠판에 서두었던 패턴에 있는 항목의 일부 또는 모든 것을 (다양한 형태로) 실행한 것을 통하여 흥미 깊은 깨달음이 있었다는 것이 판명되었다.

이것은 앞서 열린 4일간의 연수에서는 참가자 중 아무도 알아차리지 못했던 것으로 지극히 효과적인 패턴이었다. 그날의 마지막 무렵 한 사람의 참가자가 그가 사용한 패턴에 대하여 설명해 줄 것을 요청하였다. 그는 눈앞의 칠판에 써져있는 패턴이 그것이라고 대답하였다.

그는 오랜 세월에 걸쳐 개인적인 경험과 몇 천 명의 고객과의 경험을 가지고

있는데, 그동안 적절한 범위와 상황이 설정되어 지도권指導權이 무의식에게 건네지면 무의식은 대단히 복잡하고 창조적인 것을 거뜬히 달성할 수 있다는 사실이 여러 번 증명되고 있음을 알고 있었다.

칠판에 정리된 메모를 통하여 새롭게 정립된 새로운 패턴은 결과에 대해서는 강력하고, 형태로는 우아하고, 응용면에서는 보편적인 완전한 패턴의 프로세스라는 사실은 지금까지도 놀랍고 두려운 생각이 들기도 한다고 술회하고 있다. 이것이 바로 N단계 의미전환 기법이다.

2) N단계 리프레이밍의 순서

(1) 변화시켜야 할 행동을 특정한다.

여기서는 그저 고객이 변화시키고 싶은 특정한 행동의 현재 상태를 구체적으로 진술한다. 아웃컴 자체를 이끌어내는 것은 아니라는 것에 주의한다.

(2) 무의식의 신뢰할 수 있는 자발적인 신호체계를 확립한다.

「변화를 불러일으키는 촉진자」로서의 코치는 패턴의 남은 부분에서 실제로 기능하는 중요한 과정을 조정한다. 이것은 고객이 존중해야만 하는 내적 대화(혼잣말)로 여기서 고객은 내적 대화를 사용하여 일련의 「호소 질문」을 하고 무의식으로부터의 반응을 수동적으로 기다린다.

의식적으로는 재생할 수 없는 신체적 반응이어야 타당한데, 만일 잘못된 의식적 반응에 의하여 패턴이 자의적인 착각에 이끌리면 마침내는 아무 짝에 쓸모없는 연습이 될 수밖에 없느니 주의해야 한다.

고객이 자기의 무의식에 제시하는 초기의 범위(명백히 코치에 이끌려 정해지는)는 변화의 과정에 밀접하게 자기의 무의식을 관여시키려고 하는 고객 자신의 의식적 요구임을 인지하고 있어야 한다. 신호체계를 실제로 확립하는 방법으로는 많은 다양성이 있는데 가장 단순하고 가장 본인에게 의식되지 않는 방법은 다음과 같은 형식의 내적 대화(질문)를 하는 것이다.

"당신(고객 자신의 무의식을 지칭)은 나와 잠시 얘기를 나눌 용의가 있는가?"

이 질문 다음에 고객은 무의식으로부터의 반응을 얻을 목적으로 체각체계에 주의를 기울이면서 수동적으로 기다린다. 감각의 변화가 일어나면 고객은 그 신호를 인지하고 (감각이 일어난 신체의 부분에 손을 갖다 대고) 감사 인사(내적 대화를 통하여)를 한다.

고객은 다음에 그 신호의 의미를 판정하는 작업을 한다. 요컨대 체각은 어떤 감각적 신호로 나타날 수밖에 없다. 그 해당 신호가 당초의 질문에 대한 Yes와 No 중 어떤 의미인지 판정하는 명확화의 작업은 자기의 무의식에 대하여 (이것도 내적 대화를 통하여) 다음의 지시를 한다.

"만일 지금 이 신호가 Yes라면 다시 한 번 같은 신호를 보내주길 바라."

그 다음 No 신호의 필요성을 설명하고 그것을 요청함으로서 부정적인 자발적 신호가 이끌어져 나올 수 있게 된다.

여기에서 매우 중요한 수순으로 들어간다. 무의식이 기능하지 않도록 요구하면서 NLP 코치는 고객에게 Yes와 No의 각 신호를 의식적으로, 다시 말하자면 변성의식(트랜스) 상태에 들어가지 않은 형태에서 재생하도록 지시한다. 고객이 무의식으로부터 보내진 신호를 의식적으로 재생할 수 없는 것으로 보인다면, 즉 그 신호가 자발적이라고 간주한다. 그래서 수순 (2)는 완료되는 셈이다.

여기에는 자발적이고 확실하고 신뢰성이 확인된 무의식적인 신체적 특징으로 나타나는 신호를 확립하고 활용할 수 있는 능력이 필요하다. 이와 같은 신호는 코치가 문제를 처리하기 위해서 불가결한 현상인데, 명확한 신체적 특징(신호)으로 나타날 때에 특히 유익하다.

고객이 Yes, No 어느 쪽인가의 신호를 재생할 수 있다면 그 신호는 의식적인 것으로 활용할 수 없으므로 이 경우 고객은 무의식으로부터 대체 신호를 요구하여 자발적 신호를 특정할 수 있을 때까지 그 신호에 대하여 「자발적, 의식적」 테스트를 한다. 이러한 일반적 순서를 그림으로 나타내면 다음 그림과 같다.

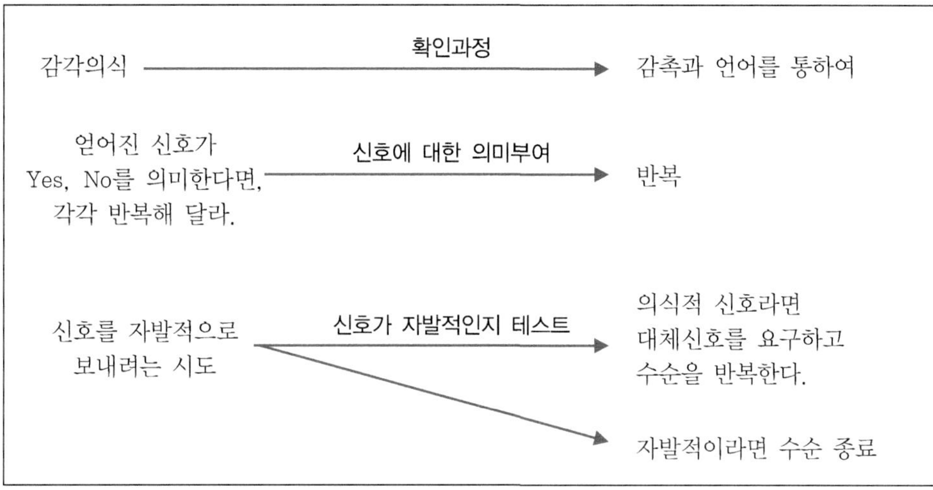

[그림 7-5] 자발적 신호체계 확립 방법

이 과정은 문자 그대로 무의식을 적절히 활용하여 (아웃컴을 특정할 때 의식에 의존한다고 하는) 「전통코드 NLP」 포맷의 문제를 교정하는 방법의 하나가 된다.

이 방법은 트레이닝을 충분히 쌓은 NLP코치가 변화과정에 직접 무의식을 관여시키는 완전 생성형의 포맷을 제공하는 것으로 유용하게 활용할 수 있다.

이 순서에는 몇 가지 이점이 있다. 한 가지 분명한 점은 무의식은 결과의 관점에서 일정하고 특정한 변화가 장기적, 전체적 영향을 미치는 능력에 관해서는 의식보다도 뛰어나다는 점이다. 7 ± 2라는 범위 수준의 청크 정보의 제약을 갖는 의식은 이러한 영향을 미치기에는 역부족이다. 반면에 무의식은 그 범위를 넘어 창조적인 아이디어를 제공한다.

다음으로 명백한 이점은 이 순서를 사용하는 패턴(어떤 다양한 것이든)과 직접적인 최면과의 비교이다. 최면, 특히 깊은 최면은 보통 의식과 무의식의 완전한 분리를 의미한다. 실제로 최면을 선택해야만 하는 치료형태임을 나타내는 지표의 하나는 「변화촉진자」가 의식적인 이해의 필요성에 지나치게 묶여있다든지, 변화하는 것은 불가능하다고 믿는다든지 하는 고객을 상대할 때이다. 이러한 상태의 고객은 스스로 변화 능력을 크게 제한하게 된다. 변화촉진자Facilitator는 이러한 측면을 잘 판정하여 진행하도록 한다.

그러므로 유능한 최면술사는 고객의 의식 및 그의 의식적 활동의 장애를 완전히 바이패스시키는 최면 테크닉을 통하여 의식적 패턴임에도 불구하고 단시간 내에 깊은 변화를 가져오도록 고객의 무의식을 자극할 수 있다. 단, 트레이닝을 충분히 쌓은 NLP코치의 윤리적 규범의 하나는 자기의 고객이 경험하는 분리상태Dissociate에 주의하여 세션의 마지막에 마무리할 때, 이와 같은 모든 분리를 반드시 원래대로 돌려놓아야(트랜스 상태→의식세계) 하는 것을 잊어서는 안 된다. 즉, 변화촉진 과정의 일부로 고객이 분리되었던 상테를 재통합하기 위해서는 현재로의 환기Associate 테크닉이 필요하다.

이러한 의미에서 최면 자체는 의식이 그 응용에 대하여 역할을 하지 못하기 때문에 분명히 제한적이다. 그러므로 최면술사는 세션의 마무리 시간에 의식과 무의식을 재통합하는 작업을 반드시 해야 할 책임을 져야 한다.

의미전환 패턴의 순서 (2)~(6)은 모두 이 자발적인 신호체계를 활용하고 있는데 여기에서 고객은 의식의 「정상」 상태(NLP코치가 고객과 커뮤니케이트 하고 있는 부분)과 변성의식상태(보통은 낮은 상태와 중간 상태 사이 정도의 트랜스 상태) 사이를 오간다.

이와 같이 이러한 종류의 순서((2)~(6)에서 고객이 변성의식 상태를 오가는 상태)는 에릭슨이 그 생애의 마지막에 취한 입장과 수미일관하고 있다. 그가 다음과 같은 질문을 받았을 때, "최면술사가 고객에 대하여 추구해야만 할 변성의식 상태는 어느 정도 깊어야만 하나요?"

에릭슨은 이렇게 말했다.

"원하는 상태(목표)를 달성하기에 충분히 깊은 상태이면 좋지요."

실제로 나중에 말하겠지만, 이와 같은 일정한 형태의 자발적 신호체계 점검을 포함함으로써 그린더와 밴들러의 초기 공동작업에 포함된 결함(미숙한 코치가 때때로 일으키는)을 현저하게 교정하게 된다는 의미에서 어떤 전통코드NLP 패턴이라도 뉴코드 NLP 패턴을 적용하여 보완할 수 있게 되었다.

클래식 NLP의 6단계 의미전환6 Step Reframing이나 뉴코드의 N단계 의미전환에서는 2번째 스텝이 중요하다. 단지 그 기법의 일부로서만이 아니라 여러 가지로 별도의 활용도 가능하다. 코칭이나 트레이닝의 가장 중요한 변수로서 실행자 자신의 내면상태를 꼽을 수 있는데 수미일관성과 하이퍼포먼스를 발휘하기 위하여 무의식으로부터의 신호 확립도 중요하다. 이것은 뛰어난 코치, 트레이너가 되기 위한 필요조건이기도 하다.

◆ 수미일관성

특정 시스템에서 서로 다른 각 부분, 차원 간의 정열 또는 균형잡힌 안정적 조정을 의미하는 개념이다. 어떤 시스템에서도 유기적으로 이 수미일관성首尾一貫性이 확립되었을 때, 최고의 퍼포먼스를 나타내게 된다.

예를 들어 어떤 사람이 명확한 아웃컴을 가지고 의식차원의 모든 차원(자아정체성에서부터 환경차원에 대한 의미부여에 이르기까지 그리고 나아가 영성차원까지도)에서 그 목표를 지향하여 수미일관성이 기능한다면 그의 아웃컴은 당연히 실현될 것이다. 그래서 의식, 무의식의 수미일관성(통합)이 중요하다.

코칭 세션 또한 특정한 목표를 향하여 수미일관성을 가지고 진행될 때, 좋은 결과를 얻게 될 것이다.

(3) 변화시켜야 할 행동에도 긍정적 의도가 있음을 확인한다.

여기서는 의미전환의 진수가 개념적으로 설명되어 있다. 순서는 2가지의 별개의 순서로서 간주해야 가장 적절한데 여기서는 하나로 연결하여 이야기하기로 한다.

이것은 바꾸어야만 하는 부정적으로 간주되는 행동의 배후에 있는 긍정적 의도를 특정하고(3) 그 다음에 그 긍정적 의도를 충족시킬만한 새로운 일련의 행동을 찾는 것이다(4).

이 전략(긍정적 의도를 특정하고 대체수단을 찾는다는)이 특히 어떻게 기능하고 있는가에 대해 이해를 돕기 위하여 좀 더 설명한다.

실제 현장에서 NLP코치는 보통 고객의 내면에서 실제로 일어나고 있는 변화 내용이 무엇인지는 모른다. 이것은 마치 「비밀 테라피」와 같아 변화촉진자(코치)가 변화의 과정에서 활용하는 NLP 응용의 커다란 이점의 하나이다.

실제로 고객은 (1)의 문제가 해결된 결과 일어날 변화의 내용을 예상하고 있지만, 많은 경우 본인이 바꿔야만 할 행동의 배후에 있는 긍정적 의도가 무엇인지는 의식적으로 모른다. 또 이와 같은 고객은 기존의 행동이 일으킨 상황에 실제로 다시 들어가 보기 전에는 당초의 행동을 대신하는 새로운 행동의 내용도 의식적으로 알지 못한다. 그전의 행동이 일으킨 상황에 실제로 들어가 보았을 때, 고객은 긍정적 의도를 충족시키기 위하여 무의식적으로 선택된 새로운 행동을 발견한다.

음주문제를 갖고 있는 알코올중독증인 사람(체중감량을 원하는 사람도 좋지만)의 예를 생각해 보자. 이것은 어떠한 중독 현상에도 유효하게 적용할 수 있다.

일반적인 케이스에서 그 사람의 과거를 살펴보면 「일정기간」 금주를 할 수 있었는데 다시 음주를 시작했음을 알 수 있다. 그러한 행동의 보상 즉, 2차이득 Second Gain 또는 2차적 혜택이 무엇인지를 명시화하면 다음과 같은 것이 판명된다.

- 긴장완화를 위해 술을 마신다.
- 매일의 스트레스에서 벗어나기 위해 술을 마신다.
- 친교생활을 원만히 하기 위해 술을 마신다.

긴장완화 상태에 접근하려는 긍정적 의도에 초점을 맞춰보자. 이 긍정적 의도는 고객에게 긴장완화 상태에 접근시키는 일련의 모든 행동에 주어진 이름이다. 이 세트의 우산을 구성하는 행동들 속에는 정의定義상 언제나 원래의 문제 행동이 포함된다.

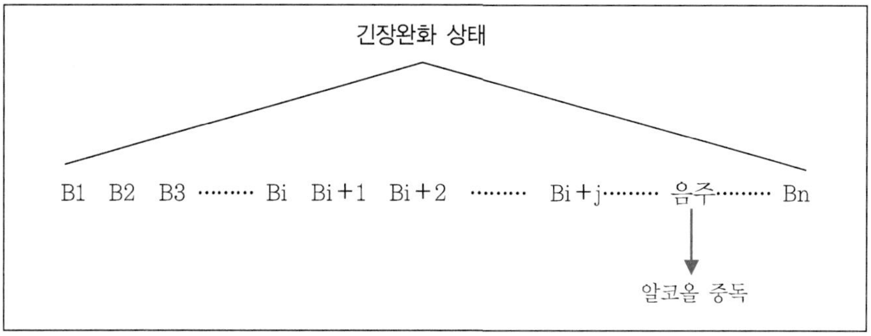

[그림 7-6] 긴장완화 상태를 만드는 다양한 방법

바꿔 말하자면 긴장완화 상태를 확보할 수 있는 일련의 방법에는 다음과 같이 다양한 구체적 행동이 있을 수 있다.

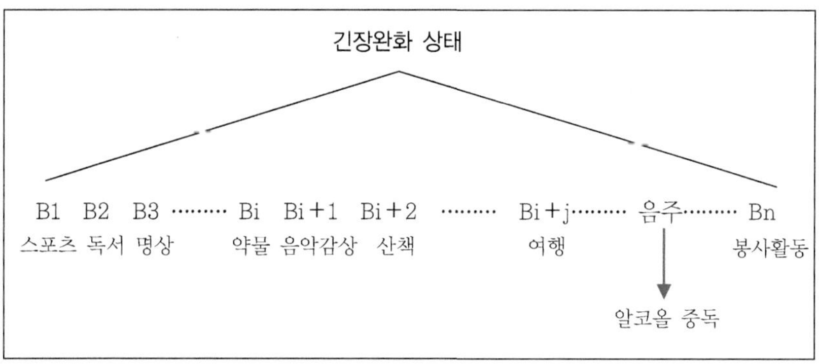

[그림 7-7] 긴장완화 상태를 만드는 구체적 행동

해당 세트의 종류가 무엇인가를(적어도 부분적이라도) 특정한 후의 변화촉진 작업은 매우 단순한 과정이 된다. 즉, 세트 중에서 해당 행동(이 사례에서는 음주)을 대신 할 수 있는 3개 정도의 행동을 선택하는 것만으로 해결된다.

알코올중독과 같은 전형적인 중독 케이스에서는 보통 복수의 보상 또는 2차 이득이 관여하고 있다. NLP코치는 이러한 경우 변화촉진 작업을 일련의 개별(긍정적 의도와 관련된 보상 행동마다 하나씩) 세션으로 나누어 실행할 필요가 있다. 이와 같이 하면 이 수순을 활용하는 것만으로 일련의 프로세스가 자연히 생성된다. 각 세트의 구성은 바꿔야만 할 행동의 배후에 있는 각 긍정적 의도에 초점을 맞추면 된다.

이상과 같은 (3)과 (4)의 2개 순서는 내용을 의식적으로 열어 보일 필요가 없다는 것에 주목하기 바란다. 특히 강고한 자발적 신호체계의 도움을 빌리면 유능한 NLP코치는 완전히 내용무관Contents Free의 어프로치를 지속적으로 취할 수 있게 된다. 한층 더 주목해야 할 것은 발견된 긍정적 의도는 새로운 행동의 어느 것에 관해서도 무의식이 해당 내용을 밝히지 않고 이 모든 것을 관리할 수 있다고 하는 점이다.

그러므로 고객이 의식적 내용을 의식적으로 명확히 하지 않는 경우 또는 무의식이 정보를 열기를 거부하는 경우에는 (3)에서 내적 대화를 사용하여 고객이 무의식에게 다음과 같은 질문을 던지면 된다.

"바꿔야만 할 행동의 배후에 어떤 긍정적 의도가 있나요?"

또는 마찬가지로 다음과 같이 질문할 수도 있다.

"내 무의식에게 묻겠는데, 바꿔야만 할 행동의 배후에 어떤 긍정적 의도가 있다고 확인해 줄 수 있나요?"

(4) 긍정적 의도를 만족시킬 목적에서 당초의 행동 이상으로 적절한 대체 수단을 찾는다.

내적 대화를 통하여 고객이 자기의 무의식에게 의뢰하는 질문은 다음과 같다.

"바꿔야만 할 행동의 배후에 있음이 이미 확인된 긍정적 의도를 만족시키는 일련의 행동을 찾아 실행으로 옮기기 위하여 3개 정도의 행동을 선택합니다. 이 작업이 끝나면 Yes 신호를 내게 보냅니다."

이 패턴에 의하여 고객이 원래의 행동이 제공하고 있던 「2차이득」을 잃어버리지 않는 것이 보증된다. 이 방법을 사용하면 많은 NLP코치(특히 테라피 분야에 종사하는)가 직면하는 주요문제인 「저항」이 일어나지 않는다는 것은 이미 NLP가 탄생한 이후 40년 이상 경험하고 있다. 저항은 현재 진행 중인 변화촉진

과정에서는 바꿔야만 할 행동의 배후에 있는 긍정적 의도가 아직 적절하게 확정되지 않았던가, 아직 이러한 의도를 만족시킬만한 대체수단 행동이 충분한 것이 아니라는 것을 가르쳐주는 특히 중요한 형태의 비언어적 피드백으로 간주된다.

바꿔 말하자면, 고객이 바꾸고 싶다고 의식적으로 말하는 행동에는 현재 진행 중의 변화촉진 과정에 의하여 존중받지 못하고 있는 중요한 2차이득이 포함되어 있다는 것이다. 한 번 더 말하자면 고객은 지금의 상황에 대한 자기의 지각을 조건으로 하여 자기 자신의 내적지도의 한계성 속에서 나름대로 최선의 행동을 선택했다는 것이다.

특히 (3)과 (4)에서는 이 원칙이 충분히 존중되고 있어 저항을 미연에 방지할 수 있다.

(5) 실행 책임을 무의식이 받아들이는 것을 확인한다.

여기에서 고객은 일련의 행동 선택지로부터 3개 이상(3~5가지)의 행동을 선택하여 바꿔야만 할 행동이 일어나는 바로 그 상황에서 무의식이 이러한 새로운 행동을 정말 실행에 옮기는 책임을 취하는가를 체크한다.

(6) 상호 간의 관계를 확인한다.

여기에서는 Ecology Check 단계로 존재물과 환경, 인간을 연결해주는 단계이다. 무의식에 대하여 원래의 행동을 대신하도록 선택된 새로운 행동이 그 본인의 다른 부분의 요구(궁극적 목적Meta Outcome)와 수미일관하고 있는지를 확인한다. 만일 한 개 이상의 새로운 행동에 대하여 이론異論이 있는 경우에는 코치는 다음과 같은 2종류의 선택지를 갖는다.

1. 이론이 있는 행동을 이미 탐색한 후보 행동 중의 다른 행동과 바꾼다. (그래서 3~5개 이다.)
2. 이 이론을 다시 한 번 새로운 리프레이밍의 개시점으로 삼아 수순 3으로 돌아가 지적된 이론에도 일정한 긍정적 의도가 있음을 확인한다.

주목해야 할 것으로 이러한 모든 것은 유능한 NLP코치에 의하여 그 내용Contents에 관여하거나 접근하지 않고 달성시킬 수 있다는 것이다. 이 점은 NLP의 변화촉진 과정에 대한 응용의 현저한 이점이다.

≫ 요약 순서

N Step Reframing

1. 변화시켜야 할 부정적 행동을 특정
2. 무의식의 신뢰할 수 있는 자발적인 신호체계를 확립
3. 변화시켜야 할 행동에도 긍정적 의도가 있음을 확인
4. 긍정적 의도를 만족시키는 당초의 행동 이상으로 적절한 대체수단 탐색
5. 실행 책임을 무의식이 받아들이는 것을 확인
6. 상호 간의 관계를 확인Ecology check

어째서 기존에 확립된 패턴인 6단계 의미전환이 아니고 N단계 의미전환이라고 하는지 궁금할 것이다. 기호가 의미하는 바대로 반드시 6단계에 한정되지 않기 때문에 N이라고 한 것이다. 5단계일 수도 있고 9단계일 수도 있고 또 7단계일 수도 있지 않겠는가? 당초 「6단계 의미전환」이라고 이름이 붙여진 것은 6단계로 가장 적절히 완료되는 패턴으로 설계했기 때문이다.

N단계 의미전환의 모태가 된 6단계 의미전환 기법은 매우 강력하게 무의식을 활용하는 패턴이다. NLP코치라면 꼭 마스터해둘 필요가 있다. 요체는 불수의신경계의 생리적 신호를 이끌어내는 것이다. 습관화 되는 수준으로 익혀두기를 당부한다. 그러면 N단계 의미전환도 충분히 활용할 수 있게 될 것이다.

코치로서 중요한 것은 자기의 역량 안에 있는 특정 패턴을 곧이곧대로 대입하거나 적용하는 것만이 아니라, 진행을 통하여 고객이 어느 단계이든 자연스럽게 언어화(바탕 정보Grounding를 이끌어 냄)하도록 하는 것이다. 그러므로 고객이 하는

말에 따라 이름을 붙여도 좋다. 예를 들어 「안식 찾기 의미전환」이라고 해도 좋고 「긴장완화 의미전환」이라고 해도 좋다. 그러나 그렇게 다른 사람에게 말하면 NLP를 배운 사람이라도 무엇인지 잘 모를 것이다. 그리고 6단계 의미전환이 아니냐고 하면 이것은 「N단계 의미전환」이라고 말해 주면 된다.

유능한 코치가 되는 중요한 조건은 확장성 있는Scalable 진행을 운영하는 능력이다. NLP를 학습할 때, NLP에 대하여 잘 모르는 사람들도 할 수 있는 버전이 있기는 하지만 NLP를 조금은 알아야 할 수 있는 버전도 있다. 여기서 확장성이란 같은 기법이라도 어떤 수준의 사람들에게라도 적용 가능한 버전을 말한다. 다소의 도전이 되어도 괜찮은 수준이다. 말하자면 고객의 수준에 맞추어 상황을 변화시키는 능력을 말한다. 달리 말하면 유연성 있는 진행방식을 말한다.

오랜 코칭 격언으로 "정말 말썽거리 고객은 없다. 유연성이 부족한 코치가 있을 뿐이다."라는 말이 있다. 여러분이 가져야 하는 유능성은 진행의 난이도를 자유롭게 조정하고 더 쉽게 이끌 수 있도록 하는 것이다. 효과적으로 상황을 변화시킴으로서 더욱 쉽게 코칭 목적을 실현할 수 있게 된다.

Chapter 08 뉴코드 NLP의 버벌 패키지와 내적 대화

1. 버벌 패키지(한정질문)

1) 구체화질문모형의 개발

비즈니스뿐 아니라 일상생활에서 중요한 것은 정확한 정보이다. 그런데 정보는 대부분 음성언어나 문자언어로 되어 있다. 때로는 이미지가 사용되기도 하지만 그 내용을 명확히 하거나 강조하고자할 때는 반드시 음성언어가 부수적으로 실행된다. 이처럼 중요한 음성언어 관리에 관한 명시적이고 효과적인 전략을 제공하는 커뮤니케이션 모델의 존재는 잠재 가능성을 최고도로 실현하려는 기업 활동에서는 필수불가결하다.

NLP는 당초 구체화질문모형Meta Model이라고 하는 언어를 구체적으로 한정하기 위한 효과적이고 완전한 언어 패턴을 최초로 제시하는 데서 출발하였다. 이 모형은 형식과 내용의 차이에 착안하여 정리되었다. 자연언어로 표현할 수 있는 내용에는 무한한 가능성이 내재되어 있다. 이 때문에 내용을 통하여 언어의 활용에 접근하는 전략은 모두 실패로 끝나게 된다. 다행히도 자연언어는 고도로 조직화된 체계로 비교적 소수의 구조적 과정에 의해 생성된다. 이와 같은 자연언어의 형식적이고 통어적統語的 과정에 초점을 맞추면 언어를 효과적, 효율적으로 사용하려는 목적에 맞추어 언어를 극도로 단순화한 모델을 개발하여 전개할 수 있다. 언어 자체가 하나의 모델이기도 하다. 언어 속에서 삭제, 일반화, 왜곡된 정보들을 위에서 내려다보는 시각에서 찾기 위해 정리된 질문패턴들을 '~의 위에 있는' '~을 포함한'이라는 의미로 「Meta」를 붙여서 메타 모델이라고 부르게 된 것이다.

1973~4년 경 구체화질문모형이 정리되고 구축되었는데 그 바탕이 된 프레드릭 펄즈(게스탈트치료), 버지니어 새티어(가족치료) 두 사람은 인간적 속성, 접근방법 등 여러 면에서 서로 다르다. 외모만 보아도 새티어는 거구의 여성, 펄즈는 짓궂은 할아버지 같은 모습이다. 간혹 현존하는 두 사람의 비디오를 보면 누구라도 두 사람의 외형적 차이를 알 수 있을 것이다.

그린더와 밴들러는 이 두 사람을 연구(핵심은 본받기)하면서 이들이 어떤 특정한 패턴의 커뮤니케이션을 하는 것을 발견하였다. 밴들러가 대학교 4학년이었을 때, 그린더는 언어학 조교수였다. 그 당시에도 서로 알고 있는 처지였다. 어느날 밴들러가 찾아와서 말했다.

"나는 프란츠 퓨제릭과 게스탈트요법 스터디그룹을 운영하고 있는데 효과가 매우 좋습니다. 그런데 그 효과성을 나는 느낄 수 있고 또 효과적으로 실행할 수 있지만, 그것의 핵심이나 요령을 다른 사람들에게 가르쳐줄 수가 없어요. 교수님이라면 이 퍼즐을 풀어낼 수 있을 것 같아 부탁하러 왔습니다."라고 하였다. 이것이 밴들러와 그린더가 힘을 합쳐 본격적으로 앞서의 두 테라피스트의 언어패턴을 연구하기 시작한 계기가 되었다. 그리고 연구 결과는 NLP라는 이름으로 세상에 나오게 된다.

그래서 펄즈와 새티어가 무의식적으로 하고 있는 커뮤니케이션 패턴을 지속적으로 본받기 하였다. 매주 2회씩 3개월 동안 하니 오리지널의 수준과 동등한 솜씨가 될 수 있었다. 의식적으로 이해하여 처리하는 접근은 전혀 하지 않았다. 어린이가 무의식적으로 흡수하듯이 익혔다. 그 요령은 펄즈가 하는 대로 했을 뿐이다. 문제는 같은 수준이 될 수는 있었지만, 그렇게 될 수 있는 방법을 명시적으로 표현하고 체계적 전달을 할 수는 없었다는 것이다. 그래서 그린더와 밴들러는 그때까지의 경험, 패턴을 분석, 정리하여 이론화 작업을 개시하였다. 포인트는 테라피스트와 고객 사이의 커뮤니케이션에 초점을 맞추었다. 그때 5가지의 패턴을 특정할 수 있어서 그것을 포맷화하였다. 그린더는 원래 현대언어학의 아버지라고 불리는 노먼 촘스키Noam Chomsky 교수의 애제자로 정통적으로 그 분야를 공부한 언어학자였으므로 언어 패턴에 대해서는 잘 알고 있었다. 그리고 이들은 그 외에도 본받기로 삼은 사람들의 여러 가지 패턴을 코드화할 수 있음도 알아차렸다. 6개월 간 작업하는 사이에 그들은 코드화한 것을 시험 적용하여 보았다. 시스템적으로 대응해 가면서 과연 어떤 결과가 나올지 테스트해 본 것이다. 이것이 최종적으로 구체화질문모형Meta Model으로 정립되었다.

오리지널 수준에 도달하는 중요한 포인트는 다음 2가지이다.

1. 구체적 요령은 상담사가 (무의식적으로) 사용하는 패턴에 무의식적으로 동화하여 본받기 할 것(DTIDeep Trance Identification트랜스 상태에 몰두, 집중해야 한다).
2. 핵심은 각 패턴의 의미론이 아니라 구문 자체에 초점을 맞출 것.

구체화질문모형에는 대략 12가지 모형이 있다. 일부 예를 들면 다음과 같다.

- 제약적 표현: 나는 흔들리고 있다. → 구체적으로 무엇에 흔들이고 있나요?
- 필연성의 조동사: 남자는 감정을 밖으로 드러내면 안 돼.
  → 만일 감정을 드러내면 어떻게 되지요?

이런 대화는 선문답 같다고 비평하는 사람도 있는데 사실은 이런 질문 패턴이 NLP의 핵심적 근간을 이루고 있음을 알아야 한다. 구체화 질문은 매우 강력하다. 고객의 두뇌회로에 미치는 영향이 매우 크다. 그후 그린더는 독자적으로 버벌 패키지(한정질문)를 개발했는데 이것은 구체화질문모형 중에서 2항목만을 픽업한 것이다. 말하자면 구체화질문모형의 간편 버전이라고도 할 수 있다. 제대로 코칭을 하려면 우선 구체화질문모형을 철저히 체득할 것이 요구된다.

■ 인간의 세계지도 구축 3원칙

1. 삭제
- 본인의 신념·가치관, 호기심 등의 필터에 의해 걸러진 정보만 수용
2. 일반화
- 어느 하나를 근거로 삼아 그것으로 모두를 묶어버리는 생각
- 예를 들어 한 사람의 여성에게서 배신당한 경험이 세상의 모든 여성에게서 버림받았다고 맹신하는 경우
- 그는 항상 불만이다 → 그가 만족해 한 때는 한 번도 없었나?
(세계지도의 한계(일반화)의 확장)
3. 왜곡
- 어떤 사람이 직원 휴게실에서 커피를 마실 때, 신입 여직원이 합석했는데 고개를 옆으로 돌렸다 → 이 여성은 나를 싫어하는구나…(왜곡)
- 처음 보는 터라 부끄러워 고개를 돌린 것이다(현지).

이러한 3가지 현상을 어른으로서의 성숙한 관점(세계지도)에서 적절히 원래 상태의 정보로 바로잡자는 것이 곧 구체화질문모형이다. 여기에 막후에서 공헌한 사람이 노만 촘스키Norman Chomskey이다. 그의 변형문법 이론이 제자인 그린더를 통하여 NLP에 반영되어 구체화질문모형이 도출된 것이다.

이런 면에서 보자면 NLP는 매우 심오한 좌뇌적 측면이 관여했음을 인정할 수 있다. 물론 NLP의 현실적 기법 구사에서는 우뇌의 작용이 많이 동원되지만 NLP의 성립 바탕은 믿을 수 없을 만큼 좌뇌적임에 틀림없다. 그렇다고 그냥 이론적 분석으로 개발된 것은 아니다. 당시 최고의 평가를 받고 있던 심리상담(아직 코칭이라는 개념이 대두되기 전으로 주로 테라피 또는 카운슬링이라고 불렀

다. 코칭이라는 프레임, 네이밍은 NLP가 개발되고 확산된 이후에 생겨났다)의 대가들의 임상 현장에서 철저히 본받기를 하며 눈으로 보고 체험하며 이룬 것이다. 그러한 발견의 성과가 간추려져 NLP라는 이름이 붙여진 것이다. 그래서 그린더는,

"NLP는 본받기Modeling에서 시작되었다."고 한다. 훌륭한 본받기의 바탕이 되고 완성의 요체는 관찰식별에 있다.

일반인이 얼른 이해하기는 어려울 수 있지만, 이러한 인간의 두뇌 신경- 언어 작용과 프로그램의 관계를 나타내는 측면에서 NLP는 참으로 적절한 이름이라고 하겠다. 최근에 확립된 두뇌과학의 연구 결과들도 NLP의 모든 것과 완전히 일치하고 있다. 오늘날 우리가 코칭에서 NLP의 개념, 기법을 활용할 수 있다는 것은 진정한 코치에게는 엄청난 선물이고 엑사이팅한 경험이 될 것이다.

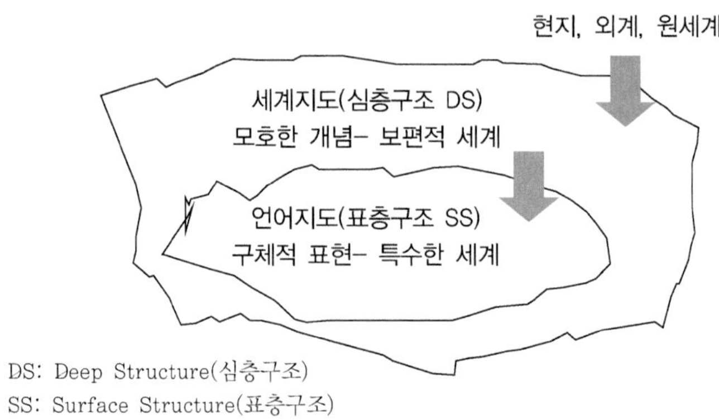

[그림 8-1] 구체화질문모형

인간은 자기의 세계지도를 형성하는데 사고방식, 신념·가치관에 따라 삭제, 일반화, 왜곡을 사용한다. 원세계3Te에서 세계지도3Ti를 만들 때의 패턴에서 적용되는 비율은 세계지도에서 언어활동으로 나타나는 패턴의 비율과 대부분 일치한다고 한다. 그러므로 구체화질문모형은 말의 구체적 표현(언어지도 변화)을

통하여 세계지도에 영향을 미쳐 확장하려는 것이다. 이것은 『마법의 구조』 1권(구체화질문모형Meta Model 분석)에 잘 설명되어 있다. 2권에는 밀튼 에릭슨을 본받기하여 정리한 비음성언어 활동(모호화진술모형Milton Model)에 대한 분석이 논의되고 있으니 참고 바란다.

행동변화 방식은 상위차원의 신념·가치관과 자아정체성의 확립 방식과 같은 것이므로 행동을 바꾸면 능력, 신념·가치관, 자아정체성도 영향을 받아 함께 바뀔 수밖에 없는 것이다. 그런데 코칭 초심자는 말에만 의존하기 쉬운데 행동으로 연결하거나 보여주는 것이 중요하다. 말에 의존하면 결국 콘텐츠에 빠지게 되어 버린다. 그러므로 말은 세계지도의 확장에만 유효하게 활용하면 된다.

말에 의존한 코칭을 하면 다람쥐 쳇바퀴 돌리는 상황이 되기 쉽다. 평소에 자주 보는 서로 말꼬리 잡는 식의 대화를 생각해 보라. 개념과 논리의 소용돌이에 빠져 말다툼이 될 뿐이다. 말은 코칭에서 유효한 도구이긴 하지만, 활용에는 한계가 있다.

우리에게는 풍부한 NLP 개념과 기법이 있지 않은가? 언어에만 의존하기 보다 V, A, K와 하위감각양식의 활용, 기성체험, 미래선행체험 등 행동적 체험을 자극하는 좋은 도구가 많이 있다. 충분히 활용하라. 의식과 행동에 관해서는 최근의 두뇌 연구에서도 일단 행동을 우선할 것을 권유하고 있음은 앞에서 설명하였다.

『네고시에이터Negotiator』라는 영화를 보면 그 속에 시선식별단서를 포함하여 관찰식별, 버벌 패키지, 프레이밍, 관계성 형성, BATNA 등의 NLP기법이 풍부히 활용되고 있는 것을 볼 수 있다.

2) 버벌 패키지의 구성

지금까지 앞에서 버벌 패키지(한정질문)라는 용어를 자주 언급해 왔다. 그러면 버벌 패키지란 무엇일까?

여기 한 고객이 있고 여러분 중 누가 코치라고 하자. 이 사람의 문제는 직장에서 동료와 사이가 좋지 않은 것이다. 의미론적 접근을 하면 머릿속에서 '고객이 말하고 있는 의미는 무엇일까?'를 생각하게 될 것이다.

"오피스에서 동료와의 관계에 문제가 있다."고 응답이 나왔다면 머릿속에서 그 해결책의 파일이 어디에 있는지 찾게 될 것이다. 이처럼 의미, 내용에 초점을 맞추게 되면 코치 본인이 나름대로 이해하고 있는 것이 바로 고객이 겪는 상황이라고 맹신(선입견)을 하게 되기 쉽다. 그러나 우리는 서로 세계지도가 다르므로 고객의 설명을 자세히 들었다 할지라도 나의 이해(지도)가 그대로 그의 상황(현지)은 아니므로 과녁에서 벗어나게 된다.

여기서 구문론으로 접근한다는 것은 상대방 이야기의 내용(콘텐츠)이 아니라 말의 구조에 초점을 맞추는 것이다. 상대방이 이야기 중에서 최초로 사용한 명사를 픽업하는 것이다. 그렇게 하여 고객이 처한 문제에 대한 내용 이해 여부와는 관계가 없이 코치는 고객이 놓인 상황을 변화시킴으로서 바람직한 상태(아웃컴)로 이끌 수 있다. 그때 상황의 실상을 명확히 하기 위하여 명사를 구체화하는 질문을 한다. 고객이 스스로 해결책을 이끌어낼 수 있도록 상황을 변화시키기 위하여 질문을 하는 것이다.

이때 해결책 탐색에 빠지는 코치는 고객을 진실로 이해하고 있는가? 그런 것에는 관심을 보이지 않아야 한다. 코치 본인이 이해하는 것이 아니라, 고객이 스스로 자기 속(자기의 세계지도, 표상체계)에서 해결책을 찾을 수 있도록 작용해야 한다. 그것이 코치의 본분이다.

"나는 오피스에서 동료와의 관계에 문제가 있습니다."

(고객의 응답에서 언급된 명사를 찾아 질문한다.)

"구체적으로 어떤 오피스인가요?"

"ooo 오피스입니다." (회사 이름, 규모, 위치 등 본인이 중시하는 정보가 나올 수 있다.)

"동료란 구체적으로 누구인가요?"

"xxx씨입니다." (이름, 직위, 역할, 성별 등 역시 본인이 중시하는 정보가 나오게 된다.)

"문제란 구체적으로 어떤 것인가요?"

"제 아이디어나 제안을 완전히 무시합니다."

구체화질문모형 중에서는 구문적 패턴을 12가지로 분류하고 있는데 개발된 지 벌써 40여 년이 지난 지금도 대단히 유용한 도구로 활용되고 있다. 그만큼 인간의 언어체계는 변함없이 지속되고 있는 것이다. 1975년 메타모델이 처음 책으로 출판되고 NLP로 이름 붙여진 이후 약 40여 년 동안 진화하는 사이에 몇 가지 새로운 시도가 있었다. 1980년대에 그린더는 마이클 맥마스터와 공저로 『명확화 모형Precision Model』을 출판했는데 이것은 비즈니스 환경에서의 응용을 염두에 두고 설계한 것이다.

이어서 1998년에 그린더는 칼멘 보스티크와 파트너십을 결성하였는데 그녀는 25년간 회사 경영의 경험이 있어 비즈니스에는 매우 밝았다. 명확화 모형도 아직 더 간소화할 수 있는 부분이 있어서 그것을 토대로 현재로는 가장 단순화된 형식인 버벌 패키지Verbal Package(한정질문 모형)를 개발하였다.

돌이켜 보면 구체화질문모형은 과거 전통적인 심리상담가의 대화 패턴을 정리하여 NLP를 탄생시킨 것이라면, NLP 이후 급속히 대두된 코칭이라는 흐름에 더욱 유용하게 활용하기 위하여 개발된 커뮤니케이션 패턴이자 코칭 도구가 바로 버벌 패키지가 아닌가 싶다. 따라서 이것은 질문이 간결, 명확해야 하는 코칭과 비즈니스 대화에서 매우 유용하게 활용된다. 이러한 버벌 패키지는 다음과 같은 3가지 주요 구성요소로 성립된다.

1. 범위설정
2. 한정질문 2가지(명사, 동사)
3. 확인단계

경우에 따라서는 1에 포함되어 타당성 점검Relevancy Challenge이 적용되기도 한다.

(1) 범위설정

범위설정Framing은 회의의 서두 또는 대화의 시작단계에서 이루어져야 한다. 이제부터 다루어야 하는 논의의 범위를 설정하는 것으로 처리영역의 경계조건을 명확히 특정하는 음성언어 정보(대화)를 통하여 적절한 상황 범위를 규정하는 것이다. 의도 프레임이 비즈니스 환경에서 가장 일반적으로 사용된다. 비즈니스나 외교 분야에서는 어젠더agenda라고도 하는 개념이다.

"나는 오피스에서 동료와의 관계에 문제가 있습니다."

"아, 그러신가요. oo님, 이제부터 몇 가지 질문을 해도 될까요? 질문 목적은 당신이 처한 상황을 보다 더 구체적으로 파악하도록 돕기 위함입니다."

이렇게 하여 해결하고 싶어 하는 문제에 대한 정의를 내릴 수 있게 된다. 예를 들어 제조회사의 제조부장이라고 하자. 그리고 나는 같은 회사의 인사부서의 부장이라고 하자. 내가 갑자기 그의 사무실로 찾아갔다. 그리고 질문한다.

"오늘 이 부서에서는 몇 명이 결근했지요?"

그러면 어떻게 될까? 비즈니스 세계에서는 보이지 않는 규칙이 있다. 상대방의 질문 의도를 잘 모를 때에는 응답을 할 때, 매우 주의 깊게 하지 않으면 안 된다는 룰이다. 제조부장은 인사부장이 어떤 의도로 질문하는지를 생각할 것이다. 질문 의도가 파악되지 않으면 최악의 케이스를 상상하라는 말도 있다. 난처한 중에 좌우간 시간을 벌기위하여 정확히 조사해서 나중에 연락하겠노라고 하여 급한 불을 끈다.

다음은 범위설정이 확실하게 실행된 사례이다.

"오늘 이 부서에서는 몇 명이 결근했지요? 사장님으로부터 연락이 왔는데, 종업원의 결근 상태가 어떤지 정확한 실태를 알고 싶다고 하시네. 당신 부서에 인원 충원을 고려하시는 것 같네."

여기서는 질문의 의도나 배경이 분명하므로 제조부장은 바로 정확한 정보를 제공할 터이다. 이와 같은 방식을 코치가 고객에게 적용할 수 있다. 고객이 질문의 맥락을 이해한다면 코치에게 정확한 정보를 제공할 것이다.

"구체적으로 어떤 오피스에서인가요?"

"구체적으로 어떤 동료인가요?"

이 질문의 의도나 배경을 모르면 고객은 어떻게 응답하면 좋을지 모르게 된다. 범위설정(정의 내리기)이 명료하게 되면 이후의 커뮤니케이션은 잘 이어질 것이다.

범위설정을 할 때, 고객에게 물어서 범위를 정하는 것도 하나의 방법이기는 하나 단순히 듣는 것만으로는 충분치 않다. 코치가 이끄는 범위설정은 코치로서 자기의 의도를 명확히 말로 나타내는 것을 말한다. 또는 메타포를 활용하기도 한다. 그래서 코치가 나누고자 하는 범위를 분명히 하는 것이다. 따라서 고객이 그 범위를 벗어난 응답이나 설명을 할 때는 주의를 환기(타당성 점검)해 주어야 한다.

대체로 코치는 처음에는 비교적 넓은 범위를 제시하는데 세션 중에 고객이 응답하기 어려운 도전적인 질문도 하여 사고회로를 자극하기도 한다. 그러면서 다른 범위를 제시하기도 한다. 관계성이 잘 형성되어 있다면 별 다른 저항은 없을 것이다.

Open Frame(열린 범위)이라는 것도 있다. 이것은 말 그대로 온갖 가능성을 그대로 열어놓는 것이다. 토픽이나 화제를 정하지 않고 나오는 대로 의견 개진, 질문, 평가, 토론 등의 형태로 자유롭게 진행하는 것이다.

(2) 타당성 점검

타당성 점검Relevancy Challenge은 코치가 범위설정을 할 때에 확립한 타당성 조건을 만족시키지 않는 음성언어 또는 비음성언어 신호를 검출했을 때 사용한다. 이것을 실행하는 목적은 설정 범위를 넘지 않게 하기 위한 것으로 물론 타당한 조건 외의 신호가 검출되지 않았을 때는 이 단계는 생략될 수 있다. 이렇게 화제의 범위를 명확히 함으로 해서 생산적이고 충실한 논의가 이루어지게 된다.

보다 쉽게 설명하자면 이야기의 원래 취지에 초점을 맞추기 위하여 그 범위를 벗어나는 것 같은 논의에 부드럽게 도전(질문)하는 것을 말한다. 예를 들면 기업에서 다음 해 예산편성 회의를 할 때, 포인트는 당연히 다음 해 예산편성에 대한 논의가 중심이 되어야 한다. 그때 장기성장전략 얘기가 나온다면,

"그럼 우리는 지금 5개년 예산계획을 세워야 하는 겁니까?"하고 질문하여 타당성을 체크하는 것이다.

(3) 한정질문

언어라는 것은 권유, 유혹, 설득, 거절 등 일상생활에서 뿐만 아니라 시, 소설 등 이른 바 문학 분야에서 사용되는 등 참으로 다양한 사용 방식이 있다.

여기서 다루는 것은 구체화에 대한 것이다. 즉, 코치가 질문을 함으로서 고객에게 모종의 임팩트를 가하여 무엇에 대하여 말하고 있는지를 스스로 명확하게 정의 내리도록 이끄는 것이다. 즉, 고객의 머릿속에 스스로 의식화 또는 구체화하여 인지하도록 돕는 것이다. 그래서 고객이 스스로 해결책을 찾을 수 있도록 하는 것이다. 이런 질문에 대한 고객의 응답은 사실 코치가 듣고 알아야할 이유는 없다.

자연언어는 명사나 명사 개념의 단어와 동사(형용사, 부사)로 성립된다. 한정질문Verbal Package을 하는 목적은 질문자가 어떤 말의 지시 대상인 사물에 대한 경험을 참조하기 위하여 사용된 말을 다시 한 번 그 경험과 구체적이고 명시적으로 동화(일치)시키기 위함에 있다. 그 때문에 명사와 동사에 대하여 최소 두 종류의 질문이 필요하다.

■ 명사한정: 우선은 먼저 명사의 내용을 구체화한다.

"구체적으로 어떤 OO인가요?"

"이 프로젝트는 우리 회사로서는 매우 어려운 문제입니다."
"구체적으로 어떤 프로젝트입니까?"

■ 동사(또는 형용사, 부사)한정: 이어서 동사(형용사, 부사)를 구체화한다.
"구체적으로 어떻게 OO하는 것인가요?"

"그 프로젝트는 우리 회사의 고객조사를 하는 것입니다."
"구체적으로 어떤 방식의 조사입니까?"

"이번 이벤트의 결과는 엉망이었네."
"구체적으로 어떻게 엉망이었습니까?"

"이 캠페인은 멋지게 실행되었네."
"특히 어떻게 멋있었단 말씀인지요?"

한정과정은 사진확대Close Up 기술과 비슷하다. 위성에서 지구 표면의 어느 부분의 사진을 찍는다고 할 때, 확대 기술을 사용하면 이미지의 어떤 임의의 부분이라도 보다 집중적으로 상세하고 구체적으로 볼 수 있다. 예를 들면 사진에 자동차가 있다면 번호판의 숫자까지 확대하여 식별할 수 있다.

위의 한정질문과 같은 2가지 패턴의 언어를 통하여 반복적으로 하나하나 따로 짚어간다면 말하는 사람과 질문하는 사람이 같은 개념을 오차 없이 공유할 수 있게 된다. 그러나 그런 정보는 코치로서는 알아야 할 이유가 없다. 고객이 명확하게 인지하도록 하기 위함이다.

앞에서 본 사례를 대입해 본다.

"나는 오피스에서 동료와의 관계에 문제가 있습니다."

이런 말을 들을 때, 내용이 아니라 명사는 어느 것이고 동사는 어느 것인지에 주목해야 한다.

"구체적으로 어떤 오피스인가요?"

"ooo 오피스입니다." (본인이 중시하는 정보 위주로 응답한다.)

"동료란 구체적으로 누구인가요?"

"나를 미워하는 녀석입니다." (본인이 중시하는 정보 위주로 응답한다.)

"그 사람은 구체적으로 누구인가요?"

"기획부의 직원들입니다."

"그럼, 구체적으로 누구누구인가요?"

"최철수, 정인구, 김세영입니다."

여기까지 오면 '관계에 문제 있는 동료'가 누구인지 매우 분명해진다. 이 상황에서 코치의 역할은 고객의 맥락을 변화시키는 것이다. 고객이 말하지 않은 것(대부분 무의식적이지만 때로는 의식적으로 누락하는 것도 있다)에 대해서도 질문하여 명확히 하는 것이다.

이처럼 한정질문은 코치가 상황을 이해하려고 하는 목적이 아니라 고객 스스로가 말하는 내용, 의미를 구체적으로 자각시키기 위한 질문이다. 여기까지가 일단 먼저 해야 하는 명사 구체화 작업이다.

다음은 동사(형용사, 부사)의 구체화 질문이다.

"구체적으로 어떤 문제가 있는가요?"

"제 아이디어나 제안을 완전히 무시합니다."

구체화하는 한정질문을 하면 응답에서 또 새로운 명사, 동사가 튀어나온다. 이것 또한 무시하거나 간과(코치의 이해 범위 내에서 건성으로 수용하거나, 수용되지 않는 것은 흘려듣는 경향이 있다)하지 말고 구체화하는 한정질문을 해야 한다. 동사를 명확히 함으로서 고객이 말하는 명사와의 관계가 더 명료해진다.

관계성이 잘 형성되어 있다면 이러한 두 가지 간단한 질문을 반복해도 저항이 일어나지 않아 고객이 겪고 있는 문제가 명확해져 아웃컴을 향해 대단히 매끄럽게 진행해 갈 수 있다.

■ 마킹법

고객이 말할 때에 음조, 제스처 등에서 변화(대부분 무의식적 현상)가 일어나면 그 신호의 의미를 구체화한다.

이런 음성 변화나 제스처 활용은 일반적으로 아날로그 마킹Analog marking이라고 한다.

예를 들어 커다란 제스처를 취하면서 "그 사람이…."라고 말하면 "구체적으로 어떤 사람인가요?"라고 묻는다.

목소리가 갑자기 높아지면서 "큰일이에요."라고 하면 "구체적으로 어떻게 큰일인가요?"라고 물어 마킹Marking 포인트의 의미를 구체화한다.

■ 요약법

고객의 이야기를 끝까지 듣고 코치는 그 단락의 내용을 요약Summary하여 말해준다. 그리고 고객이 동의(예, 그렇습니다)하면 그 요약 중의 명사에 대해서도 한정질문하여 구체화하고 이어서 동사도 구체화한다.

프레이밍(범위설정)에는 경우에 따라 「타당성 점검」이 포함될 수도 있다.

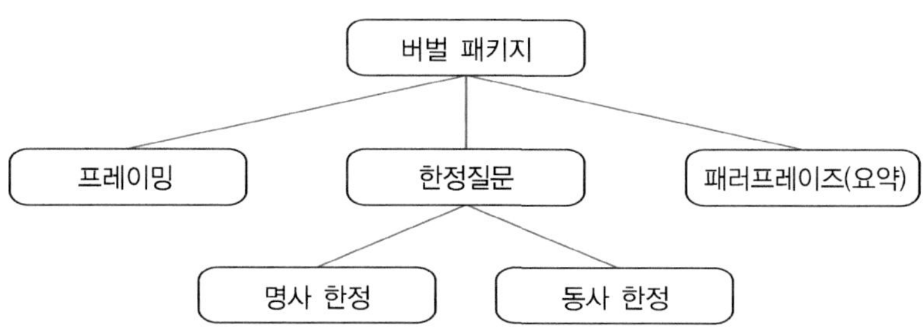

[그림 8-2] 버벌 패키지의 3요소

이처럼 한정질문으로 내용을 구체화하는 이유는 거듭 말하지만 응답 정보가 코치에게 필요해서 하는 것이 아니다. 절대 코치의 호기심, 궁금증 해소를 위해 하는 것이 아니다. 코치에게는 고객이 응답하는 구체적 정보가 별다른 가치가 없다. 한정질문의 응답은 오직 고객 자신에게 유용한 것임을 명심해야 한다. 무의식 세계에 모호하게 있던 것이 한정질문에 의해 점점 구체화되어 의식 세계로 이끌어내어지면 고객 스스로 문제가 명료해 짐을 느끼게 된다. 문제가 명료해지면 해결책도 자연히 스스로 찾게 되는 것이다.

아무리 멋진 아웃컴이라도 내용, 개념의 정의가 명확치 않으면 모호한 안개에 뒤덮인 상태가 되어서 과녁을 제대로 잡을 수 없어 이루어지기 어렵게 된다. 그저 기분 좋은 한여름 밤의 꿈이나 신기루에 지나지 않게 된다. 그러므로 고객이 아웃컴을 말할 때는 우선 정의를 명확히 내리도록 요청해야 한다. 당연히 코치는 그 아웃컴을 다소 이해할 수 있다고는 하더라도 서로의 세계지도(언어 개념)는 다르기 때문이다. 그것을 고객이 평소 이해하는 개념으로 인지하고 넘어가면 고객 자신도 명확히 정의를 내리지 못한 가운데 애매한 부픈 꿈만 더 부풀리게 된다. 그러므로 정의와 범위의 명확화가 함께 이루어졌을 때의 시각, 청각, 체각 정보를 물어 상태를 확인하는 것이 바람직하다.

(4) 확인단계

위와 같은 정보전달 패키지를 기반으로 하여 원래 상황이나 의도를 정확히 공유하려는 목적으로 한정질문을 체계적이고 반복적으로 사용한 결과, 이끌어내진 정보에 의해 만들어진 내적지도가 서로 정합되어 일치하는가, 어떤가를 확인할 필요가 있다. 이것은 한 가지 이상의 확인단계를 거쳐 간단히 실행할 수 있다. 가장 단순한 방법은 의미가 같은 다른 말을 사용하는 것이다. 즉, 「바꿔 말하기 Paraphrasing」이다. 이것은 정보 수신자가 발신자와 정확히 같은 개념으로 이해하고 있는지를 확인하기 위하여 의미는 같지만 수신자의 말로 다르게 제시하는 것이다.

예를 들어 "내 전화번호는 영일영 둘둘오칠 ~이네."라고 한다면 "예, 선생님 전화번호는 제로원제로 투투파이브세븐~이군요."라고 하는 것이다. 이때 정보 발신자는 이 응답을 주의 기울여 듣고 자기의 의사가 제대로 전달되고 수용되었는지를 확인하고 잘 공유되었으면 그대로 인정해 주면 되지만, 혹시 잘못 이해한 부분이 있다면 즉시 바로잡아주어야 한다. 이 단계는 한정질문의 큰 마무리의 최종 요약에 해당하기도 한다.

버벌 패키지를 요약하면 기본적으로 다음의 3가지 요소로 구성되어 있다.

1. 범위 설정(타당성 점검 포함)
2. 한정질문
3. 요약, 확인= 바꿔 말하기

버벌 패키지 연습

여기서 코치는 맥락에 상관없이 오로지 버벌 패키지 사용에만 집중하여 구체화한다. 한정질문 외의 질문은 하지 않는다. 먼저 모든 명사를 구체화한 다음에 동사에 대한 한정질문을 한다.

1. A는 B에게 최근 있었던 재미있는 얘기를 5분간 한다.
2. B는 이를 잘 듣기만 한다.
3. A는 다시 한 번 B에게 같은 얘기를 한다.
4. B는 이를 잘 들으며 버벌 패키지를 사용하여 질문한다.
5. 체험을 나눈다. 피드백 〈역할 교대〉

피드백

- 말하는데 중간에 질문을 받으니 맥이 끊어졌다. → 관계성 구축 미흡
- 질문을 받으니 그냥 넘어갈 뻔했던 부분이 명료화되었다.

3) 버벌 패키지의 활용

구체화질문모형이나 버벌 패키지에 대하여 다음과 같이 새로운 질문이 나올 수 있다. "언제, 어디서 이런 도구를 사용하면 좋은가?"라고.

1975년에 그린더와 밴들러는 구체화질문모형을 정리하였다. 일단 체계를 정리한 그들은 무엇에 홀린 듯이 그 모형을 테스트하였다. 정식으로 만난 고객은 물론이고 거리에서 만난 사람 등 이야기를 나누게 된 모든 사람에게 적용하였다. 끊임없이 이런 일을 하면 어떻게 될까?

그린더는 캘리포니아대학의 언어학 교수로서 학부에서 120명이나 되는 학생들에게 구문해석 등 언어학을 가르치는 것이 주업이었다. 그중 한 학생이 손을 들고, "교수님, 저는 즐겁게 배우고 있습니다만, 요즘 동료와 새롭게 개발하고 계신 커뮤니케이션 방식Meta Model은 저의 견해로는 구문론에 바탕을 둔 것입니다. 괜찮으시다면 그 모델에 대하여 저희들에게도 좀 더 자세히 가르쳐주실 수 있을까요?"

그래서 바로 가르쳐주었다. 2시간에 걸쳐 거의 모든 구체화질문모형 패턴을 가르쳤다. 그런데 이 모델을 배운 학생들은 그 결과 그 시간 이후 이 기법에 도취되어 신이 나서 온갖 상황에서 적용하기 시작하였다. 다음 주 이 학생들을 다시 수업에서 만났을 때, 그들은 유감스럽게도 매우 우울하고 찌푸린 얼굴을 하고 있었다. 어찌된 일인지, 실제로 무슨 일이 있었는지 물어보았다. 아무데에나 이 모형을 사용했던 그들은 모두 친구들로부터 기피인물로 찍혔다는 것이었다. 친구 사이에서 하는 이야기 모두에 적용하다보니 그렇게 된 것이었다. 실제로 구체화질문은 평소에는 장애가 되기도 한다. 그러므로 관계성이 형성된 코칭세션과 같이 특별한 의도적 목적 없이는 함부로 사용하지 않는 것이 바람직하다. 아마도 구체화질문모형 보다 먼저 관계성 구축의 중요성을 깨우쳐 주고 그 기법을 먼저 가르쳐주었더라면 학생들의 질문이 친구들에게 힐문조로 들리지 않았을 것인데… 그러면 기피인물로 찍히지 않았을 텐데…

버벌 패키지는 그 자체 단독적으로 활용하는 것은 아니다. 관찰식별, 관계성 확보 등이 함께 유지되는 가운데 실행되는 것이다. 고객을 잘 살펴보면서 그때 그때 질문하는 것이 바람직하지 않은 분위기라고 판단되면 기회를 보아 나중에 차분히 해도 된다.

코칭을 할 때, 코치나 고객은 자신의 관심이 있는 부분, 중요하다고 간주되는 부분에만 집중하기 쉽다. 그래서 코치는 자기에게 의미 있다고 여겨지는 것에만 질문한다. 그러나 코칭 세션의 코치는 자기중심에서 벗어나 고객과 같은 세계지도를 갖도록 해야 한다. 그 세계지도는 모두 언어를 통하여 표현되고 있으므로 언어 개념의 의미 파악 자체에 중점을 두어야 한다. 다시 말하자면 명사, 동사(형용사, 부사)의 실체를 정확히 이해하여 함께 공유, 공감하는 것이다.

코치 본인의 기존 세계지도의 개념으로 섣불리 이해하고 아는 척하고 넘어가서는 곤란하다. 특히 형용사, 부사는 감정을 수반하고 있기 때문에 진정한 공감을 위해서는 그 상태를 정확히 파악해야 한다. 그러기 위해서는 언어적 민감성, 식별력은 물론 말과 행동 표현이 일치되는지 등 전반적인 관찰식별이 필요하다.

요는 코치로서의 자아정체성(사명, 역할, 목표)에 투철해야 한다. 그래서 질문은 코치 자신이 궁금한 것, 호기심 가는 것이 아니라 고객이 스스로 했어야할 질문을 대신해 준다, 고객 스스로가 정확히 인지하고 있어야 할 정보를 일깨워 준다는 측면에서 질문하는 것이다.

그런데 버벌 패키지는 서양사회에서도 가족 사이에서는 그다지 사용하지 않는다. 부부 사이에서는 특히 그렇다. 구체화질문모형 또한 가족 사이에서는 삼가야 한다. 가까운 사이에서 일깨워주려면 메타포Metaphor(비유)나 아날로지Analogy(유추)를 사용하는 것이 바람직하다. 직접적인 영향을 덜 주기 때문이다.

버벌 패키지는 동양문화권의 언어관습에는 익숙하지 않아 익히고 사용하기에 어려움을 느끼는 사람도 있지만, 여기에 숙달하기 위해서는 다음 두 가지에 집중하면 된다. 먼저 명사에 한정한다. 다음에는 동사에 한정한다. 그런데 예를 들어 이어지는 질문과 응답에서 명사의 한정질문을 어디서 멈출까를 결정해야 한다. 그 기준은 '어떤 정보를 이끌어내려는가?'라는 의도에 따르면 된다. 응답에 따라 파고들다가 이끌어내려는 정보를 확인하게 되었을 때 멈추면 된다. 고객이 매우 구체적인 이야기를 할 때는 굳이 한정질문을 하지 않아도 될 것이다. 버벌 패키지 자체를 사용하기 위한 버벌 패키지는 아니기 때문이다. 일단 명사, 동사가 구체화되면 그 의도를 묻는 질문을 하도록 한다.

버벌 패키지는 어떤 독자적인 질문법이 아니라 우리가 잘 알고 있는 구체화질문모형의 일부 또는 간략화 버전임을 유념해야 한다. 그리고 매우 사용하기 편리한 간단하고 효율성 높은 도구이기도 하다.

TV나 영화를 볼 때 등장인물들이 하는 말을 들으며 그 배후에 있는 의도를 찾아보도록 해보자. 의도를 묻는 질문은 버벌 패키지 패턴과 함께 습관화 되도록 연습해 보자. 아이들에게 질문할 때는 당연히 매우 부드럽게 접근해야 한다. 다시 한 번 당부하지만, 부부 사이에서는 버벌 패키지는 연습조차도 하지 않기를 당부한다. 아울러 사춘기에 들어 민감하게 반항성을 보이는 아이들에게도 사용을 삼가야 한다.

버벌 패키지는 다음 3가지 요소인 범위설정, 한정질문, 요약으로 구성된다.

1. 범위설정Frame: 질문 의도를 명확히 하기 위함이다.
2. 한정질문: 명사 한정 구체화 질문/동사 한정 구체화 질문
3. 요약Paraphrasing으로 구성된다.

질문할 때에는 관찰식별을 확실히 하여 고객이 표현하고 있는 포인트를 구체화하는 것이 바람직하다. 앞서의 연습에서는 두 가지 패턴(명사 한정, 동사 한정)만을 사용하도록 지시하였다.

"내일 무엇을 하려는가요?"

"쇼핑하러 가려고 합니다."

이때는 시각화를 하고 있음이 명백하다.

"구체적으로 어떤 쇼핑을 하고 싶은지, 이미지하고 있나요?"

이와 같이 하나의 질문으로 두 가지 요소를 효과적으로 구성할 수도 있다. 질문 받는 측도 질문이 구체적이므로 응답을 매우 처리하기 쉬운 상태가 된다. 이러한 한정질문은 완전히 숙달하기를 바란다. 한정질문을 확실히 구사할 수 있도록 해야 일류 코치가 될 수 있다.

한정명사가 두 가지 이상일 때에는 어느 것에 주목하면 좋을까? 그때에는 먼저 목적어가 되는 명사에 주목한다.

고객: 휴가를 가고 싶어요.
코치: 구체적으로 어떤 휴가 말씀인가요?
고객: 남태평양의 섬으로 가는 겁니다.
코치: 구체적으로 남태평양의 어떤 섬인가요?
고객: 파푸아뉴기니입니다.
코치: 구체적으로 어떻게 그 섬에 갑니까?
고객: 비행기로 갑니다.

고객: 피곤해요.
코치: 구체적으로 어떻게 피곤한가요?
고객: 정신적으로 피곤합니다.

한정질문으로서 "어떻게 피곤한가요?"라고 물을 수도 있지만, "어떻게 하여 피곤한가요?"라고 물어보는 것도 좋다. 어떤 상태나 경험에 대하여 어떤 질문을 할 때, 가치가 있는지 없는지에 대한 질문을 할 때, 조건반사적인 질문 방식의 레퍼토리를 강구해 두길 바란다.

"구체적으로 어떻게 피곤하다는 것을 압니까?"

"가슴 부위가 답답합니다."

구체적인 최종 정보가 확인되었다. 그러면 여기서 이제 그만 한정질문 프레임에서 벗어날 수 있다.

"그 가슴 위에 손을 얹고 '고맙다'고 담담하게 전합니다. 그 감각은 현관의 초인종 같은 겁니다. 그것은 무의식이 어떤 신호를 보내는 것입니다. 무엇을 의미하는지 탐색해 보고 싶습니다. 그러므로 지금 알려주는 이 무의식의 신호에게 감사를 전하는 겁니다. '무의식아, 신호(메시지)를 보내줘서 고맙다'. 이 무의식의 신호가 왔다는 것에 경의를 가지고 대응해야 합니다. '무의식아, 내가 질문할 텐데 Yes라고 대답할 때에는 이 감각을 2배로 강하게 보내다오. 만일 No일 때는 이 감각을 0로 하거나 원래의 상태로 돌려주기 바란다. 이 커뮤니케이션을 네가 받아들일 수 있겠니?'라고 무의식에게 물어 봅니다."

이러한 작업의 중요성을 생각해 보자. 우리는 내면에서 답답함이나 초조함을 느끼는 감각을 매일 어느 정도 느끼고 있는가? 건강하고 수준이 높은 NLPer(엔엘피어)는 다른 사람은 그다지 잘하지 못하는 것을 잘 할 수 있다. 그것은 대단히 작은 감각에도 민감하게 되어 몸 안에서 무엇이 일어나는 지를 식별할 수 있다는 것이다. 그 결과 생리작용에 직접적 반응도 일으킬 수 있다.

어떤 상사가 직원에게 프로젝트 개요를 설명하였다. 직원에게는 두 가지 선택지가 있다. 전통적인 방법으로 상사의 의도를 헤아리는 방법(억측, 혼자 생각)이 있는데 이것은 맞아떨어지는 경우도 있지만, 대개는 과녁을 빗나가기 쉽다. 첫 시점에서 구체화를 하지 않으면 시간이나 에너지가 낭비될 우려가 크다.

다른 하나의 선택지는 직원이 상사의 내면지도를 어떤 방법으로든 구체적으로 정확히 특정하는 어프로치이다. 그러나 힐문조로 물어본다면 안 될 것이다. 상사의 이야기를 잘 듣고 나서 편안한 상태에서,

"이번 프로젝트에 참가시켜주셔 감사합니다. 저는 이번 일에 큰 관심과 열정을 가지고 있습니다." 그리고 잠시 뜸을 들여 신체적 관계성을 형성(행동맞추기 등)한 후, "이야기를 좀 더 명확히 하기 위하여 몇 가지 질문을 해도 좋을까요?"라고 허락을 받은 다음, 상사로부터 들은 프로젝트 개요를 구체화하는 질문을 한다. 이런 범위설정 시도에 상사는 No라고 할 수도 있지만, 대개는 OK할 것이다. 그러면 요약하면서 한정질문을 한다. 예를 들어 그때 상사로부터 주요 고객

이라는 말을 들었다고 하자. 그러나 상사가 말하는 주요고객이 어떤 사람인지 직원은 구체적으로 알지 못한다. 바로 대놓고,

"주요고객이란 누구를 말합니까?"라고 묻는 것은 너무 직접적이고 생경하다.

"저의 의견을 말씀드려도 좋겠습니까?"라고 발언 의사를 밝히고 나서, "구체적으로 어떤 주요 고객을 말씀하시는 겁니까?"라고 물어보는 것은 중학생 수준이다.

"이 프로젝트에서 주요 고객이란 구체적으로 어떤 특성의 그룹을 대상으로 하는 것이 좋을까요?"라고 물으면 어떨까? 보다 부드러운 어프로치이다. 상사가 말한 것을 바로 찍어서가 아니라, 상사가 말한 개념을 참조한 것이므로 남의 말에 직접적으로 반응하는 것으로 여겨질 위험성은 크게 줄어든다.

상사의 언어지도에서 나온 말이라고는 해도 막싱 한정질문을 하면 상사도 그 응답을 모르는 경우가 있다. 그때는 매우 난처한 상황에 빠지게 된다. 상사는 상사대로 체면을 잃게 된다. 그러므로 직원은 한정질문을 하기 전에 가능성 있는 응답의 메뉴를 예상하여 준비해 두는 것이 좋다. "제가 이해한 것을 요약하여 말씀드려도 좋을까요?"라고 하면 대부분 좋다고 할 것이다. 그때 "어떤 주요고객을 대상으로 삼으면 좋을까요? 제가 잘 이해했다면 ~한 특성의 고객을 대상으로 하면 좋을까요?"라고 물으면서 반응을 관찰식별한다. 그때 상사가 얼른 이해를 못하는 것 같으면 너무 시간이 흐르기 전에, "제 혼자 생각이었습니다만…." 하면서 준비된 다른 메뉴를 제시하면 된다. 상사가 말한 것에서 가능성 있는 해석을 몇 가지 준비해 두었다가 얼른 이해를 못하는 것 같은 눈치이면 또 다른 메뉴를 제시하는 것이다.

>>> 한정질문 연습

1. 4인 1조가 된다. A는 진행 감독, B는 고객, C는 코치1로서 명사 담당, D는 코치2로서 동사 및 요약 담당이다.

2. B가 일상적인 이야기를 한다. 그 이야기를 들으며 A가 C의 어깨를 짚으면 C가 명사 한정질문을, D의 어깨를 짚으면 D가 동사 한정질문을 한다.
3. 만일 C나 D가 한정질문이 아닌 다른 질문을 하면 다른 사람들은 함께 "푸-" 하고 바람 빠지는 소리를 낸다.
4. 피드백

실습 예 1

고객: 어딘가 가고 싶어요.

처음에는 명사부터 시작한다.

코치1: 구체적으로 어디로 가고 싶은가요?

"어딘가 가고 싶어요."라고 했을 때 어디가 어딘가의 구체적 장소이다. 보다 정확히는 "어딘가가 어디인가요?"라고 물어볼 수 있다. 다소 이상한 표현으로 들릴지도 모른다. 실습의 효과성을 높이기 위하여 B의 의미를 명확히 하기 위하여 여기서는 표현이 다소 이상해도 무방하다. 그러나 하여튼 원칙대로 질문하도록 한다. 말하자면 "가고 싶은 데가 구체적으로 어디인가요?"라고 묻는다.

고객: "푸른 숲이 있는 곳이요."

코치1: "구체적으로 어떤 숲을 말하는가요?"

고객: "산이 좋습니다."

코치1: "구체적으로 어떤 산인가요?"

고객: "서울 근교의 산입니다."

코치1: "구체적으로 서울 근교의 어떤 산인가요?"

고객: "서울 시내가 조망되는 곳이 좋습니다."

코치1: "서울 시내가 조망되는 산은 구체적으로 어디인가요?"

고객: "서울 시내가 조망되는 산이면 어디든 좋아요. 이름은 잘 몰라도…."

여기서 다른 말로 요약한다. 완전히 바탕 정보Grounding를 이끌어냈기 때문이다.

코치1: "서울 시내가 조망되는 서울 근교의 산에 가고 싶은 거군요. 거기에서
서울 시내를 내려다보고 싶은 것이군요."

다음에는 동사 차례이다.

코치2: "구체적으로 어떻게 갈 겁니까?"

고객: "대중교통을 이용합니다."

코치2: "구체적으로 어떤 대중교통을 이용합니까?"

고객: "전철로 이동해서 갑니다."

코치2: "구체적으로 전철 이동은 어디까지입니까?"

고객: "정릉역입니다."

정릉역이라는 응답으로 완전히 바탕 정보Grounding가 확인되었다.

코치2: "정릉역까지 전철을 이용해서 가려는군요."
"구체적으로 어떻게 전철을 타고 갑니까?"

만일 이러한 질문을 했다면 이때는 바로 모두(A, C) "푸-"하는 신호를 보내야 한다. 이런 질문은 한정질문인 것처럼 보이지만 고객에게 그다지 의미 없는 질문이다. 질문과 관찰식별을 동시에 하면서 고객의 반응을 잘 살펴야 한다.

실습 예 2

고객: "쉬고 싶어요."

코치2: "구체적으로 어떻게 쉬고 싶은가요?"

고객: "장기휴가입니다."

코치1: "구체적으로 장기휴가란 어느 정도의 기일인가요?"

고객: "1주일 이상입니다."

코치1: "구체적으로 어느 때의 일주일 이상인가요?"

고객: "여름입니다."

코치1: "구체적으로 어느 여름인가요?"

고객: "올해 8월입니다."

코치2는 요약한다.

코치2: "제가 이해한 바가 옳다면 당신은 올해 8월에 휴가를 원하는데 구체적으로는 일주간 이상 쉬고 싶다는 거군요."

고객: "그렇습니다."

그저 쉬고 싶다고 했는데 한정질문에 의하여 그 내용이 매우 구체화되었다. 물론 더 나아갈 수도 있다.

코치1: "8월의 1주일 이상의 휴가는 구체적으로 어떻게 보낼 건가요?"

고객: "여행을 하고 싶습니다."

코치2: "구체적으로 어떤 여행을 할 건가요?"

고객: "해외여행을 하고 싶습니다."

코치1: "구체적으로 어느 해외인가요?"

고객: "따뜻한 곳입니다."

코치2: "구체적으로 따뜻한 곳이란 어디인가요?"

고객: "하와이에 가고 싶습니다."

코치1: "구체적으로 하와이 어디인가요?"

고객: "오아후섬입니다."

코치2: "당신은 올 8월에 1주일 이상 휴가를 얻어 따뜻한 하와이 오아후섬으로 여행을 가려는 거군요."

코치2: "구체적으로 어떻게 갈 건가요?"

고객: "항공편으로 갑니다."

코치2는 마지막 요약을 한다.

코치2: "제가 이해한 바를 말씀 드리자면(이것은 범위설정Framing이자 요약이다), 당신은 올해 8월에 항공편으로 따뜻한 곳인 하와이 오아후섬으로 가서 1주일 이상 휴가를 보내시려는 거군요."

실습은 어디까지나 실습이다. 특히 모든 실습은 어떤 특정 도구에 국한한 연습이 목적이다. 그러므로 평소에 알고 있는 다른 기법은 이 시간에는 활용하지 않기 바란다. 여기서는 한정질문과 요약에만 집중하라. 코치가 하는 일은 고객의 무의식 깊은 곳의 의도를 찾아 그 실체를 이끌어내어 의식적으로 스스로 대면하게 하는 것이다. 그러면 변용이나 결단은 고객 스스로 하게 된다. 명사와 동사에 대한 한정질문을 완전히 익히는 것은 일류 코치의 기본이다.

지성 있는 교양인으로서 콘텐츠에 접근하려는 것은 자연스러운 일이긴 하나 표면적인 내용(표층구조Surface Structure)에 머물게 되어 깊은 심층구조Deep Structure로 들어가지 못하게 된다. 그러므로 한정질문을 사용함으로서 깊이 파고들 수 있고 모호한 상태에서 벗어날 수 있게 된다. 논리적으로 진행하다 보면 막다른 곳에 다다르게 되는 경우가 있다. 그때 '고객의 심층에 가까이 가기 위하여 어떤 질문을 사용하면 좋은가?'를 알고 있을 터이다. 바로 버빌 패키지이다. 하나하나의 실습을 착실히 실행하여 감으로서 스스로의 능력 향상을 기할 수 있다. 필요한 것은 오직 연습, 연습, 연습 그리고 또 반복적인 연습이다.

동양에서는 그다지 구체화를 즐겨하지 않는 경향이 있기는 하지만, 코칭 세션과 같은 상황에서 신체적으로 또는 생리적으로 상대방과 관계성이 형성되어 있다면 구체화질문이나 한정질문을 해도 상대방도 잘 받아들일 것이다. 왜냐하면 같은 인간이고 선의의 의도를 이해하고 있으니까.

2. 내적 대화

1) 내적 대화의 개념과 실태

내적 대화Intra-personal Dialogue, Internal Dialogue란 무엇인가? 「혼잣말」「머릿속에서 일어나는 관념적 대화」이다. 「Self Talk」라고도 한다. 다시 말하자면 모든 생각(자문자답)이다. 그런데 혼잣말이라고 하면 하나의 말, 한 마디 말이라고 여겨지기 쉬우나 사실은 무수한 말들(질문과 응답)이 오간다.

그린더는 이탈리아인의 피가 흐르고 있지만, 이탈리아인의 특징은 무엇인가? 정서가 풍부하고 많이 떠든다. 토크쇼, 패널 디스커션 등처럼 많은 사람이 함께 말하는 경우도 있다. 그처럼 자기 속에서 동시에 여러 가지 소리가 들리는 때가 있다. 뭔가 자기를 도우려는 듯한 소리도 있다.

"다음엔 이렇게 해야지. 그 다음엔 저렇게 하면 돼."라고.

그런데 또 다른 소리도 들려온다.

"전에도 이 단계에서 실수 했었지." 그 외도 있다.

"첫 단계는 아주 잘 했잖아."

부모님이나 조부모를 거슬러 올라가 옛날부터 들어왔던 듯한 소리가 들려오기도 한다. 이처럼 보통 사람들도 머리속에서 많은 소리가 속삭이거나 소리쳐 들려온다. 아마도 그 대부분은 여러분들을 더욱 좋은 방향이나 안전하게 이끌기 위한 것일 것이다. 아마도 대부분은 안정적으로 우리를 보호하기 위한 것이 많다. 결국 소극적, 부정적 경향이 짙다. 그렇지만 그 중 한두 개는 별 의도를 갖지 않은 소리일 수도 있다. 먼 오래 전의 기억일지도 모른다. 항상 어머니가 입에 달고 계시던 잔소리(예를 들어 "밥은 남기지 말고 다 먹어라." 등)인지도 모르지만, 그런 어렸을 때 들었던 말이 지금의 내게도 도움이 될까? 배가 불렀으면 남겨야 하지 않을까? 또 옛날처럼 먹을 게 부족하여 배를 곯던 시대도 아니고 적어도 먹거리는 풍족한 세상이 되었으니…

코칭에 임하는 4가지 기본 요소 중에서 첫 번째인 내면안정은 기본적이면서도 중요한 능력이다. 그러기위해서는 내적 대화를 없애는 것이 좋다. 뭔가를 달성하고자 할 때, 내적 대화가 시작되면 정신이 분산되기 쉽다. 이러한 내적 대화를 잘 처리하는 방법을 익혀둘 필요가 있다. 코치의 내면에서 자기 소리[3Ti]가 들리지 않게 되면 고객이 하는 말[3Te]을 명확히 들을 수 있게 된다.

내적 대화가 들려오면 그 자리에서 바로 처리해야 한다. 즉각 그대로 행동(3초 행동화)해야지 그것을 즉각 처리하지 않고 뒤로 미루든가 하여 놔두거나 방치하면 머리만 복잡해진다.

내적 대화 연습

내적 대화를 통하여 자기의 무의식과 이야기하여 중단하거나 적절한 타이밍에 등장하도록 동의를 얻어내고자 하는 것이 연습의 목적이다. 대부분의 내적 대화는 긍정적인 의도를 가지고 있어 우리들에게 많은 것을 시사해주기도 한다. 이 무의식의 소리를 내면의 코치나 멘터에 비유하기도 한다. 그러나 언제 어디서 그것을 들을 수 있는가는 우리가 예상하기 어렵다. 내적 목소리의 주인공 또한 언제 자신이 등장하면 좋은지 모른다. 그것을 무의식과 이야기하여 적절한 타이밍에 일어나도록 하는 것이다.

내적 대화는 우리가 하려고 하는 일을 때때로 중단하게 하는 경우도 많다. 그러므로 내부의 목소리와 직접 대화를 나눌 수 있는 연습을 디자인하여 익혀두는 것이 바람직하다. 무의식과 메시지를 교환하기 위하여 적절한 시간과 장소에서 이야기하기 위한 연습이다.

1. 3인 1조가 된다. A는 코치, B는 고객, C는 관찰자이다. 내적 대화를 중단하지 않고 알려주기를 부탁하는 것이 연습의 핵심이다.
    - 상황 설명Framing
    - 결과 표명: 목표 명확화
    - 의도 확인
    - 이 대화를 중단하지 않고 정보를 제공해 주도록 하려면 어떻게 하면 무의식의 협조를 얻어낼 수 있을까?
2. 가능한 한 대화를 최대한 끌어본다. 실습이 충분하지 않으면 나중에 혼자서 해 보도록 한다.
3. 피드백을 나눈다.

특히 내적 대화(생각)는 과거에 대한 후회나 미래에 대한 희망인 경우가 많다.

이러한 것은 현재에 충실한 것이 아니므로 시간 낭비이고 심신의 에너지를 떨어뜨리기 쉽다. 과거의 후회에 사로잡혀 있으면 바닥에 가라앉고 미래의 환상에 들뜨면 발이 공중에 떠버린다. 내면이 텅 비어버린다. 그리고 그러한 내적 대화(공상)만으로는 현실화 가능성은 없다. 후회의 결과, 희망에 대한 기대를 현실화하려면 그럴 수 있는 구체적 조건을 현실에서 이루거나 그에 따른 조치, 행동, 조건 확보가 구체적으로 이루어져야 한다. 그러므로 현재가 아닌 문제에 대하여 내적 대화를 할 필요는 없다. 그저 시간낭비일 뿐이다. 내적 대화라고 해도 시간이 수반되는 것은 당연하다. 현재 상태Here & Now에만 집중할 필요가 있다. 오직 현재의 행동에 집중하면 내적 대화는 사라진다.

과거의 부정적인 회상에 빠져 남을 원망하거나 자책을 한다거나 심지어 술이나 마약중독의 포로가 되어 현실을 망각하는 사람들도 있다, 또 유럽 동화에 나오는 소년 한스는 시장에서 달걀 한 개를 사서 집으로 돌아오는 길에 미래에 대한 공상에 젖는다. 이 달걀이 부화하여 병아리가 되고 닭이 되어 또 달걀을 낳고 그게 또 새끼를 치고 그 닭들이 50마리, 100마리가 되면 난 부자가 될 거야. 꿈에 젖어 걷다가 그만 나무뿌리에 걸려 넘어져 손에 든 달걀 하나가 깨어져 버렸다. 그때 한스의 꿈은 한 순간에 날아가 버렸다. 현재에 충실하여 그럴 조건이나 상태 확보를 못했기 때문이다. 우리의 두뇌는 현실과 상상을 구분하지 못하므로 우리는 자칫 상상(As If, 과거이든 미래이든)에 빠지면 쓰라리거나 달콤하거나 간에 정신 차리지 않으면 헤어나지 못할 수도 있다. 좌우간 이미 일어났던 일(과거)이나 일어날 것으로 예상, 기대되는 일(미래)에는 지나치게 신경 쓰지 말아야 한다. 그 시간만큼 헛된 환상에 젖어 시간낭비가 되기 때문이다.

생각과 실제의 차이에서 괴로움이 발생하고 지나치면 정신적 장애를 일으키게 된다. 그리고 내적 대화의 소재는 사물, 사건이기보다 사람에 대한 것(인간관계)이 많다. 사람의 최대 관심사는 사람이기 때문이다. 지금 없는 과거의 사람, 미래의 사람 등 현재 눈에 안 보이는 사람에 대해서는 생각을 기울이지 말아야 한다.

그러므로 과거의 사람, 미래의 누군가에 대해서 신경을 허비하기 보다는 지금 당면한 일, 사람에게 집중하는 것이 좋다. 현재는 과거를 수렴하고 미래로 나아가는 출발점이기 때문이다. 다만 미래에 대하여 구상하는 시간을 갖는 것은 좋으나 그 신기루 같은 달콤한 내면의 꿈에 잠기지 말고 냉정하게 외부를 살펴 그 아웃컴에 대한 실현의 조건과 현실의 환경을 적합화시켜 가야 하는 것은 잊지 말아야 한다.

2) 내적 대화 중지

내적 대화(생각= 자문자답, Internal Dialogue, Self Talk)에 대하여 진지하게 생각해 본 적이 있는가? 우리는 가만히 있어도 부수한 내적 대화를 하고 있다. 단지 무의식적으로 일어나는 것이므로 의식을 하지 못하고 있을 뿐이다. 만일 우리가 이러한 내적 대화를 하나하나 의식하다가는 아마도 일상생활을 제대로 영위하지 못할 것이다.

불교에서는 이를 다른 표현으로 번뇌라고 하며 108가지를 들고 있다. 우리는 그런 내적 대화 중에서 그때그때 의미 있고 중요한 또는 가치 있는 것만 대응하고 있기에 두뇌가 그다지 큰 혼란을 일으키지는 않고 나름대로 우선순위를 정하여 우리로 하여금 삶을 영위하게 하는 것이다. 그런데 어떤 일이 순조롭게 진행되는데 문득 내면에서 다른 소리가 들려올 때가 있다. 물론 그 소리는 여러 가지 뉘앙스를 지니고 있다. 걱정하는 분위기, 비난하는 말, 두려움의 조장, 유혹의 속삭임, 격려의 메시지 등…

아무리 두뇌 속에서 일어나는 내면의 대화라고 해도 내적 대화 자체와 그 의미 파악에도 시간이 소요되고 또한 에너지가 수반된다. 쓸데없는 내적 대화에 신경 쓰게 되는 나머지 행동으로 나아가야할 시간이 지체되고 있다면? 행동 스위치를 켜기 직전에 내면의 소리로 인하여 갑자기 스톱해 버리게 되어 다시는 그 일을 못하게 되었다면? 그래서 삶의 다른 가능성이 닫혀버리게 되었다면?

우리는 이처럼 무의식적으로 일어나는 내적 대화에 좀 더 신경을 쓰고 잘 다루는 방법을 알아야 한다. 적어도 그 소리가 어떤 것인지 식별은 할 수 있어야 한다. 불쑥 의식되는 내적 대화가 바로 처리해야 할 시급한 것인지? 나중에 해도 되는 이야기인지? 아웃컴 실현에 좋은 방향인지? 부정적 영향을 미치는 방향인지? 하는 정도라도.

	시간 여유	시간 촉박
부정적 영향 예상	가능한 한 연기	잠시 후 재검토 처리
긍정적 영향 예상	잠시 후 처리	즉각 대응

[그림 8-3] 내적 대화에 대한 대응

1973년, 그린더는 산타크루즈에서 미치광이 히피처럼 보이는 밴들러와 어떤 혁명적인 커뮤니케이션 패턴 체계를 연구하려고 결심하고 그 작업에 몰두하고 있었다. 프레드릭 펄즈와 버지니어 새티어의 언어패턴에 대하여 연구하기 시작한 것이다. 이것은 완성 후에 NLP라는 이름으로 세상에 나왔다. KNS Know-Nothing State (완전한 무의식 상태)를 기반으로 본받기 Modeling 를 활용하여 연구에 착수하였다. 그들 두 사람은 서로 같은 수준이 될 때까지 연습에 연습을 거듭 반복하였다. 마침내 본보기로 삼았던 두 분보다 더 잘 할 수 있게 되었다.

정작 본보기로 삼았던 두 분은 이 두 사람이 보유한 방면의 지식이 없었기 때문에 그 기술의 핵심을 알게 된 그들이 나중에는 더 잘하게 된 것이다. 그린더는 특히 직업 자체가 언어학자였으므로 그 분야의 모든 것을 알고 있다고 자부하고 있었다. 코드화 된 패턴은 이미 몇 천이나 되었다. 새티어와 펄즈에 대한 무의식적 동화에 의해 크게 5가지의 패턴으로 정리했지만, 언어학의 이론적 문헌에 비춰봤을 때, 거기에서 어떤 결과가 나타날지 궁금했다. 그래서 연습을 통하여 적용 결과를 체크하였다.

그때 구체화질문모형Meta Model 중에서 한정질문에 초점을 맞춤으로써 작업 중에 다른 잡념을 버리도록 자기 자신을 규제하였다. 이러한 연습을 6개월간 계속한 결과 그린더에게서 내적 대화가 사라져 없어져버렸다. 6개월간의 연습으로 새로운 신경학적 패턴이 그의 내면에서 형성되었기 때문이다.

그런 경험 축적의 과정에서 '어떤 명사를 한정하면 좋을까?'와 같은 문제가 자연스럽게 처리될 수 있게 된 것이다. 명사, 동사의 일부에 대하여 한정질문을 하는 연습을 하되 조건반사적으로 튀어나올 때까지 연습을 하는 것이 바람직하다. 그렇게 하면 내적 대화에도 영향을 가져온다. 우리 내면에 주행경기장Circuit이 있다면 우리의 내적 대화를 무의식의 Pac-Man(앞에 있는 것을 집어 삼키는 컴퓨터 게임의 캐릭터)이 잡아먹어버리게 되는 것이다.

⋙ 내적 대화 중시 연습

1. 종이에 3가지 상황을 기입한다(어디서 무엇을 하고 있는지, 어떤 소리가 들리는지, 어떤 메시지인지?).

   예) 아침에 일어나면 물을 마신다/하루 일정을 짠다.

   출근할 때 현관을 나서며 '오늘도 성실히'라고 다짐하는 소리가 들린다.

   점심시간에 식욕이 떨어짐을 느낀다.

   간단하지만 하기 싫은 일을 하게 되어 '지겹다'라는 생각이 들고 '나중에 하지'라는 소리가 들린다 등.

   내면에서 일어나는 것(보고, 듣고, 느끼는 것)들을 기입한다. 그런데 필요 없는 소리도 있을 것이다. 모처럼 일으킨 생각을 중단시키는 소리도….

2. 이러한 내적 대화는 대체로 본인의 행동을 방해하는 경우가 많다. 어디서

무엇을 하고 있는 지, 그때 내부의 소리는 무엇을 말하는 것인지? 구체적으로는 이미지인지, 소리인지, 느낌인가? 그 소리의 음조는? 그 소리의 정보를 될 수 있는 대로 구체적(하위감각양식)으로 기입한다. 그래서 각각의 목소리와 대화를 할 때 같은 음조로 말맞추기하는 것이 중요하다.

3. 각각에 대하여
   1) 상황을 설정Frame한다.
   2) 결과를 표명한다.
   3) 어떤 의도인지 묻는다.
   4) 대화를 중단하지 않은 채로 내게 정보를 제공하도록 하자면 무의식(내면의 자아들=내적 대화를 나누는)은 어떻게 협조할 수 있을까?
4. 피드백

시연

여기서는 4가지의 주체가 등장한다.

- 고객
- 코치
- P_1: 고객 내면에서 내적 대화를 일으키는 내자아(실제로는 고객)
- P_2: 내적 대화를 일으키는 내자아를 상대하는 다른 내자아(실제로는 고객)

고객: 업무로 전에 만난 적이 있는 3사람과 식사를 하게 되었어요. 그런데 상대방 이름이 떠오르지 않아 '누구였지? 이름이 뭐라고 했더라?'라는 생각(내적 대화)에 상대방과의 대화가 제대로 되지 않았습니다.

코치: 그래서 결과는 어떻게 되었죠?

고객: 미팅이 재미없게 이어졌는데 좀 후에 문득 이름이 떠올라 상대방의 이름을 불렀더니 그때부터는 분위기가 좋아졌습니다.

코치: 그것을 일러준 소리와 같은 음조로 말해 주세요.

〈옆에 준비해 둔 의자로 이동한다〉.

P_1: 〈이동하여 앉아 머릿속의 소리와 같은 음조가 되어〉

이제 기억나지? 잘 해봐! 생각해 보면 기억나는 거야. 상대방은 내 이름을 알고 있잖아.

P_2: 왜 갑자기 나타나지? 나타나려면 좀 더 일찍 나타나지….

P_1: 그렇지만 아직도 이름이 떠오르지 않았으면 어떻게 될 뻔 했어? 부끄럽지.

P_2: 너(내면의 자아, P_1)의 의도는 무엇이니? 갑자기 나타나 내가 하는 일을 이렇게 방해하는 의도 말이야.

P_1: 아무래도 걱정되잖아. 이름도 아는 척 못하면 어떻게 될까? 네가 자기 이름도 모르고 앉아 있다고 눈치 차리면 어떻게 되지?

P_2: 고마워. 그런 의도를 말해 주어서. 그리고 어떻게든 이야기가 거북하게 마무리 되지 않고 잘되는 방향으로 흐르게 되었으니 다행이지. 함께 대책을 세워 보자고.

자, 앞으로는 좀 더 적절한 타이밍에 나타나 소리를 들려주면 좋겠지.

P_1: 언제가 좋을까?

P_2: 그럼, 미팅 전이나 그 전날 준비할 때 소리를 들려 줄 수 있겠니?

P_1: 그러지, 미리 소리를 내도록 하지. 그런데 전에 제대로 기억해 두지 않았었잖아?

P_2: 나중에 또 이런 일이 생기면 함께 기억을 살려 보자고.

P_1: 기억이 떠오르지 않으면 걱정이 돼서 초조해져.

P_2: 그렇지만 초조함은 그다지 도움이 되지 않아. 언제 필요한 정보를 줄 수 있니?

P_1: 그러니 필요한 정보를 주어 도와주려고 지금 이야기하고 있는 것 아니니?

P_2: 그렇지만 이번에는 (처음부터 이름이 떠오르지 않아) 대화가 잘되지 않았으니 그다지 큰 도움이 되지 못했어. 자, 오늘 일은 잊어버리고 상대방이 이름을 먼저 말하기를 편안히 기다려볼 수도 있잖아?

P_1: 상대방이 오늘처럼 이름을 먼저 말하지 않으면 어떻게 되는데?

P_2: 자, 앞으로 미팅에 가기 전에 미리 상대방의 이름을 가르쳐 주렴.

P_1: 그렇지만 이번엔 잊어버려서 기억이 안 났었다니까….

P_2: 알겠어. 미팅 가기 전에 확실히 말하거나, 기억되지 않으면 말을 하지(내적 대화를 일으키지) 말고 그냥 입을 닫고 있어.

P_1: 알았다고….

P_2: 그러니 이제부터는 처음부터 잘 알려주길 바라.

P_1: 알았다니까!

코치는 고객의 내적 대화의 결과와 결과를 의도를 물어본다. 고객은 부드럽게 교섭하는 식으로 내적 대화를 촉진한다. 물론 코치는 고객을, 고객은 자신의 내면을 관찰식별을 잘 해야 한다. 내자아 양쪽(p1, p2)의 소리를 확실히 식별하여 그 소리나 반응에 따라 제대로 교섭을 진행해 나가야 한다. 하다보면 또 다른 소리가 들려올지도 모른다(예를 들어 '그렇게 해도 괜찮겠어?'와 같은 소리). 그때는 또 다른 의자를 준비해 두었다가 사용한다.

하여튼 또 다른 소리가 들려올 때는 일단 그 내용을 종이에 기록해 둔다. 그런데 특히 방해가 되는 것으로 여겨질 때는,

"네가 하는 소리를 듣고 싶기는 하지만, 지금은 아니야. 나중에 다시 들려줄 수 있겠니?"라고 정중히 부탁한다. 이처럼 내면의 소리와 교섭하는 것은 적절한 장소, 적절한 타이밍에 필요한 기억(소리)이 잘 떠오르도록 하는 것이 목적이다.

그래서 코칭이나 프레젠테이션 또는 강의를 할 때, 잡생각(내적 대화)이 없이 그 자리의 그 일에 집중하는 상태에서 진행하도록 하는 것이다.

내적 대화를 멈추는 프로세스에는 또 하나의 측면이 있다. 앞에서의 예에서 본 바와 같이 고객 서비스 개선을 위하여서는 여러 가지 대응책이 있었다. 비즈니스란 문제를 해결하기 위하여 가장 그럴 듯하고 보기 좋은 전략을 선택하는 것이 아니다. 비즈니스란 실천 가능한 결과를 추구하는 것이다. 예를 들어 4가

지 대책안을 제시받았을 때, 어떤 선택을 할 것인가? 어떻게 의사결정을 할 것인가? 동전 던지기? 뺑뺑이 돌리기? 시간과 비용은 어느 정도 투입해야 하나? 이것만으로도 완벽하지는 않다. 메리트, 디메리트도 고려해야 한다. 즉, 투입요소와 산출결과의 균형을 보아야 한다. 여기에서는 혜택, 이득과 결과를 구별해야 한다. 긍정적 결과와 부정적 결과 양쪽을 고려할 필요가 있기 때문에 결과라는 개념을 중시한다. 아웃풋 자체를 만들어 내는 것이 중요하다. 원래의 의도와 비교해보아야 한다. 비즈니스에서는 이러한 점이 중요하다.

내적 대화 연습에서 소리와 교섭을 할 때, 다른 소리가 들려오는 경우가 있어 그것 때문에 집중이 어려울 수도 있다. 그때에는 일단 그 새로운 다른 소리에 집중하여 별도로 교섭해야 한다. 그러므로 그 소리가 어떤 것인지 잘 특정하는 것이 중요하다. 그리고 그때는 솔직히 말하는 것이 좋다.

"지금은 다른 얘기 중이다. 너는 나중(예를 들어 한 시간 뒤)에 다시 부를 테니 그때 말해주겠니?" 하고 양해를 구하는 것이 좋다. 그래도 계속해서 들린다면 잠시 동안 그 소리를 일부러 더 듣도록 한다.

어떤 노래의 일부 멜로디가 귀에 붙어 한 동안 떨어지지 않고 성가시게 들리는 경우가 있다. 이것도 내적 대화의 한 종류이고 또 청각적 자극심기가 된 것이다. 그러나 반복해 듣는 것은 장기적으로는 좋지 않다. 복수의 내적 대화를 멈추게 하는 것이 목적인만큼 명상 상태에 들어가는 것도 바람직하다. 그러나 시간이 제한된 트레이닝 중에는 곤란하다. 프레젠테이션을 하고 있을 때, 트랜스에 들어간다고 하는 것은 불가능하다. 즉, 내적 대화를 없애고 싶다고 그 자리에서 바로 명상적인 상태로 들어갈 수는 없다. 단지 잠시 순각적으로 무의식의 하이포퍼먼스 상태가 될 수는 있다. 그것이 바로 내적 대화 없이 지금 여기에 집중하고 있는 상태이기도 하다.

다소 시간 여유가 있다면 뉴코드 게임, 자극심기, 자신감생성공간Excellent Circle 기법 등을 간략하게 사용하면 하이퍼포먼스 상태가 된다.

이제 잠시 호흡을 가다듬고 눈앞에 뉴코드 게임의 알파벳 차트가 보인다. 그리고 근육을 움직여 알파벳 게임을 한다. 마지막으로 근육을 전혀 움직이지 않고 알파벳 게임을 한다. 이렇게 하여 항상 하이퍼포먼스 상태에 들어갈 수 있도록 연습한다.

내적 대화 중지 연습만으로도 얼마든지 내적 대화를 멈추게 할 수 있다. 그러나 갑자기 아무 예고 없이 찾아오는 내적 대화를 중지하기는 쉽지 않다. 그때는 패턴 중단(의식전환)을 하는 것이 필요하다. 혹은 셔플(고개를 흔들거나 몸을 가볍게 움직인다)을 하는 것도 좋다. 새로운 소리가 지금까지의 소리와 많이 다르면 상태분리(공간 이동, 일어나 주위를 걷는다)를 하는 것이 바람직하고 큰 차이가 나지 않을 때는 간단한 셔플(고개 흔들기 등)로도 충분하다.

어떠한 소리라도 듣기에 적절한 장소와 시간을 제공하여 잘 들어주면 더 이상 우리를 괴롭히지 않게 된다. 내적 대화를 일으키는 내자아Parts는 마치 어린아이와 같다. 아이는 아직 미성숙해서 이성보다 감정의 영향이 더 크기에 잘 대응해야 한다. 더욱이 내면의 소리는 각각 서로 다른 인격(내자아Parts)을 가지고 있다. 그러므로 그들을 존중해 주어야 한다. 이와 같은 일이 우리 내면에서 일어나고 있다. 그것은 우리에게 무엇인가 좋은 것을 전해주고자 하고 있는 것이다. 즉, 긍정적 의도가 있는 것이다. 겉보기에는 부정적으로 들리더라도 더 깊이 들여다보면 반드시 긍정적 메시지가 있을 것이다. 그러므로 내면의 소리, 내면의 어린아이를 존중하며 이야기를 나눠보아야 한다.

Chapter

09 뉴코드 NLP의 메타포와 협상기법

1. 메타포

여러분은 그동안 여러 세미나에 참가한 경험이 있을 것이다. 그 가운데 멋진 메타포Metaphor를 들은 적이 있는가? 그것이 삶에 큰 도움이 되지는 않았는가?

메타포를 사용하면 멋진 코칭이나 트레이닝을 전개할 수 있다. 구체화하거나 세부적이지 않고 직접적으로 말하지 않으면서… 인간은 이야기적 표현(메타포)이나 유추類推(Analogy, 아날로지)를 말하는 것이 사실의 직접적 제시보다 훨씬 저항 없이 메시지를 수용하게 하고 보존, 유지할 수 있다. 왜냐하면 메타포는 비유적인 표현이지만 듣는 사람이 그 메시지를 충분히 이해할 때는 매우 강한 임팩트를 줄 수 있기 때문이다. 따라서 코치나 고객이 공히 그 메타포를 이해할 수 있어야 한다. 그러나 국제적 장소에서는 정확하고 구체적인 커뮤니케이션을 해야 한다. 외국인은 말하는 사람이 사용하는 메타포(그 나라 고유의 속담, 이야기 등)를 이해하지 못할 수도 있기 때문이다.

예를 들어 김영삼 대통령 시절에 미국 대통령 빌 클린턴이 한국을 방문했을 때, 김대통령은 좌우명으로 삼던 「대도무문大道無門」을 쓴 액자를 선물하였다. 클린턴이 뜻을 묻자, 통역이 '정의로움은 모든 장애물을 극복한다Righteousness over comes all obstacles'고 의역해서 알려주었지만, 쉽게 이해 못하는 듯해서 '대도에는 문이 없다

A high street has no main gate'라는 의미라면서, '고속도로에는 톨게이트가 없다A freeway has no tollgate'라고 풀이해 주니 그제야 알았다는 듯이 웃음 지었다고 한다.

어느 시골 마을에 두 농부가 살았는데 그들의 밭은 서로 인접해 붙어 있었다. 겨울이 지나고 봄비가 걷히자 한 농부(A)는 바로 땅에 열심히 씨앗을 심었다. 다른 농부(B)는 일주일이나 걸려 착실히 땅을 고르고 거름을 치고 거기에 씨앗을 뿌렸다. 3~4개월이 지나자 서로의 밭에서는 차이가 나타났다. A농부의 밭의 곡식은 열매를 맺긴 했으나 쭉정이가 많았다. B농부의 밭의 곡식은 매우 풍성한 수확을 거둘 수 있었다.

이 이야기는 농업을 배경으로 한 메타포이다. 이 이야기를 듣고 내면에서 어떤 변화가 일어났는가? 어떤 교훈을 얻었는가?

〈표 9-1〉 농업을 배경으로 한 메타포

이야기 공간	NLP 학습 공간
농부	NLP 학습자
토양	과정 연구, 모델, 패턴…
씨앗	연습, 리소스, 경험(V, A, K), 기법…
곡식	NLP학습자로서의 역량, 변용, 결과

왜 농부를 NLP학습자로 인식하게 되었을까? 이야기의 구조 때문일 것이다. 다음과 같이 대입이 가능하다.

- 농부, 토양 — NLP학습자, 학습자세
- 씨앗, 곡식 — 기법, 역량

NLP학습 상황 속에서 위와 같은 연결이 가능할 것이다. 의식은 명사에 붙어 있다. 무의식은 동사에 관계되어 있다. 의식은 물체, 개념 자체에 흥미를 가지고 있고 무의식은 관련성에 깊은 연결을 가지고 있다는 특징이 있다. 이처럼 관련성이 확보된 이야기를 하면 학습자의 무의식은 그 이야기가 무엇을 말하려고 하는지를 금방 이해하게 된다. 이야기에 등장하는 인물의 주체를 바꾸면 의식은 어떤 농부에 대하여 말하고 있는가라고 생각하기 시작한다. 의식은 이야기 내용의 포인트를 이해하지 못한다. 그러나 관련성이 유지되므로 무의식은 무엇이 무엇을 의미하고 있는지를 알게 된다.

이 이야기를 듣고 의식적으로 분석하여 메시지를 도출하는 사람은 없을 것이다. 이 이야기를 통하여 무의식 차원에서 어떤 메시지가 접수되어 내면의 변화가 일어나지 않았다면 더 이상 이 책을 읽지 않아도 된다. 왜냐하면 NLP를 학습할 소양 자체가 부족하기 때문이다.

메타포가 갖는 놀랄만한 효과의 특징은 그 내용 전체를 받아들여 "그렇구나!"라는 깨달음을 주기 때문이다. 무엇보다 중요한 것은 개인적인 의미부여를 할 수 있다는 점이다. 즉, 누구나 자신에게 특화된 적절한 의미부여를 하게 되는 것이다. 이것은 절대 빗나가는 법이 없다. 메타포에는 정답이란 없다. 어떤 메시지로 받아들이든 그 사람의 수준, 상황에서는 가장 적절한 것일 터이다. 무엇인가를 깨달아 도움이 되었다면 그것으로 좋고, 내면의 변화 없이, 세계지도에 울림이 없이 하나의 이야기로만 들었다고 해도 그뿐이다.

이것은 참으로 멋진 기법이다. 이것을 여러분들은 착실히 익혀두기 바란다. 충분할 때까지 오랜 시간에 걸쳐 확실히 습득해 두어야 한다.

메타포를 이야기할 때는 목소리의 톤이나 제스처를 적절히 구사함으로서 다양하게 의미부여하여 받아들일 수 있는 가능성을 넓히는 방향으로 나아가는 것이 바람직하다. 처음에는 누가 뭐래도 본받기이다. 모방하고 따라하는 것에서 시작한다. 그러다가 몸에 익히게 되면 자기류가 확립된다. 충분히 익히기 전에 자기류에 치중하면 어설픈 광대가 되기 쉽다.

코칭을 통하여 한 사람의 인생의 변화에 긍정적 영향을 끼친다든가 이루고 싶은 아웃컴을 주의 깊게 듣고 찾아내게 하여 실현하도록 이끄는 것은 얼마나 가치 있는 일인가… 고객은 실제 상황을 이야기해 주기 때문에 주요 등장인물을 특정할 수 있다. 코치는 스토리를 잘 듣고 의미 공간을 어떻게 연결할까를 고려한다. 메타포 재료로는 무술, 운동경기, 자연현상, 여행, 동물 등 다양하게 활용할 수 있다. 서양에서는 가장 쉽게 활용할 수 있는 것이 성경의 예화나 이솝우화이다.

우리 주변에는 다양한 소재의 메타포가 존재한다. 더욱이 문화권에 따라서는 그 내부에서만 이해할 수 있는 특유한 것도 있다. 토끼와 거북이, 흥부와 놀부 등이 대표적이라고 할 수 있다. 적절한 비유와 유추를 만드는 능력은 NLP 코치로서 필수불가결한 능력이다. 하여튼 코치가 메타포를 자유롭게 구사할 수 있는 능력이 있다면 고객에게는 많은 유익을 제공하게 될 것이다.

아울러 코치의 역할로서 가장 중요한 것은 코치가 제공하는 메타포와 유추에 의하여 고객은 자기의 의식적, 무의식적 필요조건에 관련하여 내용 중에서 어떤 부분은 무의식적으로 선택하고 다른 부분은 무시할 수 있게 된다는 점이다. 이 선택과정은 의식적 과정의 바깥(무의식 중)에서 일어나기 때문에 고객과 작업하고 있는 유능한 코치로서는 헤아릴 수 없는 이점을 누리게 된다.

등장인물들 사이의 관계 파악의 제1보는 뭐니 뭐니 해도 상대방의 이야기를 잘 듣는 것이다. 누군가의 이야기를 들을 때 배경 상황, 등장인물이나 서로의 관계가 애매하다고 느껴지면 버벌 패키지를 사용하여 구체화하고 상황을 명료화하는 것이 바람직하다. 질문을 통하여 보다 높은 차원에서부터 점점 하위적량화Chunking Down하여 구체화 시켜간다. 버벌 패키지를 활용하면 거의 완벽하게 고객의 내면의 심층정보를 충실히 찾아낼 수 있다.

전에 얘기한 프랭크 퓨체릭의 도발적인 방법도 있다. 즉, 언어에 의하여 상황을 조작하는 셈이다. 고객이 제시하고 있는 것에 대하여 구체화 질문모형을 활용하여 명확히 하면 된다.

고객이 상황 설명을 마치면 그 시점에서 명확하지 않은 부분은 구체화 질문을 한다. 고객의 이야기는 마치 영화와 같이 잘 보였고 잘 들렸는가? 그리고 영화의 등장인물의 감각을 느꼈는가? 이러한 체험을 하면 메타포의 내용이 보다 풍성하게 된다. 그 이야기 속의 등장인물을 정리하여 보면 서로의 관계가 명확해진다. 그렇게 되면 메타포는 얼마든지 만들 수 있다.

코치 또는 트레이너로서 고객이나 수강생에게 전하려고 하는 메시지를 구상해 보자. 한 가지 당부할 것은 만일 당신이 이를 잘 숙지하고 연습을 반복한다면 이 NLP 패턴이 가지고 있는 프로세스에서 세련되게 다음 순서로 넘어갈 수 있게 된다. 그리고 다음에는 패턴의 의식적인 이해로 연결될 것이다.

메타포 구축의 3가지 전략은 동형사상성, 인용, 자연형이다.

1. 동형사상성同形事象性(Isomorphism): 기본적으로 「같은 구조」의 지도를 나타내는 모델을 구축하는 것이다. 이 방법으로 코치는 고객으로부터 들은 이야기를 자기가 좋아하는 의미론적 공간으로 번역하여 「같은 구조(모든 관계가 보전, 유지되는 1대 1의 지도화)」와 「동형사상(모든 관계를 유지하는 1대 다수의 지도화)」 중 어느 하나의 비유를 제시하는 것이다.
2. 인용: 특정한 메시지를 제시하기 위하여 그 메시지가 함유된 님의 말이나 이야기를 인용하여 사용한다.
3. 자연형: 바람직한 상태와 현재 상태를 연결하는 직접적인 과정을 특정하여 통상의 일상적이고 일반적인 예 또는 역사적인 실제 예의 형태로 그 과정을 나타내는 간단한 모델이다.

메타포를 만드는 능력은 코치 또는 트레이너로서는 필수불가결한 기능의 하나이다. 잘 만들어 효과적으로 제시하는 능력이 없으면 아직 일류라고 할 수 없다.

1) 동형사상성

이와 같은 메타포의 구축에서 동형사상성Isomorphism(同形事象性)이라는 개념은 수학에서 가져왔다. 두 가지의 다른 의미론적 공간의 매핑에서 다음의 조건이 만족되면 동일구조라고 할 수 있다.

양쪽의 공간(코치가 말하는 실제 이야기 공간과 고객이 이해하는 의미론적 공간) 중에 어떤 요소가 있어 1: 1의 관계가 성립될 때이다. 예를 들면 영화관 티켓에 인쇄된 번호 부여와 물리적 공간의 좌석번호 부여가 같은 구조인 경우이다. 대비라는 개념이 있다. 실제로 실행하기 전에 패턴을 의식적으로 이해하려고 하면 패턴 습득이 매우 어렵게 되어 버린다. 자칫하면 이해하고 있는데도 실행은 잘 하지 못하는 상황에 빠질 수가 있다.

이런 부분을 고려하여 메타포를 만들어보자. 예를 들어 골프를 할 때의 경험을 떠올려보자. 멋진 구두와 클럽을 장만하여 코치에게서 배웠다. 코치라면 두 가지의 지도 타입이 있다.

- A타입: 어깨 힘 빼고 내 뒤에 서서 내가 어떻게 클럽을 잡는지 잘 보고 동작을 완벽하게 따라해 보세요.
- B타입: 클럽은 너무 꽉 쥐지 않도록 하고 스윙 궤도에 주의하세요. 왼쪽 발은 골프공과 평행으로 45도를 유지할 필요가 있습니다.

A와 B코치 어느 쪽에게서 배운 사람이 보다 잘 할 수 있겠는가? B코치는 좌뇌적인 지식이 많이 있어 보이지만, 자기 자신의 이야기를 하고 있을 뿐이다. 이런 코치에게서 배우다보면 골프를 즐기기 어렵다.

이런 짧은 골프의 메타포와 NLP학습 상황을 대비하면 1: 1의 관계가 성립되는 것을 알 수 있는가? 구체적으로 영향을 미치는 형식으로 여러분에게 전하여졌는가? 여러분은 어떤 메시지를 받아들였는가?

"사람에게는 경험이 먼저이고 사고는 나중이다先經驗 後思考"라는 말도 있다. 댄스는 어떨까? 춤을 가르치는 사람은 따라 하게는 해도 동작을 일일이 묘사(설명)는 하지 않는다. 이와 같은 비유가 적절하다고 생각되는 2가지 상황을 떠올려보자. 수영하기, 그림 그리기, 외국어 배우기, 양치질하기 등.

수강생이 그 메타포로 웃는다면 '잘 이해했구나'라고 받아들일 수 있다. 사람은 웃을 때, 신체적 긴장이 풀어져 여유로운 상태가 된다. 철학적 측면이긴 하지만, 세상에는 바보스러운 일들이 많이 일어난다. 현명한 사람은 스스로가 저지른 바보스러운 일을 그냥 웃어넘김으로서 자기의 바른 정신을 유지하려고 한다.

코치, 트레이너로서 고객, 수강생에게 전하고자 하는 메시지를 생각해 보자. 경험이 먼저이고 좌뇌적 이해는 나중이라는 메시지가 있었다. 예를 들면 연습은 충실히 하자, 피드백이 수반되면 연습은 더욱 빨리 완성을 기할 수 있다. 눈을 감고 과녁을 쏠 때 피드백이 있다면 나중에는 과녁에 명중할 가능성이 높아질 터이다. 만일 피드백이 없다면 과녁에 명중하기 어려울 것이다. 이것도 작은 메타포라고 이해하면 된다.

바보 같은 질문이란 원천적으로 없다. "나는 잘 모릅니다."라는 말을 할 수 있는 능력이나 용기는 학습에서는 불가결한 요소이다. 그러므로 앞으로 트레이닝에서는 수강생이 "잘 모르겠어요."라고 반응하는 분위기를 만드는 것이 중요하다. 코치나 트레이너로서의 일은 고객, 수강생에게 진리를 찾게 하는 것이 아니다. 상대방 수준에서 효과적으로 이해하고 실행하게 하면 된다. 진리를 찾는 것은 철학이나 종교에 맡겨두면 된다.

30대 전반의 여성이 그린더를 찾아 왔다. 먼저 관계성을 형성하고 이야기를 들으니 다음과 같았다. 그녀는 회사에 다니고 있었는데 상당한 지위에 있었다. 3년 전에 남편을 잃었으나 지금 현재는 아버지가 부유하고 매우 자상한 편이어서 같이 살자고 하여 같은 집에서 거주하고 있다고 하였다. 그녀에게는 두 딸이 있는데 나이가 11개월 차이밖에 나지 않았다. 그녀에게는 그 짧은 터울이 걱정거리였다. 하루 종일 회사에서 일하고 집에 돌아오면 "엄마" "엄마"하고 두 딸이 동시에 달려오는 것이었다. 그 딸들은 서로 엄마의 관심을 끌려고 양보하지 않고 다툼을 벌였다. 그녀는 그걸 달래고 돌보느라 자기 시간이 없어 난감해 하고 있었다.

그래서 그린더는 그녀에게 한 가지 이야기를 들려주겠다고 제안하였다. 그가 독일의 지방에 있는 어느 마을의 시골길을 지나다가 작은 레스토랑에 들러 앉아 있을 때였다. 어떤 붙임성 있는 젊은 사람이 옆에 와 앉더니 놀랄만한 이야기를 꺼냈다(이것은 다른 사람이 들려준 이야기를 다시 전하는 식으로 하여 2중으로 중첩시키고 있다).

젊은이는 그의 할아버지가 들려준 이야기를 그린더에게 해 주었다(이렇게 되면 3중으로 심화된다. 그러면 의식은 그게 실제는 누구의 말인지 더 이상 전후좌우 상황을 따지지 않게 되기 쉽다). 그런데 이 이야기는 사실은 할아버지의 부친이 전해준 말이었다. 다시 말하자면 젊은이의 할아버지의 아버지가 말한 이야기를 그린더가 듣고 그것을 다시 젊은 여성에게 전하는 것이다(이렇게 되면 결국 여러 겹이 겹쳐져 심화되어 논리적 흐름을 의식적으로 따지기보다 그저 메시지에만 집중하여 무의식으로 받아들이기 쉽게 된다). 이야기는 이렇다.

옛날에 루드비히라는 유명한 왕이 있었다. 매우 호화로운 성을 짓고 살았다. 남쪽에는 아름다운 호수가 있어 그 가운데에는 작은 섬이 있었는데 루드비히는 거기에도 예쁜 성을 쌓았다. 세세한 부분까지 빼닮은 작은 벨사이유 궁전이라고 해도 좋았다. 당연히 정원도 만들었다. 이 이야기를 들려준 젊은이의 할아버지의 부친은 매우 우수하고 유명한 정원사였다. 그 정원의 당초 담당자가 나이 들어 사임하자 루드비히왕은 그 나라에서 가장 우수한 정원사를 찾았다. 그 후임이 바로 젊은이의 할아버지의 아버지였다.

“우선 정원을 둘러보게 해주십시오.”라고 젊은이의 할아버지의 아버지가 루드비히왕에게 말했다. 처음에는 바깥쪽부터 시작하여 점점 안쪽으로 향하여 둘러보았다. 젊은이의 할아버지의 아버지는 완전히 매혹적인 정원에 빠져들었다. 아름다운 꽃이며 잘 자란 나무들이며 이처럼 멋진 정원은 처음 보는 것 같았다. 그런데 정원의 중앙에 왔을 때, 정원사의 인상은 조금 찌푸려졌다. 어떤 바보 같은 사람이 정원 중앙에 어여쁜 장미 두 그루를 매우 가깝게 심어놓았던 것이다. 그곳이야말로 정원의 중심을 이루는 아주 중요한 위치였는데 두 송이 장미는 너무 가까워서 햇빛과 빗방울을 서로 많이 받으려고 마치 경쟁이라도 하는 듯한 모습이었다. 장미는 두 송이 모두 잘 피어 있었으나 뿌리와 줄기가 서로 얽혀 있어 바람에 흔들릴 때마다 줄기에서는 서로의 가시가 서로를 찌르고 있었다. 앞으로 함께 보기 좋게 반듯하게 자라는 것은 어려워보였다.

자, 여기서 지금 무엇을 말하고 있는가? 전하려는 메시지는 무엇일까? 이 이야기를 듣는 사람은 누구일까? 그렇다. 두 딸을 가진 30대 전반의 여성이다. 다른 등장인물들은 이야기의 무엇과 대응되는가?

〈표 9-2〉 현실상황과 의미론적 비유

현실 상황	의미론적 비유
어머니(30대 전반의 여성)	정원사
딸 1	장미 1
딸 2	장미 2
어머니의 부친	루드비히 왕

왜 딸들은 장미라고 이해되는가? 여러분은 어떻게 하여 그렇게 이해하게 되었을까?

- 두 송이 장미가 햇빛과 빗방울을 많이 받으려고 경쟁이라도 하는듯한 모습이었다.
- 딸들은 11개월 차이밖에 나지 않아 서로 엄마의 관심을 끌려고 양보하지 않고 다툼을 벌였다.
- 정원사와 장미의 관계도 또한 모친과 딸의 관계로 대응될 터이다. 뿌리가 얽혀있는 두 줄기의 장미….

여기서 매우 흥미 있는 의미부여를 하고 있다. 그린더는 그녀의 무의식에 어떤 메시지를 전하려고 의도한 것일까? 특히 뿌리가 얽혀있어 따로 떼어 옮겨심기는 어렵다는 점에 대하여. 이것이 메타포로서 현실적으로 두 딸의 어머니에게 어떤 의미를 찾게 했을까?

그녀가 스스로 내려야 하는 결론에 어떤 제약이 있는지를 명확히 하고자 했던 것이다. 일시적으로 두 딸을 다른 장소에 떼어 놓아서 해결할 수 있는 것이 아니라 문제를 다른 방향에서 해결책을 찾아보자는 가능성을 제시하려고 했던 것이다.

여기에 좀 더 추상적인 이야기를 해보자. 먼저 좌측에 상황, 우측에 메타포를 두면 동형사상同形事象이 된다. 이 개념은 1: 1의 대응을 이룬다. 상황의 공간과 의미론적 공간이 서로 대응되는 것이다.

R′(딸 1, 2)	R′(장미 1, 2)
R″(엄마, 부친)	R″(정원사, 루드비히 왕)

〈R= Relationship〉

의식은 언제나 명사에 집중된다. 무의식은 동사에 초점을 맞춘다. 즉, 명사를 점차 바꾸어 가면 의식을 변하게 할 수 있다. 찾아왔던 여성은 그린더의 평소와 다소 다른 이야기를 들으면서 이 이야기의 내용을 통하여 그녀의 무의식은 어떤 부분의 내용이 어떻게 현실 상황과 대응되고 있는지 알게 되는 것이다.

동사는 관련성을 나타낸다. 명사를 모두 바꾸어버려서(젊은이, 할아버지, 아버지…) 의식은 이해하기 어렵게 되어도 동사가 그 관련성를 유지하기 때문에 무의식은 잘 이해하게 되는 것이다.

이 이야기는 동형사상Isomorphic의 성립 조건을 만족시키고 있다. 2가지 상황 사이에,

1. 각 상황에 등장하는 사람, 사물이 대응하고 있다(명사 대응).
2. 각 상황에 등장하는 사람, 사물과 이야기 속의 다른 사람, 사물과의 관계성이 같은 구조이다(관련성의 일치: 흔히 같은 동사가 사용된다).

》》 메타포 구축 연습 1

1. 3인 1조. 코치(A)는 깊은 호흡과 함께 내면에 들어가 자기의 무의식에 어떤 의미공간을 만드는 이미지를 찾아낸다.
2. 의미공간의 리스트(무술, 스포츠, 우화 등)를 동원해 본다. 의미공간의 이미지를 보고 풍부한 의미공간 중에서 어떤 상황이 어울리는지를 자문자답해

본다. 이야기 중의 상호관계가 재현될 수 있다면 상황공간과 의미공간의 매칭이 가능해진다.

3. 그리고 대응 맵핑이 되었으면 여기에 내레이션을 붙여 어떤 순서로 이야기를 풀어갈까를 정하고 고객(B)에게 들려준다. 관찰자(C)는 특히 고객의 반응을 주의 깊게 관찰식별하며 지켜본다.
4. 피드백

메타포 구축 연습 2

1. 3인 1조. 고객(B)이 하나의 문제를 제시하면 코치(A)는 코칭을 시작한다.
2. 코치는 고객의 문제의 의도를 파악하면서 코칭을 한다.
3. 피드백 루프를 가동한다.
4. 고객과 관찰자(C)는 합동하여 1.에서 고객이 제시한 문제와 같은 구조Isomorphic의 비유적 이야기를 만들어 낸다(코치는 그 과정에 참가하지 않는다).
5. 새롭게 창안한 이야기로 코칭을 한다.
6. 피드백 루프를 실시한다.

메타포 구축 연습 3

1. 3인 1조. 고객(B)와 관찰자(C)가 먼저 연습 2의 고객의 문제와 같은 구조Isomorphic의 상황을 창안하여 합동으로 좀더 구체화한다(이때 코치(A)는 다른 장소에서 State Control한다).
2. 코치는 새로운 상황으로 코칭을 한다.
3. Feedback Loop를 한다.

메타포 구축 연습 4

1. 3인 1조. 기업이나 조직 내에서 벌어지는 문제와 구조로 같은 구조Isomorphic의 상황을 3명이 합동으로 창안한다(OO사업부장, OO팀장, OO팀장, OO과장 등의 관계).
2. 새롭게 창안한 상황으로 NLP코칭을 한다.
3. Feedback Loop를 실시한다.

NLP에는 다양한 패턴이 있어 그것을 각각 처음 배울 때에는 어색하고 시간이 걸리기도 한다. 그렇지만 감히 보증하지만, 매일 조금씩이라도 연습하기를 결심하고 실행한다면 본인의 무의식에 입력되어 나중에는 거의 자연스럽게 실행할 수 있게 된다. 메타포를 구축할 때도 일일이 의식적으로 매핑 정리를 하지 않아도 자연히 구축할 수 있게 된다. 그 때문에 반복 연습은 항상 필요하다. 고객의 이야기를 끝까지 다 듣지 않고 도중에 끊고 메타포를 만든다는 것은 언어도단이다.

여기서 한 가지 덧붙이자면 메타포는 프랙탈Fractal(동형반복) 개념을 응용하면 효과적이다. 대표적인 프랙탈 구조는 식물 등 자연현상의 여러 면에서 관찰된다. NLP에서는 단지 그것을 상위적량화, 하위적량화, 동위적량화 중 어느 것을 취하느냐에 따라 달라질 뿐이다. 메타포에 프랙탈 이론을 활용한다면 학습은 가속될 것이다. 메타포 구축의 3대 전략에서 가장 복잡한 것은 동형사상성同形事象性이다.

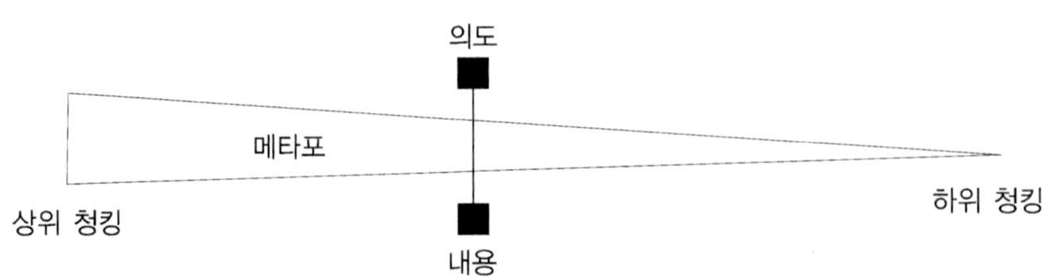

[그림 9-1] 메타포의 청킹

2) 인용

고객이 무엇인가를 말하였는데 코치로서 어떻게 대응을 할까 머뭇거리게 되었을 때, 혹은 너무 명확하게 하고 싶지는 않을 때(구체적 명시가 곤란할 때)에는 '인용'이라는 형태가 유용하다. 의도한 특정 메시지는 그대로 100% 전달될 수 있기 때문이다.

상사로서 직원이 업무에 적극적, 긍정적으로 반응하도록 자극을 주려는 의도로 꾸중을 한다고 하자. 지시대로 수행하지 않는 것을 번번이 시시콜콜 반복하여 질책할 것인가? 정말은 그러고 싶기도 할 것이다. 그러나 이와 같은 직접적인 메시지로 잘 된 결과를 얻는 경우가 얼마나 있었던가? 이때 뭐라고 하면 좋을까?

만일 우리 할아버지라면 상대방과 눈을 맞추고 이렇게 말할지도 모른다.

"당신(상사)이 하고 있는 방법은 그녀(직원)에겐 잘 통하지 않아요. 이보다 더 바보 같은 일이 따로 있다면, 지금 하고 있는 방식을 더욱 지속해도 좋겠지요. 만일 그렇지 않다면 무엇이든 좋으니까 다른 방식을 찾아보세요."라는 메시지를 말이다.

이처럼 다른 사람(할아버지)의 입을 통하여 간접적으로 메시지를 전하는 것이다. 과연 어떤 반응을 보일까? 상대방(상사)에게 숨을 돌릴 수 있는 여유 공간이나 체면을 살릴 수 있는 기회를 제공하는 셈이기도 하다.

"당신이 코치로서 그런 말을 그런 식으로 하다니. 실례하신 거에요."라고 하더라도, "아니요, 제 할아버지가 그렇게 말씀하셨다는 겁니다."라고 응답하면 된다. 실제 할아버지들은 퉁명스러운 성향이어서 직설적으로 말하는 경우가 많다. 지나치게 직설적인 사람은 평소에 위와 같은 식으로는 절대 말하지 않을 테지만, 코칭 세션에 들어가면 이렇게 말할 수 있어야 한다. 그러면 상대방이 그 숨은 메시지를 이해하지 못할 리가 없다.

인용을 활용하는 전략은 다음과 같다.

1. 메타포를 통해 메시지를 전하려고 구상한다.
2. 직설적인 말 대신 거기에 어울리는 매우 짧은 이야기를 찾는다(만든다).
3. 내가 전하고 싶은 메시지가 이야기에 등장하는 인물의 입에서 나오도록 구성한다.

그런데 인용 방식 자체나 메시지에 대하여 거부감을 표현하는 사람이 있다면, "어떤 메시지였다면 기분 편히 받아들였을까요? 스스로 '그래, 그렇지'라고 수용할 수 있는 것이라면 어떤 메시지일까요?"라고 물어보도록 한다. 만일 할아버지가 말한 메시지를 거부한다면, 고객이 불쾌하게 되었다면, 그 불쾌감은 코치로서 당신이 수용할만한 것인가? 고객이 다소의 불쾌감을 느끼는 것은 바람직하다. 고객에 대하여 때로는 가혹한 지적을 하지 않으면 안 된다. 그것을 완화하여 부드럽게 전하는 방식이 바로 인용이다. 물론 직접적으로 대놓고 전해야 하는 경우도 있을 것이다. 어느 쪽을 택할 것인가? 그것은 코치의 스타일에 달렸다. 그리고 고객의 응답 조건에 대응하여 선택한다. 유능한 코치라면 자기의 스타일을 파악하고 있을 것이다. 바람직한 것은 자기에게 잘 어울리는 스타일을 견지하라는 것이다. 무리하게 다른 사람이 권장한다거나 좋다고 하는 방식을 별 생각 없이 취할 필요는 없다. 그리고 자기가 선택한 행위에 대한 결과에 책임을 지도록 하라.

어려운 것 같지만 관찰식별을 통해 고객의 상황과 세계지도를 파악할 수 있을 것이다. 일부러 의도적으로 고객을 혼란스럽게 하거나 거부감을 일으키게 하는 것도 필요하다.

"이런 메시지를 거부한다면 어떤 메시지를 원하시는지요?"라고 물어볼 수 있다. "그걸 몰라서 여기 온 것 아닙니까?"라고 응답할지도 모른다.

"당신이 다른 전략을 가지고 있지 않는 한, 제 할아버지가 말한 메시지를 따르지 않으면 안 됩니다."라고 말하면 된다(이 시점에서 뉴코드 게임을 하면 좋다). 변화를 불러일으키고 싶은 상황을 조성해 주면 다른 형태로 움직이게 될 것이다. 활동과 결과를 가져오는 뉴코드 게임의 상황에 들어가면 향상된 행동 변화가 일어나지 않는 법은 없기 때문이다.

인용에는 절대 실패란 없다. 다만 어떤 결과가 있을 뿐이다. 관찰식별을 통하여 결과를 알았을 때, 그리고 그것이 일류 코치의 길을 가는 과정임을 깨달았다면 그대로 똑바로 나아가기 바란다. 만일 그것이 바른 길이 아니라고 알았다면 방식을 바꾸도록 하면 된다.

작은 인용을 실행한 다음에 고객이, "그 메시지는 받아들이지 않겠습니다."라고 한다면, "그것 참 훌륭하십니다."라고 하라.

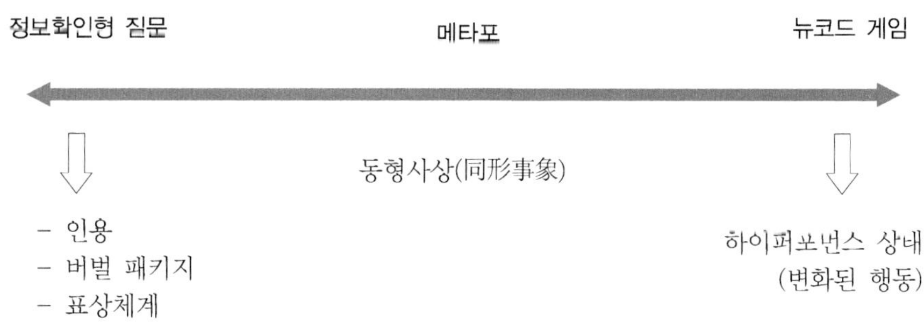

[그림 9-2] 메타포의 활용

뉴코드 게임 후에 하이퍼포먼스(변화된 행동적 최고의 상태)가 발휘되는 상황의 정보만 찾으면 된다. 그 장면을 보고 듣고 느끼는 것이다. 그리고 상사와 직원의 상황에 다시 들어가면 자연히 하이퍼포먼스 상태로 활성화(새로운 행동의 아이디어 도출)될 것이다. 상사는 물론 보다 멋진 자세와 행동으로 그 상황에 대응하게 될 것이다. 이것이야말로 다른 어떤 것보다 효과적이 아닐까? 이런 식으로 연속하여 여러 상황에 개입할 수 있다. 다만 어떤 상황에서 어떤 변화된 행동을 일으키고 싶은가만 알게 되면 된다. 여기서는 문제나 목표에 집착할 필요는 없다. 인용을 활용하면 틀림없이 긍정적인 변화된 행동과 결과가 나타날 것이다.

다시 한 번 먼저의 상황에 들어가 보자. 제3포지션에서 변화된 행동을 일으키려는 문제 상황을 본다.

"사무실이 보입니다. 직원들이 보입니다."

보고 들으며 그 상황을 확인하는 것만으로 좋다. 이때는 코치도 본인과 같은 감각을 느끼도록 한다(당사자 의식Associate). 본인이 대응하고 있는 상황을 보면 된다.

문제에 대한 해결책을 이미 찾았을 때는 그 상태를 바로 이미지하면 된다. 그때 고객의 무의식이 투영되어 있는 목표에 동의한다고 하는 점이 중요하다. 문제에 관한 이상적인 해결방법을 의식적으로 투영하는 고객도 있는데, 이것은 불완전하다. 해결방법을 투영하고 있더라도 '무의식이 여기에 동의하고 있는가?'가 중요하다. 그런 때에 버벌 패키지를 활용하여,

"완벽한 상태로 무엇이 보입니까?" 등 구체적으로 질문하여 명확화한다.

"직원이 바뀌기 위해서는 당신은 구체적으로 무엇을 하고 있습니까?" 등과 같은 질문을 한다.

뉴코드에 관한 정보 제공은 최소화하는 것이 좋다. 매우 복잡한 비즈니스 상의 도전이라고 하더라도 뉴코드는 순조롭게 진행된다. 문제가 무엇이든 상세하게 무엇인지를 알 필요가 없다.

전통적으로 음성언어로 표현되는 인지적 대처를 추구하는 성향이 강한 비즈니스 종사자에게 뉴코드 게임을 말하면, "그 방식은 좀 이상하군요."라고 말할지도 모른다. "아직 문제를 다 말하지 않은데도 개입하려고 합니까?"라는 거부의 질문을 받게 될지도 모른다.

당신은 비즈니스 종사자이고 '시간은 금이다'라는 말을 믿고 있다고 하자. 뉴코드 NLP는 20~30분에 가능하다. 전통적인 어프로치를 하면 2시간 걸리는데 비해… 그렇다면 어느 쪽을 선택할 것인가? 선택은 자명하지 않은가?

"비전통적이지만, 그 방법을 시도해 보겠습니다."라는 반응이 나올 수 있다. 간단하기도 하고 대단히 잘 작동되기도 한다.

무의식과 이야기를 하여 협조를 받아내고자 할 때, 코치의 감독 아래 고객이 자기의 무의식과 대화하여 특정한 목표를 이루려고 할 때, “당신(무의식)은 이것을 서포트합니까?”라고 묻는다. 만일 무의식이 “No”라고 응답한다면, 조정협상자가 말하듯이 무의식이 의식에게 No라고 하는 경우, 거기서 중단할 필요는 없다.

“나의 제안에 No라고 반응했지요? 감사합니다. 나의 제안을 거부한 셈이지만, 그 의도를 알려줄 수 있는지요?”라고 묻는다.

어찌할 도리가 없을 때에는 지금의 이 방법을 시도해 보자. 갈등이나 대립을 해결할 수 있는 간단하고 강력한 방법이다. 당신의 무의식이 의식에 대하여 No를 강요할 권리는 없다. 또 의식이 무의식에게 의견을 강요할 권리 또한 없다. 서로 같이 협조하는 것은 가능한데 또한 그런 관계가 바람식하나.

마치 어떤 사람을 빼어 닮은 듯이 행동(행동적 본받기)하는 것도 인용의 일종이다. 어쩌면 배우가 되어 그 역할을 연기하는 것과 같은… 이런 방법(행동적 인용)을 사용하면 닮고 싶은, 그렇게 되고 싶은 사람이 된 것처럼 행동할 수 있다. 그러면 당연한 결과이지만, 코치, 트레이너로서의 능력이나 퍼포먼스를 100% 이상 발휘될 수 있게 된다.

스스로 다른 방식으로 움직여 인용이라는 형식을 취함으로서 고객이나 수강생은 당신이 코칭이나 트레이닝에서 창의적으로 실현하려고 하는 것을 예상할 수 없게 된다. 그러면 결과적으로 상대방은 신선한 놀람을 얻게 되기 때문에 결과적으로 효과는 배가될 것이다.

3) 자연형

일대일의 메타포보다 직접적이고 간단하다. 인용보다는 간접적이다. 지금부터 자연형 메타포를 이야기한다.

그린더는 어느 날, 자녀들과 피코볼 게임을 하고 있었다. 그립이 미끄러져 빠져버려도 손에서 떨어지지 않도록 끈이 붙어 있었다. 매우 거칠게 움직여야 할 때도 있는 운동인데 순간적으로 그립이 손에서 빠져버려 볼이 얼굴에 부딪쳐 뼈를 다치게 되었다. 그린더는 충격으로 넘어졌다. 그리고 '상처는 곧 나을 테지'라고 생각하면서 의사에게서 정밀 진단을 받고 뼈에는 다행히 이상 없다는 등 결과를 들으려고 한다면 적어도 2~3시간이 걸릴 것으로 생각되었다.

그린더는 그렇게는 하고 싶지 않았기 때문에 다친 곳에서 흐르는 피를 닦아내고 1분 30초 동안 쓰러져 있었다. 그러자 주위의 모두가 가까이 와 얼굴을 들여다보았다고 아들인 마이클이 나중에 말해주었다.

"정밀검사를 받아봐야 하지 않아요? 어떻게 하기를 원하세요?"

"나를 카트에 눕혀 다오. 트랜스에 들어가고 싶으니 주위에 와 있어다오. 생겨난 상처를 아물게 하고 싶으니 이야기를 들려주렴. 무엇인가 닫히는(Closed Up, Heal up 등) 표현이 들어간 이야기를 들려줘."

딸이 와서 이렇게 말해주었다.

"냉장고에 넣은 조각난 빵을 알고 있어요? 문을 닫으면 신선하게 보관됩니다."

"빵을 조금 꺼내고 봉지를 다시 닫으면 신선함은 유지 됩니다."

여러 가지 이야기를 들었지만 모두 '닫힌다'라는 말이 들어가 있었다.

이것이 자연형 메타포의 한 예이다. 약 2시간 못되어 그린더의 상처는 아물어 다시 플레이를 하였다.

예측가능성에 대하여 살펴보자. 여러분이 잠재적으로 가지고 있는 능력을 충분히 발휘하기 위해서는 같은 패턴의 모델만 즐겨 사용해서는 안 된다.

유럽에서의 장면이다. 남편은 아침에 커피를 마시며 신문을 읽고 있다. 부인은 남편을 사랑하고 있다. 아침마다 커피를 마시며 신문을 읽는 것이 남편에게는 얼마나 중요한 의식인지 부인은 잘 알고 있다. 그래서 결혼 후 25년간 반드시 남편보다 먼저 일어나 아침 식사를 차리고 신문을 식탁에 놓아두었다. 물론 이것은 애정에서 비롯된 행위이다. 부인의 인생에서 얼마나 남편을 소중히 여기는지를 알 수 있다.

25년간 한결 같은 패턴이라고? 사실 이 부인은 남편에게 감옥생활을 시키고 있는 것과 같다. 두 사람 모두 적어도 아침 시간에는 완전히 예측 가능한 행동밖에 하지 않고 있다. 여기에서 습관이 형성된다. 습관이란 무의식적으로 이루어지는 학습된 반복 패턴이다. 안정적이고 평화로워 보이는 반면 대부분 무기력하고 비창의적이며 도전을 거부하고 있거나 회피하고 있다.

영화에서의 한 장면과 같은 부부의 행동이 예측가능하다면, 그래서 여러분도 그렇게 반복한다면, 여러분 또한 역시 그런 아침 생활이 몸에 배어 습관화되어 버릴 것이다. 충격이나 자극에 둔감하게 된다. 습관이 되면 안주하게 되고 그러다보면 안일의 함정에 빠지게 된다. 습관의 매우 부정적인 측면이기도 하다. 그렇지만 부부는 서로 보완관계에 있기도 하고 서로 조화로운 일치 상태를 이루는 것이 좋지 않겠는가? 어차피 혼자 살 수 있는 세상이 아니므로 가장 가깝게 서로 의지할 수 있는 관계이기도 해서 다소 습관된 패턴이 있다고 해도 그리 탓할 일은 아니다. 다만 서로에 대한 기대, 의존이 과하여 원망, 증오에 이르지는 말아야 한다.

캘리포니아의 숲에서 퓨마가 사슴을 잡는 것을 본 적이 있다. 퓨마와 사슴이 갖는 서로의 내적지도의 차이는 무엇일까? 잡아먹으려는 측과 잡아먹히지 않으려는 측의 내적지도의 차이는? 기쁨과 두려움, 쫓는 방향에 대한 예측과 도망갈 방향 찾기,.. 퓨마의 내적지도에는 사슴의 움직임이 포착된다. 언제 어디서 사슴을 덮치면 되는지 오랜 경험을 통하여 알고 있다. 사슴 또한 내적지도를 통하여 퓨마의 냄새를 맡거나 소리를 듣고 어디에서 덮쳐올지 알고 있다. 그러나 날씨나 계절에 대한 지식이 부족한 어린 사슴은 퓨마가 어디에서 나타날지에 대한 정보가 부족하다. 그런 사슴 입장에서 보면 퓨마의 움직임은 예측불가능하다. 노련한 퓨마로서는 사슴의 움직임이 충분히 예측가능한데도….

이처럼 현실적 사건이나 역사적 사건을 활용하면 훌륭한 자연형 메타포가 된다. 고객이 추구하는 상태를 서술한다. 어떤 동사가 현상으로부터 추구되고 있는 상태에 적합한지 특정한다. 그 동사가 어떻게 사용되고 있는지 자연계에서 찾아낸다(앞의 예에서는 닫힌다= (상처가) 아문다). 20에서 30가지 예를 픽업한다. 문제를 해결하기 위하여 무엇을 투입하면 좋은지를 무의식에게 지령을 내리면 된다.

일대일의 메타포를 매일 1가지씩 연습하기를 바란다고 말한 바 있다. 이와 같이 자연형의 메타포도 매일 해보기를 바란다. 물론 인용 메타포도 마찬가지이다.

어린이가 처음 보는 모르는 사람을 어떻게 신뢰하기 시작하는가? 이것이 현실세계에서 어떻게 표현되는가를 탐색해 보자. 같은 것(자연형 메타포)을 몇 번이고 거듭하여 이야기해 보자. 여기서 확보해야 할 품질에 도달하기 위해서는 꾸준한 연습 외에는 왕도가 없음을 알아야 한다.

파리에서 수강생이 그린더에게 이렇게 말하였다. “많은 메타포를 가지고 계시군요! 저도 몇 가지 가지고 있기는 한데 사람들 앞에 서면 얼른 적절한 것이 떠오르지 않아요.” 그린더는 응답했다. “메타포의 내용을 기억하는 대신에 이 프로세스가 무의식에서 작동할 수 있도록 될 때까지 연습이 필요합니다. 그러면 자연히 입에서 멋진 메타포가 나오게 되어 있습니다. 이런 상태를 우리는 만들어내야 합니다.”

그런 상태가 되려면 어떻게 하면 좋을까? 물론 명확한 답은 있다. 이제는 그 답이 무엇인지 알 것이다. 그렇다. 연습, 연습, 연습, 그리고 연습의 반복이 있을 뿐이다. 그랬을 때, 다음의 일을 보증할 수 있다. 뉴코드와 같은 기법을 활용하여 무의식 상태를 만들어 2주간 반복하여 연습을 하면 훌륭한 메타포의 달인이 될 수 있음을. 성공체험보다 실패를 통해 배우는 편이 훨씬 효과적이다.

⟫ 메타포 구축 연습 5

1. 5인 1조가 된다. 전하고 싶은 메시지에 대하여 메타포를 구상한다.
2. 그룹 내에서 그 메시지에 대하여 합의 공유한다.
3. 그와 관련하여 메시지의 스토리에서 관계성이 이루어지도록 매우 풍부하

고 복잡한 상황을 설계(스포츠, 육아, 정원 가꾸기 등등)한다. 의미론적 공간을 부여하는 것이다. 이 의미론적 공간에서 자기가 말하고 싶은 메시지가 표출되는지를 검토한다. 하나의 방법으로서 메시지 속의 요소(코치, 트레이너, 고객, 수강생, 기법 등)를 기록해 본다. 그리고 의미론적 공간에 대응하는 명사를 추출해 쓴다. 거기에서 어떤 스토리를 만들어 간다. 전하고 싶은 메시지를 의미론적 공간에서 2분 이내의 이야기로 꾸민다.

4. 실행 전에 화살표를 사용하여 서로 대응하는 것 사이의 관계가 잘 구축되어 있는지를 체크한다. 잘 되어 있다면 동일구조화가 되어 있는 것이다. 두 가지 조건을 잊지 말라. 1 : 1 대응관계, 양자 사이에 관련이 이루어져 있을 것.
5. 그룹 내에서 실행해 본다. 메시지의 테마에 대하여 멤버는 이미 알고 있다. 여기에서 어떤 피드백을 기대하는가? 두 가지를 잘 살펴보라.
   첫째는 1 : 1의 관계를 잘 이해하고 있는가?
   둘째는 이야기를 듣는 사람에게서 감정적인 내면 변화가 있는가?
   첫째는 형식적 측면이고 둘째가 진정한 메타포의 효과성을 보는 것이다. 정서적인 변화가 일어나야 메타포는 잘 완료되었음이 확인된다.
6. 서로 피드백을 나눈 다음 “더 잘하기 위하여 무엇을 더 하거나 수정하면 좋을까?”에 대하여 의견을 듣는다.

⋙ 사례

• 주고자 하는 메시지

연습은 당사자 의식으로 하는 것이 중요하다. 방관자 의식으로는 몸에 익히기 어렵다. 이론적 이해보다 실행이 중요하다.

〈표 9-3〉 공간의 구조

의미론적 공간	메타포 공간
교실	응급실
실행 중심 트레이너	의사 A
이론 중심 트레이너	의사 B
수강생	부상자
연습	의료 조치

• 이야기

응급실에 큰 사고를 당한 부상자가 실려 왔다. 의사가 살펴보니 상처에서 많은 피가 흘러나왔다. 부상자는 출혈로 의식이 몽롱하여 있고 호흡도 희미하였다. 응급실에는 두 사람의 의사가 있었다. 한 의사(A)는 우선 피를 멈추게 하면서 모니터를 통해 바이탈을 지켜보았다. 다른 한 의사(B)는 기본적으로 X레이를 찍어보고 혈액검사를 한 후에 그 결과를 보고 치료 방침을 정하려고 하였다. 응급실 의사라면 어떤 대응이 필요한가? 부상자를 방관자 의식으로 본다면 제대로 된 응급조치를 할 수 있을까? 부상자는 생명을 구할 수 있을 것인가? 어떤 의사가 더 생명을 구할 가능성이 높은가?

여러분들은 어렸을 때, 이야기를 듣고 이해할 수 있게 되었을 무렵부터 수많은 이야기를 들어왔을 것이다. 지금까지 들은 이야기에는 단순히 스토리 전달만이 아니라, '메시지를 전한다'는 의도가 있었다. 이번의 경험은 어떠했는가? 프로세스화 합치된 구조로 메타포를 만들 수 있었는가?

코치로서의 나의 일, 코치가 되려는 당신의 일은 스스로가 살아있는 메타포가 되는 것이다. 스스로 일관성을 가지고 NLP도구를 자유롭게 사용하는 상태가 되는 것이다. 처음에는 아무래도 모방이라는 형태로 코칭을 진행하지만, 차츰 자기의 리듬으로 전개하기 시작하여 결국에는 자기의 스타일을 확립하게 된다.

인용을 사용하여 일시적으로 다른 사람이 되어 두 개의 장소를 오가는 능력을 확보하는 것은 매우 중요하다. 이것은 물론 지각위상 활용이자 공간자극심기이다. 코칭에서나 트레이닝에서 사용할 수 있는 중요한 기법이다.

질문하고 관찰식별하는 것은 코칭, 트레이닝(커뮤니케이션)에서 중요한 포인트이다. 고객이 자기개방을 통하여 자기 이야기를 말할 수 있도록 하기까지는…. 물론 그 후에도 중요하기는 마찬가지이다.

어떤 그룹에서 같은 스토리 텔러가 3가지 이야기를 전개하였다. 같은 일관된 메시지였는데 의미공간은 달랐다. 그러자 어떤 스토리에서 일부 멤버가 반응하였고 다른 스토리에서는 또 다른 멤버가 반응하였다. 세 번째 스토리에서는 또 다른 멤버가 반응하였다. 이처럼 하나의 그룹에서 서로 다른 반응을 이끌어내는 것은 매우 중요한 기술이다.

매일 밤, 5분만 시간을 내어 하나의 테마와 일깨우려는 교훈, 전하고자 하는 메시지를 무엇이든 좋으니 선정하여 내회 다른 의미 공간을 상징하고 이야기를 전개해 보자. 이것을 2주간만 지속하면 무엇인가 질문을 받아 응답해야 할 때마다 새로운 메타포가 저절로 입에서 튀어나오게 될 것이다.

⟫ 메타포 구축 연습 6: 살아있는 비유

1. 3인 1조가 된다. A는 코치, B는 고객, C는 관찰자이다.
2. B는 하나의 문제 상황을 제시한다.
3. 코치는 이에 대하여 자연형 메타포를 구사한다.
4. C는 코치가 고객의 의도를 명확히 파악했는지 체크한다. 고객의 내면의 의도를 제대로 찾지 못하고 코치가 나름대로 찾아낸 의도를 고객에게 그대로 적용하는 것은 코치로서 치명적인 실수이다. 일종의 확신편향Hindsight bias, 확증편향Confirmation Bias 또는 과잉확신overconfidence에 빠져 그쪽으로 유도질문을 하기도 하여 코치 스스로 유연성을 발휘하지 못하고 그것에 묶여버리게 된다. 그 결과로 고객이 못 따라오거나 납득을 못하면 공연히 고객을 탓하거나 모자란 사람으로 보기도 한다.

5. 피드백 루프 실행

메타포 구축 연습 7: 문제의 구조화

1. 각자 한 가지 현실적 문제를 구조화한다.
2. 그것을 해결하고 대응할 수 있는 메타포를 동형구조Isomorphic로 구상한다.
3. 다음 예시와 같은 구조를 설정해도 좋다(등장인물 4인).
4. 실행한 후 피드백

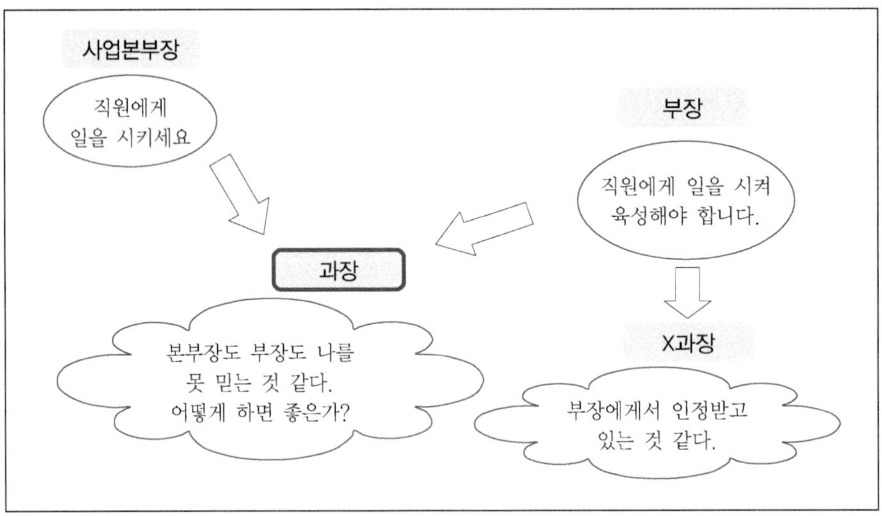

[그림 9-3] 문제의 구조화 예시

〈표 9-4〉 현실공간과 의미공간

현실공간	의미공간 1	의미공간 2	의미공간 3
과장	(숲속 대장간의) 대장장이	운동 코치	정원사
사업본부장	숲의 최고 정령	단장	주인
부장	마을 촌장	감독	집사
X과장	다른 장인	X코치	다른 일 담당
직원	대장간 직원	선수	잡부

메타포를 이야기할 때 듣는 사람도 실감 있게 이미지 되어야 한다. 말하는 사람이 구체적 이미지를 못하면 듣는 사람도 그만큼 감흥이 떨어질 수밖에 없다. 마치 무성영화의 변사나 구연동화를 실행할 때와 같이 코치 본인이 우선 몰두되어 있어야 한다. 그렇지 않으면 고객의 무의식에 자연스럽고 우아하게 스며들지 못하게 된다. 잘 된 메타포는 듣는 것만으로도 고객은 스스로 바람직한 통찰이나 결의를 일으켜 행동으로 옮기게 된다.

메타포 뿐만 아니라 어떤 기법, 어떤 일이든지 최고 수준을 실현하기에는 어려움이 따른다. 말하자면 각고의 노력이 요구된다. 하나의 나무의 성장에 비유하자면 다음과 같다.

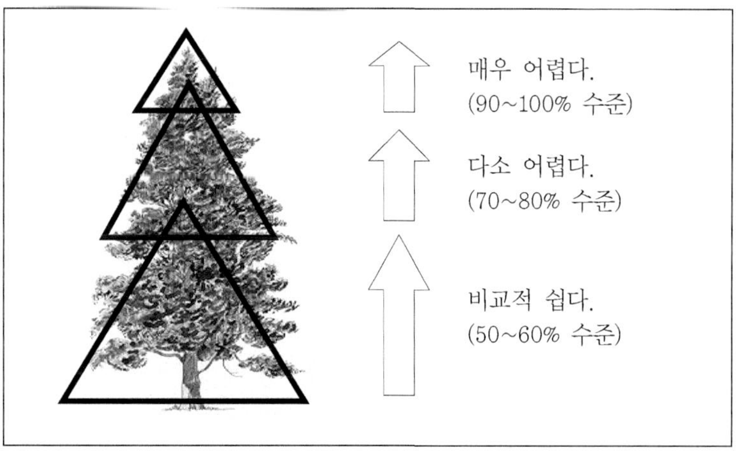

[그림 9-4] 완성의 난이도

연습할 때는 큰 차이를 느끼지 못할 수도 있지만 마치 풀을 베듯이 반복하여 낫질을 하며 나아가다가 허리를 펴고 뒤돌아보면 많은 풀더미(성과물)가 보일 것이다. 배움의 과정과 성장의 기쁨을 누리게 될 것이다.

달리 말하자면 모래시계와 같다. 모래는 좁은 깔대기를 통하여 한 알씩 떨어지지만 시간이 누적되면 어느새 다 떨어져 다시 뒤집어 놓아야 한다. 과거와 미래라는 시간 개념 또한 현재의 페이스 속에 있음을 알아야 한다. 현재를 제외하고는 과거도 미래도 없다. 현실에서는 하나씩밖에 처리할 수 없다. 업무든, 연습이든… 과거 상처의 치유이든 미래 아웃컴에 대한 미래선행체험Future Pace이든 현재에서 따로 떨어져 있는 것이 아니다. 왜냐하면 우리의 몸은, 존재는 현재에서밖에, 현재로밖에 인식할 수 없기 때문이다.

NLP 기법들을 잘 알고 있다고 맹신하지 말고 기본으로 돌아가 세세한 부분까지 다시 한 번 의식화하여 연습할 필요가 있다. 그것이야말로 프로 또는 엑스퍼트의 진정한 자세이다. 엑스퍼트의 수준에 이르면 다음과 같은 역량이 확보된다.

1. 행동적 능력 확보: 실제로 현장에서 자유롭게 발휘하는 능력
2. 일반화 탈피: 구체적 상황과 기본에 충실한 자세 확립
3. 처리 능력: 동시에 병행하여 복수의 기법(프로세스)을 실현하는 능력(7± 2)

한 사람이 기본적으로 7가지의 일을 동시에 처리할 수 있다면 그는 가히 천재라고 할 수 있다. 최대치인 9까지라면 더욱 그런 평가를 받기에 족할 것이다.

그런데 인간은 콘텐츠에 의식이 이끌리기 쉽기 때문에 처리능력의 한계를 느끼게 된다. 왜냐하면 어느 연구 결과에 따르면 두뇌는 128bit/sec 정도의 정보처리 능력을 가지고 있다고 한다. 더욱이 이야기할 때는 40bit/sec 정도의 능력밖에 발휘할 수 없다고 한다. 그렇지만 기본 프로세스에 주의를 기울여 익혀두면 그 속에서는 수많은 콘텐츠를 다룰 수 있다. 그러니까 개별 콘텐츠보다 프로세스에 집중하는 자세가 더 바람직하다.

메타포는 코치로서 코칭 상황에 대비하여 다양한 레퍼토리를 확보해 두는 것이 바람직하지만, 코치 자신을 위한 것도 준비해두고 늘 되새겨보면 좋다. 메타포가 갖는 속성 자체로 고객에게 나타나는 선물로서의 우아한 변화와 통찰이 코치 자신에게도 마찬가지로 나타나기 때문이다.

여기서 덧붙이고 싶은 것은 코치가 고객과 대등한 레벨에 있어야 한다는 것이다. 많은 코치들이 무심코 저지르기 쉬운 실수인데 결코 한 수 위에 있다는 자만

심이나 보다 상위 레벨에 있다고 자처하든지, 상대적 상위 레벨에 서려는 자세는 절대 버려야 한다. 더욱이 가르치려는 자세는 곤란하다. 코치가 고객의 상위에 있는 관계를 설정하는 순간 혹시 발생하는 문제의 책임은 코치가 부담해야 한다. 아이에게 문제가 생기면 부모가 책임져야 하는 것과 같다. 그러므로 항상 코치는 고객의 내면세계의 지도와 같은 레벨에서 대등한 입장에서 이끌어야 한다.

때로는 코치가 고객의 수호천사와 같은 위상을 느낄 때도 있을 것이다. 일반 코칭보다는 심리치료라든가 종교적 접근에서 나타날 수 있는 현상이다. 그래서 고객을 지켜주려는 욕구가 나타날 수 있다. 인간적으로 도와주려는 생각까지도…. 이것은 명백히 상하관계 의식이다. 과연 그대로 좋을 것인가는 깊이 성찰해 보아야 한다. 코치는 영적 지도자나 종교적 배경의 존재 또는 사회사업가가 아니다.

코치가 스스로 갖는 자아상으로는 마라톤의 페이스 메이커(고객의 리듬에 맞춰 이끌어 줌), 컴퍼스Compass(적절한 범위 설정), 나침판(어디에서든 현재 위치와 나아가야할 방향을 제시), 등대(고객의 아웃컴을 환기시켜 줌) 등 여러 가지로 표현, 상징될 수 있는데 자기에게 적절한 이미지를 메타포로서 일관되게 간직해 두는 것이 바람직하다.

2. BATNA 협상 기법

BATNABatter Alternative to Negotiated Agreement(협상합의를 위한 최적대안)기법은 존 그린더가 NLP마스터 코스에서 가르치고 있는데 메커니즘 면에서는 매우 간단하다. 그러나 심플하지만 실행이 쉽지는 않다. 설명하기는 쉽지만 실행하기에는 어렵다. 어쩌면 머리로는 이해해도 실행하기에는 어렵다고 할까?

이것을 미국의 카터대통령이 이스라엘과 이집트의 지도자를 불러 캠프데이비드 별장에서 교착상태에 빠진 중동평화회담을 성공적으로 매듭지은 기법으로 널리 알려지게 되었다. 특히 하버드대학에서 이것을 협상기법으로 가르치기 시작하면서 유명세를 타게 되었다. 그렇지만 그 진행에는 조정자 또는 코치로서 축적된 역량이 풍부하게 발휘되어야 하기 때문에 오히려 그다지 사용되지 못하고 있는 것 같기도 하다. 의도/결과 개념과 개입이라는 요소도 들어가 있다.

유념해야 할 것은 코치 또는 조정자가 원하는 아웃컴으로 유도하는 것은 그것이 아무리 최선으로 보여도 바람직하지 않다. 그렇게 되면 의도적인 조작이 되어 버린다. 그러므로 쌍방의 아웃컴과 긍정적 의도를 확인하여 서로 일치시키는 과정이 진정성을 가지고 이루어져야 한다. 성실성에 바탕을 둔 영향력을 미쳐 서로 고차원의 메타 아웃컴(긍정적 의도)을 이끌어 내어야 한다. 이것이 NLP의 윤리관으로 매우 중요하다(이러한 자세는 물론 BATNA기법 적용에만 국한된 것은 아니다).

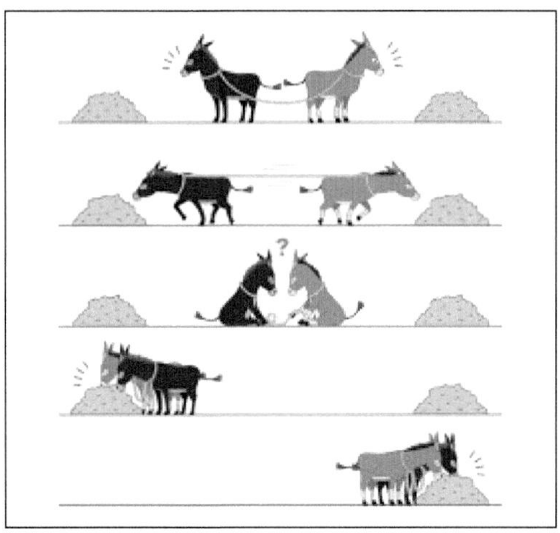

[그림 9-5] WIN-WIN하는 당나귀

두 마리의 당나귀가 서로 묶여 있고 각각 다른 방향에 있는 먹이를 보고 있다. 서로가 자기 것을 먹겠다고 하면 상황은 어렵게 된다. 결국 현실에서는 서로 힘자랑을 하다가 서로 기운이 떨어진 다음에 그래도 힘이 센 당나귀가 이길 것이다. 그러나 현명하여 상호 존중, 상생의 자세가 있다면 얼마든지 공정하게 서로의 아웃컴을 실현할 수 있을 것이다.

여기서 다시 한 번 긍정적 의도의 우산을 펼쳐 보자. 예를 들어 휴식을 원한다면, 휴식이 메타 아웃컴이라면….

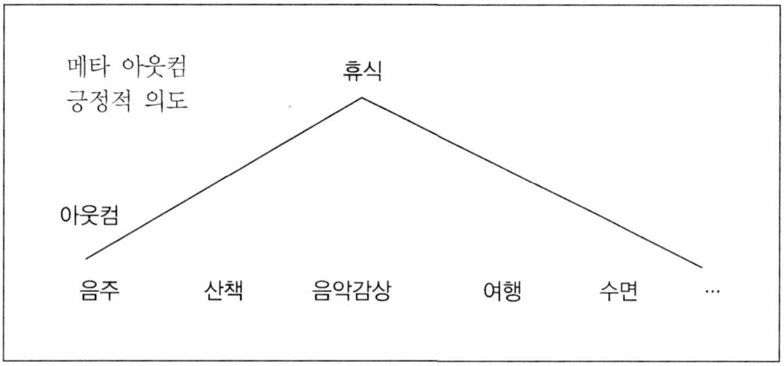

[그림 9-6] 긍정적 의도의 우산

기본적인 구조는 이런 것이다. 그 방법(아웃컴)이 무엇이든 궁극적으로 휴식(메타 아웃컴= 긍정적 의도)을 취하면 만족인 것이다. 저차원의 아웃컴에 얽매이거나 고집하지 않고 고차원의 아웃컴(메타 아웃컴= 긍정적 의도)을 찾아내 일치 또는 합의하면 상황은 호전되기 마련이다. 단지 처음부터 상호 이해와 존중, 일관된 성실성과 진정성이 수반되어야 한다. 속으로는 다른 계산이나 의도를 가지고 있으면서 겉으로만 그럴듯하게 접근해서는 당연히 일은 결국 파국에 이르게 된다. 아니면 힘의 우위에 있는 편이 강압적인 조치를 취하는 결과가 될 뿐이다.

특히 비즈니스 현장에서 대부분의 갈등이나 의견 대립은 들여다보면 결국 고차원의 같은 의도를 가지고 있음이 임상적으로 밝혀지고 있다. 따라서 문제, 갈등이 있는 상황에서는 어떤 의미공간을 선택해도 마찬가지이고 갈등이 심해보여도 둘 사이에 존재하는 것은 같은 것을 공유하고 있음을 발견할 수 있다. 그렇더라도 끝내 대립되는 사태도 생긴다. 이때 양쪽 모두를 만족시키는 것은 도저히 불가능하다. 이러한 교착 상태를 어떻게 하면 타개할 수 있을까? 입장과 의견이 달라 충돌이 불가피할 때, 우수한 협상가는 반사적으로 다른 탐색을 한다. 즉, 각각의 요구의 배후에 있는 긍정적 의도가 무엇인지를 찾아내는 것이다.

이러한 접근법을 BATNA기법이라고 한다. 열쇠는 서로의 고차원의 긍정적 의도를 찾아내는 것이다. 인지론적으로는 이해하면서도 실제로 서로의 세계가 바뀌지 않으면 이 기법을 적용해 볼 가치가 있다.

정치가들은 2가지 판 사이에 끼어있는 듯이 보인다. 하나는 지적으로 해결하지 않으면 안 된다. '국민 여론이 그 정치가의 행동을 어떻게 보는가?'라는 문제이다. 매스컴에서 관련 보도를 하고 있지만, '얼마나 국익에 도움이 되는가?'라는 기준을 적용하고 있다.

또 하나, 국민에 대해서는 문제 해결보다는 본인 이미지 쪽을 더 중시한다. 해법은 간단하다. 정치에 종사하는 사람이 잘못된 국민감정을 고려하지 않고 이성적으로만 판단한다면 2시간 안에 해결될 수 있다. 독도 문제, 야스쿠니 신사참배 문제, 센가쿠 열도 분쟁 등 모든 국제 분쟁이 그렇지 않은가? 여기서 정치가와 정치꾼이 갈리게 된다.

이스라엘과 팔레스타인은 40년 전쟁을 하고 있다. 팔레스타인은, "이스라엘이 우리 영토를 빼앗았다."고 하는 반면에 이스라엘은, "우리는 약속의 땅을 도로 찾은 것일 뿐이다."라고 주장하고 있다. 즉, 두 나라는 하나의 땅을 서로 자기 소유라고 주장하는 셈이다. 따라서 서로 이러는 한 원만한 해결은 어렵다.

그러나 사실 해결책은 명료하다. 그것은 구체적으로 양측의 주장의 배후에 있는 의도를 찾아 그것에 대한 실현의 방식을 바꾸는 것이다. 만일 중재역을 맡았다면, 팔레스타인에 대해서는 다음과 같이 말한다.

"만일 이 지역이 국토로 편입된다면 무엇을 얻을 수 있는가?"

팔레스타인으로서는 "국가로서의 통일성과 영토 회복입니다. 역사적으로 보아도…"

이스라엘에 대해서는 "현재의 영역을 유지하려는 의도는 무엇입니까?"

이스라엘은 "역사적으로 팔레스타인이 우리가 없을 때 이 지역을 무력으로 점령하였다. 따라서 우리로서는 되찾은 것이다. 그래서 점유하고 있는 것이다."

서로가 이와 같이 주장한다면 해법은 명확하지 않은가? 중재역은 다음과 같이 제안하면 좋을 것이다.

"이스라엘은 자발적으로 이 지역을 팔레스타인에 반환한다. 그러나 1가지 조건이 있다. 지배권은 원칙적으로 팔레스타인에 있지만, 이스라엘에 대하여 일체의 군사적 행동을 하지 않는다. 물론 이스라엘이 우려하여 주장하는 시민 보호는 철저히 이루어져야 한다. 영토는 팔레스타인에 반환하지만, 이스라엘 국민은 지금의 거주지에서 살도록 하고 국경 10킬로미터 이내에는 군대를 움직이지 않기로 확약한다. 국제연합이 국경에서 비무장이 지켜지는지 감시한다."

그러나 조정자가 누구였는지, 서투른 개입으로 지금까지 수많은 사람들이 죽어가고 있다.

중재자는 다툼의 당사자에게 각각 래퍼를 형성하고 진정한 아웃컴을 명확히 찾아내어 구체화 하여 정리한다. 서로 상대방에게 하는 말의 핵심을 요약한다. 이때 그들 자신의 언어를 그대로 사용하는 것(밀및추기와 같은)이 중요하다.

"이것이 이루어지면 그것을 통해 무엇을 얻을 수 있습니까?"라는 질문을 거듭하여 숨겨진 의도를 명확히 한다. 그리고 양자의 핵심 주장을 꺼내어 의도를 명확히 선언하도록 한다. 그것을 구체적으로 파악하여 메타포를 만들어내는 것도 하나의 방법이다. 그러면 해결의 선택범위가 넓어진다. 이때 주의할 점은 숨겨진 의도를 찾을 때는 다른 사람이 없는 곳에서 진행하는 것이 보다 순조롭게 된다. 다른 누군가가 보고 있다고 여겨지면 인간은 속내를 드러내지 않고 체면과 포즈만 취하려는 속성이 짙게 나타나기 때문이다.

>>> BATNA 기법 프로세스

1. A(조정자)는 B, C의 서로 일치하지 않는 의견과 입장 확인.
2. A는 먼저 B의 고차원의 아웃컴을 확인(질문을 반복할 필요가 있을 수 있다).

B로부터 저차원의 의견 폐기 다짐을 받는다.

3. 다음에 A는 C의 고차원의 아웃컴을 이끌어낸다(질문을 반복할 필요가 있을 수 있다). C에게서 저차원의 의견 폐기 다짐을 받는다.
4. A는 B로부터 저차원의 아웃컴에서 고차원의 아웃컴을 찾아내고, C로부터 저차원의 아웃컴에서 고차원의 아웃컴을 찾아내어 2가지 아웃컴의 공통점을 맞추어 양측의 아웃컴을 동시에 만족하는 선택지 제안.
5. A는 그 제안을 B, C가 어떻게 생각하고 받아들이는지 확인.
6. 축배

(보다 상세한 프로세스 설명은『NLP 성취심리학(심교준)』참고)

진행 사례

- 조정자: 코치
- 수련의, 과장

조정자: 와 주셔서 감사합니다. 뭔가 문제가 있다면 설명해 주세요.

수련의: 최근 과장님께 주의를 받았는데 도저히 납득이 안 됩니다. 서로 피하는 상황입니다.

과장: 다루기 거북한 환자가 오면 진료를 소홀히 하는 것 같아서….

조정자: 구체적으로 어떤 환자인가요?

수련의: 과장님은 그렇게 말씀하시지만 다루기 거북하다고 진료를 소홀히 할 수는 없지요. 저는 나름대로 최선을 다하고 있습니다.

과장: 저는 수련의가 성장하기를 바라고 있을 뿐입니다.

조정자: 주의를 준다, 주의 받는 것 같아서 싫다는 상황이군요. 이것은 다소 문제군요. 그 밖에 다른 무엇이 있는가요?

수련의, 과장: 없습니다.

조정자: 주의를 주는 이유는 무엇인가요?

과장: 거북한 환자라도 제대로 진료하는 자세를 확립하도록 하고 싶습니다. 수련의를 싫어하거나 미워하는 것이 아닙니다.

조정자: 이처럼 두 분이 함께 이 자리에 오셨다는 것 자체는 서로 좋은 사이이기를 바라기 때문이 아닌가요? 만일 서로를 진정으로 피하려고 한다면 이렇게 같이 오지 않았겠지요.

과장: 그렇습니다.

조정자: 그럼, 몇 가지 질문하겠습니다. 수련의는 과장님에게 주의를 듣고 있군요. 그것이 불편한 거군요. 그런 부정적 감정을 통해서 무엇을 얻고 있는가요? 그런 생각의 배후에 있는 긍정적인 의도가 있다면 무엇인지요?

수련의: 불편해 하는 감정에 감춰진 의도 말입니까?

조정자: 그렇습니다. 사람은 누구나 어떤 행동이든 긍정적 의도가 있기 마련이지요.

수련의: 직장에서 인정받고 만족스럽게 일하고 싶습니다.

조정자: 직장에서 인정받음으로서 무엇을 얻을 수 있나요?

수련의: 일에 충실하게 임할 수 있지요.

조정자: 일에 충실히 임할 수 있다면, 움직이기 만족스러운 환경이 된다면 다른 사람에게서 피드백을 받아도 불편하지 않게 되나요?

수련의: 그렇습니다.

조정자: 그러면 과장님에게 질문합니다. 수련의에게 이런 저런 피드백을 해왔는데 무엇을 얻으려는 것이었나요? 고차원의 의도가 있을 터인데요….

과장: 거북하더라도 회피하지 않는 의사가 되기를 바랍니다.

조정자: 어떤 상황에서든 회피하지 않는 자세를 통해서 무엇을 얻게 할 수 있나요?

과장: 무엇이든 긍정적으로 도전하는 수련의가 되었으면 합니다.

조정자: 수련의가 긍정적인 자세를 갖는다면 수련의에게 이런 저런 얘기는 하지 않을 수 있다는 것인가요? 수련의가 회피하지 않고 적극적으로 일에 임한다면 일일이 피드백은 하지 않게 되는 건가요?

과장: 물론 그렇지요.

조정자: 자, 그럼 서로의 진의를 이해했습니다. 수련의는 앞으로 일에 긍정적으로 임하는 자세를 보이고 동시에 과장님은 그런 자세를 인정하고 잔소리는 하지 않기로 하지요.

수련의, 과장: 그렇게 하겠습니다(웃음).

>>> 연습

1. 4인 1조가 된다. 코치, 당사자 1, 당사자 2, 메타 코치. 메타 코치는 전체 진행을 조망하면서 코치를 평가하고 피드백한다. 1건당 30분.
2. 당사자 1, 당사자 2는 투입할 문제 상황을 협의한다.
3. 조정자, 코치는 필요한 NLP기법을 구사하며 프로세스에 준하여 진행한다. 절대 유도하거나 강요하지 말아야 한다. 서로에게서 성실함과 진정성을 이끌어내도록 한다.
4. 가급적이면 서로 일치, 합의에 이르도록 한다.
5. 피드백

피드백

- 문제를 표면적으로만 파악하는 것이 아니라 긍정적 의도= 고차원의 아웃컴(메타 아웃컴)을 확인하는 것이 중요함을 체험하였다. 의도만 명확하게 파악하면 결과는 당연히 따라오게 됨을 느꼈다.
- 고차원의 의도를 찾아내긴 했는데 서로를 만족시키는 제안을 제시하는 것이 좀

어려웠다.

• 모든 공식은 연역법이라고 할 수 있다. 이런 공식에 근거하여 상황을 대입하여 스스로 시행착오를 겪을 때 귀납법적인 경험을 축적하게 되고 그것을 바탕으로 자기만의 독창성을 발휘하여 공식을 자연스럽게 이해할 수 있게 된다.

• 고차원의 아웃컴을 찾는다는 것은 곧 상위적량화해 가는 것인데 그것을 찾으면 사소한 문제는 사라지게 되는 것을 알았다. 자기 자신의 내면의 문제도 해결 가능하다고 본다. 의도를 정확히 찾지 못하면 진정한 합의는 이룰 수 없다.

• 어떤 갈망을 상위적량화하여 긍정적 의도를 찾아보았더니 물을 마시고 싶다-> 정신적 갈증을 해소하고 싶다 → 평안한 일상을 살고 싶다 → 자연과 일치된 삶에 대한 욕구로 승화됨을 알았다. 이렇게 고차원으로 상위적량화해 가다보면 행복, 우주, 신으로까지 올라갈 수 있는데 비즈니스 상황에서는 거기까지 가면 곤란하다.

• 이 기법을 그룹, 집단에 적용할 수도 있다. 그때 유념할 것은 크리티컬 매스Critical Mass(임계질량臨界質量 = 의사결정을 좌지우지하는 존재, 요소)가 누구인지 파악하는 것이다. 때로는 회의, 미팅, 협상에서 아무 말도 안하면서도 파워를 발휘하며 그 집단, 조직을 지배하는 사람도 있다. 이와 같이 집단을 퍼실리테이트할 때는 분위기를 잘 관찰식별하여 크리티컬 매스적인 인물이 누구인지를 빨리 파악하여 관계성을 확보하는 것이 관건이다.

관청 같은 데에서는 미팅이나 회의를 할 때, 국장, 과장, 주임이 함께 나오는 경우가 많은데 당연히 상위자인 국장에게 초점을 맞추기 쉬우나 실제의 실무 권한은 과장이나 주임에게 있는 경우가 많다. 그때 이를 캐치하지 못하고 국장에게만 접근하면 나중에 일은 실무 검토에서 기각되기 쉽다. 공산주의 사회에서는 표면에 나서는 사람보다 뒤에 앉아 있는 당원이 막후에서 영향을 미치는 일이 많다. 다수인의 그룹이나 집단을 대상으로 진행할 때 중요한 것은 그들에게 미치는 영향력이다. 타고난 EQ지수가 높은 사람들이 유리하기는 하지만 핵심은 관계성 형성 능력이다. 그런데 이것이 잘 이루어지려면 내면안정, 관찰식별력, 유연성, 그리고 일관성이 수반되어야 한다. 이 중에서 가장 기본은 V, A, K를 통한 관찰식별력이다.

• 인간의 내면의 구조는 모두 같다. 두뇌의 기능은 모두 같기 때문이다. 84만 가지의 내면세계가 있다고 한다. 그것은 누구나 마찬가지이다. 조정자, 코치는 동시에 2사람을 상대한다고는 하지만 순간순간은 결국 1 : 1 대면 코칭이 된다. 그 자리에

서 하나의 대처는 다른 쪽에 어떤 식으로든 영향을 미치게 마련이다. 예를 들어 코치가 A의 의도를 확인하면 그것을 옆에서 듣는 B도 그 부분을 생각하게 된다. 그래서 특별한 악의가 없다면 보조를 맞추는 방향으로 나가기 쉽다. 그러면 코치에게서 효과적인 조정 제안이 없더라도 서로 합의에 이르기 쉽다.

- 자기 스스로도 자기의 긍정적 의도를 깨닫게 되자 내면의 여유, 행동의 유연성이 높아졌다. 2~3시간 걸려 고민하던 것이 5분 만에 해결되었다.
- 조정 제안을 할 때 포인트는 말(개념어)을 통하여 이끄는 것이다. 말은 그에 합당한 상태를 만들어낸다. 서로를 묶을 수 있는 말을 발견하는 것이다. 물론 각자의 두뇌(개념)와 각자의 현지(체험)는 다르긴 해도 예를 들어 코치가 행복이라고 말하면 각자는 저 마다의 행복감의 내용은 다르더라도 어쨌든 행복감을 느끼게 된다. 이것은 모호화진술모형을 잘 이해했다면 수긍할 것이다.
- 어떤 것을 잘 할 수 없다고 여기는 것의 긍정적 의도는 '~한 조건이라면 할 수 있다' '다른 방법이라면 가능하다'는 전제가 숨어 있다. 유연성을 발휘하라. 진행이 막힐 때에는 지각 포지션을 바꾸어보는 것도 좋은 방법이다.
- 인간의 내면세계는 같기 때문에 롤플레이를 할 때, 그 사람이 정말로 이야기할 가능성이 있는 것을 말하게 된다. 그 사람의 입장이 되어 역할에 몰두하면 할수록 더욱 그렇게 된다. 이런 점이 롤플레이의 재미있는 점이다.
- 우리 사회의 여러 가지 분야에서 분쟁조정위원회 같은 것이 있다. 법률, 노경, 인권…. 그런데 그 분들이 이런 효과적인 BATNA기법을 잘 모르고 있는 것 같아 안타깝다. 그런 분들이 BATNA를 배우면 훨씬 효과적인 결과를 얻을 수 있을 것이다.

Chapter

10 코치 역량 점검과 연습

1. NLP패턴 리스트

다음에 제시하는 리스트는 NLP프랙티셔너라면 최소한 익혀두어야 할 내용들이다. 간단히 말하자면, NLP프랙티셔너라면 여기 있는 패턴들은 모두 "할 수 있다."는 수준이 되어야 한다. NLP프랙티셔너 수준에서는 이 패턴들을 좌뇌에서 충분히 이해하고 있는지 어떤지는 문제가 되지 않는다. 그러나 NLP트레이너로서 이 패턴들을 가르칠 수 있는 자격을 인정받으려면 여기 있는 최소한의 패턴들은 철저히 이해하고 실행할 수 있어야 한다. NLP프로코치, 트레이너가 되려면 위한 필요조건으로서 행동 차원에서 이 모든 기법들을 무의식적으로 할 수 있는 수준이 되어야 한다. 항상 이 리스트를 명심하여 NLP활용 시마다 수시로 체크해 보자.

엑설런트 코치로서 핵심 사항은 다음과 같다.

1. 표상체계- 내적 대화 시의 표상체계/ 지각위상
2. 상태 변경- 주목/ 식별완료
3. 의도, 결과
4. 버벌 패키지 사용

코칭 단계는 대체적으로 다음과 같다.

- 코치 내면상태 안정
- 관계성 구축/계약관계 확인
- 정보 이끌어내기(문제 상태)
- 관계 범위설정
- 목표 찾기(명확화)
- 행동계획
- 결심(실행에 대한 커미트먼트)
- 폴로우 업(후속조치)

이상이 일반적인 코칭 프로세스라고 한다면, 모든 코칭이 이러한 단계와 순서로 진행되어야 하는 것을 의미하는 것은 아니다. 이것은 코칭 프로세스 가운데 중요한 핵심 요소를 정리한 것일 뿐이다. 그냥 지나가는 것도 있고 뛰어넘어 가는 것도 있다. 다른 것에서 시작하는 경우 또한 있다. 고객에게 대응하고 이끌기 나름이다. 그러나 이것은 하나의 기준 흐름은 되는 셈이다. 그리고 하나의 가이드 라인으로서의 의미는 있다.

다음은 NLP코치가 사용하는 체크리스트이다. 세션을 마칠 때마다 실행한 기법에 대하여 간단한 체크와 메모를 해 둔다. "다음 세션엔 어떻게 진행할까?"를 생각할 때, 참고한다. 앞으로 프로 코치가 되면 찾아오는 수많은 고객을 맞이하기 위하여 사후에 매번 간단하게라도 기법활용에 관한 메모를 남겨둘 필요가 있을 것이다. 기록용의 서식(코칭 로그)을 만들어두면 더 좋다.

1) NLP코치의 활용 기법 리스트

1. 코치의 상태State of Coach(호흡, 자세, 말투 등, State management: SCRF)
2. 고객의 상태State of Coachee(호흡, 표정, 자세, 말투 등)
3. 관찰식별Calibration(호흡, 표정, 자세, 말투 등)

4. 표상체계Representational Systems(V, A, K)
5. 관계성 형성Rapport(Pacing, Mirroring, Backtracking, Leading 등)
6. 유연성Flexibility(Chunking, As if 등)
7. 코치의 수미일관성(동시적, 연속적)
8. 코치의 고객 수미일관성 점검Congruity of the Coachee Check
9. 버벌 패키지Verbal package(명사, 동사 한정, Framing, Paraphrasing 등)
10. 짐짓 도발 질문Pally Provocative Model
11. 구체화질문모형Meta Model
12. 의도/결과Intention/Consequence
13. 개입Interventions(패턴 중단, 3분규칙 같은 상태 지속 시 변화 유도 등)
14. 3중기술Triple Description(1st/2nd/3rd Positions)
15. 신호체계Signals Systems(인위적, 자발적Arranged, Spontaneous)
16. 활용Utilization(상대방이 나타내는 신호나 주변 상황을 바로 활용 등)
17. 비유Motaphor(동일구조(이체동형), 자연형(살아있는 비유Living Metaphor) 등)
18. 인용Quotation
19. 과제 부과Tasking
20. 주변시야Peripheral Visual Field(내적 대화 제거)
21. 내적 대화Intra-personal Dialogue, Self-talk
22. 뉴코드 게임New Code Game
23. 자극심기Anchoring
24. 근본사고방식Meta Program
25. 몰두/관망Associate/Dissociate

2) NLP코치의 활용 기법 점검표

1. 코치의 상태 State of Coach(호흡, 자세, 말투 등, State management, SCRF)
2. 코치이의 상태 State of Coachee(호흡, 표정, 자세, 말투 등)
3. 관찰식별 Calibraion(호흡, 표정, 자세, 말투, EACs 등)
4. 표상체계 Representational Systems(V, A, K)
5. 관계성 형성 Rapport(Pacing, Mirroring, Backtrackinh, Leading 등)
6. 유연성 Flexibility(Reframing, Chunking, As if, Time Line 등)
7. 코치의 수미일관성(동시적, 연속적)
8. 코치의 코치이 수미일관성 점검 Congruity of the Coachee Check
9. 명확화 모형 Verbal package(Framing, Paraphrasing 등)
10. 어리숙한 도발질문 Pally Provocative Model
11. 구체화 질문 Meta Model
12. 의도/결과 Intention/Consequence
13. 개입 Interventions(패턴 중단, 3분규칙 같은 상태 지속 시 변화 유도 등)
14. 3중 기술 Triple Description(1st/2nd/3rd Positions)
15. 신호체계(인위적, 자발적) Signals Systems(Arranged, Spontaneous)
16. 활용 Utilization(상대방이 나타내는 신호나 주변 상황을 바로 활용 등)
17. 비유(동일구조(이체동형), 자연형(살아있는 비유 Living Metaphor) 등)
18. 인용 Quotation
19. 과제 부과 Tasking
20. 주변시야 Peripheral Visual Field(내적대화 제거)
21. 내적대화 Intra-personal Dialogue, Self-talk
22. New Code Game
23. 자극심기 Anchoring
24. 근본 사고방식 Meta Program
25. 몰두/관망 Associate/Dissociate

2. 코치의 자세와 코칭 역량 종합 연습

코칭에 임하는 코치는 태산과 같이 안정된 내면과 호랑이나 뱀의 눈 같이 날카로운 관찰식별로 고객의 신호를 파악하고 봄바람 같이 부드럽게 관계성을 형성하면서 진행과 고객에 대한 대응으로는 물과 같이 유연성 있게 자유자재로 NLP개념이나 기법을 활용하여 이끌어간다면 최상이다.

그렇지만 아무리 NLP 기법을 고루 잘 익혔다고 해도 모두 탁월하게 활용하기는 어려울 수 있다. 머릿속에 있는 것과 현장에서 행동으로 나타나는 것은 다른 차원이기 때문이다. 그러므로 본인의 역량 내에서는 자신을 최대한 믿어야 한다. 즉, 자신감을 가져야 한다. 그리고 몇 가지 패턴이나 기법을 자기만의 주특기로 확보해 두어야 한다. 또 뛰어난 자원으로서 옆이나 뒤에 항상 가상의 멘터적인 존재 또는 퍼펙트 마스터 코치가 지켜보게 하고 막힐 때에는 적절한 아이디어로 문을 열어줄 수 있도록 부탁해 두자, 그렇게 무의식에게 당부해 두는 것이다. 이제 무의식과의 대화나 친교는 충분히 이룰 수 있을 것으로 믿는나.

≫ 태깅(Tagging, 코치 교대) 세션 연습

1. 4인 1조. 진행 코치가 2인, 메타 코치가 1인, 고객 1인으로 하여 실행한다. 역할은 돌아가면서 한다. 코치는 학습한 모든 기법을 적절히 구사하여 진행한다. 고객 1인당 30분 내외 진행.
2. 코치 2인은 서로 교대하며 진행한다. 막힐 때는 다른 코치에게 도움을 요청할 수 있다.
3. 메타 코치는 코치 2인의 역량을 체크하여 나중에 피드백한다. 때로는 진행 중인 코치 대신 코치로서 자연스럽게 원 포인트 개입할 수도 있다.
4. 전체 피드백한다.

피드백

- 메타 코치까지 더하여 여러 사람의 다양한 접근법을 배울 수 있어 좋았다. 시야가 넓어졌다. 제1, 2, 3포지션을 경험하면서 깨달은 것이 많았다.
- 혼자 코칭을 하다보면 자기 패턴이 굳어지는 경향이 있는데 다른 스타일로 전개되는 것을 보니 유연성이라는 관점에서 좋은 공부가 되었다. 특히 내가 막혔을 때 다른 코치가 대신 나서서 하는 것을 볼 때는 큰 참고가 되었다.
- 여러 관점에서의 피드백을 받을 수 있어 좋았다. 일종의 본받기도 할 수 있었다. 나의 세계지도가 확대되는 경험이었다.
- 고객이 말하기 어려워할 때 내면을 개방시키기 위하여 평소 사용하지 못했던 뉴코드 게임을 활용할 수 있어 좋았다. 마치고 났을 때 멍 하니 있을 때 어떻게 대응하면 좋은가?
- 뉴코드 게임을 마치고 무의식 상태가 되면 바로 무엇을 하기보다 잠시 1분 정도 그대로 두는 것이 좋다. 그 후에 안정되면 다른 것을 진행한다. 예를 들어 행동변화의 확인이나 미래선행체험을 시켜 보는 것도 좋은 방법이다. 뉴코드 게임만 하고 마치면 의미가 없다.
- 메타 코치가 되었을 때는 다른 때보다 많이 집중할 수 있었고 넓은 시야를 갖게 되었다. 관찰식별력도 더 향상된 기분이다. 제3포지션의 감각도 더 강하게 느낄 수 있었고 다른 메타 코치로부터의 피드백도 신선하였다.

퍼펙트 마스터 연습 1

1. 4인 1조가 된다. 코치, 고객, 메타 코치, 퍼펙트 마스터. 1인당 40분 소요(실습, 피드백, 휴식 포함).
2. 코치의 진행을 지켜보며 메타 코치는 적절히 기술적 차원에서 개입할 수 있다. 퍼펙트 마스터는 특히 제3포지션에서 참가자 각자의 상태 및 진행과정(프로세스에 유념) 전체를 조망하며 패턴 중단 등 전략적인 개입이나 지시를 할 수 있고 나중에 피드백을 한다.
3. 피드백

피드백

- 패턴 중단의 지시를 받게 되면 당황하게 되는데 이때 유연성 발휘가 필요하다. 패턴 중단 지시를 받아도 소극적이 되거나 위축되지 말고 세계지도 확장의 좋은 기회로 받아들이는 자세가 요구된다.

퍼펙트 마스터 연습 2

1. 관찰식별된 신호의 타당성 체크를 테마로 한다. 신호가 의도와 일치되는지를 체크한다. 3인 1조가 된다. 코치, 고객, 퍼펙트 마스터. 1인당 25분 소요(실습, 피드백, 휴식 포함).
2. 코치의 진행을 시켜보며 퍼펙트 마스터는 특히 제3포지션에서 참가자 각자의 상태 및 진행 과정(프로세스에 유념) 전체를 조망하며 패턴 중단 등 전략적인 개입이나 지시를 할 수 있고 나중에 피드백을 한다.
3. 피드백

사례

고객: 저의 문제는 간식을 과하게 먹는 겁니다.

코치: 과하게 먹는다는 것은 구체적으로 어떤 상태인가요?

고객: 체지방이 늘어나고 있어요.

코치: 체지방을 재고 있군요. 지금 어느 정도인가요?

PM: (코치에게) 지금 왼손을 미묘하게 움직이고 있는데 어떤 의도인가요?

코치: 세션 진행에 대한 방향이 섰다는 신호입니다.

고객: 지금 체지방률이 30% 대인데 20% 대로 하고 싶습니다.

코치: 20% 대라면 구체적으로 얼마인가요?

고객: (고개를 끄덕인다.)

PM: 고개를 끄덕이는 의도는?

고객: 체지방률 목표가 내면에서 설정되었다는 신호입니다.

코치: 자, 말씀해 주신다면?

고객: 20% 후반 대입니다.

코치: 바꾼다면 구체적으로 20% 대 후반의 어느 수준으로 하고 싶은가요?(손을 앞으로 내민다.)

PM: (코치에게) 손을 앞으로 내민 의도는?

코치: 좋지 않은 질문을 했다는 내적 대화의 신호입니다.

피드백

- 코치로서 의식적으로, 또는 무의식적으로 하고 있는 신호에 대한 언어화를 이끌어내고 타당한지를 체크하는 것이 포인트이다. 비효과적임을 깨달았다면 효과적인 것으로 변환시킴으로서 코치의 능력을 향상시킨다.
- 인간은 생각보다 그다지 의식적으로 행동하지 않는다. 그런데 의도가 없는 행동은 없다. 의도가 없으면 행동이 나올 수 없다. 만의 의도가 없는 행동이 있다면 그야말로 군더더기이다.
- 평소 3단계 분리 연습이나 제3포지션에 들어가는 경험을 많이 해야겠다. 그리고 내면안정이 중요함을 알았다. 긴장하면 불필요한 행동이 많아진다.

퍼펙트 마스터 연습 3: Stop the Coach

1. 3인 1조가 된다. 코치, 고객, 퍼펙트 마스터. 1인당 30분 소요(실습, 피드백, 휴식 포함).
2. 고객은 본인의 실제 문제나 가상의 문제에 대하여 롤플레이를 한다. 롤플레이할 때는 필터를 확실히 걸어 그 사람에게 몰두해야 한다. 에릭슨에게서 에릭소니언 트랜스를 배우려고 그를 무의식적으로 롤모델로 삼았던 스티브 길리건은 에릭슨의 당뇨병까지 본받게 되었다는 일화가 있듯이 롤플레이는 철저하게 실행되어야 한다.

3. 퍼펙트 마스터는 코치의 진행과 세션 전체를 살펴보되 특히 제3포지션에서 참가자 각자의 상태 및 진행과정(프로세스에 유념)을 조망하며 코치가 훌륭한 솜씨(예: 의미전환, 버벌 패키지 등)를 보였을 때, 잠시 판단 후 정지를 걸고, 이유를 설명한다.
4. 정지 포인트에 대하여 서로 피드백 루프를 실시한다. 제1포지션의 코치 → 제3포지션의 코치 → 고객 → 퍼펙트 마스터의 순서로.
5. 코치는 정지 포인트 기법에 대신할 수 있는 다른 것 3가지를 찾아 그 중 하나를 선택하여 세션을 계속한다(예: 메타포, 포지션 체인지 등 유연성 강화 목적). 만일 코치가 대안을 찾지 못하겠다고 하면 주위(고객, 퍼펙트 마스터)에서 제시할 수도 있다.
6. 피드백

피드백

- 자기에게 익숙한 기법만의 접근이 아니라 상황에 따라 다양한 카드를 강구하여 꺼낼 수 있게 되는 연습이어서 좋았다. 말 그대로 유연성이 넓어졌다.
- 고객 역할을 했을 때, 코치의 접근 기법에 따라 내면상태가 바뀌는 것을 느꼈다. 따라서 코치의 접근 방식이 고객에게 얼마나 큰 영향을 미치는지 깨달았다.
- 인간의 내면이란 묘해서 큰 차이를 느꼈는데도 변화는 작을 수 있고 작은 차이임에도 커다란 변화를 가져오기도 한다.
- 익숙하지 않은 기법은 사용하지 않으려는 경향이 있는데 과감히 다른 기법을 시도해 보니 '나도 할 수 있구나' 하는 자신감이 들었다. 부딪쳐 보는 것이 중요하다.
- 다른 선택지를 3가지 발견하는 순간 '내게도 자원이 많구나' 하는 자기유능감이 들었다. 실제 생활의 어떤 문제에서도 해결의 길은 여러 가지가 있고 자유롭게 선택할 수 있음을 몸으로 터득했다.
- 의도가 있는 시도는 모두 의미가 있으나 의도가 없는 시도는 모두가 의미 없다. 최선의 기법이란 없다. 단지 상황과 고객의 상태에 적합한가 그리고 코치가 그것을 실행할 수 있는가의 문제일 뿐이다.

- 다른 형태의 연습이나 실제 현장에서도 선택지를 고를 때는 내(코치) 뒤에 리소스 퍼슨이 있다고 이미지 하라. 그리고 제3포지션을 항상 염두에 두라.

퍼펙트 마스터 연습 4: 사보타주 세션

1. 3인 1조가 된다. 코치, 고객, 퍼펙트 마스터. 1인당 30분 소요(실습, 피드백, 휴식 포함).
2. 고객은 본인의 실제 문제를 투입하거나 가상의 문제를 설정하고 롤플레이를 한다. 롤플레이할 때는 필터를 확실히 걸어 그 사람에게 몰두해야 한다. 단, 고객은 코치의 진행에 처음에는 매우 비협조적인 태도를 취하여 대응한다.
3. 코치는 당연히 고객의 협조를 얻어내려고 시도한다. 퍼펙트 마스터는 코치의 진행과 세션 전체를 살펴보되 특히 제3포지션에서 참가자 각자의 상태 및 진행과정(프로세스에 유념)을 조망하며 코치가 고객의 협조를 얻어내려는 모습을 지켜보다가 고객이 협조적으로 바뀌었을 때 투입한 기법이 무엇인지 파악되었으면 정지를 걸고 기법과 의도를 확인한다. 그러나 지켜보다가 코치가 제대로 풀지 못하면 퍼펙트 마스터가 아이디어를 주든가 원 포인트 대신한다.
4. 피드백

피드백

- 어떤 비협조적 고객에게라도 잘 접근할 수 있다는 자신감을 얻었다.
- "비협조적 고객이란 없다. 단지 능력 없는 코치가 있을 뿐이다."라는 말을 되씹게 하였다.
- 고객의 내면의 의도를 파악하는 것이 중요함을 새삼 깨달았다. 물론 관찰식별력의 소중함도…
- 우선 관계성을 형성하지 않으면 아무 것도 할 수 없다는 것을 알았다.

- 처음 비협조적 태도를 보였지만 코치가 진정성을 가지고 접근해 오는 것을 보니 아무리 연습이라도 감동할 수밖에 없었다. 결국 자세를 바꾸게 되었다.
- 누가 뭐래도 NLP의 기본인 SCRF(내면안정, 관찰식별, 관계성 형성, 유연성 발휘)의 중요성을 다시 한 번 느꼈다.
- 이 연습을 통해서만이 아니라 코칭을 배우면서 사람은 사람에 의해서 바뀐다는 것을 깨달았다.

종합 연습 소감

"새는 공기를 보지 못하고 고기는 물을 보지 못하고 사람은 사람을 보지 못한다."는 속담이 있지만 NLP코칭을 배우면서 이제 조금은 사람을 볼 수 있게 된 느낌이다. 왜냐하면 NLP는 인간 그 자체에 대한 변화 메커니즘을 다루는 분야이기 때문이다. 또한 "사람은 거울이다."라는 속담이 있는데 NLP를 배우면서 그 의미를 깊이 알 수 있었다. 옛 선조들은 어떻게 현대 두뇌과학의 본질을 터득할 수 있었을까?

코칭을 배우면서 고객의 변화를 모색하기 이전에 자기 자신이 먼저 변화됨을 느꼈다. 나의 변화 없이 남을 변화시킨다는 것은 불가능하다는 확실한 신념을 갖게 되었다. 평소 '감사하다' '감사의 마음'을 가져 왔는데 코칭을 배우며 많은 참가자들과 서로 도우며 또한 경의를 표하며 학습하는 가운데 성장의 에너지를 함께 나눌 수 있어 정말 행복하고 감사하다. 아울러 감사의 질도 더 풍부하고 넓어지고 더 높은 수준에서 느끼게 된 것 같다.

무엇보다 NLP코칭을 배우면서 여태까지 문제로 여겨져 왔던 것이 그다지 문제가 되지 않음을 깨달았다. 아마도 무의식적으로 행동과 사고의 유연성이 확대된 것으로 보인다. 여러 참가자들의 세계지도를 접하면서 그것을 받아들여 나의 세계지도도 그만큼 넓어진 것이 아닐까? 그래서인지 앞으로의 코치로서의 나에 대해서 자신감도 높아졌다. 기운차고 힘차게 미래를 향해 날아갈 것이다.

코칭에 뜻을 품고 이리저리 여러 가지를 배워왔지만 뭔가 부족함을 느꼈다.

이번 뉴코드 NLP코칭코스에 참가하여 비로소 꽉 채워진 기분이 든다. 씨앗이 있으면 언젠가 싹을 틔우고 꽃을 피우게 된다는 진리를 새삼 깨달았다. 물론 따뜻한 태양과 수분과 흙의 영양 보급은 끊임없이 이루어져야 한다. 우리가 휴대폰이라고 한다면 한 번 충전해 놓았다고 지속 사용 가능한 것은 아니다. 바테리는 지속적으로 충전해 놓아야 제 기능을 발휘한다. 따라서 NLP코칭도 지속적으로 활용하고 새로운 학습을 지속할 때 완성으로 향해 갈 것이다.

지금까지 형식적인 측면에만 매달려 배워왔던 코칭을 이제 NLP코칭을 통하여 본질적인 측면도 채울 수 있게 되었다. NLP없는 코칭이란 껍데기에 불과하다는 확신을 갖게 되었다. 눈앞의 사람이 무엇을 원하며(아웃컴) 어떤 의도를 가지고 있는지를 파악하지 않는다면 어떤 코칭도 미팅이나 회의는 물론 가족을 비롯한 모든 인간관계가 제대로 이루어지지 않을 것이다.

만나기 거북한 사람, 싫은 사람과도 있는 그대로의 나를 투입하여 대할 자신이 생겼다. 내 뒤에는 리소스 퍼슨이라는 존재도 있고 무엇보다 나 스스로가 제2포지션, 제3포지션을 활용할 수 있게 되어 든든할뿐더러 내면안정의 중요성도 알고 실행할 수 있게 되었기 때문이다. 미래를 향한 나침판은 바로 나 자신임임을 깨달았다. 시작도 종결도 나 스스로가 할 것이다.

흔히 서커스의 거대한 코끼리의 비유를 얘기하지만 그 코끼리가 바로 나라는 것을 NLP코칭에 참가하면서 알았다. 나의 자원과 가능성을 지금까지 나 스스로 묶혀온 것이다. 이제 오리가 아님을 깨달은 지금 미래를 향하여 백조처럼, 독수리처럼 날아오를 것이다.

존 그린더가 항상 하는 말처럼 NLP를 '설명하는 사람'이 아니라 현실에서 '실행하는 사람'이 되어야겠다. 그야말로 지식적, 이론적인 내용은 NLP책에, NLP 백과사전에 다 있다. 그것을 내 몸으로 실행할 수 없으면 어떤 NLP 지식도 의미 없음을 깨달았다.

04 PART

NLP 트레이너와 프레젠테이션

Chapter

11 NLP 트레이닝

1. NLP트레이너와 학습자를 위한 조언

NLP를 배워 코치가 되려는 분도 많지만 트레이너가 되려는 아웃컴을 가진 분도 있다. 물론 여기에는 더 많은 자원(시간, 비용, 에너지-수고, 노력)이 투입되게 마련이다. 어쨌든 NLP 자체로서의 퇴고봉은 트레이너라고 할 수 있다.

NLP트레이너란 리차드 밴들러가 주도하는 「Society of NLP」가 제정하여 국제적으로 확립된 NLP학습 체계인 프랙티셔너, 마스터 프랙티셔너 과정을 딜리버리할 수 있는 사람을 말한다.

NLP프랙티셔너란 NLP의 기본 이론과 개념 및 여러 기법을 학습하는 과정으로 이것을 수료하면 자기의 업무나 생활에서 활용할 수 있다. 코치로서 다른 사람을 도울 수도 있고 강의나 프레젠테이션에 활용할 수도 있다.

NLP마스터 프랙티셔너란 프랙티셔너보다 고급의 이론과 다양한 기법을 학습하는 과정으로 이것을 수료하면 전문적인 NLPer(엔엘피어)로서 자기 업무와 생활에 활용할 수 있다. 물론 보다 높은 차원의 코치로서 다른 사람을 도울 수도 있고 강의나 프레젠테이션에 활용할 수 있다.

그러나 프랙티셔너나 마스터 프랙티셔너는 자기가 배운 과정을 숙지하고 있다고 하더라도 그 과정 자체를 그대로 다른 사람에게 딜리버리할 수는 없다. 공인된 자격이 없기 때문이다.

이러한 프랙티셔너와 마스터 프랙티셔너 과정을 정식으로 가르치고 자격증을 발급할 수 있는 사람이 바로 NLP트레이너이다. NLP트레이너로서 활동을 하려면 일정한 자격 확보가 필수이다. 당연히 프랙티셔너와 마스터 프랙티셔너 자격은 확보해야 한다. 트레이너로서 자격 취득을 만족하기 위해서 Society of NLP는 다음과 같은 기본적인 조건을 가이드하고 있다.

1. 트레이너 양성 정규 과정 전체 일정에 출석, 참가할 것.
2. 정규 과정 외의 연습 모임(스터디 그룹, 연찬회 등)에 참여하여 평소 훈련할 것.
3. NLP프랙티셔너, NLP마스터 프랙티셔너 과정에 어시스턴트로 가능한 한 여러 번(6번 이상) 참가할 것.
4. 에릭소니언 트랜스 과정을 이수할 것. (NLP의 바탕은 프레드릭 펄즈, 버지니어 새티어, 밀튼 에릭슨에 있고 트랜스 상태가 중요하게 작용하는 기법들이 있기 때문이다.)

이렇게 트레이너가 되면 공인 프랙티셔너 자격 과정을 운영하여 해당 자격자를 배출할 수 있는데 경험이 쌓이고 관련 지식이 확장되면 공인 마스터 프랙티셔너 자격 과정도 운영하여 해당 자격자를 배출할 수 있다.

그러면 이러한 트레이너는 어떻게 배출되는가? 트레이너를 배출하는 사람을 마스터 트레이너라고 한다. 마스터 트레이너는 특정한 조건이나 양성 과정이 따로 있지는 않다. 그럼 어떤 사람이 마스터 트레이너가 될 수 있는가?

현재로는 NLP창시자인 리차드 밴들러와 존 그린더가 대표적인 NLP마스터 트레이너이다. 그 외에도 NLP 1세대인 사람 중에서 몇 사람이 마스터 트레이너로서 활동하고 있다. 예를 들면 크리스티나 홀, 로버트 딜츠, 스티브 안드레아스, 조셉 오코너 등과 같은 사람이다.

최근에는 NLP가 점점 보급되고 저변이 확대되고 있음에 따라 우리나라는 물론 세계 각국에도 마스터 트레이너가 등장하여 자격자를 양성하고 있다. 그렇지만 트레이너 자격을 가지고 프랙티셔너와 마스터 프랙티셔너를 양성했다고 하더라도 아무나 마스터 트레이너를 자임하거나 활동할 수는 없다. 관련 논문이나 서적 등 이론적 연구 성과와 적어도 30회 이상의 프랙티셔너와 마스터 프랙티셔너 양성 과정 운영 경험이 축적되어 주위에서 누구나 인정하고 납득할 수 있는 수준이 되어야 한다.

역량이나 인품이 부족한 사람이 그렇게 나서는 것은 사회적으로도 죄악이 된다. 함량 미달이나 품질이 확보되지 않은 채 마스터 트레이너로 나서는 것은 본인에게는 만족스러울지 모르나 그런 사람에게서 지도 받아 배출된 트레이너로서는 시간, 비용뿐만 아니라 실질적으로 큰 손해를 입게 되는 결과를 가져온다.

그러므로 트레이너가 되려면(프랙티셔너나 마스터 프랙티셔너도 그렇지만) 어떤 누구에게서 배워야 하는지를 신중하게 살펴볼 필요가 있다. 무늬만 트레이너인 사람도 많고 세상은 악화가 양화를 밀어내는 경향이 있어 마케팅이나 비본질적 요소에 현혹되지 않도록 주의를 기울여야 한다.

모든 분야의 일에서 그렇지만 '기본에 충실'하지 않으면 결국 많은 고생을 하게 된다. 첫 걸음을 잘못 들여놓으면 계속 꼬이게 됨은 자명한 이치이다. 따라서 NLP를 학습하려면 신뢰할 수 있고 정통적 NLP를 딜리버리하는 사람이 누구인지 잘 살펴보고 선택할 일이다.

NLP는 존 그린더가 공동개발자인 리차드 밴들러와 협력하여 만들었다. 실제로 많은 부분이 두 사람 사이의 매우 역동적이고 효과적인 합동작업으로 이루어졌다. 이런 클래식 NLP는 언어학적 조예가 깊은 그린더라도 혼자서는 완성하지 못했을 것이다. 또한 아무리 번뜩이는 아이디어가 넘치는 밴들러라도 혼자서는 완성하기 어려웠을 것이다. 이러한 전통 NLP의 탄생을 위해서는 그들 서로의 존재와 재능은 꼭 필요했던 것이다. 물론 많은 조력자들도 있었다.

그렇게 파트너십을 지켜왔던 그들도 80년대에 들어서는 그 동안의 결과를 바탕으로 서로 다른 발전적 길을 가게 되었다. 밴들러와 그린더의 세미나에 각각

참석해 본 사람이라면 그들이 전개하는 방식이 서로 다름을 체험했을 것이다. 예를 들면 그린더는 NLPer(NLP실행자)로서 행동 측면에서 유능함이 발휘되고 있는가를 엄정하게 확인하여 자격을 인정한다. 그런데 밴들러는 NLP코스를 수강만 하면 비교적 크게 까다롭지 않게 자격을 인정하는 듯하다. 현재 NLP업계를 둘러보면 많은 곳이 프레젠테이션 능력이나 기법 실행력을 확인하지 않고 트레이너를 비롯한 해당 자격을 주는 듯하다. 배우겠다는 의지와 투입 시간, 비용 등을 고려하면 이해 못할 것도 아니다. 그 중에는 물론 뛰어나게 잘 하는 사람도 배출되지만 퍼포먼스 수준이 낮은 사람도 끼어 있으니 문제이다. 품질 높은 퍼포먼스를 확보하는 것, 피드백을 유효하게 활용하는 방법에 익숙하지 못하면서 트레이너가 된다면 본인에게는 물론 배우는 사람들에게 큰 재앙이 될 터이다.

우리는 이 책이 제공하려는 체험을 머리로 이해하려고만 하지 말고 행동 차원에서 유능성을 나타낼 수 있도록 해야 함을 강조한다.

이상적인 NLP트레이너로서 인정받은 사람은 NLP기법 리스트에 올라 있는 각종 기법에 대하여 정확한 개념 이해와 제반 관련 지식석 숙시는 물론 행동직 유능성을 발휘할 수 있어야 한다. 예를 들어 '시간선 기법에 시간은 없다(시간선 기법은 시간이 아니다)'는 말은 어떤 의미인가? 시간선 기법은 사실은 공간자극 심기이다. 기본적으로 공간자극심기가 사용되고 있다는 점을 알아야 한다.

행동적 유능성 확보는 NLP를 딜리버리해야 하는 트레이너의 목표이다. 이 부분은 다른 하위 NLP 자격에서도 마찬가지이다. NLP마스터 프랙티셔너는 NLP 프랙티셔너보다 높은 수준의 유능성을 발휘하여 패턴을 행동으로 실증할 수 있어야 한다. 그리고 행동적 유능성을 확보한 위에 지적으로 설명할 수 있는 것도 필요조건이다. 자기가 실행할 수 있는 것에 대하여 좌뇌적 이해를 확보해야 함은 당연하다.

NLP트레이너는 자기가 제시하는 패턴에 대하여 행동적 유능성을 가지는 것은 물론 패턴에 대하여 이론적 설명도 할 수 있고, 실행으로 상황을 변화시킬 수 있어야 한다. NLP를 모르는 사람에게도 패턴에 대하여 행동적 유능성을 달성할 수 있도록 지도할 역량과 자격이 있어야 한다.

본인이 알고 있는 모든 패턴을 자기에게 스스로 적용하기 전에는 유능한 트레이너라고는 하기 어렵다. 트레이너로서의 능력을 실현하기 위해서는 바로 그 자리에서 어떤 패턴이라도 반사적으로 실행할 수 있어야 한다. 모든 패턴을 전개하는 절차와 의도는 무엇인지를 설명할 수 있어야 한다. 이러한 것은 모두 의미설정Framing이 선행되어야 한다.

NLP를 배우려는 사람들에게 NLP를 전달하는데 트레이너로서 기본적인 NLP 도구를 실행하지 못한다면 어떻게 될까?

당신이 트레이너로서 마이크를 잡았다. 그런데 마이크를 받았지만, 스위치를 켜지 않았거나 마이크를 거꾸로 잡고 말한다면 어떻게 될까? 수강생이 무슨 말인지 못 알아듣는다면 그 트레이닝은 의미가 없다. 그때 트레이너가 수강생을 잘 관찰식별해 본다면? 수강생들은 어리둥절하거나 화를 낼 것이다. NLP트레이너인 여러분들은 수강생에게 어떤 모습을 보여주어야 할 것인가? NLP 도구는 여러분들이 실행함으로 해서 비로소 의미를 갖게 된다. NLP에 대하여 이론적인 심리학적 설명은 할 수 있을지라도 실행(시연)을 하지 못한다면 그것은 아무 의미가 없다. 단지 설명만을 듣고 NLP를 배운 효과가 나타날 것인가? 30년이 지나도 아무 변화가 없을 것이다. 단지 지적 호기심만 어느 정도 충족시켰을 뿐이다. 그러므로 트레이너는 NLP 도구를 충분히 사용할 수 있도록 평소 부단한 연습이 필요하다.

NLP의 개념을 지식으로 알고 있어도 실행을 하지 못하면 실제로는 아무 도움이 되지 않는다. 자기에게 통합시켜 활용할 수 있어야 한다. 예를 들어 내면안정, 관찰식별, 관계성 형성, 유연성 발휘 같은 내용을 알고만 있으면 모슨 소용이 있을까? 스스로에게 통합시켜 NLP기법과 연동하여 현장에서 발휘할 수 있어야 한다. 비단 NLP 장면에서만이 아니라 평소 일상생활에서도 그렇게 적용할 수 있어야 한다.

트레이너로서의 역할은 다루고자 하는 내용을 잘 적당한 포장단위로 만들어 수강생이 이해하도록 전달하는 것이다. 제스처를 수반하여 내용을 수강생이 기억하도록 하는 것이다. 그런데 트레이너 본인이 의식하지 않은 동작도 때로는 잘못되어 수강생에게는 어떤 자극심기가 되어버리는 경우도 있다. 그러므로 본의 아니게 수강생의 무의식을 혼란시키거나 자극할 가능성이 있는 언행은 삼가야 한다. 예를 들어 집중을 촉구하는 말을 하면서 두 손을 흔들거리면 수강생은 무의식적으로 눈을 돌리게 된다. 집중을 못하는 것이다. 트레이너의 말과 행동이 일관성을 유지하지 못하므로 수강생은 대응에 혼란을 일으킨다. 따라서 공간과 행동에 의한 마킹Marking(강조 표현, 주의 환기 신호)은 의식적으로 잘 사용해야 한다.

메시지에서 중요한 부분은 무의식적으로 그 내용에 일치된 제스처를 할 수 있어야 한다. 말하는 단어를 이해하고 자기 몸으로 그것을 표현함으로서 자연스럽게 전달이 되도록 한다.

프레젠테이션에서 어느 정도의 시간 동안은 일관되게 같은 방식의 마킹을 하는 것도 좋다. 제1포지션, 제2포지션, 제3포지션을 적설히 이동하여 사용한다. 특별한 음성 변화나 제스처 변화 없이 6~7번 정도는 같은 마킹을 한다. 강조하고 싶은 중요한 내용에 대해서는 평소에 적절한 마킹 방법을 연구해 둔다. 그리고 메타포를 실행할 때, 페이싱이나 마킹을 하면 강조점을 두드러지게 하는 효과를 거둘 수 있다. 노련한 트레이너는 그것을 자기 이야기를 기억해 두기 위해서도 사용한다. 마킹 도구는 원래 수강생을 위한 것이지만, 이처럼 트레이너 스스로를 위해서도 활용된다.

⋙ 마킹 연습 1

1. 3인 1조. A는 트레이너, B, C는 수강자이다.
2. A는 일정한 목소리를 내되 때때로 옥타브와 톤에 차이를 둔다.

   예) A공간에서 (가느다란 소리로) 부부부부, B공간에서 (강한 소리로) 뿌뿌

뿌뿌, 다시 A공간에서 (힘없는 소리로) 비비비비, 다시 B공간에서 (힘차게 박수치며) 빠빠빠빠.

3. 각각의 공간과 행동 마킹의 차이를 느낀다.
4. 피드백

>>> 마킹 연습 2

1. 4인 1조가 된다. A는 트레이너, B, C는 수강자, D는 관찰자이다. A는 다음의 패키지를 고려하면서 메타포를 사용하여 마킹을 실행해 본다.
   - 공간 마킹Space Marking(특별히 의미 부여된 공간으로 이동)
   - 목소리의 질, 상태, 높낮이, 빠르기, 강약 등
   - 제스처, 자세
   - 손(팔)을 사용한 마킹 등
2. 다른 사람은 앞 사람의 프레젠테이션을 본받기 하여 실행하고 관찰자는 느낌을 감각한다.
3. 피드백 사이클에 의거하여 서로 피드백을 나눈다.

>>> 마킹 연습 3

1. 4인 1조가 된다. A는 트레이너, B, C는 수강자, D는 관찰자이다. 20분간. A는 다음의 패키지를 고려하면서 10분 동안 메타포를 사용하면서 다양한 마킹을 실행해 본다. 관찰자는 시간을 체크한다.
   - 공간 마킹
   - 목소리의 질, 상태, 높낮이, 빠르기, 강약 등
   - 제스처, 자세
   - 손(팔)을 사용한 마킹 등
2. 메타포는 발표 전에 멤버들과 공유한다.

3. 프레젠테이션이 끝나면 말없이 앞의 실행 때 눈여겨 보아둔 공간과 제스처를 사용하여 앞의 메타포가 떠오르도록 한다(일종의 무언극).
4. 구조화된 메타포 피드백 사이클에 의거하여 서로 피드백을 나눈다.
5. 또는 다음에 소개하는 문장의 스토리를 공통적으로 활용하여 돌아가며 시연해 보아도 좋다. 누가 가장 실감 났는지 경연하는 분위기이다.

그는 나를 말이라고 불렀다. 얼굴이 길어서 그렇게 불렀는지도 모른다. 나는 숲 속에서 말을 타기를 좋아한다. 특히 봄에는 아름다운 신록이나 꽃들을 보며 오솔길을 달리는 것을 즐긴다. 그런데 숲길에서 굽어진 길에 접어들면 때로는 넘어져 길을 가로막고 있는 고목을 발견하기도 한다. 그러면 갑자기 나타난 장애물에 말은 놀라서 당황하게 된다. 급히 멈추어선 말은 잠시 고목에 다가가 냄새를 맡아보고는 다른 곳을 찾아 달린다. 그러다가 언젠가 같은 곳에 이르면 말은 이번에는 그 쓰러진 고목을 아무 주저 없이 멋지게 바로 뛰어넘어 간다.

이 이야기도 하나의 메타포이다.

피드백

- 제스처가 다소 지나치게 많거나 크면 오히려 전달에 방해되는 잡음이 되어 버린다. 특정한 장소를 선정하여 목소리의 크기나 몸의 위치, 손동작으로 간결하게 마크한다. 초반부에는 메타포를 이야기 하면서 4가지 정도만 마크하도록 한다.
- 외국어를 배우거나 외국생활을 배울 때 가장 살아있는 교재는 현지의 TV를 보는 것이다. 처음에는 등장인물들을 통해 그들의 신체적 자세를 따라한다. 언어를 익히기 위한 바탕 정보로서 마크 부분을 찾는 것이다. 그래서 처음에는 소리를 줄이고 화면만 본다. 제스처나 자세에 익숙해지면 소리를 켜서 같이 듣는다.
- 만일 시연자를 대상으로 트랜스 상태를 활용하려고 한다면 먼저 트레이너 자신은 트랜스에 빠지지 말아야 한다. 따라서 이때 본인은 제3포지션에 서야 한다. 아니면 조금 긴장되도록 다소 불편한 의자에 앉든가….
- 이때 시연을 보는 수강생 전체가 트랜스 상태에 빠져버리면 수강생은 어떤 유익

도 얻지 못하게 된다. 트랜스의 영향이 시연자와 수강생을 구분하여 작동하도록 해야 한다. 그러기 위해 시연하는 동안 수강자에게는 다른 과제를 부과하거나 한다. 잠시 필요한 트랜스 상태가 된 후에 작업이 끝나면 반드시 바로 현재로 돌아오도록 조심스럽게 지시해야 한다.

- 그때 시연자와는 너무 깊은 관계성이 형성되지 않도록 하는 것이 좋다. 또 주머니나 주위에 칼과 같은 예리한 물건은 치워두는 것이 바람직하다.

여러분들은 아주 낮은 소리에서부터 매우 높은 소리에 이르기까지 다양한 음성 마킹을 사용하여 수강생의 주의를 끊임없이 끌려고(청각적 접근) 한다. 또 이야기를 하는 사이에 몸을 움직여서 주의를 끄는 것(시각적 접근)도 중요하다. 스토리를 효과적으로 전달하기 위해서는 이야기 속에 풍부하게 V, A, K를 표현하는 것이 바람직하다.

2. 유연성 확보와 연결접속의 활용

1) 질문대응 등 유연성 확보

일반적으로 질문을 받으면 바로 응답하기 쉽다. 특히 머리가 명석하여 질문의 핵심을 잘 이해한 사람이거나 지식창고가 풍성한 사람일수록… 그러나 질문을 받으면 즉각 응답하기보다 먼저 머릿속에서 질문의 요지를 요약하라. 그러면서 질문자를 관찰식별하라. 이렇게 하지 않고 반사적으로 자기 생각대로 응답하다 보면 타당하지 않은 응답이 나올 수도 있다. 또 보다 간단하게 응답할 수 있는데도 복잡하게 대응하게 될 수도 있다. 때로는 복수의 모델을 사용해야 하는 경우가 생기기도 한다. 당신이 트레이너라면 효과적인 질문 대응법을 배워 현장에서 어떻게 대응할지를 참고하기 바란다.

동양문화권에서는 일상대화에서 의식적으로 구체화질문과 요약을 자주 사용하기 바란다. 질문만으로 상대방의 지각, 본인의 지각이 바뀌게 될 수도 있다. 여러분들이 사고와 행동차원에서 구체화 질문을 하는 능력을 체득한다면 한층 높은 퍼포먼스를 실현하게 될 것이다. 사물을 이해하기 쉬워지고 대화도 보다 단순하게 할 수 있게 될 것이다. 당연히 트레이너로서 사회적 경쟁력도 현저하게 높아질 것이다.

메타포의 간단한 형태인 인용을 활용할 수도 있다. 누군가 다른 사람의 말을 빌려 움직이게 하는 이 방식은 상대방의 반응을 뚜렷이 이끌어내는 효과가 있다. 그리고 언제나 수강자를 존중하면서 관찰식별을 하면 관계성은 자연히 형성된다.

CIA 또는 세계 각국의 경찰기관에서는 신문기법으로 이미 버벌 패키지를 사용하고 있다. 그만큼 정확한 커뮤니케이션을 확보할 수 있기 때문이다. 서양은 특히 구체적인 것을 선호하는 경향이 강한데 그렇다고 해도 관계성이 확립되어 있지 않으면 그다지 효과를 내지 못한다. 인간이란 기본적으로 문화권의 특성을 넘어 모두 마찬가지이기 때문이다.

관계성을 확립하고 유지하는 데는 어떤 기법이 있는가? 프랙티셔너 과정에서 모두 배웠을 것이다. 우선은 무엇인가를 하기 전에 의도를 명확히 하는 범위설정Framing을 하는 것이 필요하다. 수강생으로부터 질문을 받았을 때, 즉각 응답하는 것이 아니라 이쪽에서 몇 가지 질문을 하고나서,

"이제 제가 응답해도 좋을까요?"라고 하는 방식으로 허가를 받는 것이 좋다. 다소 정중한 접근을 하는 셈이지만… 관계성이 잘 형성되어 상대방의 상태가 바뀌었다거나 감정이 변화된 경우에는 신체적 관계성도 형성되어 자기 몸의 느낌에서부터 그런 것을 알 수 있게 된다. 이것은 지극히 강력한 정보이자 자원이 된다.

트레이닝 현장에서 반응을 체크하기에 가장 좋은 방법은 질문이다. 실제로 질문은 트레이너와 수강생 사이에서는 가장 빈번히 일어나야 한다.

예를 들어 "청각자극심기란 어떤 것입니까?"라는 질문을 받았다고 하자. 트레

이너가 청각자극심기를 가르쳐줄 때는 말로 일일이 이론적으로 설명하는 방법도 있지만, 그보다 허밍으로 표현하는 방법도 있다. 가능하면 듣는 사람 대부분이 어떤 노래(내용)인지 바로 알 수 있는 것이 바람직하다. 예를 들어 잘 알려진 동요나 사랑과 이별을 노래한 유행가를 허밍으로 부르며 수강생을 잘 관찰식별한다. 대부분 동요와 연결된 어렸을 때의 추억이나 연애시절의 기억은 가지고 있어서 내면에서 어떤 과거 체험이 떠오를 것이다.

"이 노래를 들으며 지금 당신은 어떤 기억을 체험하고 있습니까? 그것이 바로 청각자극심기 현상입니다/청각자극심기 된 내용입니다."라고 알려주는 것이다. 설명으로 응대할 것인지, 직접체험으로 이해시킬 것인지는 그때의 상황에 적절히 대응하여 트레이너가 임의로 판단하면 된다. 그러나 여기서 중요한 점은 말로 접수된 질문에 대한 응답은 직접경험으로 체험하게 하여 몸으로 깨닫게 하는 것이 가장 좋은 방식이다. 이처럼 언제나 새롭고 신선한 경험은 수강자의 심신을 고무시킨다.

또 "버벌 패키지는 어떻게 사용합니까?"라는 질문을 받았다고 하자. 이때 좌뇌적으로 지식적으로 설명하기보다 실제로 활용하여 보여주는 것이다.

"버벌 패키지의 사용에 대한 질문이군요? 사람이라면 모름지기 어떻게 살아야 바람직한가요?"

"예? 그야 이웃과 서로 도우며 함께 멋진 세상을 만들어가는 거지요."라는 응답이 나왔다면,

"이웃이란 구체적으로 누구를 말하는 거지요?"

"멋진 세상이란 구체적으로 어떤 상태인가요?"

"서로 돕는다는 것은 구체적으로 어떻게 하는 거지요?"와 같이 실제로 버벌 패키지 질문을 하며 잘 관찰식별한다. 그러고 나서, "제가 지금 했던 일련의 질문이 바로 버벌 패키지를 사용한 사례입니다."라고 응답하는 것이다.

그리고 메타포에 대하여 좀 더 알기 쉽게 설명을 요구한다면 역시 짧은 메타포를 활용해 보이는 것이다. 이때는 인용이 가장 바람직하다.

"최영장군의 어머니는 늘 이렇게 말씀하셨습니다. '황금을 보기를 돌같이 하라'고…."

인용 부분을 말할 때 공간자극심기와 함께 목소리 마킹, 자세 변화를 겸하여 나타내면 좋다. 물론 이런 내용의 인용을 했다면 그전에 어떤 관련된 상황이 있었다면 더욱 좋다. 예를 들어 '현대 사회는 금전만능'이라는 논의가 있었을 때 그렇지만 이런 인용의 의미를 바로 이해하는 사람도 있고 이해 못하는 표정의 사람도 있을 것이다. 그러므로 반응을 주의 깊게 관찰식별하여야 한다. 이해 못하는 사람들이 있다면 말로 보충설명을 해 주면서 이런 것이 메타포의 한 예라고 알려준다.

질문을 받으면 그 질문에 대한 내용 확인 질문을 하는 것도 좋은 방법이다. 응답하기 전에 내용에 대한 프레이밍과 관련성 또는 타당성 점검을 하는 것이다.

"지금 질문은 ~한 것에 대한 것인가요?"/ "그 질문의 의도는 무엇이지요?"

예를 들어 "호기심 때문입니다."라는 응답이라면,

"호기심이 생기면 알고 싶어지죠. 그리고 질문 전에는 지금 하려는 질문이 우리가 다루는 주제와 관련 있는지 또는 다른 수강자의 학습을 촉진시키는데 도움이 될지 한 번 생각해 봅시다."

"호기심은 학습의 지렛대입니다. 좋은 부분에 착안하였습니다." 등과 같이 당시 상황에 맞추어 적절히 응대한다.

정말 잘 모르는 내용이나 응답하기 곤란하면 공간 위치를 바꾸고 목소리도 바꾸어, "솔직히 그 문제는 저도 지금 잘 모르겠습니다. 나중에 알아보고 메일이나 전화로 응답해 드려도 될까요?"라고 하든가,

"지혜가 풍부한 저의 할아버지라면 ~하게 조치할 것으로 생각합니다."라고 인용을 활용할 수도 있다. 또는 동형사상의 짧은 메타포를 사용해도 좋다. 물론 순발력과 메타포에 대한 평소의 연습이 뒤따라야 한다. 반복적인 연습을 강조하는 것은 행동적 유능성이 무의식 속에 녹아들어 반사적 행동차원으로 나타나는 경지에 이르도록 하기 위함이다.

NLP란 참으로 정신적 무술과 같다고 할 수 있다. 무술의 고단자들이 현장에서 공격과 방어 행동이 자동반사적으로 일어나듯 NLP의 달인도 각종 NLP패턴, 도구 사용이 상황에 따라 바로바로 발휘될 수 있어야 한다. 물론 평소에는 태산과 같은 안정적인 상태를 유지하면서….

질문에 대처하는 응답 방법들을 정리한다.

■ 일반적 방법

1. 먼저 질문 내용을 요약하여 반문, 확인한다.
2. 몸으로 체험하여 느끼게 한다(신선하고 처음 느껴보는 감각적 체험)
3. 기억 속의 사례를 환기한다.
4. 말로 좌뇌적인 이해를 돕는 설명한다.

■ 전문적 방법

1. 의도를 확인한다.
2. 전제를 탐색한다.
3. 타당성 체크를 한다.
4. 버벌 패키지를 사용한다: 질문의 연쇄

■ 응용적 방법: 메타포

1. 인용을 한다.
2. 동형사상을 적용한다.
3. 직간접으로 겪은 사례(자연형)를 소개한다.

트레이너로서의 역량은 내용 전달의 양이나 깊이 또는 전달 방식보다도 질문에 대처하는 능력에 달려있다고 해도 과언이 아니다. 질문 자체를 수용하는 자세, 질문자에 대한 태도, 질문을 수용하고 응답하는 방법 등이 트레이너의 참

면목이 드러나는 포인트가 된다. 트레이닝은 일방적인 티칭이 아니라 상호 소통의 현장이기도 하다. 트레이너가 준비한 콘텐츠만 중요한 것이 아니고 수강자의 관심사 또한 중요하다. 질문을 정중히 받아들이고 존중하는 것은 질문자 나아가서 수강생 전체를 존중하는 것과 통합을 명심해야 한다.

>>> 질문 대응 연습

1. 3인 1조가 된다. A는 트레이너, B는 수강생, C는 관찰자이다.
2. A가 30초 정도 임의의 내용으로 짧은 프레젠테이션을 마치면 B가 질문을 한다. 주제와 관련이 있든 없든 상관없다. 이때 C는 A에게 응답 방향(내용, 자세, 반응 상태, 감정 등)을 지시하고 A는 그 지시에 따라 응답한다. 수강생의 반응을 잘 관찰식별 한다.
3. C가 다시 한 번 B가 했던 질문과 똑같은 질문을 한다. A는 먼저와 같은 큰 범주 내에서이지만 독창성도 발휘하여 자유롭게 응답한다. 수강생의 반응을 잘 관찰식별한다.
4. C는 다시 한 번 똑같은 질문을 한다. A는 이번에는 완전히 원래 본인이 하고 싶었던 내용으로 자유롭게 응답한다. 수강생의 반응을 잘 관찰식별 한다.
5. 서로 피드백한다.

2) 연결 접속의 활용

비즈니스 장면은 그 자리에 있는 사람 각각에게 페이싱하고 리딩하여 통합된 결론으로 이끄는 과정이다. 이때에는 강도가 다른 3가지 연결 접속사를 사용한다. 비즈니스 상황에 몰두하면 고객과 자기 회사와의 가능성에 대하여 열심히 이야기하게 된다.

"그리고And 여러 가지 유익한 정보를 알려주시어 고맙습니다. 그리고 대단히 친절하게 응답해 주셨습니다. 그리고… 그리고… 그리고… 우리들은 함께 멋진 성과를 향하여 나아가기 시작합니다."

위에서 '그리고' 라는 말을 사용하였다. 그러면 듣는 사람은 '그렇습니다' '그렇습니다' 라고 받아들이게 된다. 마지막 '그리고'에 이어서 다음에는 우리가 어디로 가게 되는지 암묵적Trance암시를 하였다. 이것이 가장 약한 연결접속이다.

두 번째 연결접속은 '언제' '어디서' '어떻게'와 같은 단어로 연결을 강화하는 것이다. 공간자극심기에 대하여 배운 바 있다. 그리고 정확히 어떻게 적용할 것인지도 알고 있을 것이다.

언제, 어디서, 어떻게?

"이것이 내가 해 온 작업의 개요이지만, 그리고 이 서류를 당신이 읽고 나면(언제) 아직 대답이 나오지 않은 질문이 있음을 알아차릴 겁니다. 그 서류의 마지막까지 읽었을 때(언제), 우리들이 함께 처리해야 할 문제를 파악하게 될 것입니다."

트랜스를 활용하는 경우에는 다음과 같이 말할 수 있다.

"당신이 해주기를 바라는 일의 리스트를 전했습니다. 그리고 몇 가지인가 용어에 대하여 질문하였습니다. 이 자리에서(어디서) 그 말이 어떤 것을 의미하는지 깊이 이해하기 시작하였습니다. 당신이 가장 흥미를 느끼는 부분을 지각하게 되면 휴게시간에(언제) 다시 여러 가지 질문을 해 주세요."

비즈니스 상황에서는,

"당신이 염려하는 문제에 관한 대응 방법에 대하여 서로 동의가 이루어져야겠죠. 그런 것에 대하여 정확히 협의를 해야 동의가 이루어진다면(어떻게) 그때(언제) 양자가 모두 만족하게 됩니다. 그리고…."

바로 이 학습 과정에 적용한다면,

"이 패턴의 예 중에서 어느 것을 가장 먼저 적용할 것인지를 생각하는 사이(언제)에 그것을 실천하는 자신감과 의욕이 솟아나옵니다. 당신의 그런 감각이 지금부터 어떤 사람을 만나든, 만나는 모든 순간(언제)에 동기부여가 될 터입니다.

그리고 그것이 당신에게는 소중한 연습의 경험이 될 것입니다. 이것은 항상 연습, 연습, 연습이 중요함을 일깨워줍니다. 어떠한 NLP패턴도 자전거 타기(어떻게)보다 간단합니다. 강박관념이라도 좋으니 연습을 하도록 합시다."

세 번째 연결접속은 '그러므로' '따라서' '그렇다면' 등과 같은 것이다. 제시한 논리를 이어가거나 자연스럽게 확장하는 방식이다.

여기에는 '그러나' '그렇지만' '그렇다고 해도' 등과 같이 반전을 나타내는 것들도 포함된다. 이야기를 뒤집는 이러한 부정적인 형식의 연결어는 가급적 특별한 목적 없이는 함부로 사용하지 않기를 권유한다.

3. 트레이닝 중의 내적 대화와 자극심기

1) 트레이닝 중의 내적 대화

우리가 무엇인가를 할 때, 생각이 많으면 바로 행동으로 나타나기 어려워진다. 당연하지 않겠는가? 생각이 있다면 그 생각이 정리되어야 행동으로 나타낼 수 있으니까… 그런 체험은 누구든지 가지고 있을 것이다. 야구를 할 때, 타석에서 타자가 생각을 많이 하다보면 배트가 늦게 나오게 된다. 어떤 공을 노릴 것인지를 결정하지 못하고 주저하기 때문이다. 그래서 우리는 내적 대화(=생각)를 필요할 때는 적극 줄일 수 있어야 한다. 이것은 트레이너로서 가장 중요한 하나의 대처법이기도 하다. 물론 버벌 패키지나 의도/결과 모델을 사용하는 것도 중요하지만…

미국에는 나무를 깎아 만든 목상이 있다. 네이티브 아메리칸이 부동자세로 서서 오른 손을 치켜들고 인사를 하는 듯한 모습이다. 말하자면 무표정한 「인디언 목각인형」이다. 트레이닝 장소에서는 그런 사람은 안 보이도록 분위기를 만들어야 한다. 즐겁게 참가하여 활동적인 생명력을 나타내게 해야 한다. 움직이며 시행착오를 겪어야 배울 수 있기 때문이다. 트레이너로서 가장 중요한 포인트의 하나는 착실히 대지에 발을 밟고 스스로 자신감을 갖는 것이다. 주어진 기회를 자기를 위하여 활용하는 것이다. 좌뇌로 이해한 것만으로는 그다지 도움이 되지 않는다. 청중이 눈앞에 있을 때, 두뇌창고의 지식만으로는 충분히 대응할 수 없기 때문이다. 좌뇌에서 일어나는 것은 트레이닝 룸에 들어가기 전까지는 중요하다. 연습의 설계나 준비를 할 때나 메타포를 구성할 때 등에는 당연히 좌뇌의 도움을 받아야 한다. 그러나 트레이닝 룸에 들어가 강단을 밟고 선 다음에는 청중의 반응을 모든 것의 바탕으로 삼아야 한다.

한 달 전 그린더가 영국에서 트레이너 양성 트레이닝을 할 때였다. 그때 어떤 젊은이가, "사람이 말할 때는 그 말보다도 비음성언어적 요소가 더 중요한 포인트라고 합니다."라는 의견을 제시하였다. 그린더는 '잘 알고 있다'고 인정하면서 언어는 7%의 영향도 밖에 없다며 그 내용이 있는 그림표를 그려가며 설명하려고 하였다.

"파이챠트를 보며 설명드리죠."

"파이챠트란 무엇인가요?"라는 질문이 나왔다.

"100분율을 원형으로 나타내는 수학적인 그림표입니다."

"저는 수학이라면 질색입니다. 그래서 원그림표 같은 것은 절대로 상대하고 싶지 않아요."라며 커다란 부정적 제스처(신체언어)를 나타냈다.

이 청년이 만든 훌륭한 케이스를 그대로 살려 사용하였더라면(예를 들어 그때의 청년이 나타내는 표정, 자세와 말을 활용하여 그 이론을 증명했더라면) 매우 재미있는 장면을 만들 수 있어 좋았을 것을 원그림표를 꺼내서 분위기가 어색하게 되었다.

트레이닝에는 두 가지 중요한 요소가 있다. 하나는 트레이너 자신의 내면안정이다. 자원감이 넘치고 최고 컨디션(하이퍼포먼스) 상태로 있어야 한다. 예를 들어 이 책에는 많은 고품질의 정보가 쓰여 있지만, 이것은 사실 백업용에 지나지 않는다. 진짜는 필자의 머릿속에 들어있는 것이다.

언제나 시작할 때는 설레는 마음으로 트레이닝 룸에 들어선다. 무엇인가 키워드가 필요한 때에는 시작에 앞서 화이트보드 한 편에 작게 써 놓으면 된다.

또 하나는 내적 대화를 일으키지 않는 것이다. 만일 내적 대화를 하지 않고 있다면 지금 여기에 집중할 수 있다. 내적 대화를 하게 되면 어떻게 될까?

"어떻게 하지? 전에도 이 부분에서 걸렸는데…." 등과 같이 의식이 과거로 흐르게 된다.

"다음 부분이 좀 어려운 곳인데… 이 사람들 반응도 신통치 않고…."라고 하듯이 미래로 의식이 달려가기도 한다. 그러지 않고 지금, 여기에 집중하는 것이 중요하다.

트레이닝 중에 일어나는 모든 것을 수용하는 상태가 되어야 한다. 그래서 유연성 있게 유용하게 활용Utilzation하면 된다. 그날 트레이닝의 목적을 확실히 염두에 두며 지금, 여기에 존재한다면 어떠한 것이라도 활용할 수 있게 된다.

스스로 그런 유연한 상태를 만들고 심호흡과 함께 내적 대화를 중지하여 하려고 하는 이야기가 자연스럽게 입으로 나올 수 있도록 해야 한다. 그러기 위해서는 무의식에게 내적 대화는 중지해 달라고 새삼스럽게 협조 약속을 받을 수도 있다. 그러면 자연스럽게 트레이닝에 집중할 수 있게 된나.

2) 체각적 자극심기와 공간자극심기

수강생이 체각적 자극심기가 되었는지, 어떤지를 어떻게 알 수 있을까? 자극심기를 한 후 상태를 해제하고 다시 한 번 자극심기를 했을 때, 처음 자극심기를 했던 상태로 돌아가는지, 어떤지를 보고 판단한다.

체각적 자극심기를 하기 위하여 트레이너가 하지 않으면 안 되는 스텝은 무엇인가? 중요한 포인트는 3가지가 있다.

하나는 관찰식별이다. 수강생의 상태를 보고 물어보면 체각적 자극심기 상태를 확인할 수 있다.

또 하나는 그 상태가 바람직하지 않다면 수강생의 변화를 이끌어내는 것이다 (셔플 등).

세 번째는 자극심기의 타이밍이다. 자극심기를 하는 타이밍은 수강생이 원하는 상태를 가장 충실히 실현한 상태일 때이다. 최고조로 올라갔을 때, 자극심기를 하는 것이다.

자극심기를 하기 전에 그런 상태를 이끌어낼 수 있어야 한다. 이상적으로는 수강생도 자극심기를 받으려는 상태를 준비하고 있을 필요가 있다. 그러나 주변에 잡음이 들린다든가 트레이너의 질문에 제대로 초점을 맞추어 응답하지 못할 때와 같이 이러한 혼란된 상태에서 자극심기를 하면 이런 혼란된 상태 자체가 자극심기 되어버린다.

수강생이 갖는 니즈를 패키지화하여 즐겁게 몸에 익히게 하는 것이 트레이너의 역할이다. 수강생이 제대로 소화할 수 있도록 패키지화하는 것이 필요하다.

트레이너로서 해야 할 두 가지 중요한 요소가 있다. 수강생의 무의식이 학습할 수 있는 메타포를 준비하는 것, 그리고 수강자의 능력을 향상시키기 위한 실습을 설계하는 것이다. 이것이 최고의 트레이너가 되려는 여러분을 위하여 줄 수 있는 특별한 조언이다. 항상 연습할 수 있는 기회를 만들어 반복된 연습을 하기 바란다.

나아가 유능한 트레이너가 되는 제1차 조건은 확장성 있는Scalable 연습을 설계하는 능력이다. NLP를 학습할 때, NLP 입문자들도 쉽게 할 수 있는 버전이 있기는 하지만 NLP를 조금은 알아야 할 수 있는 버전도 있다. 여기서 확장성이란 같은 실습이라도 어떤 수준의 사람들에게라도 적용 가능한 버전을 말한다. 다소 난이도가 있어도 괜찮은 수준이다. 말하자면 수강자의 수준에 맞추어 상황을 변화시키는 능력을 말한다. 달리 말하면 유연성 있는 전달방식을 말한다.

잘 알고 있는 격언으로 "이해 못하는 수강자는 없다. 유연성이 부족한 트레이너가 있을 뿐이다."라는 말이 있다. 트레이너가 가져야 하는 유능성은 실습의 난이도를 자유롭게 조정하고 더 쉽게 배울 수 있도록 설계하는 것이다. 효과적으로 상황을 변화시킴으로서 수강자는 더욱 쉽게 배울 수 있게 된다.

그리고 트레이너 자신도 NLP의 모든 기법을 이미 다 알고 있다고 여기지 말고 다른 사람에게 가르칠 수 있는지 하나하나 확실히 확인해보아야 한다. 논리적, 지적인 수준에서는 물론이고 실행 차원에서도 체크해 보아야 한다. 내가 알고 있는 것과 그것을 다른 사람에게 가르칠 수 있다는 것은 다른 차원의 작업이기 때문이다.

많은 NLP트레이너들은 교재에 있는 내용을 차례대로 설명하는 것으로 끝내는 경우가 많은 듯하다. 예를 들어 표상체계를 가르칠 때에는 그때만 표상체계를 설명한다. 그리고 다른 내용을 가르칠 때에는 거기에만 집중하여 표상체계는 그다지 언급하지 않고… 그러나 이러한 토막토막식의 전달로는 NLP가 제대로 쌓이지 않는다. 그래서 NLP학습을 할 때는 착실히 중첩하여 반복 언급하며 나아갈 필요가 있다. 특히 연습을 할 때는 예를 들어 표상체계나 관찰식별, 관계성 기법 같은 것은 지속적으로 주요 포인트로 내용 중에 포함되어 구성되어야 한다.

프레젠테이션하고 싶은 내용을 잘 정리하여 그 중 한 가지에 대하여 말할 때, 교실의 특정한 곳에 위치하여 전하고 다른 요소에 대하여 이야기할 때는 또 다른 공간 위치를 사용한다. 처음의 공간에서 말할 때는 목소리를 높인다든지 하고 다른 공간에서 이야기할 때는 목소리를 낮추거나 한다. 또 다른 공간에서 다른 요소를 이야기할 때는 목소리의 질, 자세, 제스처 등을 먼저와 달리 바꾼다. 아울러(특히 질문을 받을 때는) 중립적인 공간을 선정해 두고 서 있다가 누군가가 어떤 토픽에 대해 질문하면 그 토픽이 거론되었을 때의 먼저의 그 자리로 이동하여 그때와 같은 상태가 되어 응답한다. 이렇게 하면 수강자의 무의식도 공간으로 따라와 동조하게 된다. 이것을 일관하여 실행하면 수강생들에게서 무의식적으로 지지 받게 된다. 이것은 각각 다른 장소에 의한 공간 마킹 기법이기도 하다. 또 목소리의 톤이나 고저, 그리고 제스처 변화 등은 모두 아날로그 마킹Analogue Marking이라고 한다.

Chapter

12 NLP 프레젠테이션

1. 프레젠테이션을 위한 준비

1) 8가지 포맷과 질문

모든 프레젠테이션은 다음 표와 같은 8가지 요소를 반영하여 실행하는 것이 바람직하다. 물론 구체적인 스크립트를 준비하는 것도 좋지만 너무 그것에 의지하면 현장 유연성이 떨어지고 분위기 파악이나 관찰식별이 소홀히 될 수 있다. 또한 준비한 내용 전달에만 급급하게 되어 재미없는 강의가 되어 버리기 쉽다. 스크립트를 준비했다 하더라도 현장 상황에 맞추어 아쉽더라도 일부를 스킵하거나 과감히 버리는 자세가 필요하다. 그래서 다음 표와 같은 항목에 개요를 작성해 두면 보다 안정적으로 프레젠테이션을 할 수 있게 된다.

특히 NLP트레이너라면 가능한 한 NLP패턴의 활용에 대한 많은 선택지를 확보하여 세련화(숙달)해 둘 필요가 있다. 프레젠테이션의 8가지 스텝을 활용하면 우아하고 강력하고 효과적인 트레이닝을 할 수 있는 기본적 준비를 갖추게 된다.

1. 메타포(동형사상, 인용)	2. 명시적 프레임
3. 자연형	4. 피시연자의 선택
5. 시연	6. 적절히 구성된 실습
7. 연습 후의 해설(Clean Up), 피드백	8. 일반화(현실적 활용 힌트)

[그림 12-1] 프레젠테이션 8포맷

이 8가지 포맷을 잘 사용한다면 우리는 모두 한 분야의 트레이너로서 성공체험이 누적되어 큰 성공을 거둘 수 있다. 아마도 이것은 환상일지는 몰라도 도움이 되는 환상임에는 틀림없다. 우리 인간은 현지가 아닌 지도에 의거하여 살아간다고 이미 NLP는 밝혀놓지 않았는가? 여기에 근거를 두고 더욱 깊이 탐구해 간다면 이 밖의 다른 방법도 점차 활용의 길을 깨닫게 될 것이다.

이제부터 작은 실습을 해보자. 수강생(독자)인 여러분이 트레이너가 되고 트레이너가 수강생이 됐다고 가정하고 질문을 한다. 이미 관계성은 잘 형성되었다고 생각하면 된다. 이제 질문을 잘 이해하려면 두 가지 도구가 필요하다. 하나는 표상체계이고 또 하나는 버벌 패키지이다.

수강생: 질문이 있습니다.
트레이너: 어떤 질문이죠?/ 어떤 내용의 질문인가요?

이런 질문은 버벌 패키지가 아니다. 이와 같은 대응을 하면 질문의 집합 전체가 나와 버린다. 여러 가지 응답을 할 수 있게 된다.

트레이너: 구체적으로 어떤 질문이죠?

이처럼 초점을 맞추는 것이 중요하다. 가능성을 넓히는 것이 아니라 구체적으로 좁히는 것(범위설정)이다.

언어란 우리 인간이 가지고 있는 놀라운 도구이다. 혼란을 겪기도 하고 화도 일으키고 영감을 받기도하고 유혹에 빠지게 하기도 하고 모호한 상태를 일으킬 수도 있고 구체화할 수도 있다. 구체화질문모형, 버벌 패키지 등의 도구는 모두 구체화하기 위한 도구이다. 구체화하지 않고 질문에 응답하는 것은 눈을 감고 화살을 쏘는 것과 같다.

트레이너: 구체적으로 어떤 질문인가요?
수강생: 자극심기에 대한 질문입니다.
트레이너: 구체적으로 어떤 자극심기인가요?
수강생: 청각적 자극심기에 대해서입니다.
트레이너: 구체적으로 어떤 청각적 자극심기인가요?

트레이너로서는 질문에 정확하게 대응하려고 하면 할수록 구체적 정보가 필요하다. 자기가 응답할 수 있는 수준까지라면 응답할 수 있다. 응답하기 전에 응답할 수 있는 정보가 내면에서 확보될 때까지 구체화하여 질문한 다음 응답하는 것이다. 이것은 트레이너에게 맡겨진 역할이기도 하다.

앞서의 청각적 자극심기 질문에 응답하기 위해서는 몇 가지 방법이 있는가? 크리스마스 노래를 허밍으로 불러 사용할 수도 있을 것이다. 이론적 정의를 내려주는 것이 아니라 직접적인 체험을 하게끔 하는 것이 가장 효과적인 응답이다. 다시 말하자면, 가장 좋은 응답은 직접 그 응답을 상대방에게 행동적 경험으로서 맛보게 하는 것이다.

질문자에게 연애 경험이 있다면 다음과 같은 질문을 한다.

"연애 체험을 회상하면 그 속에서 어떤 멜로디(노래)가 들리고 있는가?" 이때 시선의 움직임을 잘 관찰식별한다. 자극심기의 증거를 찾아내는 것이다. 질문자의 시선이 좌측 측면(옆)으로 움직이는 것을 캐치하였다면 즉각,

"바로 그것이 청각적 자극심기입니다."라고 말하는 것이다. 과거의 경험에 잠깐 들어가게 하여 그 경험을 이끌어내는 것이다. 이제 확실히 알게 되었는가?

여러분이 비즈니스 장면에서 주의해야 할 포인트는 수강생들이 지적 분위기에서 참가할 수 있는 환경을 조성하는 것이다. 참여하게 하는 것도 필요하다. 회사의 관리자로서 해야 할 역할은 바로 트레이너에게도 마찬가지로 적용할 수 있다. 서로 간의 신뢰와 협조Engagement가 매우 중요하다.

받은 질문에 대한 예를 상대방의 체험 속에서 찾아내는 것으로 상대방의 참가의식을 높인다. 인체에는 정보처리 참조 기구가 있으므로 직접 몸으로 느끼게 되면 자발적 흥미와 참가의식이 생겨난다. 이렇게 하여 수강생과 트레이너 사이의 관계가 구축된다.

먼저의 예처럼 청각적 자극심기에 대하여 언어적으로 설명할 수도 있다. 특정한 상황을 재현하여 특정한 소리를 내어 체험하게 할 수도 있다. 청각적 자극심기에 대하여 몇 가지 응답을 예시했지만, 지식차원의 언어적 설명은 가장 효과

적이지 못하다. 인체의 참조 기구를 통과하지 못하고 언어적 개념만이 접수되기 때문이다. 반드시 체험으로 터득하게 하는 것이 바람직하다.

그리고 다음과 같은 규칙을 제안하려고 한다. 말로 질문에 응답하려는 때, 적어도 수강생의 질문을 바꿔말하기로 대응하기를 부탁한다. 같은 말을 다른 표현으로 확인하는 것이다.

수강생: 해외에서는 NLP코스는 어떻게 진행되나요?
트레이너: 외국에서의 NLP 과정의 진행방식 말인가요?

이렇게 수강생에게 반문하면 대화의 주도권을 트레이너가 확보할 수 있다. 그리고 한정질문도 충분히 활용하여야 한다.

수강생: 지금 혼란스러워요.
트레이너: 구체적으로 어떻게 혼란스러운가요?(삭제된 정보 복구)

혼란이라는 동사에는 두 가지 요소가 있다. 혼란을 느끼는 주체와 혼란의 원인이 된 상태가 그것이다.

수강생: 무엇이 혼란을 일으키는지는 모르겠습니다. (또는) 혼란의 원인은 선생님이 저희들에게 토픽을 제시한 방법입니다
트레이너: 구체적으로 어떤 토픽에 대한 것인가요?
수강생: 6단계 의미전환을 제시하셨을 때의 제시 방법에 혼란을 느꼈습니다.
트레이너: 구체적으로 어떻게 혼란을 느꼈는지요?

다른 예를 들어본다.
수강생: 서울 시내의 교통수단을 고려하지 않으면 안 됩니다.

트레이너: 구체적으로 어떤 교통수단인가요?
수강생: 지상 교통수단입니다.
트레이너: 구체적으로 어떤 지상 교통수단인가요?
수강생: 자가용입니다.

한정질문은 상대방이 말한 단어에 집중하여 질문하는 것이 포인트이다.

트레이너: 구체적으로 어떤 자가용인가요?

프레젠테이션에서 사용하는 메타포 활용과 관련된 일반적인 티칭 포인트는 다음과 같다. 앞의 의도/ 결과에서 다룬 메타포의 예를 살펴보자.

- 유연성: 구체적으로 어떤 유연성을 보였나?
- 의미전환: 구체적으로 어떤 의미전환이 있었나?
  이것은 무엇으로 보이는가?
- 표상체계: 구체적으로 어떤 표상체계였나?
- 메타포: 구체적으로 어떤 메타포였나?
  동형사상同形事象(박물관장), 인용(최영 장군의 모친, 속담), 자연형(멕시코 거지의 예)
  수강생에게 주고 싶은 메시지의 구체적 내용은 무엇인가?
- 관계성: 비교적 잘 이뤄지고 있는가?
- 지각 포지션: 다양한 지각 포지션(밀라노 피자, 일수사견一水四見 등)
  다른 지각 필터를 경험할 수 있는 매우 극적인 도구이다. 동양문화에서는 어쩌면 생물의 지각 포지션은 잘 취하지만, 무생물에 대한 지각 포지션은 그다지 고려하지 않는 면이 있는지도 모른다. 지진을 예로 들자면 건축가는 건물을 설계할 때, 지진 그 자체가 되어 보아야 한다. 지진파가 지나간 다음에는 포지션을 바꾸어 그 건물 자체가 되어 지진의 영향을 검토해야 한다.

신제품을 개발하는 사람은 사용자의 입장에서 만들어야 한다. 여행 가방을 개발 하는 사람은 운반이나 소매업자의 입장을 고려하는데 소비자의 입장이 되어보는 것이 중요하다. 예를 들어 도난 예방 장치를 부착하여 견고하게 디자인하는 것도 요구된다.

- 기타: 아이스 브레이크는 관계성 형성의 일부이다.

프레젠테이션이나 트레이닝에서 적절한 메타포 활용은 필수불가결한 요소이다. 멋진 메타포를 사용하면 트레이닝이나 프레젠테이션의 흥미를 배가시키고 품격은 훨씬 높아진다.

>>> 메타포 연습

참가자 중 한 사람은 트레이너가 되고 다른 사람은 모두 수강자가 된다.

1. 트레이너가 메타포를 말한다.
2. 수강자들은 들으면서 다음을 체크한다.
    - 몸의 감각이 변하는 것을 느꼈는가?
    - 어떤 패턴인가?
    - 구조 확인(의미공간과 이야기의 공간의 일치성)
3. 피드백

>>> 발표 사례

얼마 전 건강진단을 받았습니다. 어제 결과를 받았습니다.

"말씀드리기 힘들지만, 결과가 좋지 않게 나왔습니다. 앞으로 생존기간은 3개월 정도로 예상됩니다."라고 의사가 말했습니다.

'이제 나는 남은 3개월 간 무엇을 어떻게 하면 좋을까? 누구와 함께 보내야 할까?' 잠깐 눈을 감고 생각해 보았습니다. 지금까지 잘 살아왔다. 그런데 앞으로 3개월뿐이라니… 내가 가지고 있는 증상이 그렇게 치명적이었단 말인가? 이제 그 원인이 무엇인지 알 필요는 없다. 남은 3개월이라도 어떻게 보내야 의미 있게 보내게 될까?

"그래, 잘 살았어."라는 말을 들으며 이 세상을 떠나고 싶습니다. 이런 저런 상념이 머리에서 일어나 자문자답을 하며 스쳐갑니다.

여러분도 살아가는 동안 많은 사람들과 만나고 사귀며 알고 지내고 있습니다. 즐거운 일, 슬픈 일, 괴로운 일, 기뻤던 일 등 온갖 일들도 있었을 겁니다. 반갑기도 하고 싫기도 하고 그립기도 하고 밉기도 하고… 지금 돌아보면 그 모두가 제 인생의 길에 피어있는 하나의 꽃들이었습니다. 그들 속에 어울려 나도 작은 꽃잎을 피워냈습니다. 때로는 꺾이기도 하고 밟히기도 하고 큰 나무의 그늘에 가려지기도 했습니다.

이제 마지막 떠나는 날, 나는 모든 이들에게 감사의 인사를 드릴 수 있었으면 기쁘겠습니다. 여러분들이 저라면 어떻게 하실까요? 우리 내면의 감정의 온도계는 좋은 때나 싫은 때에 수시로 오르내립니다. 너그러울 때는 태평양보다 넓다가도 기분이 상하면 비늘 하나 꼽을 틈 없이 완고한 상대가 됩니다. 그러면서 우리는 하루하루를 살아가고 있습니다.

우리는 행복하게 살기를 바랍니다. 행복의 열쇠는 어디에 있을까요? 내면이 바뀌면 이 세상이 바뀝니다. 지금, 여기서 행복을 느끼면 저는 행복한 것이고 세상 또한 행복합니다. 앞으로 남은 나의 여명이 3개월이 아니라 300년이라도 이 점은 마찬가지가 아닐까요? 여러분은 어떤 삶을 지향하고 계십니까?

우리 내면을 좀 먹는 해충을 털어내고 존재의 기쁨을 느끼는 순간순간을 만들어 가야겠습니다.

피드백

이것은 자연형 메타포인데 충분히 일반적인 넓이를 가지고 있다. 듣는 사람은 어떤 측면에서든 이야기에 말려들었을 것이다.

- 몸의 감각의 변화를 느꼈는가?
- 어떤 부분에서 가장 강하게 느꼈는가?

- 그때의 단어는 무엇이었는가?
- 어떤 대목에서 가장 큰 영향을 받았는가?
- 듣는 사람이 본 프레젠테이터 자신의 변화는 언제 어느 대목에서 관찰되었는가?
- 프레젠테이터가 특정한 반응(결과)을 일으키려는 명확한 의도가 있었다면 그것으로 좋지만, 너무 들어나게 강요하지 않는 것이 좋다. 어떤 특정한 의미부여를 하고 싶다면 좀 더 정확한 메타포를 구성해야 한다. 메타포의 목적에 따라 구성은 다르게 된다.
- 프레젠테이션 때 만일 자극심기를 하려고 한다면 먼저 관찰식별이 선행되어야 한다. 듣는 사람들에게서 어떤 변화가 감지되면 그 상태가 완전히 표출된 순간을 포착하여 자극심기를 한다. 그 순간적인 순도가 중요한 포인트가 된다.
- 프레젠테이터의 의도를 알면 메타포의 의미는 쉽게 알게 된다.
- 메타포가 듣는 사람의 무의식적인 반응을 이끌어낸다면 가장 효과적이다.
- 하나의 얘기에서 여러 가지 의미부여가 가능하다면 여러 가지 요소가 풍부하게 들어있다는 반증이다.

NLP트레이닝이라면 트레이너로서 최종적으로 실현하고 싶은 상황을 설정한다. 아마도 수강생들로부터 "잘 배웠다." "충분히 익혔다." "감사하다."는 피드백을 받는 것일 것이다. 그리고 수강생이 내용을 제대로 익혔다는 증거가 무엇인지를 고려한다. 다시 말하자면 각각의 패턴을 수강생이 잘 흡수하였는지 어떤지를 어떻게 판단할 것인가? 무엇을 기준으로 할 것인가를 정하는 것이다. 이때는 앞에서 보여준 NLP패턴 리스트를 참고하면 된다.

스텝 1: NLP패턴 특정

스텝 2: 수강생이 잘 익혔는지 어떤지를 어떻게 판별할지에 대한 기준

스텝 3: 하나의 패턴을 개개의 하위 기법으로 나눌 수 있는가, 어떤가? 그리고 매 요소마다 가르칠수 있는가, 어떤가?

2) 프레젠테이션 포맷 활용

트레이너로서 프레젠테이션을 할 때, 다음 표와 같은 8가지 포인트에 유념해야 한다. 무엇인가를 가르칠 때에는 기본적으로 반드시 이 8가지 포인트에 충실하면 좋을 것이다. 이것은 마치 마법의 가방이다. 지금까지 이 가방에서 여러 가지를 꺼내었다. 이 가방에는 8가지 보물이 들어있다.

〈표 12-1〉 프레젠테이션 포맷

1. 메타포(동형사상, 인용)	2. 명시적 프레임
3. 자연형	4. 피시연자의 선택
5. 시연	6. 적절히 구성된 실습
7. 연습 후의 해설(Clean Up), 피드백	8. 일반화(현실적 활용 힌트)

트레이닝은 언제나 시간이 한정되어 있으므로 제한된 시간 안에 얼마만큼 정보를 제공해야할 것인지를 고려해야 한다. 간명하고 핵심적인 정보를 바탕으로 많은 연습을 하는 것이 좋다. 메타포를 실행할 것인지, 명시적인 프레임을 제공

할 것인지, 연습에 대한 수준과 방법은? 그러나 많은 트레이너들은 주어진 시간은 이미 알고 있으면서도 설계가 미흡하여 시간이 모자란다고 생각하거나 해서 계획된 진행을 못하고 넘겨 뛰거나 뒤를 잘라먹게 된다. 트레이너 자신도 찜찜하지만 수강생은 기대했던 배움을 충분히 얻지 못하게 된다.

기업의 교육연수부문이 안고 있는 문제는 회사의 규모에 따라 다르긴 하지만, 직원들의 교육을 시키기 위하여 많은 강사를 고용해야 하는 것이다. 그런데 개개인의 수준이나 욕구를 만족시키는 교육은 하기 어려우므로 실제는 집단을 대상으로 하게 되고 그러면 아무래도 이론적인 면으로 흐르기 쉽다. 또 집단 평균적 수준에 맞추게 되기 쉬우므로 이해가 빠른 수강자는 충분히 이해한 대로, 이해를 못한 수강자는 못한 상태로 마치게 된다. 이러한 트레이닝에 참가한 직원은 교육에서 돌아와 교육기간 동안 밀린 일을 처리하다보면 대부분 모처럼 교육에서 얻은 결심이나 아이디어는 책상 서랍에 처박아 넣어버리게 된다. 결국 많은 집단교육은 대부분 개인적인 변화 측면에서는 도로아미타불이 되고 교육부서의 업무실적으로나 남게 된다.

왜 이런 일이 일어나는가? 그것은 현실적으로 직장에서의 실천적으로 활용할 수 있는 적용 사례가 없으면 수강자들은 배운 것을 바탕으로 응용하여 사용할 수 있는 유연성이나 창의력이 미흡하기 때문이다. 아니, 응용력을 발휘하려고 하지 않는다.

'수강자들은 트레이닝에서 얻은 정보를 통하여 무엇을 하려고 하는가?' '어디에 활용하려는가?'에 트레이너들은 좀 더 신경을 써야 한다. 각 개인이 왜, 어떤 이유와 기대로 참가하는지에 대한 내용이 파악된다면 좀 더 사례와 이야기를 고객(수강자)지향적인 내용으로 제시할 수 있을 것이다.

당초 NLP가 개발되었을 때, 관련된 응용분야는 심리학이었다. 『마술의 구조』에 소개된 사례는 심리학과 테라피(심리치료법)에 국한되어 다루어진 것이 많았다. 그런데 이러한 NLP가 심리학의 범위를 넘어 비즈니스 분야에서 적용되기 시작한 것은 NLP가 개발된 지 15년이 지난 이후부터이다. 왜냐하면 당초의 상태에서 비즈니스 분야에 적합한 활용사례를 준비하거나 축적하는데 그만큼 시간이 소요되었기 때문이다. 그런데 요즘에는 NLP가 코칭, 스포츠, 연예, 육아, 교육, 의료, 협상 등 인간생활의 모든 분야에서 활용되고 있고 사례가 풍부하게 발굴되어 현대 교육에서 NLP는 기본 베이스를 이루고 있는 실정이다. 각 트레이닝의 의도나 교육 목적을 인식한 다음에 수강생이 배울 내용에 맞춤식 사례를 제공하는 것이 중요하다.

프레젠테이션 8가지 요소 체크 시트를 사용하기 위하여 몇 가지 토픽을 설명한다. NLP트레이닝이라면 물론 현장에서 시연을 보여주면 더 좋을 것이다. 검토 포인트에는 두 가지가 있다.

1. 트레이너가 가르치는 것을 배워 수강자가 활용할 수 있는가?
2. 트레이너는 수강자의 실행을 지켜보고 있는가?

예를 들어 저글링 시연이 있다. 전체 동작과 실행의 순서를 보여준다. 연습할 때 어떻게 하면 되는지를 실제로 보여주는 셈이다. 그와 같이 프레젠테이션할 때의 스텝을 보여준다. 한 가지 토픽을 활용하여. 프레젠테이션을 마치면 수강자들은 한 가지 토픽을 배운 셈이 될 것이다. 그리고 '나라면 어떻게 프레젠테이션을 할까?'라는 생각을 하게 될 것이다.

수강자로서는 트레이너가 무엇을 하고 있는지 관찰하는 것이 하나의 역할이고, 트레이너가 가르치는 내용을 배우고 익히는 것이 또 하나의 역할이다.

가르치는 사람의 시점에서 '어떻게 연습을 구조화하는가?'라는 문제를 이해하는 예로서 저글링을 메타포의 소재로 다룬 것이다. 그런데 여러분은 실제로 저글링을 할 수 있는가? 적어도 이런 메타포를 준비한 트레이너라면 '내가 가르치는 내용은 내가 할 수 있다.'는 상태가 되어야 하지 않겠는가? 가톨릭의 4대 교부의 한 분으로 고대와 중세를 잇는 시대(4세기, 로마제국 말기)에 활동한 아우구스티누스St. Augustinus 성인은 교육에 관심이 깊었다. "가르치는 것을 그대로 실행하는 선생이야말로 아름답고 참된 스승이다."라고 하였다. 즉, 가르치기만 하는 선생이기보다 실행으로 보여주는 사람이 되라는 교훈이다. 이것은 인용의 메타포이기도 하다.

다음 이야기들은 각각 그린더의 체험에서 비롯된 메타포이다.

내가 어렸을 때, 어머니의 스파게티 소스를 즐겨 먹었다. 먹어서 배탈이 나지 않는 것은 어머니가 만든 스파게티 소스뿐이었다. 레시피를 받아서 내가 직접 만들어보았다. 그랬더니 그것을 먹어본 딸이,

“할머니가 만든 것과 맛이 달라요.”라고 하였다. 그래서 딸이 직접 만들어보겠다고 하여 할머니로부터 레시피를 받아 만들었으나 그것 역시 맛이 달랐다. 다 같은 레시피였는데… 내 딸은 마치 셜록 홈즈라도 된 것처럼 할머니의 스파게티 소스의 비밀을 밝혀내려고 하였다. 그녀는 할머니의 옆에 서서 할머니가 하는 대로 따라서 조리를 하였다. 멋지게 같은 맛을 나타내었다. 딸이 만든 스파게티 소스는 할머니가 만든 것과 완전히 똑 같았다. 딸은 그 비밀을 내게는 가르쳐주지 않을지 모른다.

그 당시 90세인 부친은 시력이 약해졌는데 창문을 수리할 재료를 사러 나와 함께 철물점으로 갔다. 부친은 1/8인치 패키지(못 포장 단위)를 찾았다. 나는 그것을 발견하여 부친에게 드렸다. 그러자 부친은 “이건 아니야.”라고 하였다. 그래서 나는 그것을 카운터로 가져가 재어보았다. 역시나 1/16인치였다. 그러나 포장상자에는 틀림없이 1/8인치라고 표시되어 있었다. 철물점에서 잘못된 포장의 상품을 물리고 부친은 원하는 규격품을 살 수 있었다.

최근 나는 공항에 간 적이 있다. 사람들은 공항 보안검색대에서 여행가방을 열고 물건을 꺼내고 있었다. 세관원이 그것을 일일이 체크하였다.

“누가 남은 음식을 냉장고에 넣어두었나?“ 남성인가? 여성인가? 먹고 남은 음식은 어떻게 하면 좋을까? 나중에 먹으려고 남긴 것인가? 남은 음식을 그대로 넣어둔 것은 누구인가? 일반적으로는 여성일 가능성이 높은가? 남편이 아내의 냉장고 관리를 도와주려면 어떻게 하면 좋을까?

음식물과 그것을 담는 그릇의 크기가 다른 경우가 많다. 왜 그런 차이가 일어나는 걸까? 앞에서 거론한 모든 것의 차이는 무엇 때문인가? 아마도 대부분 경험이나 습관의 차이 때문일 것이다.

이 세상에는 알고 있는 것 같으면서도 모르는 것이 많다. 누군가에게서 음식의 레시피와 같은 것을 질문 받으면 무의식적으로는 작동하는데 의식적으로는 모르는 경우가 있다. 앞의 스파게티 소스의 사례에서 어머니가 조리할 때 집어넣는 각 재료의 양에 대해서는 그다지 명확하지 않았다. 내가 조리했을 때에 양파는 전체를 다 넣지 않았는지도 모른다. 마늘의 양은 가르쳐받은 레시피보다 약간 많이 넣었는지도 모른다. 이탈리언 소세지와 보통 햄버거의 투입량도 달랐을지 모른다. 어머니는 표준 레시피대로 의식적으로 소스를 만들려고 하지는 않았다. 손의 감촉만으로 무의식적으로 만들었다. 인간의 영지靈知는 어디에 있는가?

어쩌면 두서없는 이런 이야기에서 무엇이 전달되었어야할 포인트였나? 발표의 의도는 무엇이었나? 전하려는 메시지는 무엇이었나?

눈앞에 두 개의 병이 있다. 그런데 모두 흰 보자기에 덮여 있다. 이 물체에 손이 닿지는 않도록 하여 가까이 손을 가져가 보라, 눈을 감고 병 높이 위치까지 손을 뻗어보라. 그 다음에는 병의 폭과 같은 크기로 손 모양을 취한다(병을 감싸 잡으려고 한다).

이제는 실제로 병을 잡아 든다- 물이 들어있어 무겁다.

다시 내려놓게 하고 눈을 감은 채로 다른 병(물이 없는 병)으로 바꾸어 놓고 잡도록 한다.

병을 다시 집어 든다- 가볍다!

당신도 해 본다면 어떤 경험일까? 무게의 차이는 어디서 느꼈나?

손으로 감각의 차이를 느꼈는데 무게가 다른 것에 놀라 복부에서 차이의 감각을 느꼈을 수도 있다.

몸은 재빨리 무게감의 차이를 학습하였다. 의식은 전혀 계산하지 않았는데 몸은 자연히 같은 무게일 것으로 가정하여 움직였다.

5개월 된 어린이는 어떤 물체든 손에 쥐어 잡으려고 몇 번이고 시도를 한다. 이렇게 수년간 경험을 쌓는 가운데 손의 근육과 무게의 관계를 스스로 무의식적으로 터득하게 되는 암묵지가 형성된다. 본인이 그것을 명시적으로는 모르면서도 무의식적으로 알게 되는 것은 매우 중요하다. 어떤 관점에서 중요한가?

알고 있는 것들을 무의식에 넣어둔 가운데 자각한 것을 항상 바로 의식할 수 있어야 한다. 여러분에게는 온갖 재능이 있다. 그런 지식을 NLP를 가르치는 데에서도 활용할 수 있다. 그렇게 하면 그 트레이닝은 완전히 자기 것으로 할 수 있다.

지금 프레젠테이션 포맷의 다양한 파트에 대하여 안내하고 있다. 여러분은 지식으로 그렇다는 것을 모르고 있었을지라도 이미 알고 있을 것이다. 그것을 지금 설명하고 있을 뿐이다. 그러나 이 설명은 필자의 준거틀 바탕에 의거하여 일어나는 것이다. 여러분에게는 여러분의 준거틀 바탕이 있을 터이다. 그렇다면 어떤 트레이닝 설계가 가능할까? 트레이너는 수강자가 의식적으로는 몰라도 무의식 속에서는 알고 있다고 하는 것을 항상 염두에 두어야 한다. 그래야 수강자를 존중할 수 있게 된다.

이제부터 두 가지 과제를 실행하기로 한다. 8가지 포맷의 콘셉트 중 몇 개가 사용되었는가? 암묵지에 비춰보라. NLP 패턴을 배운 것을 바탕으로,… 다시 말하자면 NLP 프랙티셔너 과정을 학습할 때에 어려워했던 콘셉트, 예를 들면 '즐기는 자세'를 갖는 것에 대한 어려움, 뉴코드 게임의 어려움 등… 그렇지만 여유로운 마음을 가지면 '아, 즐길 수 있구나'라는 상태가 된다. NASA게임을 처음 접했을 때, "그런 계산은 너무 어려워."라고 생각했을지 모른다. 의식적으로 처리하는 것이 아니라 무의식적으로 처리하는 것이 중요한 포인트임을 깨달았다. 이것은 사실은 암묵지의 하나의 일반화에 해당된다. 누구나 정확한 계산에 대한 부담을 덜고 '즐기는 자세'를 갖고 여유로운 상태가 되면 자동적으로 무의식이 계산하여 준다. 물론 내적 대화 없이.

위의 사례에서와 같이 수강생에게 다른 예에 대서도 그에게 도움이 될 수 있도록 무엇인가 모르면 안 되는 것에 대하여 조바심을 내지 말고 이미 본인의 무의식은 알고 있다고 받아들이게 하지 않으면 안 된다.

NLP를 가르치는 데에 중요한 도구는 언어이다. 그렇지만 언어를 통하여 의식적으로 가르치는 것만이 아니라 몸을 활용하여 무의식적으로 가르친다고 하는 것은 NLP가 갖는 대단히 특별한 장점이기도 하다. 자기가 배우고 있는 것을 잘 모르면서도 또는 본인의 의식은 몰라도 이미 무의식적으로 알고 있고 몸에 배어 있다는 자신감을 갖도록 일깨워주어야 한다.

다른 하나의 과제는 이미 안다고 여겨온 것을 그때까지 몰랐다는 것을 깨달았다는 사례와 같이 스스로 놀랄만한 체험을 공유하는 것이다.

NLP는 변화를 불러일으키는 기법이다. 지금까지와 같은 방법으로는 변화를 가져오기는 어렵다. 구태의연한 방식의 학습이라면 수강생도 낮은 수준으로밖에 반응하지 않는다. 인간의 가장 아름다운 측면은 이 세계를 다양한 관점과 각도에서 창의적으로 다중기술을 할 수 있다는 점이 아니겠는가? NLP 도구를 마음껏 활용하라! 소중하고 효과적인 도구를 남다르게 가지고 있으면서 소장만 하고 활용하지 않으면 무슨 소용이 있겠는가?

어느 해 겨울, 그린더는 노르웨이에 있었다. 영하 20도의 날씨였다. 아이스스케이팅을 하는 사람이 있었다.

"존, 스케이트 타 볼래요?"

"40년간이나 타지 않았는데." 그런데 스케이트 구두를 신자 내적 대화가 시작되었다.

"이제 나이 들어서 타기 힘들어."와 같은.

호수가 얼어서 만들어진 스케이트장 주변에는 나무 울타리가 쳐져 있었다. 울타리를 붙잡고 일어서서 몸을 움직여 보았다. 10분 후 그는 귀에 리시버를 꽂고 50년대의 노래를 들으며 거기에 맞춰 춤을 추었다. 물론 피겨 선수처럼까지는 아니었지만… 5일 후에 다시 피겨 스케이팅을 하였다. 그는 그 나이에 다시 탈 수 있는지 몰랐지만 그는 할 수 있었다. 처음 제1보에서 그 무의식의 예지가 돌아온 것이다. 여러분도 스스로의 경험 중에서 이와 비슷한 체험을 한 적이 있을 것이다.

"어? 내가 할 수 있었네!" 몸(무의식)은 알고 있었지만, 의식적으로는 몰랐다는 것을 느낀 적이 있을 것이다.

⋙ 무의식 능력의 의식화 연습

1. 4인 1조가 된다. A는 트레이너, B, C는 수강자, D는 관찰자이다.
2. 가르치고 있는 NLP의 특정 패턴의 학습에서 암묵지를 활용하는 방법을 일반화한다.
   - 이때는 자문자답해 보면 좋다. '무의식 요소를 사용하는 것은 어떤 것인가?'에 대하여.
   - 무의식에 의지하지 않으면 안 되는 콘셉트를 일반화하면 어떻게 되나?
   - NLP패턴 중에서 어떤 것을 거론할 수 있는가?
3. 발견된 암묵지의 개인적 체험을 발표하여 공유한다.
   - '졸음운전을 하고 있을 때, 문득 생명의 위기를 피할 수 있었다'와 같은 경우
4. 피드백

3) NLP기법의 활용

트레이너로서 NLP코스를 진행할 때, 수강생이 몸에 익혀야만 할 행동적 유능성을 어떻게 확보하고 어떤 성과를 거두게 할 것인가를 항상 염두에 두어야 한다. 이와 같이 트레이닝은 수강생 입장의 관점에서 출발하지 않으면 안 된다. 행동적 유능성의 기본은 언제, 어디서, 누구와라도 관계성을 형성할 수 있는 형태로 나타난다. 상대방의 말을 잘 듣고 그가 사용하는 특정한 표상체계에 맞추

고 용어를 공유하며 사고방식을 일치시켜 가는 과정에서 나타난다. 물론 인간으로서의 존엄성을 지키는 것은 굳이 말할 필요도 없다.

구체적인 예를 들면 다음과 같다.

- 개인 또는 집단 그리고 양쪽 모두와 의식적, 무의식적 관계성을 구축하고 유지히는 능력
- 개인의 감정 상태를 파악(관찰식별)하여 먼저 거기에 맞추고Pacing 이끌기Leading 위하여 표상체계 단어, 용어는 물론 비음성언어적인 요소도 맞추는 능력
- 공포증 등 내면의 부정적 증상을 해소하는 능력: 여기에는 하위감각양식, 의미전환, 관망, 지각 포지션, 트랜스 활용 등의 여러 가지 NLP기법의 수반이 요구된다.
- 다중지각 포지션에 의한 다중기술 능력. 특히 고객(수강생)의 입장을 잘 헤아릴 수 있게 된다.
- 구체화질문모형 사용 능력: 삭제, 일반화, 왜곡을 바로잡을 수 있고 과거의 부정적 체험을 긍정체험으로 바꿀 수 있다.
- 의미전환Reframing: 새로운 관점, 가능성을 발견할 수 있다.

이러한 NLP기법들을 자유자재로 활용하기 위해서는 트레이닝 동안에 충실한 연습, 시연(참가, 참관), 피드백, 개인적 탐구(질문, 검색, 체험)가 필요하고 트레이닝을 마친 후에도 반복적인 되새김(독서, 강연회, 세미나, 연구 교류회)이 요구된다.

아울러 NLP에는 기본기법에 바탕을 두고 정말로 다양하게 조합된 패턴들이 많다. 개발된 지 거의 50년이 가까워지는 지금에는 많은 기법들이 등장하고 있다. 그러나 아무리 NLP의 달인이라고 해도 그 많은 패턴들을 모두 알고 있거나 활용할 필요가 있을까? 아무래도 초심자들은 '지금 배우고 있는 것 외에 다른 무엇이 또 있을까?'하고 관심을 가질 수는 있다. 호기심과 학구열이 왕성할 때

이니까… 그렇지만 NLP를 어느 정도 배운 사람들은 그런 다양한 레퍼터리가 별 소용이 없음을 이해하게 될 것이다.

예를 든다면 근육통이 있어 파스를 붙여야 하는데 팔뚝에 붙이는 파스가 다르고 등에 붙이는 파스가 별도로 있고 손가락과 발바닥에 붙이는 것이 특화되었다고 하자. 게다가 젊은 여성용, 어린이용, 노인용으로 구분되었다고 하자. 인체 세포의 구조가 부위마다 그 정도로 다른가? 그처럼 일일이 부위별로 다른 파스의 개발이 필요한 것일까? 성별, 나이에 따라 인체 세포가 그렇게 다른가? 아마도 한 가지 파스로 어디에나 붙여도 효과는 좋을 것이고 편리할 것이다. 그렇게 다양하게 만든다면 틀림없이 시장세분화 이론에 입각한 마케팅적 발상(의도) 때문일 것이다.

NLP도 잘 활용할 수 있는 몇 가지의 패턴만이라도 충분히 숙달한다면 그것만으로도 많은 사람들의 여러 다른 문제들을 해결할 수 있다. 그렇게 일일이 특화된 기법은 오히려 거추장스러운 쓰레기일 뿐이다. 다소 여흥 삼아 재미있을 수는 있겠다. 서양에는 "Simple is Beautiful"이라는 말이 있다. NLP에서도 복잡한 것보다는 미니멀리즘Minimalism(간결화)을 지향하는 것이 바람직하다고 본다.

음악도 바하, 헨델 또는 우륵, 왕산악 이래 많은 곡들이 작곡되었고 지금도 새로운 창작이 끊임없이 이뤄지고 있지만, 대부분의 연주는 클래식 위주로 선호되고 있다. NLP도 마찬가지이다. 물론 뉴코드라는 이름으로 괄목할 만한 새로운 이름의 접근법이 등장하고 있다. 그렇다고 당초의 클래식 NLP의 가치가 퇴색되는 것도 아니고 유물로만 남는 것도 아니다. 현대음악의 뿌리는 클래식에 있듯이 최신 NLP기법들의 근본 역시 전통 NLP에 있음을 명심해야 할 것이다. 또한 장난감 같은 잡다한 기법들을 망라하여 많은 숫자를 내세워 자랑하기도 하지만, 사실 대부분은 기본 기법에서 파생된 것이라고 해도 과언이 아니다.

경쟁관계에 있는 두 회사가 있다. 한 회사는 구체화를 중시하는 사풍이었는데 한 쪽은 주로 억측을 즐기는 사풍이 있다. 만일 당신이 투자를 한다면 어느 회사에 하겠는가?

모든 것은 관계성을 형성하는 힘, 관찰식별의 예리함에 좌우된다. 무엇을 보고 무엇을 듣는가? 상대방의 내면에서 무엇이 일어나고 있는가? 어느 때 준비된 메뉴를 내놓을까? 어떤 메뉴를 제시할까? 화제를 바꿀까? 상황과 상대방의 반응에 따라 유연성을 가져야 한다. 언제, 어디서, 어떤 도구를 사용할 것인지?

기업 현장에서의 상사- 직원 또는 고객과의 관계보다 트레이너로서 수강생을 응대하는 것이 손쉬울 것이다. 복잡한 현실 문제가 아니라 원리에만 충실하면 되므로… 당신이 트레이너로서 첫 시간에 제시하는 범위설정에서,

"여러분은 지금 NLP프랙티셔너 코스에 참가하였습니다만, 새로운 것을 배우려는 결의로 이제부터 익히게 될 여러 기법들은 지금까지의 언어생활과는 낯익지 않을지도 모릅니다. 그렇지만 이런 커뮤니케이션 패턴을 배우게 되면 지금까지의 삶에서 보다 높은 개인 경쟁력을 갖게 될 것입니다."

여기에서 제2포지션에 들어가 수강생의 시점에서 지금까지의 언어생활에 머무르는 한, 아무 것도 배울 것이 없음을 자각하게 한다. 수강생도 그렇게 생각하게 될지도 모른다. 수강생은 트레이너 자신도 상자 밖으로 나올 섯을 원한다. 수강생은 그런 트레이너가 손을 뻗어 그들도 상자 밖으로 끄집어 내줄 수 있도록 도움을 받기를 기대하고 있다. 새로운 것을 배우기 위해 이곳에 왔다는 사실을 정확히 전하면 된다. 수강생이 받아들여 학습 의욕을 느낄 수 있으면 훌륭한 범위설정이 된다.

이런 메시지를 전하는 메타포도 중요하다. 기존의 상자 밖으로 나온다는 명시적인 범위설정을 한다. 그러면 수강생들도 기존과 다른 새로운 무엇인가를 학습한다는 내적인 자세를 확립하게 되는 것이다. 그들은 새로운 가능성에 흥분한다.

트레이너로서 이것을 실현하는 가능성은 인용 방식을 사용하여 구현할 수 있다. 패턴을 픽업하여 전달한다. 관계성과 범위설정, 관찰식별, 유연성을 발휘하면 된다. 시간과 장소를 적절히 활용하여 실행하면 트레이너 개인적으로도 대단히 독특하고 영향력이 있다는 평가와 명성을 얻게 될 것이다.

트레이닝에서 실습은 필수불가결하다. 꼭 실행해 보도록 하자. 실습을 해보아야만 어려운 포인트를 알 수 있게 되고 피드백(되먹임)을 얻을 수 있어 그것이 누적되면 더욱 발전할 수 있게 된다. 그러지 않으면 다음 진행에서 제동이 걸리게 된다. 우선은 기반을 만들어 놓고 그 위에 누적시켜 가는 것이다. 초기 실습을 소홀히 하거나 제대로 소화하지 않고 넘어가면 보다 고도화시켜 갈 수가 없게 된다. 뭔가가 잘 이해되지 않아 보일 때에는 질문을 유도하기 바란다. 어떤 새로운 기법의 실습을 시작할 때는 그 앞의(직전의) 기법 실습은 충분히 체득하고 있다는 전제하에 나아가기를 바란다.

특히 뉴코드를 진행할 때는 다중지각 포지션, 무의식적 신호 검출, 환경점검, 관찰식별은 반드시 포함되어야 한다.

2. 트레이닝 현장에서의 프레젠테이션

1) 동기부여

기업에서는 일괄하여 직원을 집단교육에 참가시키는 경우가 많다. 업무분야별 또는 직급 별 직무교육 등이다. 대부분 현업을 처리할 시간이 바쁘기 때문에 하루 8시간이나 이틀간의 교육에 참가하는 동안 일이 밀려 교육 참가를 싫어하는 경향이 있다. 더욱이 본인이 원해서 받는 교육이 아니라면 노골적인 저항이나 비협조적 자세를 보이기도 할 것이다.

트레이너가 그런 분위기를 처음부터 느꼈든 못 느꼈든 일단 트레이닝은 시작된다. 인사를 하고 자기 소개를 하고 우선 가벼운 메타포부터 꺼낸다. 3분 정도 관찰식별 결과 분위기가 좋지 않으면,

"자, 여러분 중에는 오늘 이 자리에 참가하고 싶지 않은 분도 계신 것 같군요. 그러면 어떤 선택지가 있을까요? 이 질문에 응답하기 위하여 여러분은 무엇을 얻어야 하는지 목표를 명확히 할 필요가 있습니다. 아무 것도 아닌 듯이 무시하

여 대응하거나 억지로 참가하면 비참한 결과만 초래하게 됩니다.”

다음에는 공간 위치를 바꾸고 목소리도 바꾸고 제스처도 바꾸어 다른 사람이 된 것처럼 말한다.

“오늘 자발적 의지로 참가하신 분은 손을 들어봐 주세요.”

아마도 손을 드는 사람은 별로 없을 것이다.

“그럼 여러분들은 감옥에 갇혀버린 셈이군요. 여러분은 저를 원망하겠군요. 지금도 회사로는 긴급 업무 연락이나 메일이 오고 있겠지요. 그냥 회사로 돌아가고 싶지요? 그렇지만 여러분은 여기 계십니다. 그러나 상사로부터 교육 중에 돌아와도 좋다는 허락을 받은 분은 돌아가도 됩니다. 원하는 분은 손을 들어 주세요.”

그리고 잠시 기다린다. 아마도 손을 드는 사람은 없을 것이다. 그렇지만 명분적으로는 행동의 선택권을 부여한 셈이다.

“앞으로 6시까지 여러분들은 이 교실에 머물러야 합니다. 그래서 제안합니다만, 여러분에게 도움이 되는 것, 흥미를 느낄만한 것을 제공해 드리려고 합니다. 여러분에게 어떤 도구 사용법을 전해 드리고 업무를 효율적으로 처리할 수 있도록 돕는 것이 저의 역할입니다. 그러나 결정권은 여러분에게 있습니다. 어쨌거나 이제 8시간을 여기서 우리 함께 보내야 합니다. 우리 인생에서 이 8시간을 가치 있는 학습을 하는데 투입하는 것입니다.”

만일 이런 식으로 분위기를 이끈다면 어떤 결과가 될까?

트레이너의 일은 수강생 집단의 상태를 변화시키는 것이다. 그때 유효한 것은 리듬을 맞추는 행동이다. 가장 간단한 것은 일정하게 박수를 친다든가 하는 것이다. 함께 박수를 맞추면 어떤 느낌이 드는가? 동료들과의 일체감을 확보하게 될 것이다. 이것은 기본적으로 집단 구성원의 관계성, 동질감을 회복하는 효과도 크다. 리듬을 맞추는 행동은 가능한 한 빈번하게 하는 것이 좋다. 그러면 집단의 상태는 점점 바뀐다. 어린아이와 같이 천진난만한 분위기를 환기할 수 있다면 가장 좋다. 유머는 이런 때 요긴하게 사용된다.

집요한 질문을 받을 때도 있을 것이다. 질문을 받으면 먼저 의도를 생각해야 한다. 한 사람이 거듭 질문하거나 개인적인 관심의 질문 또는 트레이너를 떠보는 질문으로 판단되거나 하여 분위기가 흐트러질 가능성이 있다면 휴게시간에 좀 더 상세하게 응답하겠다고 하고 그 자리에서는 정리한다. 응답 내용이 길어질 만한 질문에 대해서도 그렇고 흔히 자기 과시(많이 알고 있다. 트레이너보다 더 깊게 안다, 나는 교수, 박사 등 전문가라는 자부심, 다른 정보에 의한 견해 등)를 드러내는 질문에 대해서도 마찬가지이다. 물론 휴게시간에는 따로 시간을 내어 응답해 주어야 한다. 주제와 별 관계없는 질문에 대해서는 무안하지 않게 중지시키든가 간단히 응답하고 넘어가도록 한다. 좌우간 수강생과 감정적 의견대립이나 논쟁이 일어나서는 곤란하다. 유연하게 수습할 수 있어야 한다.

트레이너는 티쳐가 아니다. 절대 가르치려고 하지 말라. 가르치려는 의식에서 벗어나지 못하면 일류의 수준에 다다르기 어렵다.

시작 전에 화이트보드 한쪽에 토픽이나 전달 내용 포인트를 적어두는 것도 좋다. 또 진행의 순서를 적어두고 시작 전에 알려준다. 아니면 PPT 등을 사용하여 미리 알려주는 것도 좋다. 수강생이 보고 이제부터 무엇을 할지를 기대하거나 확인할 수 있어 안심이 될 것이다.

트레이닝 현장에서는 전혀 예상 못한 불측 사태가 돌발적으로 발생하기도 한다. 이때 수강생은 거기에 대한 트레이너의 대처 방식을 보고 무의식적으로 반응한다. 트레이너로서의 역량은 정리된 내용이나 준비상태, 딜리버리 기법이 아니라 현장 대응력에 있다. 불측 사태를 수습하거나 안정화 시키는 능력이야말로 평가의 핵심이 된다. 그러므로 관찰식별과 유연성 발휘가 중요하다. 프레젠테이션 8포맷의 항목마다 각각 10가지의 대응책을 마련해 두면 좋을 것이다.

흔히 초보 트레이너는 진행할 주제를 사전에 설계하고 준비한대로 모두 전달하는 것에 집착하는 경향이 있다. 트레이너는 지식 전달자가 아니다. 트레이너가 준비한 정보는 이미 알고 있는 사람도 많고 트레이너 자신이 중요하다고 생각하는 만큼 중요시하지 않는 사람도 많을지 모른다. 전달자(트레이너)와 수혜자

(수강생) 사이에 그 주제에 대하여 충실한 논의와 이해가 이루어지면 수강자의 만족도는 높아진다. 무엇보다 한정된 시간이 있다는 점을 명심해야 한다. 제한된 시간 내에 시간에 쫓겨 꾸역꾸역 대량의 정보를 전달해도 결국 소화불량이 되고 만다. 트레이너는 트레이너대로 초조한 모습을 보이게 되고 수강생은 수강생대로 불만을 느낀다. 소량이라도 영양분 높은 메뉴만 여유롭게 즐기며 먹는 것이 더 소화에 도움이 되지 않겠는가? 이런 것 또한 트레이너가 가져야할 유연성의 중요함을 일깨우는 것이다.

질문과 관련하여 명쾌하고 산뜻한 체험을 하고 몸으로 터득하면서 상호 교류가 원활하게 이루어지는 트레이닝 현장에 있는 수강생들은 높은 행복감을 느끼게 마련이다.

학습에 대한 동기부여 방법 한 가지를 소개한다. 예를 들어 여러 번 나누어 진행되는 세미나라면,

"다음 시간에는 마치 마법처럼 효과적이고 놀라운 기법을 소개할까 합니다. 빨리 이것을 체득하고 싶은가요?" "예, 지금 가르쳐주세요!"라고 욕구를 드러낼 것이다.

"그러면 여러분에게 알려드리기로 약속하겠습니다. 그런데 그것은 보다 복잡한 기법이므로 여러분이 기본기를 충분히 갖추지 않으면 마법의 지팡이를 받아도 사용할 수가 없습니다. 그러니 지금은 우선 기본기를 충실히 연마하도록 합시다. 다음 시간까지 오늘 배운 것을 충분히 복습해 오도록 합니다."

이러면 자연히 학습에 대한 동기부여가 될 것이다.

2) 프레젠테이션 실전 연습

특별히 한 가지 주의할 점을 소개한다. 트레이닝을 처음 진행하는 트레이너는 수강생 중의 특정한 사람에게 시선을 집중하기 쉽다. 반응이 좋은 사람, 뭔가 호의를 느끼게 되는 사람에 대해서다. 그러나 실제로는 그런 사람일수록 주의를

기울일 필요가 없다. 반응이 없거나 하는 사람, 뒷자리에서 시선을 피하려는 수강생이야말로 더 주의를 기울여야 한다. 그러므로 주변시야를 활용하지 않으면 안 된다. 그룹 복판을 보고 있을 때에도 주변시야를 써서 수강생 전체의 반응을 포착할 수 있어야 한다. 따라서 이러한 주변시야를 확보하는 연습도 필요하다.

>>> 주변시야 확보 연습

1. 4인 1조가 된다. A는 프레젠터이고 B는 관찰자, C, D는 수강자로서 각각 오른쪽, 왼쪽 가장자리에 위치한다(B는 두 역할 중간에 위치).
2. A가 10분간 프레젠테이션을 하면 프레젠테이션 중간에 가장자리에 있는 C 또는 D가 컵을 살짝 들어올린다(둘이 동시에는 하지 않는다). 컵을 든 것을 A가 바로 관찰식별하면(눈을 마주치면) A는 손을 살짝 든다. 컵을 든 것을 알아차리지 못하고 진행하면 B는 5초가 지나면 의자에 컵을 부딪쳐 소리를 내어 주의를 환기한다.
3. 서로 피드백을 나눈다.

>>> 프레젠테이션 분위기 파악 연습 1

1. 전체 8인 1조가 된다. 프레젠터 1인과 관찰자 1인을 제외하고 나머지는 2명씩 3그룹이 된다.
2. 프레젠테이션을 3분간 한다. 관찰자는 옆에 서서 본다.
3. 프레젠테이션 도중에 한 그룹은 일체의 반응을 보이지 않는 마치 목석과 같다. 또 한 그룹은 시선은 마주치지만 반응은 없다. 다른 그룹은 자연스럽게 반응한다.
4. 프레젠터는 이런 반응을 관찰식별하고 있는가? 어떤 행동 반응을 보이는가?
5. 피드백을 나눈다.

일종의 이념도 소개한다. 미국 육군에서는 부트 캠프Boot Camp를 설치하여 신병 훈련을 한다. 아무리 병사의 유니폼을 입었다고 해도 실제의 전투에 임하면 매우 두려운 느낌이 들 것이다. 그러나 군대이므로 피할 수는 없다. 그래서 이 신병 훈련이 효과적인가, 아닌가에 의하여 전투에 대한 자세가 갈리게 되고 생사가 결정된다. 병사들은 서로 협력하여 동료의 생명을 지킨다. 부트 캠프에서의 훈련은 때로는 실전보다 훨씬 가혹한 경우도 있다.

트레이너를 배출하는 양성과정 또한 이처럼 엄격한 실행이 이루어져야 할 것이다. 이런 실제의 트레이닝 보다 혹독한 과정을 이겨내고 살아남을 때, 트레이너라는 자격이 더 빛나고 추후 실제 트레이닝에 나설 때 자신감 있게 실행할 수 있게 될 것이다. 세계 어느 나라든 철저한 훈련을 중시하는 군대나 우승을 지향하는 스포츠팀은 평소 이런 슬로건을 좋아한다.

"훈련은 실전처럼, 실전은 훈련처럼."

>>> 프레젠테이션 연습- 마스터 트레이너

1. 5인 1조가 된다. A는 프레젠터, B는 마스터 트레이너, C는 관찰자가 되는데 B는 A가 선정한다. 특히 마스터 트레이너(B)로 지명 받은 사람은 수락 또는 사양을 선택할 수 있다. 마스터 트레이너는 실습 중에 여러 번 다른 프레젠터로부터 지명을 받을 수도 있다. 다른 2사람(D, E)은 청중 역할이다. 20분간 진행한다.
2. 프레젠터의 진행 도중에 마스터 트레이너는 프레젠터의 뒤에, 관찰자는 프레젠터의 옆에서 거리를 두고 위치하여 프레젠테이션에서 흔히 일어나기 쉬운 다음의 4가지 현상의 연출을 청중에게 지시할 수 있고 청중은 이를 실행한다.
   - 질문하기
   - 아무 관계없는 짓 하기(시선 돌리거나 한 눈 팔기 등)

- 이해가 되지 않는 듯이 혼란한 모습 보이기
- 잠시 침묵, 무반응하기

여기에 한 가지 더 추가한다.

- (앞서 실습에서처럼) 컵을 들어올리기

프레젠테이션 도중에는 어떤 일이 벌어질지 모른다. 수강자는 다소곳이 앉아 귀를 기울이고 있어야만 한다는 규칙은 어디에도 없다. 프레젠터는 예상하지 못한 사태에 당황하지 말고 유연한 대응이 요구된다. 적절한 대응은이와 같은 시뮬레이션을 통해 대비책을 강구해둘 수 있고 적응력을 높일 수 있다.

3. B~E는 8가지 프레젠테이션 포맷양식에 준비하고 프레젠터가 각 항목에 충실한지를 체크한다.
4. 마치면 경의의 표명으로 구체적인 피드백을 한다. 눈을 감고 과녁을 쏘아도 피드백만 잘 받으면 명중할 수 있다. 10분간 실시한다.
   - 프레젠터는 제3포지션에서 자기에 대한 피드백을 한다. 이후 다른 참가자들의 피드백은 겸허히 받아들여 앞으로 더 잘할 수 있는 계기로 삼아야 실습은 가치 있는 경험이 된다.
   - 마스터 트레이너, 관찰자, 청중 순으로 프레젠터에게 피드백한다. 그리고 각자 기입한 8가지 프레젠테이션 포맷 시트를 보며 의견을 나눈다.
   - 끝으로 마스터 트레이너는 참가자들에게서 프레젠테이션을 들으면서 감각적, 감정적 변화가 있었는지 확인한다. 명시적인 프레임(발표한 주제)과의 연결은 어땠는지 확인한다.

진행에 참고할 부분은 다음과 같다.

1. 프레젠터(A)는 우선 내면상태관리를 확보한 후 시작한다. 관찰식별, 관계성 형성, 공간 자극심기, 목소리의 마킹, 메타포 등 유연성을 발휘하며 적

절히 NLP패턴을 활용한다. 만일 잘 안되면 부끄러워하거나 당황해 하지 말고 일단 중단하고 재시도하거나 마스터 트레이너에게서 조언을 받는다. 다른 참가자의 지원을 받아도 좋다. 내면상태를 재확립하여 속개한다.

2. 마스터 트레이너(B)는 그룹 전체를 잘 볼 수 있으면서 프레젠터나 청중(D, E)에게 신호를 잘 전달할 수 있는 곳에 위치하여 진행에 적절히 개입한다. 프레젠터가 잘하면 도전 수준을 높이고 상태가 좋지 않으면 개입을 하되 최소한으로 한다. 필요하면 개입하여 중지시키고 프레젠터의 상태를 안정시킬 수도 있다.
3. 관찰자(C)는 다음 시연자로서 전반적인 진행을 잘 본다. 20분의 시간을 체크한다.
4. 청중(D, E)은 코치의 지시에 따라 특히 2.에서 제시한 다음의 각 항목(4+1)을 적절히 타이밍 좋게 실행한다.

■ 질문하기

- "그것은 통계적으로 증명할 수 있습니까?"
- "그 말씀은 누구나 동의할 수 있는 견해는 아니지 않습니까?"
  - 요약 반문하는가?
  - 질문자에게 경의를 표하는가?
  - 질문에 세련되게 대응하는가?

■ 아무 관계없는 행동하기(시선 돌리거나 한 눈 팔기 등)

- 하품을 한다. 시계를 들여다본다. 낙서를 한다. 휴대폰을 꺼내 본다.
  - 프레젠터는 그런 것을 바로 관찰식별하는가?
  - 주의를 바로잡기 위하여 자연스럽게 유도하는가?
  - 적절한 자극심기를 실행하는가?
  - 분위기 전환을 위한 유머를 적절히 활용하는가?

- 현 상태를 긍정적으로 의미전환하는가?

■ 이해가 되지 않는 듯이 혼란한 모습 보이기

- 어리둥절한 모습,
  - 프레젠터는 그런 것을 바로 관찰식별하는가?
  - 보다 이해하기 쉬운 사례를 소개하거나 내용을 보강하는가?

■ 잠시 침묵, 무반응

- 마치 돌부처나 목각인형과 같이 어떤 반응도 보이지 않는다, Freezing (얼어붙은) 상태.
- 근엄한 평가자와 같은 자세.
  - 프레젠터는 그런 것을 바로 관찰식별하는가?
  - 순간적인 관계성 재구축을 적절히 실현하는가?
  - 분위기 전환을 위한 유머를 적절히 활용하는가?
  - 현 상태를 긍정적으로 의미전환하는가?

이러한 상태를 프레젠터가 바로 관찰식별하지 못하면 2분 정도 더 지속하여 지켜보다가 그만둔다. 그리고 나중에 피드백 때 가르쳐 준다.

■ 사소한 동작하기

- 청중으로서 컵을 들어 올리는 등 작은 동작을 한다.
  - 프레젠테이터는 그런 것을 바로 관찰식별하는가?(주변시야를 활용하고 있는가?)
  - 순간적인 관계성 재구축을 적절히 실현하는가?
  - 현 상태를 긍정적으로 의미전환하는가?

아일랜드에는 이런 속담이 있다. "아무 준비를 하지 않는 것이 어떤 상황에도 대응할 수 있는 방법이다."

프레젠테이션 현장은 본질적으로 예측불가능하다. 그러므로 여기서는 이러한 아일랜드인의 자세를 배울 필요가 있다. 그러나 말 그대로 무대책이 최상의 대책은 아니다. 예측하지 못한 것에는 절대 사전 준비가 불가능하다. 그러므로 어떤 돌발 상황이 벌어지더라도 유연하게 대응할 수 있는 기본기는 철저히 체득해 두어야 하는 것은 말할 필요도 없을 것이다. 그러나 구체적인 준비는 하지 못할지라도 마음가짐은 얼마든지 갖출 수 있다. 어떤 상황이 발생하더라도 적절히 대응할 수 있다는 자신감, 유연성은 평소의 연습을 통해서만이 발휘될 수 있다.

프레젠테이션에서 자기의 직접체험 또는 가족, 친구 등 자기와 관련된 사람의 사례보다 더 강력한 것은 없다. 사실에 바탕을 둔 실화보다 진실한 이야기는 없으니까… 거기에 멋진 메타포, 정확한 프레이밍(주제 설정, 메시지)이 뒤따른다면 그 프레젠테이션은 탁월했다는 평가를 받게 될 것이다. 시종 하이퍼포먼스 상태를 유지하는 것은 트레이너로서의 기본자세이다. 뉴코드 게임이나 활동에 의하여 얼마든지 그런 상태를 사전에 확보할 수 있다.

정리하자면 예측 가능한 것들은 프레젠테이션의 8가지 포맷에 따라 의식적으로 점검하면 된다. 예측 불가능한 상황에 대해서는 뉴코드 게임에 의한 하이퍼포먼스 상태를 환기하여 무의식의 예지에 맡기면 된다. 단, 그것도 어디까지나 기본기를 충실히 갖춘 다음의 일임은 두 말할 필요도 없다. 그리고 물론 내면상태 관리는 기본 중의 기본이다.

8가지 프레젠테이션 포맷을 사용하여 본보기로 삼고 싶은 사람의 프레젠테이션을 그대로 전사傳寫(Tracing)해보면 큰 배움을 얻을 수 있다. 비단 세미나 현장에 참가하지 않아도 TV나 유튜브에서 하는 프레젠테이션을 본받기해도 좋다. 이제부터는 그런 동영상을 볼 때, 미리 8가지 프레젠테이션 포맷 시트를 준비해 두고 체크하며 보도록 하자.

여러분들이 트레이너라면 현장에서 사용하게 될 기법은 복수, 병열로 또는 조합하여 동시에 사용할 능력을 갖추어야 한다. 수강자의 입장이 되어 제2포지션에서부터 시작하여 전체를 관찰식별하고 프레젠테이션하면서 제3포지션도 활용하면서 관계성을 구축한다. 이처럼 항상 동시 병렬적으로 기법들을 조합하여 사용하는 것이다. 물론 프레젠테이션 8가지 포맷의 모든 항목을 사용하도록 한다.

프레젠테이션과는 별도로 준비할 것이 있다. 시연 준비도 해야 한다. 시연할 패턴을 선택하고 피험자도 지정해 두기 바란다. 통상 시연은 프레젠테이션의 일부를 이루게 된다.

3) 시연 참가자 선정 요령

NLP트레이닝에서 시연은 필수적이다. 이때 시연 참가자가 필요한데 어떻게 선정하면 좋을까? 간단하게는 수강자 중에서 참가 희망자를 받는 것이다. 이들은 대부분 학습과 체험의 기대가 큰 사람들이고 자발적이어서 좋다. 그런데 트레이너가 임의로 선택할 때는 시연에 참여시키고 싶은 수강생을 어떻게 찾을까? 일반적으로는 실내를 걸어 다니며 주변시야를 사용하여 세미나에 흥미를 보이는 사람, 몸을 앞으로 내밀고 있는 사람, 눈을 마주치는 사람 등을 살펴보며 찾는다. 물론 이런 것은 관계성 형성이 이루어진 현상인 것이다. 그런데 이것을 트레이너가 너무 드러나게 시도하면 오히려 경계심을 불러일으켜 거리감을 느끼게도 하므로 주의해야 한다. 그런데도 우리는 이런 것을 별 주의 없이 하고 있다. 어떤 조크에 누가 웃는지, 누가 시무룩해 하는지와 같은 것을 관찰식별 하면서 찾는다.

시연에 참여시키고 싶은 대상자의 선택은 대부분 이런 과정을 거치면서 트레이너의 무의식에 의해 선택되는 것이다. 다시 말하자면 직감에 따라 선정하는 것이다. 여기서 간단히 직감이라고는 했지만, 사실 그 바탕에는 철저한 관찰식별이 수반되어야 함은 두 말할 필요도 없다. 보통 사람이라면 누구라도 많든 적든, 철저하든 미흡하든 무의식적으로 관찰식별은 하기 마련이다.

옷차림이나 외양도 선택 요소가 될 수 있다. 그린더가 멕시코에서 세미나를 할 때, 온통 빨간 의상을 한 젊은 여성이 있었다. 자켓, 치마, 구두… 모두 빨간색이었다. 게다가 머리에도 빨간 꽃을 꼽고 있었다. 자기표현이 강한 멋진 수강자라고 생각하고 시연 참가자로 지명했는데 시연 위치로 나온 그녀는 너무 긴장한 나머지 목소리를 제대로 내지 못했다. 평소에도 그랬는지, 그때만 특히 긴장해서 그랬는지 모르지만 겉모습만 보고 판단한 결과 발생한 오류였다. 이처럼 외양에만 치우치면 스스로 속아버릴 수도 있다. 그런 때는 사전에 그룹 토의를 시켜보아 그 과정을 관찰식별하여 각 수강자의 내면과 표현 상태를 확인해 두는 것도 바람직하다.

무엇보다 관계성이 잘 형성된 사람을 선정하는 것이 가장 좋다. 기본적인 신뢰가 있다고 보기 때문이다. 그래서 사전 정보가 부족한 상태에서 어떤 질문이나 응답을 받아도 오해할 가능성이 적고 설사 트레이너가 다소 실수를 하더라도 살 커버될 수 있다. 아울러 반응 표현이 풍부한 사람을 고른다. 다른 수강자들이 볼 때 쉽게 공감할 수 있다. 물론 시연할 내용에 대한 기존 체험 여부나 참가 욕구가 있는지를 물어보는 것도 좋다. 단, 자존심이 강한 사람, 체면을 구기는 것을 싫어하는 사람은 피하는 것이 좋다. 트레이너가 가볍게 던진 조크에도 정색하고 반응한다든가, 다른 수강생들 앞에서 웃음거리가 되었다고 기가 죽거나 반발할만한 사람은 요주의해야 한다.

그리고 선정 후보자 들을 미리 점찍어 놓고 그 상태를 사전에 체크해 보는 것도 필요하다. 앞서의 멕시코에서의 젊은 여성의 사례와 같은 실수를 하지 않기 위해서는…

NLP트레이닝에서 필수적인 시연을 할 때, 트레이너는 다음 세 가지에 주의해야 한다.

1. 시연하려는 패턴의 진행과정은?- 제3포지션에서
2. 참가자라면 이 시연의 결과로서 개인적으로 어떤 경험을 얻고 싶은가?- 제2포지션에서

3. 이 시연의 결과, 트레이너로서 당신은 그 과정에서 무엇을 배웠는가?- 제1 포지션에서

시연을 할 때에도 프레젠테이션 8가지 포맷을 준비하고 해당 내용을 기입하도록 한다.

기업에서 관리자를 육성할 때, 관리자가 갖추어야 할 덕목, 역량 등에 관한 리스트만 전해주면 그것으로 훌륭한 관리자로 육성되겠는가? 그렇지 않을 것이다. 제대로 육성되기 위해서는 이런 저런 상황에서 철저히 눈여겨 보고 체크해야 할 필요가 있다. 말하자면 이론적 선생님이 아니라 행동적 실행자가 되어야 하는 것이다. 또 그런 사람을 양성해야 한다.

세미나 룸에 한 발 들여놓으면 여러분은 트레이너로서 싫더라도 수강자의 본보기가 된다. 그래서 다양한 상황에 대응하여 여러 가지 도구를 구사할 수 있고 스스로 적용할 줄 아는 사람이 되어야 하는 것이다. 이름이 알려진 NLP트레이너인데도 자기 관리- 내면안정을 잘 이루지 못하는 사람도 있다. 수강생 측에서 보면 그 트레이너는 일관성 있는 모델로 평가받지 못하게 된다.

하여튼 트레이너와 함께 협력하여 세미나의 목적에 동참하는 조화로운 참여자세를 갖는 사람을 선정하기 바란다. 그러면 트레이너, 수강자 모두 만족스럽고 행복한 시간이 될 수 있다.

시연을 할 때는 다음 두 가지 중요한 포인트가 있음에 유의해야 한다.

시연의 목적과 진행 포인트를 명확히 하는 것이다. 수강자가 여기서 무엇을 배워 돌아가기를 바라는가? 그 결과가 분명하면 거기에 도달하는 과정은 여러 가지가 있을 수 있다. 즉, 유연성을 발휘할 수 있다.

무엇보다 중요한 것은 트레이너의 내면안정이다. 자신감이 있으면 무엇이든 주변에 있는 것을 자연스럽게 활용할 수 있게 된다. 즉, 활용성Utilzation과 유용성Usability을 발휘하는 것이다.

시연자 선정과 시연 시의 포인트를 정리하면 다음과 같다.

1. 관찰식별이 선행된 직감, 무의식
2. 현장에서 파악된 것, 참가자에게서 보이는 것을 활용
3. 다중지각의 사용- 다중 경험 상태
4. 시연 행위의 목적과 수강자에게 무엇을 경험으로 배우게 할 것인가?
5. 트레이너 자신의 내면안정- 자기유능감 발휘(하이퍼포먼스 상태)
6. 참가자의 반응- 표현성
7. 수강자의 외양, 옷차림, 태도 등을 주의 깊게 살핀다.
8. 관계성 형성이 잘 된 사람
9. 스스로 내면안정을 잘 컨트롤할 수 있는 능력이 있는 사람, 다소 외향적 성향
10. 자발적 신청을 받는다.

자 이제 엑스퍼트 코치 또는 탁월한 프레젠터가 될 기본적 준비는 끝났다. 앞으로 NLP나 역량을 충분히 발휘하여 고객을 존중하며 사랑을 베푸는 존경받는 존재가 되어 빛나는 길을 걸어가기 바란다.

에필로그: 코칭의 종점

코칭의 결과

코칭은 단순히 고객의 아웃컴 실현이나
문제해결에 국한되는 것이 아니라,

고객의 신념·가치관 변화를 통한
자아정체성 재확립과
사명의 발견과 행동 실천에 있다.

참/고/문/헌

【존 그린더】

『Precision: A New Approach to Communication』. Bonny Doon, CA., 1980. 〈Michael McMaster 공저〉

『Turtles All the Way Down』, Grinder & Associates, CA., 1987. 〈Judith DeLozier 공저〉

『Whispering in the Wind』. J. & C. Enterprises, WI., 2001. 〈Carmen Bostic St. Clair 공저〉

『The Origins of NLP』. Crown House, UK, 2013, Frank Pucelik 공저.

【존 그린더, 리차드 밴들러】

『The Structure of Magic. *Vol. I.*』. Palo Alto, CA., 1975.

『The Structure of Magic. *Vol. II.*』. Palo Alto, CA., 1976.

『Patterns of the Hypnotic Techniques of Milton H. Erickson, M.D., *Vol. I.*』, Meta Publications, Inc., CA., 1977.

『Patterns of the Hypnotic Techniques of Milton H. Erickson, M.D., *Vol. II.*』, Meta Publications, Inc., CA., 1978. 〈Judith DeLozier 공저〉

『Changing With Families』. Palo Alto, CA., 1978.

『Frogs Into Princes』. Real People Press, Utah, 1979.

『Neuro Linguistic Programming』. Meta Publications, Inc., CA., 1979. 〈Robert Dilts, Judith DeLozier 공저〉

『Trance-Formations』. Real People Press, Utah, 1981.

『Reframing』. Real People Press, Utah, 1982.

【리차드 밴들러】

『Magic in Action』. Meta Publications, Inc., CA., 1985.

『Time for a Change』. Meta Publications, Inc., CA., 1993.

『The Adventures of Anybody』. Meta Publications, Inc., CA, 1993.

『Charisma Enhancement』. The First Institute, CA., 1994. 〈Jhon La Valle 공저〉

『Get the Life You Want』. Health Communication. Inc., FL., 2008.

【그레고리 베잇슨】

『Steps To An Ecology of Mind』. Ballantine Books, NY., 1972.

『Mind and Nature』. E. P. Dutton, NY., 1979.

【로버트 딜츠】

『Roots of NLP』. Meta Publications, Inc., CA., 1983.

『Application of NLP』. Meta Publications, Inc., CA., 1983.

『Changing Belief System with NLP』. Meta Publications, Inc., CA., 1994.

『Strategies of Genius. *Vol. I. & II.*』. Meta Publications, Inc., CA., 1994.

『Strategies of Genius. *Vol. III.*』. Meta Publications, Inc., CA., 1995.

【기타】

Roger Fisher & Willam Ury. 『Getting to Yes』. Penguin Books, England, 1981.

Steve & Connirae Andoreas. 『Change Your Mind』. Real People Press, Utah, 1987.

Konrad Lorenz, 『Studies in Animal and Human Behavior, *Vol. I. & II.* Harvard University Press, Mass., 1970.』

Rupert Sheldrake, 『A New Science of Life』. J. P. Tarcher Inc., LA., 1981.

찾/아/보/기

저/자/약/력

도미향

숙명여대 이학박사

남서울대학교 대학원 코칭학과 학과장 / 미국 펜실베이니아대학교 방문교수

국제코치연맹(ICF) 코리아챕터 회장 / 한국코칭학회 고문, 편집위원장, 코칭전문가(KMC)

한국코칭심리연구소 대표코치

국제코치연맹 마스터 코치(MCC), 한국코치협회 슈퍼바이저 코치(KSC) 및 인증심사위원, 기업전문코치(PCCC), NLP마스터 프랙티셔너, NLPia코칭 강사

전) 한국코칭학회 회장 / 하버드대학교 관련 코칭연구소 펠로우 / 남서울대 코칭리더십센터 소장

저서: 성격과 코칭의 이해, 코칭학개론, 성공적인 부모코칭(역) 등 다수 논문: C-PLUS 코칭 프로그램 개발, 부모코칭프로그램 개발, 학습코칭, 청소년인성코칭, 상사의 리더십 코칭 등 다수

수상: 국무총리상, 교육부장관상, 남서울대상, 올해의 코치상 및 올해의 코치기여상수상(한국코치협회), 시사저널 미래차세대 리더선정, 코리아 헤럴드 경영가치경영대상

심교준

광운대학교 박사

NLP한국협회장 / 남서울대학교 대학원 코칭학과 외래교수 / 흰물결두뇌과학연구소 전임교수

NLP창시자 존 그린더 인정 마스터 코치

호주 행동코칭연구소 마스터 코치

일본 (주)프로 얼라이브 CEO. BIZ. 코치

NLP창시자 리차드 밴들러 인정 NLP마스터 트레이너

NLP계승자 크리스티나 홀 인정 NLP 트레이너

호주 행동코칭연구소 마스터 코치

일본 (주)프로 얼라이브 CEO. BIZ. 코치

전) 광운대, 가톨릭관동대, 상지대 등 출강 / LG전자 상무 / 삼일회계법인 코칭센터장

로버트 딜츠 NLP건강 코스 수료 / 스티브 길리건 에릭소니언 트랜스 코스 수료 / 리차드 니브스(미국최면협회장) 최면 코스 수료 / NLP프랙티셔너 1,000여 명 양성 / NLP마스터 프랙티셔너 300여 명 양성 / NLP트레이너 10여 명 양성

저서: NLP 성공과 행복을 낳는 성취심리학(전 3권)

뉴코드 NLP 엑스퍼트 코칭

초판발행 2020년 1월 20일 1판 1쇄 인쇄 | 2020년 1월 25일 1판 1쇄 발행

지은이 도미향 심교준
펴낸이 최용구 | **펴낸곳** 도서출판 **신정**
주소 (04316) 서울시 용산구 원효로 89길 19 (원효로1가)
전화 02)3211-4782, 0266(영업부), 3211-4783(편집부), 3211-4784(팩스)
이메일 shinjeong72@naver.com | **홈페이지** www.sjbook.co.kr
등록 2001년 5월 11일 제13-702호
기획마케팅 최용구 장만동 송대용 최충구 | **책임편집** 석기은 황가연 | **표지** SDY

ISBN 978-89-5912-500-5 93370
정가 18,000원